全国计算机技术与软件专业技术资格（水平

U0636658

信息系统监理师
2012至2017年试题分析与解答

全国计算机专业技术资格考试办公室 主编

清华大学出版社
北京

内 容 简 介

　　信息系统监理师考试是全国计算机技术与软件专业技术资格（水平）考试的中级专业技术资格和职称考试，本书汇集了从 2012 年至 2017 年的所有试题和权威解析，参加考试的考生，认真研读本书的内容后，将会更加了解近年考题的内容和要点，对提升考试通过率的信心会有极大的帮助。

图书在版编目（CIP）数据

信息系统监理师 2012 至 2017 年试题分析与解答 / 全国计算机专业技术资格考试办公室主编. —北京：清华大学出版社，2018
　　（全国计算机技术与软件专业技术资格（水平）考试指定用书）
　　ISBN 978-7-302-50993-6

　　Ⅰ. ①信… 　Ⅱ. ①全… 　Ⅲ. ①信息系统–监管制度–资格考试–题解 　Ⅳ. ①G202-44

中国版本图书馆 CIP 数据核字（2018）第 192132 号

责任编辑：杨如林
封面设计：常雪影
责任校对：胡伟民
责任印制：李红英

出版发行：清华大学出版社
　　　　　网　　　址：http://www.tup.com.cn, http://www.wqbook.com
　　　　　地　　　址：北京清华大学学研大厦 A 座　　　邮　　编：100084
　　　　　社 总 机：010-62770175　　　　　　　　　邮　　购：010-62786544
　　　　　投稿与读者服务：010-62776969，c-service@tup.tsinghua.edu.cn
　　　　　质量反馈：010-62772015，zhiliang@tup.tsinghua.edu.cn
印 装 者：三河市龙大印装有限公司
经　　销：全国新华书店
开　　本：185mm×230mm　印　张：34.25　防伪页：1　　字　数：775 千字
版　　次：2018 年 11 月第 1 版　　　　　　　　　　印　次：2018 年 11 月第 1 次印刷
定　　价：99.00 元

产品编号：080253-01

前　言

根据国家有关的政策性文件，全国计算机技术与软件专业技术资格（水平）考试（以下简称"计算机软件考试"）已经成为计算机软件、计算机网络、计算机应用、信息系统、信息服务领域高级工程师、工程师、助理工程师、技术员国家职称资格考试。而且，根据信息技术人才年轻化的特点和要求，报考这种资格考试不限学历与资历条件，以不拘一格选拔人才。现在，软件设计师、程序员、网络工程师、数据库系统工程师、系统分析师、系统架构设计师和信息系统项目管理师等资格的考试标准已经实现了中国与日本国互认，程序员和软件设计师等资格的考试标准已经实现了中国和韩国互认。

计算机软件考试规模发展很快，年报考规模已超过 30 万人，二十多年来，累计报考人数约 500 万人。

计算机软件考试已经成为我国著名的 IT 考试品牌，其证书的含金量之高已得到社会的公认。计算机软件考试的有关信息见网站www.ruankao.org.cn中的资格考试栏目。

对考生来说，学习历年试题分析与解答是理解考试大纲的最有效、最具体的途径。

为帮助考生复习备考，全国计算机专业技术资格考试办公室汇集了信息系统监理师2012 至 2017 年的试题分析与解答印刷出版，以便于考生测试自己的水平，发现自己的弱点，更有针对性、更系统地学习。

计算机软件考试的试题质量高，包括了职业岗位所需的各个方面的知识和技术，不但包括技术知识，还包括法律法规、标准、专业英语、管理等方面的知识；不但注重广度，而且还有一定的深度；不但要求考生具有扎实的基础知识，还要具有丰富的实践经验。

这些试题中，包含了一些富有创意的试题，一些与实践结合得很好的佳题，一些富有启发性的试题，具有较高的社会引用率，对学校教师、培训指导者、研究工作者都是很有帮助的。

由于作者水平有限，时间仓促，书中难免有错误和疏漏之处，诚恳地期望各位专家和读者批评指正，对此，我们将深表感激。

编　者
2018 年 8 月

目　录

第1章 2012 上半年信息系统监理师上午试题分析与解答

试题（1）

软件生存周期一般划分为六个阶段，包括软件项目计划、软件需求分析和定义、软件设计、程序编码、软件测试以及____(1)____。

(1) A. 部署实施　　B. 调整完善　　C. 运行维护　　D. 结项验收

试题（1）分析

同任何事物一样，一个软件产品或软件系统也要经历孕育、诞生、成长、成熟、衰亡等阶段，一般称为软件生存周期（软件生命周期）。

软件生命周期把整个软件生存周期划分为若干阶段，使得每个阶段有明确的任务，使规模大、结构复杂和管理复杂的软件开发变得容易控制和管理。通常，软件生存周期包括软件项目计划、软件需求分析和定义、软件设计、程序编码、软件测试以及运行维护等活动，可以将这些活动以适当的方式分配到不同的阶段去完成。

选项 C 正确。

参考答案

(1) C

试题（2）

____(2)____非常明确地标明了软件开发测试过程中存在的不同级别，且清楚地描述了这些测试阶段和开发过程各阶段的对应关系。

(2) A. 螺旋模型　　B. 喷泉模型　　C. 瀑布模型　　D. V 模型

试题（2）分析

螺旋模型、喷泉模型和瀑布模型都是开发模型。而 V 模型是一种广为人知的测试模型。

选项 D 正确。

参考答案

(2) D

试题（3）

SOA 应用体系架构主要优点是____(3)____。

(3) A. 提高整体性能　　　　　　　B. 有利于应用集成

C. 提高安全性　　　　　　　　D. 有利于硬件集成

试题（3）分析

面向服务的体系结构（Service-Oriented Architecture，SOA）是一个组件模型，它将应用程序的不同功能单元（称为服务）通过这些服务之间定义良好的接口和契约联系起来。接口是采用中立的方式进行定义的，它应该独立于实现服务的硬件平台、操作系统和编程语言。这使得构建在各种这样的系统中的服务可以以一种统一和通用的方式进行交互。

这种具有中立的接口定义（没有强制绑定到特定的实现上）的特征称为服务之间的松耦合。松耦合系统的好处有两点：一点是它的灵活性；另一点是当组成整个应用程序的每个服务的内部结构和实现逐渐地发生改变时，它能够继续存在。另外，紧耦合意味着应用程序的不同组件之间的接口与其功能和结构是紧密相连的，因而当需要对部分或整个应用程序进行某种形式的更改时，它们就显得非常脆弱。

对松耦合的系统的需要来源于业务应用程序需要根据业务的需要变得更加灵活，以适应不断变化的环境，比如经常改变的政策、业务级别、业务重点、合作伙伴关系、行业地位以及其他与业务有关的因素，这些因素甚至会影响业务的性质。我们称能够灵活地适应环境变化的业务为按需（On Demand）业务，在按需业务中，一旦需要，就可以对完成或执行任务的方式进行必要的更改。

因此，从几个选项来看，D 选项肯定不对（SOA 是一个软件组件模型），选项 A 和 C 也不是 SOA 架构要解决的问题，选项 B 正确。

参考答案

（3）B

试题（4）

MIPS 常用来描述计算机的运算速度，其含义是 __(4)__ 。

(4) A．每秒钟处理百万个字符　　　　B．每分钟处理百万个字符

　　C．每秒钟执行百万条指令　　　　D．每分钟执行百万条指令

试题（4）分析

MIPS（Million Instructions Per Second）是每秒处理的百万级的机器语言指令数。这是衡量 CPU 速度的一个指标。像是一个 Intel 80386 计算机可以每秒处理 3～5 百万机器语言指令，即可以说 80386 是 3～5MIPS 的 CPU。MIPS 只是衡量 CPU 性能的指标。

因此选项 C 正确。

参考答案

（4）C

试题（5）

在 RAID 技术中，磁盘镜像阵列是 __(5)__ 。

(5) A．RAID 0　　　B．RAID 1　　　C．RAID 3　　　D．RAID 5

试题（5）分析

RAID（Redundant Array of Independent Disks），翻译成中文即为独立磁盘冗余阵列，或简称磁盘阵列。简单地说，RAID 是一种把多块独立的硬盘（物理硬盘）按不同方式

组合起来形成一个硬盘组（逻辑硬盘），从而提供比单个硬盘更高的存储性能和提供数据冗余的技术。组成磁盘阵列的不同方式称为 RAID 级别（RAID Levels）。

RAID 0 又称为 Stripe 或 Striping，它代表了所有 RAID 级别中最高的存储性能。RAID 0 提高存储性能的原理是把连续的数据分散到多个磁盘上存取，这样，系统有数据请求就可以被多个磁盘并行的执行，每个磁盘执行属于它自己的那部分数据请求。这种数据上的并行操作可以充分利用总线的带宽，显著提高磁盘整体存取性能。

RAID 1 又称为 Mirror 或 Mirroring，它的宗旨是最大限度地保证用户数据的可用性和可修复性。RAID 1 的操作方式是把用户写入硬盘的数据百分之百地自动复制到另外一个硬盘上。

RAID 5 是一种存储性能、数据安全和存储成本兼顾的存储解决方案。

因此选项 B 正确。

参考答案

（5）BA

试题（6）

一般在因特网中，域名是指用 "." 分隔的若干字符串来表示的某台计算机（或计算机组）的名称（如 www.rkb.gov.cn），这些字符串从左至右依次表示的含义是 __(6)__ ，最高层域名。

（6）A．用户名，主机名，机构名　　　　B．主机名，机构名，单位名

　　　C．主机名，机构名，网络名　　　　D．网络名，机构名，主机名

试题（6）分析

URL 的一般格式为（带方括号[]的为可选项）：protocol://hostname[:port] / path / [;parameters][?query]#fragment。

而 www.rkb.gov.cn 是 URL 的第二部分，是指存放资源的服务器的域名系统（DNS）主机名或 IP 地址。域名从后往前命名，以 "." 来区分，最后为顶级域名（网络名），可以是 com、net 和 inf 等，或者是国家地区代码 cn、jp 和 ko 等。在 www.rkb.gov.cn 中字符串从左至右依次表示的含义（根据域名系统的规则）是：主机名，机构名，网络名。

因此选项 C 正确。

参考答案

（6）C

试题（7）

TCP/IP 模型的传输层有两个协议，第一个协议 TCP 是一种可靠的面向连接的协议，第二个协议 UDP 是__(7)__。

（7）A．一种可靠的面向用户的协议　　　B．一种不可靠的面向连接的协议

　　　C．一种可靠的无连接协议　　　　　D．一种不可靠的无连接协议

试题（7）分析

UDP（User Datagram Protocol，用户数据包协议）是 OSI 参考模型中一种无连接的传输层协议，提供面向事务的简单不可靠信息传送服务，IETF RFC 768 是 UDP 的正式规范。

选项 D 正确。

参考答案

（7）D

试题（8）

_____（8）_____ IP 地址标识的主机数量最多。

（8）A. D 类　　　　　B. C 类　　　　　C. B 类　　　　　D. A 类

试题（8）分析

一个 A 类网络可以分配主机号的 ID 为 $2^{24}-2$，即 16 777 214 个。

一个 B 类网络可以分配主机号的 ID 为 $2^{16}-2$，即 65 534 个。

一个 C 类网络可以分配主机号的 ID 为 2^8-2，即 254 个。

D 类和 E 类地址不允许在网络上出现，并且它们可分配的 IP 地址也较少。

因此选项 D 正确。

参考答案

（8）D

试题（9）

WiFi 技术常用的网络传输标准是 _____（9）_____。

（9）A. IEEE 802.1p　　　　　　　　B. IEEE 802.11b

　　　C. IEEE 802.3u　　　　　　　　D. IEEE 802.5

试题（9）分析

IEEE 802 委员会成立于 1980 年年初，专门从事局域网标准的制定工作，该委员会分成三个分会：

- 传输介质分会：研究局域网物理层协议。
- 信号访问控制分会：研究数据链路层协议。
- 高层接口分会：研究从网络层到应用层的有关协议。

IEEE 802 局域网标准系列如下：

- IEEE 802 是一个局域网标准系列。
- IEEE 802.1A——局域网体系结构。
- IEEE 802.1B——寻址、网络互联与网络管理。
- IEEE 802.2——逻辑链路控制（LLC）。
- IEEE 802.3——CSMA/CD 访问控制方法与物理层规范。
- IEEE 802.3i——10Base-T 访问控制方法与物理层规范。

- IEEE 802.3u——100Base-T 访问控制方法与物理层规范。
- IEEE 802.3ab——1000Base-T 访问控制方法与物理层规范。
- IEEE 802.3z——1000Base-SX 和 1000Base-LX 访问控制方法与物理层规范。
- IEEE 802.4——Token-Bus 访问控制方法与物理层规范。
- IEEE 802.5——Token-Ring 访问控制方法。
- IEEE 802.6——城域网访问控制方法与物理层规范。
- IEEE 802.7——宽带局域网访问控制方法与物理层规范。
- IEEE 802.8——FDDI 访问控制方法与物理层规范。
- IEEE 802.9——综合数据话音网络。
- IEEE 802.10——网络安全与保密。
- IEEE 802.11——无线局域网访问控制方法与物理层规范。
- IEEE 802.12——100VG-AnyLAN 访问控制方法与物理层规范。

因此，选项 B 正确。

参考答案

（9）B

试题（10）

网络传输介质 5 类 UTP 单段使用的最长长度为 __(10)__ 米。

（10）A. 1000　　　　B. 200　　　　C. 100　　　　D. 50

试题（10）分析

双绞线作为一种传输介质，是由两根包着绝缘材料的细铜线按一定的比率相互缠绕而成。5 类双绞线电缆增加了绕线密度，外套一种高质量的绝缘材料，传输频率为 100MHz，用于语音传输和最高传输速率为 100Mbps 的数据传输，主要用于 100base-T 和 10base-T 网络。

5 类线缆是计算机网络中使用最多的类型之一，在不增加其他网络连接设备（如集线器）的情况下，单段 5 类线缆的最大允许使用长度是 100 米，增强型 100Base-TX 网络也不超过 220 米。平时常说的所谓超 5 类线，只是厂家为了保证通信质量单方面提高的 5 类线缆标准，目前并没有被 EIA/TIA 认可。

选项 C 正确。

参考答案

（10）C

试题（11）

双绞线对由两条具有绝缘保护层的铜芯线按一定密度互相缠绕在一起组成，缠绕的主要目的是 __(11)__。

（11）A. 提高传输速度　　　　　　　B. 降低成本
　　　　C. 降低信号干扰的程度　　　　D. 提高电缆的物理强度

试题（11）分析

双绞线这样互相缠绕的目的就是利用铜线中电流产生的电磁场互相作用抵消邻近线路的干扰并减少来自外界的干扰。每对线在每英寸长度上相互缠绕的次数决定了抗干扰的能力和通信的质量，缠绕的越紧密，其通信质量越高，就可以支持更高的网络数据传送速率，当然它的成本也就越高。国际电工委员会和国际电信委员会（Electronic Industry Association/Telecommunication Industry Association，EIA/TIA）已经建立了 UTP 网线的国际标准并根据使用的领域分为 5 个类别（Categories，或者简称 CAT），每种类别的网线生产厂家都会在其绝缘外皮上标注其种类，例如 CAT-5 或者 Categories-5。

选项 C 正确。

参考答案

（11）C

试题（12）

分时操作系统通常采用　　(12)　　策略为用户服务。

（12）A．短作业优先　　　　　　　　B．时间片轮转

　　　 C．可靠性和灵活性　　　　　　D．时间片加权分配

试题（12）分析

"分时"是指多个用户分享使用同一台计算机。多个程序分时共享硬件和软件资源。分时操作系统（Time-Sharing System）是指在一台主机上连接多个带有显示器和键盘的终端，同时允许多个用户通过主机的终端，以交互方式使用计算机，共享主机中的资源。分时操作系统是一个多用户交互式操作系统。分时操作系统主要分为三类：单道分时操作系统、多道分时操作系统及具有前台和后台的分时操作系统。分时操作系统将 CPU 的时间划分成若干个片段，称为时间片。操作系统以时间片为单位，轮流为每个终端用户服务。

因此，选项 B 正确。

参考答案

（12）B

试题（13）

所谓"1U 的服务器"，就是外形满足 EIA 规格、(13)　　的服务器产品。

（13）A．宽度为 4.445 cm　　　　　　B．高度为 4.445 cm

　　　 C．宽度为 5.445 cm　　　　　　D．高度为 5.445 cm

试题（13）分析

U 是一种表示服务器外部尺寸的单位，是 unit 的缩略语，详细的尺寸由作为业界团体的美国电子工业协会（EIA）所决定。

之所以要规定服务器的尺寸，是为了使服务器保持适当的尺寸，以便放在铁质或铝质的机架上。机架上有固定服务器的螺孔，以便它能与服务器的螺孔对上号，再用螺丝加以固定好，以方便安装每一部服务器所需要的空间。

规定的尺寸是服务器的宽（48.26cm＝19 英寸）与高（4.445cm 的倍数）。由于宽为 19 英寸，因此有时也将满足这一规定的机架称为 "19 英寸机架"。厚度以 4.445cm 为基本单位。1U 就是 4.445cm，2U 则是 1U 的 2 倍，为 8.89cm。

所谓 "1U 的 PC 服务器"，就是外形满足 EIA 规格、厚度为 4.445cm 的产品。设计为能放置到 19 英寸机柜的产品一般被称为机架服务器。

所谓的 1U 服务器就是一种高可用、高密度的低成本服务器平台，是专门为特殊应用行业和高密度计算机环境设计的。它们可以通过本地硬盘启动自己的操作系统，如 Windows NT/2000/2003、Linux 和 Solaris 等，类似于一个个独立的服务器。在这种模式下，每一个主板运行自己的系统，服务于指定的不同用户群，相互之间没有关联。不过还是可以用系统软件将这些主板集合成一个服务器集群。

选项 B 正确。

参考答案

（13）B

试题（14）

网络测试分为网络设备测试、网络系统测试和网络应用测试三个层次，__(14)__ 属于网络应用测试。

（14）A. 吞吐率　　　　B. 丢包率　　　　C. FTP 服务性能　　　　D. 传输时延

试题（14）分析

本题目中，只有 FTP 是网络应用层的应用。因此选项 C 正确。

参考答案

（14）C

试题（15）

Windows 系统中网络测试命令 __(15)__ 可以了解网络的整体使用情况，可以显示当前正在活动的网络连接的详细信息，例如，显示网络连接、路由表和网络接口信息。

（15）A. netstat　　　　B. ping　　　　C. arp　　　　D. winipcfg

试题（15）分析

netstat 是控制台命令，是一个监控 TCP/IP 网络的非常有用的工具，它可以显示路由表、实际的网络连接以及每一个网络接口设备的状态信息。netstat 用于显示与 IP、TCP、UDP 和 ICMP 协议相关的统计数据，一般用于检验本机各端口的网络连接情况。

ping 是用来检查网络是否通畅或者网络连接速度的命令。作为一个生活在网络上的管理员或者黑客来说，ping 命令是第一个必须掌握的 DOS 命令，它所利用的原理是这样的：利用网络上机器 IP 地址的唯一性，给目标 IP 地址发送一个数据包，再要求对方返回一个同样大小的数据包来确定两台网络机器是否连接相通，时延是多少。

arp 显示和修改 "地址解析协议（ARP）" 缓存中的项目。ARP 缓存中包含一个或多个表，它们用于存储 IP 地址及其经过解析的以太网或令牌环物理地址。计算机上安装的每一个以太网或令牌环网络适配器都有自己单独的表。如果在没有参数的情况下使用，则 arp 命令将显示帮助信息。

Winipcfg 命令的作用是用于显示用户所在主机内部 IP 协议的配置信息。Winipcfg 程序采用 Windows 窗口的形式来显示 IP 协议的具体配置信息。如果 Winipcfg 命令后面不跟任何参数直接运行，程序不但可在窗口中显示网络适配器的物理地址、主机的 IP 地址、子网掩码以及默认网关等，而且还可以查看主机的相关信息，如主机名、DNS 服务器和节点类型等。当试图快速了解某一台主机 IP 协议的具体配置情况时，Winipcfg 命令是可用的。具体操作步骤是在"运行"对话框中直接输入 Winipcfg 命令，回车后出现一个视窗界面。在该界面中，可了解到主机所在计算机所用网卡的类型、网卡的物理地址、主机的 IP 地址、子网掩码和路由器等。如果用户想更加详细地了解该主机的其他 IP 协议配置信息，如 DNS 服务器、DHCP 服务器的信息，可以直接单击该界面中的"详细信息"按钮。

因此选项 A 正确。

参考答案

（15）A

试题（16）

为便于维护人员操作，机柜和设备前预留的空间至少应为　（16）　mm。

（16）A．1000　　　　B．1500　　　　C．1800　　　　D．2000

试题（16）分析

依据机房建设的相关标准，机柜和设备前面预留的空间应不小于 1.5 米，以便于操作，人员走动等，本题选项 B 正确。

参考答案

（16）B

试题（17）

关于综合布线隐蔽工程的实施，以下说法不正确的是　（17）　。

（17）A．线槽的所有非导电部分的铁件均应相互连接和跨接，使之成为一个连续的
　　　　导体

　　　B．线槽内布放的缆线应平直，要有冗余

　　　C．在建筑物中预埋线槽可为不同尺寸，按一层或两层设置，应至少预埋 2 根
　　　　以上

　　　D．线槽宜采用绝缘塑料管引入分线盒内

试题（17）分析

A 选项完整的要求是线槽的所有非导电部分的铁件均应相互连接和跨接，使之成为一连续导体，并做好整体接地。

B 选项完整的要求是线槽内布放电缆应平直，无缠绕，无长短不一。

C 选项完整的要求是在建筑物中预埋线槽可为不同尺寸，按一层或两层设置，应至少预埋两根以上，线槽截面高度不宜超过 25mm。

A、B、C 三个选项叙述都不完整，只有 D 选项是完整的叙述，所以本题选项 D 正确。

参考答案

　（17）D

试题（18）

综合布线系统中直接与用户终端设备相连的子系统是＿＿（18）＿＿。

　（18）A. 工作区子系统　　　　　　　　　　B. 水平子系统

　　　　C. 干线子系统　　　　　　　　　　　D. 管理子系统

试题（18）分析

工作区子系统是一个从信息插座延伸至终端设备的区域。工作区布线要求相对简单，这样就容易移动、添加和变更设备。该子系统包括水平配线系统的信息插座、连接信息插座和终端设备的跳线以及适配器。本题选项 A 正确。

参考答案

　（18）A

试题（19）

非屏蔽双绞线在敷设中，弯曲半径应至少为线缆外径的＿＿（19）＿＿。

　（19）A. 5 倍　　　　　　B. 4 倍　　　　　　C. 3 倍　　　　　　D. 2 倍

试题（19）分析

根据施工规范，非屏蔽双绞线在敷设中，线缆转弯时应注意弯曲半径，弯曲半径应至少为线缆外径的 4 倍。

本题选项 B 正确。

参考答案

　（19）B

试题（20）

双绞线的电气特性"NEXT"表示＿＿（20）＿＿。

　（20）A. 衰减　　　　B. 衰减串扰比　　　　C. 近端串扰　　　　D. 远端串扰

试题（20）分析

近端串扰（NEXT）损耗是测量一条 UTP 链路中从一对线到另一对线的信号耦合，是对性能评估的最主要标准，是传送信号与接收同时进行的时候产生干扰的信号。对于 UTP 链路这是一个关键的性能指标，也是最难精确测量的一个指标，尤其是随着信号频率增加其测量难度就更大。本题选项 C 正确。

参考答案

　（20）C

试题（21）

在非对称密钥密码体制中，加、解密双方　__(21)__ 。

(21) A. 各自拥有不同的密钥　　　B. 密钥可相同也可不同

　　　C. 拥有相同的密钥　　　　　D. 密钥可随意改变

试题（21）分析

非对称加密技术也叫公钥加密，即公开密钥密码体制，是建立在数学函数基础上的一种加密方法，它使用两个密钥，在保密通信、密钥分配和鉴别等领域都产生了深远的影响。

非对称加密体制是由明文、加密算法、公开密钥和私有密钥对、密文、解密算法组成。一个实体的非对称密钥对中，由该实体使用的密钥称为私有密钥，私有密钥是保密的；能够被公开的密钥称为公开密钥，这两个密钥相关但不相同。

在公开密钥算法中，用公开的密钥进行加密，用私有密钥进行解密的过程称为加密。而用私有密钥进行加密，用公开密钥进行解密的过程称为认证。非对称密钥加密的典型算法是 RSA。

本题从题干上也可以看出来，既然是"非对称"，那么密钥应该是不同的。本题选项 A 正确。

参考答案

（21）A

试题（22）

网络防火墙系统主要由 __(22)__ 组成。

(22) A. 代理、验证工具和应用网关

　　 B. 服务访问规则、包过滤

　　 C. 代理、包过滤和应用网关

　　 D. 服务访问规则、验证工具、包过滤和应用网关

试题（22）分析

对防火墙的安全策略、基本准则和预算问题做出决策后，就可以决定所选择防火墙系统所要求的特定部件。一般的防火墙都由一个或多个组件组成，如包过滤路由器、应用网关（代理网关服务器）、服务访问规则、验证工具和堡垒主机。

本题选项 D 正确。

参考答案

（22）D

试题（23）

在某电子政务系统建设过程中，__(23)__ 是恰当的处理方式。

（23）A. 公司技术总监在充分考核项目实际和人员水平的基础上调换被投诉的监理
工程师

B. 总监理工程师代表根据合同中付款的相关规定，签发符合付款条件的支付
证书

C. 监理辅助人员对采购的网络设备联调测试进行监督和记录

D. 专业监理工程师负责编写监理细则并交叉审批

试题（23）分析

调换被投诉的监理工程师是总监理工程师的职责，选项 A 做法不合适；只有总监理
工程师才能签发符合付款条件的支付证书，选项 B 做法不合适；监理细则不应该由监理
工程师审核，应该由总监理工程师进行审核，选项 D 做法不合适。

本题选项 C 正确。

参考答案

（23）C

试题（24）

以下关于在工程建设过程中如何处理监理方与承建方之间的关系的叙述，正确的
是　（24）　。

（24）A. 监理公司可与承建单位属于同一业务领域

B. 监理公司可以向承建方索要因工程延期所增加的费用

C. 监理方可与项目承建方拥有同一法人代表

D. 监理方不得与项目承建方就工程重大问题进行协商

试题（24）分析

监理单位的权利和义务如下：

（1）应按照"守法、公平、公正、独立"的原则，开展信息系统工程监理工作，维
护建设单位与承建单位的合法权益。

（2）按照监理合同取得监理收入。

（3）不得承包信息系统工程。

（4）不得与被监理项目的承建单位存在隶属关系和利益关系。

（5）不得以任何形式侵害建设单位和承建单位的知识产权。

（6）在监理过程中因违犯国家法律、法规，造成重大质量、安全事故的，应承担相
应的经济责任和法律责任。

B 选项错误，监理公司可以向建设方而不是承建方索要因工程延期所增加的费用。

C 选项错误，违反了"不得与被监理项目的承建单位存在隶属关系和利益关系"的
原则。

D 选项错误，监理方应当与项目承建方就工程重大问题进行协商，如果不能与承建
方就问题进行协商，如何做好监理工作？

选项 A 正确。

参考答案

（24）A

试题（25）

作为监理工程师，当出现情况__(25)__时，应予以拒绝。

（25）A. 建设方要求对监理方进行考察

　　　 B. 拟投标人在招标前向监理方询问建设信息

　　　 C. 承建方在实施过程中提出的公司现场考察邀请

　　　 D. 承建方在实施过程中提出的办公场所协调申请

试题（25）分析

拟投标人在招标前向监理方询问建设信息这样的做法是不妥当的，如果确有需要，拟投标人在招标前应当向招标人询问建设信息。选项 B 正确。

参考答案

（25）B

试题（26）

软件错误产生的原因有很多，__(26)__不是导致软件错误的主要原因。

（26）A. 测试错误　　　　　　 B. 设计错误

　　　 C. 编码错误　　　　　　 D. 软件需求规格说明错误

试题（26）分析

测试错误只能导致软件错误没有被发现，或者误报错误，但不是产生软件错误的原因。选项 A 正确。

参考答案

（26）A

试题（27）

下列选项中不适用于判断和评价程序复杂度的是__(27)__。

（27）A. 执行路径数　　　　　 B. 算法的难易程度

　　　 C. 系统用户数　　　　　 D. 程序有无注释

试题（27）分析

这道题目的答案很明了，显然系统用户数与程序复杂度没有必然的联系，一个简单的程序也可以有大量的用户使用，复杂的程序也可只有少数人使用，因此选项 C 正确。

参考答案

（27）C

试题（28）

在信息系统工程建设过程中，__(28)__不属于配置管理工具。

（28）A．文档版本信息表　　　　　B．系统变更流程

　　　　C．系统用户权限表　　　　　D．基线

试题（28）分析

　　软件配置管理（Software Configuration Management，SCM）是一种标识、组织和控制修改的技术。软件配置管理应用于整个软件工程过程。我们知道，在软件建立时变更是不可避免的，而变更加剧了项目中软件开发者之间的混乱。SCM 活动的目标就是为了标识变更、控制变更、确保变更正确实现并向其他有关人员报告变更。从某种角度讲，SCM 是一种标识、组织和控制修改的技术，目的是使错误降为最小并最有效地提高生产效率。显然系统用户权限表不是与配置管理有关的内容。

　　本题选项 C 正确。

参考答案

　　（28）C

试题（29）

　　在会议上，由参会人员阅读程序，利用测试数据人工运行程序，对输出结果进行审查，以达到测试的目的。这种测试方法是　（29）　。

　　（29）A．软件审查　　B．代码走查　　　C．技术评审　　　D．代码审查

试题（29）分析

　　代码走查（Code Walkthrough）是一个开发人员与架构师集中与讨论代码的过程。代码走查的目的是交换有关代码是如何书写的思路，并建立一个对代码的标准集体阐述。在代码走查的过程中，开发人员都应该有机会向其他人来阐述他们的代码。通常地，即便是简单的代码阐述也会帮助开发人员识别出错误并预想出对以前麻烦问题的新的解决办法。

　　技术评审是由一组评审者按照规范的步骤对软件需求、设计、代码或其他技术文档进行仔细的检查，以找出和消除其中的缺陷。技术评审为新手提供软件分析、设计和实现的培训途经，后备、后续开发人员也可以通过正规技术评审熟悉他人开发的软件。评审小组至少由 3 人组成（包括被审材料作者），一般为 4～7 人。通常，概要性的设计文档需要较多评审人员，涉及详细技术的评审只需要较少的评审人员。

　　软件审查是一种在软件生存周期内尽早发现和消除软件缺陷的有效方法。该方法包括三大要素：审查员、审查对象和审查过程。

　　代码审查法是历史上最著名的软件审查方法之一，它分为 4 个阶段，共包含 7 个步骤，包括准备阶段（计划、概述、会前个人准备）、审查会议阶段（召开审查会议）、缺陷纠正阶段（过程改进、修改缺陷）和后继阶段（相关后继活动）等。

　　选项 B 正确。

参考答案

　　（29）B

试题（30）

下列关于软件测试技术的叙述，不正确的是 (30) 。

（30）A. 用黑盒测试的结论分辨数据库或系统层面的错误

B. 要满足较高的覆盖准则，路径数量有可能非常庞大

C. 搭建测试环境时必须尽可能地与真实运行环境一致

D. 兼容性验证测试和用户环境模拟测试可以不同

试题（30）分析

黑盒测试也称为功能测试，它是通过测试来检测每个功能是否都能正常使用。在测试中，把程序看作一个不能打开的黑盒子，在完全不考虑程序内部结构和内部特性的情况下，在程序接口进行测试，它只检查程序功能是否按照需求规格说明书的规定正常使用，程序是否能适当地接收输入数据而产生正确的输出信息。黑盒测试着眼于程序外部结构，不考虑内部逻辑结构，主要针对软件界面和软件功能进行测试，显然无法分辨数据库层面的错误。选项 A 正确。

参考答案

（30）A

试题（31）

性能测试工具 LoadRunner 用来覆盖性能测试基本流程的三大主要功能模块不包括 (31) 。

（31）A. Bugzilla　　　　　　B. Virtual User Generator

C. Controller　　　　　　D. Analysis

试题（31）分析

LoadRunner 是一种预测系统行为和性能的负载测试工具。通过以模拟上千万用户实施并发负载及实时性能监测的方式来确认和查找问题，LoadRunner 能够对整个企业架构进行测试。通过使用 LoadRunner，企业能最大限度地缩短测试时间，优化性能和加速应用系统的发布周期。LoadRunner 是一种适用于各种体系架构的自动负载测试工具，它能预测系统行为并优化系统性能。其主要组建包括如下：

- VuGen（虚拟用户生成器）。用于捕获最终用户业务流程和创建自动性能测试脚本（也称为虚拟用户脚本）。
- Controller（控制器）。用于组织、驱动、管理和监控负载测试。
- Analysis（分析器）。有助于查看、分析和比较性能结果。

Bugzilla 是 Mozilla 公司提供的一款开源的免费 Bug（错误或缺陷）追踪系统，用来帮助用户管理软件开发，建立完善的 Bug 跟踪体系，与 LoadRunner 无关系的另外一个软件，由这点也可以判断出选项 A 正确。

参考答案

（31）A

试题（32）

类之间的关系不包括___（32）___。

（32）A. 依赖关系　　　B. 泛化关系　　　C. 实现关系　　　D. 分辨关系

试题（32）分析

类之间的关系（Relationship）：

- 单向关联
- 双向关联
- 自身关联
- 多维关联（N-ary Association）
- 泛化（Generalization）
- 依赖（Dependency）
- 聚合（Aggregation）
- 组合（Composite）

没有分辨关系，因此选项 D 正确。

参考答案

（32）D

试题（33）

形成 Web Service 架构基础的协议主要包括___（33）___。

（33）A. SOAP、HTTP、UDDI　　　　　B. WSDL、SOAP、DHCP

　　　C. SOAP、DHCP、WSDL　　　　　D. WSDL、SOAP、UDDI

试题（33）分析

Web 服务的三个重点：

1. 简单对象访问协议（SOAP）

SOAP 是一种基于 XML 的通信协议，包括三个部分：

（1）SOAP 封装结构：定义消息的 XML 格式，包括整体框架、消息内容、谁处理这些内容等。

（2）SOAP 编程规则：定义如何将程序数据表示为 XML。

（3）SOAP RPC 表示：定义如何使用 SOAP 进行远程过程调用。

2. Web 服务描述语言（WSDL）

（1）是一个 XML 文档，用于说明一组 SOAP 消息以及如何交换这些信息。

（2）定义了服务的位置以及使用服务的通信协议。

（3）可提供更高层次的消息，如 Web 服务的业务类型和关联关键字等。

3. 同一描述、发现和继承（UDDI）

（1）Web 服务的黄页。

（2）其核心组件是 UDDI 商业注册，它使用一个 XML 文档来描述 Web 服务。包括三个部分：

① 白页：介绍提供服务的公司，包括名称、地址和联系方式。

② 黄页：包括按照标准分类进行分类的行业类别。

③ 绿页：细则介绍、访问服务接口等技术信息。

SOAP、WSDL 和 UDDI 都基于 XML。SOAP 使用 XML 作为其数据编码格式。WSDL 使用 XML Schema 描述 Web 服务的结构。UDDI 使用 XML 描述商业实体和 Web 服务。

选项 D 正确。

参考答案

（33）D

试题（34）

最适合担任软件外部技术评审专家的是　　(34)　　。

（34）A．在软件工程理论领域有所建树的高校教授

　　　 B．所在机构上级管理机关相关部门的直属领导

　　　 C．具有多年技术经验的项目承建单位总架构师

　　　 D．具有同行业同规模相关系统建设经验的高级咨询师

试题（34）分析

做项目的技术评审的专家最好是有同类项目建设经验的，同时具备一定的理论水平和良好的沟通与表达能力，后面这两点是一个高级咨询师必备的，选项 D 正确。

参考答案

（34）D

试题（35）

根据《计算机软件文档编制规范》，不属于应用系统开发文档的是　　(35)　　。

（35）A．计算机编程手册　　　　　　　B．软件用户手册

　　　 C．软件配置管理计划　　　　　　D．软件版本说明

试题（35）分析

计算机编程手册是一个公司为了提高软件质量、规范编程行为而制定，是一个通用的手册，而不是某个具体项目文档，因此选项 A 正确。

参考答案

（35）A

试题（36）

项目质量管理由　　(36)　　、质量控制和质量保证三方面构成。

（36）A．质量计划　　 B．质量体系　　　 C．质量方针　　　 D．质量措施

试题（36）分析

项目的质量管理主要是为了确保项目按照设计者规定的要求满意地完成，包括使整个项目的所有功能活动能够按照原有的质量及目标要求得以实施。质量管理主要是依赖于质量计划、质量控制、质量保证及质量改进所形成的质量保证系统来实现的。选项 A 正确。

参考答案

（36）A

试题（37）

以下关于组织协调的表述，正确的有　　(37)　　。

① 承建单位内部协调的主体是其负责人

② 建设单位和承建单位之间协调的主体是监理机构

③ 承建单位和分包单位间的协调由建设单位负责

④ 监理机构主要的协调任务是解决信息化工程各参与方之间的冲突

⑤ 监理单位负责人处于组织协调工作的中心地位

（37）A．①②③④⑤　　　　B．①②④　　　　C．①③④　　　　D．①④⑤

试题（37）分析

承建单位和分包单位间的协调应由承建单位负责，因为承建单位和分包单位是合同的当事方，选项 B 正确。

参考答案

（37）B

试题（38）

总包单位依法将建设工程分包时，分包工程发生的质量问题应　　(38)　　。

（38）A．由总包单位负责

B．由总包单位负责，分包单位承担连带责任

C．由分包单位负责

D．由总包单位、分包单位、监理单位共同负责

试题（38）分析

《中华人民共和国招标投标法》第四十八条规定，中标人应当按照合同约定履行义务，完成中标项目。中标人不得向他人转让中标项目，也不得将中标项目肢解后分别向他人转让。

中标人按照合同约定或者经招标人同意，可以将中标项目的部分非主体、非关键性工作分包给他人完成。接受分包的人应当具备相应的资格条件，并不得再次分包。

中标人应当就分包项目向招标人负责，接受分包的人就分包项目承担连带责任。

因此本题选项 B 正确。

参考答案

（38）B

试题（39）

由承建单位采购的设备，采购前要向___(39)___提交设备采购方案，经审查同意后，方可实施。

（39）A. 总监理工程师　　　　　　　　B. 监理工程师

　　　　C. 总工程师　　　　　　　　　　D. 设备安装工程师

试题（39）分析

专业监理工程师的职责如下：

- 负责编制监理规划中本专业部分以及本专业监理实施方案。
- 按专业分工并配合其他专业对工程进行抽检、监理测试或确认见证数据，负责本专业的测试审核、单元工程验收，对本专业的子系统工程验收提出验收意见。
- 负责审核系统实施方案中的本专业部分。
- 负责审核承建单位提交的涉及本专业的计划、方案、申请、变更，并向总监理工程师提出报告。
- 负责核查本专业投入软、硬件设备和工具的原始凭证、检测报告等质量证明文件及其实物的质量情况。根据实际情况，有必要时对上述进行检验。
- 负责本专业工程量的核定，审核工程量的数据和原始凭证。
- 负责本专业监理资料的收集、汇总及整理，参与编写监理日志、监理月报。

选项 B 正确。

参考答案

（39）B

试题（40）

信息工程监理的主要内容可概括为"四控三管一协调"，其中三管是指___(40)___。

①组织管理　　②合同管理　　③信息管理　　④文档管理　　⑤安全管理

（40）A. ①③⑤　　　　B. ②④⑤　　　　C. ②③⑤　　　　D. ①④⑤

试题（40）分析

"四控三管一协调"是指质量控制、进度控制、投资控制、变更控制，合同管理、文档管理、安全管理和组织协调，选择 B 是正确答案。

参考答案

（40）B

试题（41）

通过质量认证的企业年审时若质量管理体系不符合认证要求，认证机构可采取的警告措施是___(41)___。

（41）A. 企业通报　　B. 监督检查　　C. 认证暂停　　D. 认证注销

试题（41）分析

获准质量管理体系认证的供方可以利用认证机构的注册证书及准予使用的注册标志做广告宣传，表明本单位所具有的质量信誉。

注册有效期一般为 3 年。在有效期内，认证机构应对注册单位实施监督管理，其内容包括供方通报、监督检查、认证暂停、认证撤消、认证有效期的延长等。

① 供方通报。认证合格的供方（此处的供方指的是认证证书获得者）质量管理体系在运行中出现以下较大变化的情况时，供方需及时向认证机构通报：质量手册已作重大调整或修改；质量管理体系覆盖的产品结构发生了重大变化；供方负责人或质量管理体系管理代表发生变动；质量管理体系覆盖的产品发生了重大质量事故。认证机构在接到供方的上述通报后，将视情况采取必要的监督检查措施。

② 监督检查。监督检查是指认证机构对认证合格的供方质量管理体系的维持情况进行的监督性现场检查，包括定期和不定期监督检查。定期监督检查通常为每半年或每一年一次，不定期监督检查视需要临时安排。重点检查以下内容：上次检查时发现缺陷的纠正情况；质量管理体系是否发生变化及这些变化对质量管理体系有效性可能产生的影响；质量管理体系中关键项目的执行情况等。

③ 认证暂停。认证暂停是认证机构对认证合格供方质量管理体系发生不符合认证要求的情况时采取的警告措施。在认证暂停期间，供方不得使用质量管理体系认证证书进行宣传。认证暂停由认证机构书面通知供方，同时也指明取消暂停的条件。发生以下情况时，认证机构将做出认证暂停的决定：供方提出暂停；监督检查中发现供方质量管理体系存在不符合有关要求的情况，但尚不需要立即撤销认证；供方不正确使用注册、证书、标志，但又未采取使认证机构满意的补救措施。

④ 认证撤销。认证撤销是指认证机构撤销对供方质量管理体系符合相应质量标准的合格证明。认证撤销由认证机构书面通知供方，并撤销注册，收回证书，停止供方使用认证标志。发生以下情况时，认证机构将做出撤销认证的决定：供方提出撤销认证；认证机构发出认证暂停通知后，供方未在规定的期限内采取纠正措施并达到规定的条件；监督检查中发现供方质量管理体系存在严重不符合有关要求的情况；认证要求发生变更时，供方不愿或不能确保符合新的要求；供方不按规定向认证机构交纳费用。供方对撤销认证不满时，可向认证机构提出申诉。

⑤ 认证有效期的延长。在认证合格有效期满前，如果供方愿意继续延长时，可向认证机构提出延长认证有效期的申请。获准延长认证有效期的程序，原则上与初次认证相同，但由于连续性监督的因素，在具体的过程中将较初次认证大为简化。

因此选项 C 正确。

参考答案

（41）C

试题（42）

某信息系统建设项目，由于承建单位项目经理突然离职，造成项目进度延期，并导致监理合同约定的实施周期延长，针对上述情况，＿＿（42）＿＿的做法是妥当的。

（42）A. 监理单位向承建单位索赔，挽回监理损失

　　　　B. 承建单位要求追加实施费用

　　　　C. 建设单位立即终止建设合同

　　　　D. 监理单位要求追加监理费用

试题（42）分析

选项 A 错误，因为这是承建单位的问题，向建设单位索赔的要件不成立。选项 B 错误，承建单位自己的错误竟然还要求追加实施费用，显然错误；选项 C 建设单位立即终止合同的做法也不妥当，仅是因为承建单位的项目经理离职造成一定的进度拖延就终止合同，也难以获得法律层面的支持。因此正确答案是 D。

参考答案

（42）D

试题（43）

监理合同是监理单位开展工作的依据之一，以下关于监理合同的说法不正确的是＿＿（43）＿＿。

（43）A. 监理合同规定了监理工作的成果

　　　　B. 监理合同规定了主要监理设备由监理单位提供

　　　　C. 监理合同规定了监理工作的范围

　　　　D. 监理合同规定了由承建单位支付监理费用

试题（43）分析

监理单位的权利义务规定，监理单位不得与被监理项目的承建单位存在隶属关系和利益关系，如果监理单位从承建单位获得监理费用，就有了利益关系，选项 D 正确。

参考答案

（43）D

试题（44）

监理单位为获得监理任务而编制的文件是＿＿（44）＿＿。

（44）A. 监理大纲　　B. 监理规划　　　C. 监理细则　　　D. 监理合同

试题（44）分析

监理大纲、监理规划和监理细则都是为某一个工程而在不同阶段编制的监理文件，它们是密切联系的，但同时又有区别。简要叙述如下：

监理大纲是轮廓性文件，是编制监理规划的依据。

监理规划是指导监理开展具体监理工作的纲领性文件。

监理实施细则是操作性文件，要依据监理规划来编制。

也就是说，从监理大纲到监理规划再到监理实施细则，是逐步细化的。

区别主要是：

监理大纲在投标阶段根据招标文件编制，目的是承揽工程。

监理规划是在签订监理委托合同后在总监的主持下编制，是针对具体的工程指导监理工作的纲领性文件。目的在于指导监理部开展日常工作。

监理实施细则是在监理规划编制完成后依据监理规划由专业监理工程师针对具体专业编制的操作性业务文件。目的在于指导具体的监理业务。

本题选项 A 正确。

参考答案

（44）A

试题（45）

以下对监理规划理解不正确的是　 (45) 　。

（45）A. 总监理工程师对监理机构的监理规划和它在工程监理过程中的实施效果进行检查

　　　 B. 监理规划是对监理委托合同的签订双方责、权、利的进一步细化，具有合同效力

　　　 C. 监理规划的依据包括建设单位与承建单位签订的合同

　　　 D. 监理规划应对所有监理项目中的关键点和实施难点设置"质量控制点"

试题（45）分析

参见上面试题（44）分析，质量控制点是在监理细则中体现的。因此，选项 D 正确。

参考答案

（45）D

试题（46）、（47）

某大型信息系统工程主要涉及安全系统、标准体系、数据中心、门户系统、系统集成、软件研发等建设内容。为了加强管理，建设单位先期选定了监理单位，同时开展了软件开发、数据中心、标准体系的建设，作为总监理工程师，你认为监理实施细则中首要明确的任务是　 (46) 　；由于各类工作并发开展，因此只有各项目干系人协同管理，才能保证项目优质高效完成，在这个过程中，针对协同质量管理正确的是　 (47) 　。

（46）A. 监理工作范围　　　　　 B. 监理工作流程

　　　 C. 监理工作重难点分析　　 D. 监理工作质量控制点

（47）A. 监理单位应在各承建单位完成质量工作计划的基础上完善监理工作方案

　　　 B. 建设单位应首先制定质量管理方案

　　　 C. 承建单位应由项目经理承担实施质量管理

　　　 D. 质量信息反馈机制应由承建单位制定

试题（46）、（47）分析

监理实施细则是在监理规划编制完成后依据监理规划由专业监理工程师针对具体

专业编制的操作性业务文件。目的在于指导具体的监理业务选择，这时候监理大纲已经编制，监理工作范围已经确定，所以选项 A 不正确。选项 B、C、D 都是监理细则的编写内容，题目问的是"你认为监理实施细则中首要明确的任务是"，显然如果监理工作的重点和难点都没有分析出来时，则其他两项内容无从写起。在试题（46）中，选项 C 正确。

在试题（47）中，质量管理方案可以由建设单位给出，但是建设单位应首先制定是错误的。选项 B 不妥。承建单位应有质量管理人员来实施质量管理。选项 C 质量信息反馈机制可由任何一方制定或者三方协同制定，经三方认同后实施，说一定应由承建单位制定不妥。

参考答案

（46）C　（47）A

试题（48）

以下关于质量控制点设置原则的叙述，不正确的是＿＿（48）＿＿。

（48）A. 质量控制点应突出重点

　　　 B. 质量控制点应易于纠偏

　　　 C. 质量控制点应避免干扰，不能改变

　　　 D. 质量控制点应利于三方的质量控制

试题（48）分析

质量控制点的设置原则是：

（1）选择的质量控制点应该突出重点。

（2）选择的质量控制点应该易于纠偏。

（3）质量控制点设置要有利于参与工程建设的三方共同从事工程质量的控制活动。

（4）保持控制点设置的灵活性和动态性。

因此选项 C 的说法是错误的。

参考答案

（48）C

试题（49）

监理单位应在信息化建设工程实施完成以后参加建设单位组织的工程验收，签署＿＿（49）＿＿意见。

（49）A. 业主　　　 B. 总监理工程师　　　 C. 承建单位　　　 D. 监理单位

试题（49）分析

参见教材，验收工作组由建设单位、承建单位和监理单位共同组成，有监理单位签署验收意见，因此选项 D 正确。

参考答案

（49）D

试题（50）～（52）

某工程有 10 项工作，其相互的依赖关系如下表所示，按照该工作关系，第 __(50)__ 天后开始 F 工作，关键路径为 __(51)__ 天，I 工作的自由时差为 __(52)__ 天。

工作代号	所用时间	紧前作业
A	4	
B	3	A
C	3	A
D	5	B
E	4	C、D
F	9	D
G	4	E、D
H	2	F、G
I	7	F、H
J	1	G、I

(50) A. 11   B. 12   C. 13   D. 14

(51) A. 28   B. 29   C. 30   D. 31

(52) A. 0   B. 1   C. 2   D. 3

试题（50）～（52）分析

本题关键是根据题目给出的相互依赖关系表绘制出网络图，如果不能绘制出网络图，第 50 题可以从表中得出正确答案。根据题目给出的相互依赖关系绘制出的网络图如下：

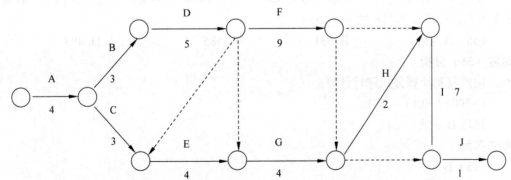

通过 S 区县可以得到工程项目实际超额或拖欠的任务量，选项 B 正确。

参考答案

(50) B   (51) D   (52) A

试题（53）

当信息工程项目实施过程中出现进度超前的情况时，监理工程师 __(53)__ 。

（53）A. 应该感到高兴，因为工程可以提前完成

　　　B. 需分析进度超前对后续工作产生的影响，并同承建单位协商，合理地调整进度方案

　　　C. 督促其余多个平行的承建单位加快进度，以便工程早日完工

　　　D. 不必干预

试题（53）分析

进度超前时需要仔细分析超前的原因，是不是有漏做的工作，是不是质量低下，是不是承建单位自认为超前……因此不能去做盲目乐观的事情，因此选项 B 正确。

参考答案

（53）B

试题（54）

某综合布线项目购置设备及材料需 100 万元，工程其他费用为 20 万元，其中基本预备费为 10 万元，为应对涨价的预备费为 5 万元，则项目的动态投资为　（54）　万元。

（54）A. 135　　　　　B. 130　　　　　C. 10　　　　　D. 5

试题（54）分析

在项目建设期间，一部分投资是不变的，另一部分投资随市场或随政策变动而发生变化。在本项目中，应对涨价的预备费为 5 万元，这部分的投资是动态的，因此选项 D 正确。

参考答案

（54）D

试题（55）

某建设项目向银行一次贷款 300 万元，年利率 10%，贷款期限为 5 年，按复利计算 5 年末需偿还银行本利和约为　（55）　万元。

（55）A. 450　　　　　B. 531　　　　　C. 585　　　　　D. 483

试题（55）分析

按照复利计算公式进行计算：

$F = 300(1+0.1)^5 = 531$

选项 B 正确。

参考答案

（55）B

试题（56）

以下属于静态财务评价指标的是　（56）　。

（56）A. 净现值　　　B. 净现指数　　　C. 投资利润率　　　D. 内部收益率

试题（56）分析

投资利润率，又称为投资报酬率，是指投资中心所获得的利润与投资额之间的比率。

计算公式是：

投资利润率=利润/投资额×100%

投资利润率=（销售收入/投资额）×（成本费用/销售收入）×（利润/成本费用）

=资本周转率×销售成本率×成本费用利润率

以上公式中投资额是指投资中心的总资产扣除对外负债后的余额，即投资中心的净资产。所以，该指标也可以称为净资产利润率，它主要说明投资中心运用公司产权供应的每一元资产对整体利润贡献的大小，或投资中心对所有者权益的贡献程度，与项目本身有关，与时间等动态因素无关。

选项 C 正确。

参考答案

（56）C

试题（57）

某机房改造项目承建单位完成了所有实施及验收工作，此时，监理需要对竣工结算进行审核，以下关于竣工结算的理解正确的是　(57)　。

（57）A. 竣工结算应由建设单位编制汇总，是对整体建设全过程支出费用的总结

B. 竣工结算表明了建设单位与承建单位最终支付的费用

C. 竣工结算与合同金额必须一致

D. 竣工结算不能突破前期预算价格

试题（57）分析

工程结算是指项目竣工后，承包方按照合同约定的条款和结算方式向业主结清双方往来款项。工程结算在项目施工中通常需要发生多次，一直到整个项目全部竣工验收，还需要进行最终项目的工程竣工结算，从而完成最终项目的工程造价的确定和控制。在此主要阐述工程备料款、工程价款和完工后的结算（工程竣工结算），所以选项 A、C、D 都不对。本题如果不看 A、C、D 选项，就看 B 选项的说法肯定是正确的，只能有一个正确选项，也可以选出正确答案。

选项 B 正确。

参考答案

（57）B

试题（58）

在项目建设过程中，承建方发现实际需求与原招标文件和合同不符，此时应由　(58)　提出需求变更。

（58）A. 监理方　　　B. 承建方　　C. 建设方　　　D. 三方协商共同提出

试题（58）分析

承建方发现实际需求与原招标文件和合同不符，应当与建设方协商达成一致后由建设方提出变更需求。

本题选项 C 正确。

参考答案

（58）C

试题（59）

在变更申请中，应包括的内容主要有___（59）___。

① 变更的原因

② 变更的依据

③ 变更所引起的资金变化

④ 变更所引起的进度变化

⑤ 变更的内容

（59）A．①③④⑤　　　　B．①②③④⑤　　　　C．①③④　　　　D．①②⑤

试题（59）分析

本题的答案很明确，①②③④⑤都会是变更所涉及的，因此选项 B 正确。

参考答案

（59）B

试题（60）

下列不属于违约的变更是___（60）___。

（60）A．因业主方未按时提供项目建设所需材料而导致的进度延期

　　　　B．因前置机房建设任务未竣工而导致的装修延期

　　　　C．因地震引起设备延迟到货而导致的进度延期

　　　　D．因承建方指派项目经理经验不足而导致的进度延期

试题（60）分析

地震属于不可抗力，4 个选项中，只有地震引起设备延迟到货，是属于免责的范围。选项 C 正确。

参考答案

（60）C

试题（61）

工程监理单位不按照委托监理合同的约定履行监理义务，对应当监督检查的项目不检查或者不按照规定检查，给建设单位造成损失的，应当___（61）___。

（61）A．被处以罚款　　　　　　　B．吊销其资质证书

　　　　C．承担相应的赔偿责任　　　D．承担连带赔偿责任

试题（61）分析

不能因为一个项目的过错就吊销资质证书，也不存在承担连带责任的问题，而是应该承担未履行合同的责任，因此选项 B、D 的说法都不正确，选项 A 被处以罚款没有依据。选项 C 正确。

参考答案

（61）C

试题（62）

仲裁委员会的仲裁裁决做出以后，当事人应当履行。当一方当事人不履行仲裁裁决时，另一方当事人可以依照民事诉讼法的有关规定向___（62）___申请执行。

（62）A．当地人民政府　　B．人民法院　　　　C．仲裁委员会　　D．调解委员会

试题（62）分析

我国仲裁法规定，仲裁裁决书自作出之日起发生法律效力，当事人应当履行仲裁裁决；仲裁调解书与仲裁裁决书具有同等的法律效力，调解书经双方当事人签收，即应自觉予以履行。通常情况下，当事人协商一致将纠纷提交仲裁，都会自觉履行仲裁裁决。但实际上，由于种种原因，当事人不自动履行仲裁裁决的情况并不少见，在这种情况下，另一方当事人即可请求法院强制执行仲裁裁决。选项 B 正确。

参考答案

（62）B

试题（63）

计算机软件只要开发完成就能具有___（63）___并受到法律保护。

（63）A．著作权　　　　　　B．专利权　　　　C．商标权　　　　D．商业秘密权

试题（63）分析

著作权获得的途径是依法自动产生的，也就是说，自作品创作完成的那一瞬间开始，作者无须履行任何手续即可成为著作权的主体。因此选项 A 正确。

参考答案

（63）A

试题（64）

灾难恢复目标的设置不包括___（64）___。

（64）A．关键业务功能及恢复的优先顺序　　B．RTO
　　　C．RPO　　　　　　　　　　　　　　　D．灾备环境

试题（64）分析

根据风险分析和业务影响分析的结果确定灾难恢复目标，包括：
- 关键业务功能及恢复的优先顺序；
- 灾难恢复时间范围，即 RTO 和 RPO 的范围。

选项 D 正确。

参考答案

（64）D

试题（65）

下列关于灾难备份中心的选址原则的叙述，错误的是___（65）___。

（65）A. 选择和建设灾难备份中心时，应根据风险分析的结果，避免灾难备份中心与主中心同时遭受同类风险

B. 灾难备份中心须设立在外省市，以规避不同影响范围的灾难风险

C. 灾难备份中心应具有数据备份和灾难恢复所需的通信、电力等资源，以及方便灾难恢复人员和设备到达的交通条件

D. 灾难备份中心应根据统筹规划、资源共享、平战结合的原则，合理布局

试题（65）分析

选项 B 这样的原则是不合适的，因为根据要求相隔距离大于 800 公里就可以，并不一定要设在外省市。选项 B 正确。

参考答案

（65）B

试题（66）

《计算机软件文档编制规范》（GB/T 8567—2006）是 __(66)__ 标准。

（66）A. 推荐性国家　　　　　　B. 强制性国家

C. 推荐性软件行业　　　　D. 强制性软件行业

试题（66）分析

GB/T 都是推荐性国家标准。选项 A 正确。

参考答案

（66）A

试题（67）

__(67)__ 不属于工程监理验收报告必须包括的内容。

（67）A. 工程竣工准备工作综述　　B. 验收测试方案与规范

C. 监理工作流程　　　　　　D. 验收测试结论

试题（67）分析

监理工作流程是建立工作规范时制定的，或者是针对某个项目监理工作指定的，显然不属于验收报告所必须包括的内容。选项 C 正确。

参考答案

（67）C

试题（68）

监理方在编制工程验收监理报告时，应重点说明 __(68)__ 。

（68）A. 工程竣工准备工作综述　　B. 验收测试方案与规范

C. 验收测试结论与分析　　　D. 项目监理工作总结

试题（68）分析

验收测试是根据合同和需求进行的确认测试，表明了系统是否达到合同要求和用户

需求，因此应重点说明，选项 C 正确。

参考答案

（68）C

试题（69）

以下关于监理资料整理、归档的叙述，不正确的是 ___（69）___ 。

（69）A. 监理资料应在监理工作结束后统一整理归档

　　　 B. 监理档案的编制及保存应符合国家法律法规和标准规范的要求

　　　 C. 监理资料的管理应由总监理工程师负责，并指定专人具体实施

　　　 D. 监理资料应按时整理、真实完整、分类有序

试题（69）分析

在项目实施中，任何一方（包括监理方）的项目资料都应该随时整理归档，而不是等在建立工作结束后归档。选项 A 正确。

参考答案

（69）A

试题（70）

监理应具有的职业道德操守是 ___（70）___ 。

① 监理应在核定的业务范围内开展相应的监理工作

② 严格遵照执行监理合同

③ 遵守建设单位的有关行政管理、经济管理、技术管理等方面的规章制度要求

④ 在处理事务时，敢于坚持正确观点，实事求是，不唯建设单位的意见是从

（70）A. ①　　　　　　 B. ①②　　　　　　 C. ①②③　　　　　　 D. ①②③④

试题（70）分析

监理单位的权利和义务如下：

（1）应按照"守法、公平、公正、独立"的原则，开展信息系统工程监理工作，维护建设单位与承建单位的合法权益。

（2）按照监理合同取得监理收入。

（3）不得承包信息系统工程。

（4）不得与被监理项目的承建单位存在隶属关系和利益关系。

（5）不得以任何形式侵害建设单位和承建单位的知识产权。

（6）在监理过程中因违犯国家法律、法规，造成重大质量、安全事故的，应承担相应的经济责任和法律责任。

选项 D 正确。

参考答案

（70）D

试题（71）

Which is the second layer from the bottom in Open System Interconnection Reference Model?　（71）　.

（71）A. Application　　　　B. Data link　　　C. Network　　　D. Session

试题（71）分析

本题的含义是 OSI 的参考模型从下往上的第二层是哪层？

第 7 层 应用层（Application Layer）

第 6 层 表示层（Presentation Layer）

第 5 层 会话层（Session Layer）

第 4 层 传输层（Transport Layer）

第 3 层 网络层（Network Layer）

第 2 层 数据链路层（Data Link Layer）

第 1 层 物理层（Physical Layer）

选项 B 正确。

参考答案

（71）B

试题（72）

Models drawn by the system analysts during the process of the structured analysis are　（72）　.

（72）A. PERTs　　　　B. EMV　　　C. UMLs　　　D. DFDs

试题（72）分析

本题的含义是在结构化设计过程中，由系统分析人员绘制的是哪个图？TCP 被设计用于在不可靠的因特网上提供可靠的端对端，UML 是面向对象设计中所用的图，软件设计中没有 ENV 这样的图，PERTs 是一种进行计划安排和成本控制，把活动时间和成本方面的不确定性结合起来，统筹考虑进行项目管理的方法所用的图。而 DFD（数据流图）是结构化设计师所使用的，选项 D 正确。

参考答案

（72）D

试题（73）

Which of the following is not an input to quality planning?　（73）　.

（73）A. scope statement　　　　　　　B. regulations

　　　C. work results　　　　　　　　D. standards

试题（73）分析

本题的含义是哪项不是质量计划的输入。选项 C（工作成果）显然不是。

参考答案

（73）C

试题（74）

Performing　（74）　involves monitoring specific project results to determine if they comply with relevant quality standards and identifying ways to eliminate causes of unsatisfactory results.

（74）A．quality planning　　　　B．quality assurance

　　　　C．quality performance　　　D．quality control

试题（74）分析

本题的含义是执行质量控制包括监控项目的特定成果，以决定是否符合质量标准的要求，从这句就可以看出来是质量控制（Quality Control）所做的事情，因此选项 D 正确。

参考答案

（74）D

试题（75）

To determine whether or not the employee correctly understands the message, the project manager needs to　（75）　.

（75）A．reduce the filtering　　　　B．eliminate barriers

　　　　C．obtain feedback　　　　　D．use more than one medium

试题（75）分析

本题的含义是为了确定成员是否理解了某些信息的内涵，项目经理应当做什么？显然是从成员的反馈（Obtain Feedback）中可以确定是否对方理解了某些信息的内涵，选项 C 正确。

参考答案

（75）C

第 2 章　2012 上半年信息系统监理师下午试题分析与解答

试题一（20 分）

阅读下列说明，回答问题 1 至问题 4，将解答填入答题纸的对应栏内。

【说明】

某地方政府拟对其门户网站进行改造，该工程涉及网站首页改版、二级页面改造、数据迁移、系统集成等建设内容，保护等级定为 3 级，初步设计和实施分别立项。在建设过程中，发生如下事件：

[事件 1]　为了保证初步设计工作顺利开展，建设单位以邀标方式选中丙公司承担初步设计阶段的监理工作，丙公司对初步设计报告进行了审核。

[事件 2]　该项目的初步设计通过主管部门批复后，建设单位以公开招标方式确定由乙公司承担该工程的实施阶段任务。同时考虑到丙公司对工程建设情况比较熟悉，因此建设单位直接与丙公司续签了监理合同，由丙公司承担工程实施阶段的项目监理工作。

[事件 3]　由于乙公司项目团队专业技术能力的原因，造成数据迁移工作进展缓慢，对工程整体进度产生了不利影响。

[事件 4]　为了保证系统的安全性符合国家相关规定，同时能顺利通过项目验收，正式上线运行前，丙公司建议建设单位进行系统安全方面的测评工作。

【问题 1】（8 分）

作为监理，你认为事件 1 中初步设计报告审核的重点有哪些？

【问题 2】（4 分）

请指出事件 2 中建设单位直接指定由丙公司承担工程实施阶段的项目监理工作是否妥当，并说明理由。

【问题 3】（6 分）

针对事件 3 的情况，丙公司应采取哪些措施以推进项目的实施？

【问题 4】（2 分）

针对事件 4，丙公司应建议建设单位进行哪些系统安全方面的测评工作？

试题一分析

【问题 1】

本题主要考核考生对我国电子政务工程建设项目可行性研究报告、初步设计报告的编写要点和它们之间的关系掌握程度。

要回答本问题，首先要搞清楚可行性研究报告与初步设计报告之间的关系：

（1）二者编制形式的异同见 55 号令附件二、三。

（2）可研报告（批准版）是必要的，它是初设的主要依据，是衡量初设是否全面响应可研批复精神的有效对比文件。

（3）两者之间的主要差别在于目标、任务、详细程度不同。

① 可研要明确工程所必需的全部单项（功能）工程、主要设备软件以及其他必要的科目，初设再将单项工程分解到细项或具体设备型号、参数、单价或费用。

② 可研要实现必需功能的途径最合理、最经济，即方案比选，初设在批准的方案基础上具体细化。

③ 可研是初设的基础和依据，初设是可研的细化发展、为实现工程建设的初衷提出全面而明确的蓝图。

④ 可研估算投资是控制初设概算投资的限额。

⑤ 如果初设时有新政策、新需求的产生，就应经充分论述内容、理由后添加进来。

一般可行性研究包括 4 个方面的研究：

- 经济可行性：进行成本/效益分析。从经济角度判断系统开发是否"合算"。
- 技术可行性：进行技术风险评价。从建设基础、问题的复杂性等出发，判断系统开发在时间、费用等限制条件下成功的可能性。
- 法律可行性：确定系统开发可能导致的任何侵权、妨碍和责任。
- 方案的选择：评价系统或产品开发的几个可能的候选方案，最后给出结论意见。

因此，初步设计必须满足《55 号令附件》规定的初步设计报告编写模板的编写要求。在这个基础上同样要覆盖上述可行性研究报告的 4 个方面。

在审核初步设计报告时，第一要审查的就是初步设计报告是否全面响应可行性研究报告批复精神。第二要按照 55 号令附件三《国家电子政务工程建设项目初步设计方案和投资概算编制要求》的格式进行编写。第三，如果初设时有新政策、新需求的产生，就应经充分论述内容、理由后添加进来。因此要对项目需求进行审核。第四，经济可行性、技术可行性、法律可行性、方案的选择重点进行审核。

【问题 2】

《国家电子政务工程建设项目管理暂行办法》（发展改革委令第 55 号）第十六条规定：电子政务项目采购货物、工程和服务应按照《中华人民共和国招标投标法》和《中华人民共和国政府采购法》的有关规定执行，并遵从优先采购本国货物、工程和服务的原则。

考察考生对监理规划的作用、内容以及监理规划在监理工作运用等知识点。

《招标投标法》第三条规定：在中华人民共和国境内进行下列工程建设项目包括项目的勘察、设计、施工、监理以及与工程建设有关的重要设备、材料等的采购，必须进行招标：

（一）大型基础设施、公用事业等关系社会公共利益、公众安全的项目；

（二）全部或者部分使用国有资金投资或者国家融资的项目；

（三）使用国际组织或者外国政府贷款、援助资金的项目。

前款所列项目的具体范围和规模标准，由国务院发展计划部门会同国务院有关部门制订，报国务院批准。

法律或者国务院对必须进行招标的其他项目的范围有规定的，依照其规定。

【问题 3】

这是一道综合题，在相关的书籍、手册、标准规范上没有哪个章节明确给出解决的办法，本题重点考的是考生综合运用监理知识的能力，并考查考生是否真正做过监理工作。作为监理工程师在遇到"由于乙公司项目团队专业技术能力的原因，造成数据迁移工作进展缓慢，对工程整体进度产生了不利影响"这种情况，只要站在监理工程师的角度上考虑就不难作出解答，如发监理通知单、召开专题会议等，这是按照监理工作程序应当做的；另外，进展缓慢是由于承建方的技术力量不够，当然作为监理应当要求承建方增派技术能力强的人员等措施，只要回答得有道理就可以得分，这类题没有唯一正确答案。

【问题 4】

针对电子政务系统的安全，我国有关部门出台了一系列的规定：

开展信息安全等级保护工作的政策和法律依据如下。

（1）1994 年，《中华人民共和国计算机信息系统安全保护条例》（国务院 147 号令）规定："计算机信息系统实行安全等级保护，安全等级的划分标准和安全等级保护的具体办法，由公安部会同有关部门制定"。该条明确了三个内容：一是确立了等级保护是计算机信息系统安全保护的一项制度；二是出台配套的规章和技术标准；三是明确了公安部的牵头地位。

（2）2003 年，《国家信息化领导小组关于加强信息安全保障工作的意见》（中办发〔2003〕27 号）明确指出"实行信息安全等级保护"。"要重点保护基础信息网络和关系国家安全、经济命脉、社会稳定等方面的重要信息系统，抓紧建立信息安全等级保护制度，制定信息安全等级保护的管理办法和技术指南"。标志着等级保护从计算机信息系统安全保护的一项制度提升到国家信息安全保障一项基本制度。同时中央 27 号文明确了各级党委和政府在信息安全保障工作中的领导地位，以及"谁主管谁负责，谁运营谁负责"的信息安全保障责任制。

（3）2004 年 9 月，公安部会同国家保密局、国家密码管理局和国务院信息办联合出台了《关于信息安全等级保护工作的实施意见》（公通字〔2004〕66 号），明确了信息安全等级保护制度的原则和基本内容，以及信息安全等级保护工作的职责分工、工作实施的要求等。

（4）2007 年 6 月，公安部会同国家保密局、国家密码管理局和国务院信息办联合《信息安全等级保护管理办法》（公通字〔2007〕43 号，以下简称管理办法），明确了信息安全等级保护制度的基本内容、流程及工作要求，进一步明确了信息系统运营使用单位和主管部门、监管部门在信息安全等级保护工作中的职责、任务，为开展信息安全等级保护工作提供了规范保障。

因此，针对事件4，丙公司应建议建设单位开展安全等级保护测评与安全风险评估工作。

解答要点

【问题1】

（1）审核初步设计报告是否全面响应可行性研究报告批复精神（初步设计与可行性研究的一致性等答案也可）。

（2）审核初步设计报告格式的完整性（没有缺项、漏项等答案均可）。

（3）审核初步设计需求分析的合理性（深入的需求分析等答案也可）。

（4）审核初步设计报告中各项指标、参数的合理性，并应符合市场规律（指标合理、功能合理可行、概算合理等答案均可）。

（5）审核初步设计报告相关资料的规范性（文档规范性等答案也可）。

（6）协助并组织专家预审工作（专家审核等答案也可）。

【问题2】

不能，因为不符合招标投标法和政府主管部门关于电子政务建设项目的有关规定。

【问题3】

（1）组织召开专题会议，协商解决方案。

（2）发出《监理通知单》，要求乙公司整改。

（3）要求乙公司增加高层次技术人员（加强团队技术实力等答案也可）。

（4）要求乙公司提供更新的实施计划，纳入配置基线进行监管。

（5）建议建设单位对乙公司进行延期索赔。

【问题4】

建议建设单位开展安全等级保护测评与安全风险评估工作。

试题二（16分）

阅读下列说明，回答问题1至问题3，将解答填入答题纸的对应栏内。

【说明】

建设单位甲以招标的方式委托监理公司丙承担某电子政务工程项目监理任务，并签订了监理合同。甲又以公开招标的方式选择了承建单位乙承担该项目的建设任务，并签订了实施合同。项目过程中，发生了如下事件：

事件1：丙对该项目的监理工作非常重视，特指派公司的副经理任项目总监理工程师。总监理工程师要求公司技术负责人和技术部门人员主持编制该项目的监理规划，参加编写的人员将计算机中已有的其他项目的监理规划与投标时的监理大纲稍做修改作为该项目的监理规划，公司经理审核并签字后报送到甲。

事件 2：项目原实施计划如下图所示，该工程总工期为 1 年，在工程按计划进行 14 周后（已完成 A 工作施工），甲向乙提出增加一项新的工作内容 K，该项工作要求在 C 工作结束以后开始，并在 D 工作开始前完成，以保证 D 工作在 B 和 K 工作完成后开始实施，根据由乙提出并经监理工程师研究认可的 K 工作计划，该项工作的实施时间需要 9 周。

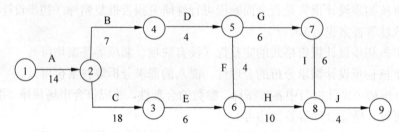

事件 3：按原实施计划，C、G 两项工作均使用同一台测试设备先后进行测试，而新增加的工作 K 仍拟用该测试设备做测试。现乙提出，由于增加 K 工作后，使租用的测试设备增加了闲置时间，要求补偿设备闲置费用（按每台测试设备闲置一周 7000 元计）。

【问题 1】（5 分）

针对事件 1，指出监理公司丙编制监理规划工作的错误之处并给出正确做法。

【问题 2】（6 分）

针对事件 2，请回答：

（1）给出原实施计划的关键路径，并计算出实施工期。

（2）请指出增加一项新工作 K 后的关键路径，并计算此时的工期。

（3）实施新计划后项目工期可延长多少周？

【问题 3】（5 分）

针对事件 3，请问监理工程师是否应同意乙提出的补偿要求？如果补偿，应补偿费用多少元？如果不补偿，请说明理由。

试题二分析

【问题 1】

监理大纲、监理规划和监理实施细则三者之间是有一定的联系性，都是由监理单位对特定的监理项目而编制的监理工作计划性文件，且编制的依据具有一定的共同性，编制的文件格式也具有一定的相似性。但是，由于监理大纲、监理规划和监理实施细则三者的作用不同、编制对象不同、编制负责人不同、编制时间不同、编制的目的不同等，在编制内容侧重点、深度、广度和细度诸方面上都有着显著区别。

监理大纲、监理规划和监理实施细则三者比较的主要区别请见下表。

名称	编制对象	负责人	编制时间	编制目的	编制作用	编制内容		
						为什么	做什么	如何做
监理大纲	项目整体	公司总监	监理招标阶段	供建设单位审查监理能力	增强监理任务中标的可能性	重点	一般	无
监理规划	项目整体	项目总监	监理委托合同签订后	项目监理的工作纲领	对监理自身工作的指导、考核	一般	重点	重点
监理实施细则	某项专业监理工作	专业监理工程师	监理项目部建立、责任明确后	专业监理实施的操作指南	规定专业监理程序、方法、标准，使监理工作规范化	无	一般	重点

监理规划应该由谁组织编制、由谁审核可以从表中得出，而在本题描述的由公司技术负责人和技术部门人员主持编制该项目的监理规划、公司经理审核的做法显然是错误的。另外，应该根据本项目的特点编写本项目的监理规划，而不是拿其他项目监理规划修改而成。

【问题 2】

本题问了三个问题，而不是直接问实施新计划后项目工期可延长多少周就是为了降低答题难度，引导考生一步步的解答。只要将计划变化前后的关键路径求出来就可以得出应该增加的工期时间。

【问题 3】

在问题 2 求解的基础上，解答问题 3 就相对容易了，这里的关键是要考虑清楚（参见下页图），在没有 K 工作的时候，工作 C 需要 18 天，而工作 B\D 加起来才 11 天，因此 D 工作完成后，G 工作不按最早开始时间开始工作，而是等 C 工作完成后才开始工作，这样可以共享同一台测试设备，中间没有空闲时间。增加了 K 工作以后，由于新增加的工作 K 仍拟用该测试设备做测试，费用将会算在新增工作的费用中（搞清楚这点很重要），而且在这种情况下，D 工作必须在 K 工作完成后才能开始，因此测试设备的空闲时间就是 D 工作的 4 周。

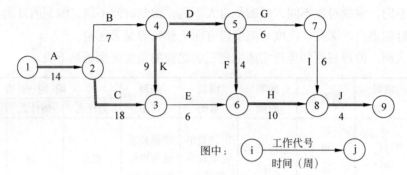

图中：　i ———工作代号———→ j
　　　　　　　时间（周）

解答要点

【问题 1】

（1）不应由公司技术负责人和技术部门人员主持编制该项目的监理规划；应由总监理工程师主持，各专业监理工程师参加编制。

（2）监理规划不应由公司经理进行审核和签字；应由总监理工程师进行审核和签字。

（3）不应将计算机中已有的其他项目的监理规划与投标时的监理大纲稍做修改作为该项目的监理规划；应根据合同，针对工程的特点和规模编写监理大纲。

[问题 2]

（1）原实施计划关键线路为 A→C→E→H→J，工期为 52 周。

（2）增加新工作 K 后，网络计划如下图，关键线路变为 A→C→K→D→F→H→J，工期为 63 周。

（3）63–52=11，故监理工程师应给予乙工期延长 11 周。

【问题 3】

监理工程师应同意补偿，因为原计划 C 工序完后可进行 G 工序实施，无设备闲置时间，增加 K 工序后机械闲置时间为 4 周，应补偿 28 000 元。

试题三（16 分）

阅读下列说明，回答问题 1 至问题 4，将解答填入答题纸的对应栏内。

【说明】

某政府部门先期招标选定监理单位对其应用系统开发项目实施全过程监理。监理协助建设单位确定业务需求后，由招标代理机构启动了该项目招投标工作，在招投标过程中，发生如下事件：

事件 1：为了节约成本及增加招标成功率，招标代理机构先期发布了招标预审公告。

事件 2：预审过程中，投标资质符合要求的单位不足 3 家，建设单位准备直接将公开招标调整为竞争性谈判进行采购，监理单位对此提出了异议，并建议建设单位修改招标文件，继续以公开招标方式采购。

事件 3：预审结束后，招标代理机构发布了招标公告，确定 5 月 26 日上午 9 点 30 分开标。其中某个投标单位 9 点入场时，所有文件均未密封和盖章，投标单位按照要求现场密封投标文件及开标一览表。

事件 4：投标截止时，只有 3 家单位投标，评标过程中，由于某投标单位的投标有效期不满足招标文件要求而废标，致使有效投标单位不足 3 家，专家组一致认定本次招标流标。

【问题 1】（2 分）

按照《中华人民共和国招标投标法实施条例》，发布招标预审公告后，提交资格预审申请文件的时间，是自资格预审文件停止发售之日起不得少于_____日（从下述候选答案中选择）。

A. 3　　　　　　B. 5　　　　　C. 10　　　　　　D. 20

【问题 2】（6 分）

（1）事件 2 中，监理单位的建议是否正确，请说明理由。

（2）假设可以将公开招标调整为竞争性谈判方式采购，作为监理，你认为应该履行哪些手续才可行？

【问题 3】（4 分）

事件 3 中，投标单位的做法是否正确，并说明原因。

【问题 4】（4 分）

事件 4 中，为了避免再次流标，提高招标投标活动的成功率，作为监理，你有哪些建议？

试题三分析

【问题 1】

按照《中华人民共和国招标投标法实施条例》，发布招标预审公告后，提交资格预审申请文件的时间是自资格预审文件停止发售之日起不得少于 5 日。选项 B 正确。

【问题 2】

根据政府采购法三十条规定，"招标后没有供应商投标或者没有合格标的或者重新招标未能成立的"，可以采用竞争性谈判方式采购。所以监理不同意转为竞争性谈判是正确的做法。

【问题 3】

招标投标法规定了投标文件必须在投标截止时间之前提交，只要满足这点，其他做法是投标人自己的事情，所以"某个投标单位 9 点入场时，所有文件均未密封和盖章，投标单位按照要求现场密封投标文件及开标一览表"这样的做法并不违规。

【问题 4】

为了避免再次流标，提高招标投标活动的成功率，从几个方面进行考虑，首先应该争取有更多的投标人，其次可以对某些投标人特别关注的条款进行细化、强调等，最后可以考虑对工期、缴获条件等条款进行适当的调整。

解答要点

【问题 1】

　　B

【问题 2】

　　（1）正确，因为尚不符合进入竞争性谈判的条件。

　　（2）公开招标调整为竞争性谈判方式采购，必须将调整理由报送财政主管部门审批同意后，方可执行。

【问题 3】

　　正确（或者只要是肯定的回答，即可给分），原因是未超过投标截止时间。

【问题 4】

　　（1）建议建设单位向尽可能多的符合资质要求的单位发出邀请以增加投标单位数量。

　　（2）建议发布招标预审公告或招标公告时，突出强调招标文件中的星号条款等可能引起废标的相关规定。

　　如回答建议修改投标有效期等其他答案，可酌情给分。

试题四（13 分）

　　阅读下列说明，回答问题 1 至问题 3，将解答填入答题纸的对应栏内。

【说明】

　　某省重点电子政务工程建设项目由中央财政投资，建设内容包括综合布线、网络和主机系统等，工期一年。建设单位甲通过公开招标选择公司乙为承建单位，并选择了监理公司丙承担该项目的全过程监理工作。

　　事件 1：监理在审核综合布线系统设计方案时，发现下列设计中存在错误：

　　（1）综合布线系统（PDS）应是开放式星型拓扑结构，应能支持电话、数据、图文、图像等多媒体业务的需要。综合布线系统按照 4 个部分进行设计。

　　（2）水平子系统设计中：

　　① 在工作区的跳线的最大长度不能超过 8 米。

　　② 工作区子系统设计中，每 15 平方米为 1 个工作区，对于增强型设计等级，每个工作区安排 4 个信息插座。

　　事件 2：在项目的设计阶段，监理审核了技术方案中的信息安全保障措施，发现参与建设的各方对信息安全存在着许多不同看法：

　　① 信息根据敏感程度一般可分成非保密的、内部使用的、保密的、绝密的几类。

　　② 计算机系统的脆弱性主要来自于网络操作系统的不安全性。

　　③ 定期检查操作系统的安全日志和系统状态可以有助于提高操作系统安全。

　　④ 防火墙中应用的数据包过滤技术是基于数据包的 IP 地址及 TCP 端口号而实现对数据过滤的。

⑤ 数字签名一般采用对称密码算法。

⑥ 网络服务对系统的安全没有影响，因此可以随意地增加网络服务。

事件 3：经过一年的实施，项目主体工程已按照设计完成，能满足系统运行的需要，各类档案文件齐全。为本项目配套建设的机房的各项内容经过有关专业部门的检测均符合国家标准。但是由于机房所在的政务大楼的消防设施还未通过正式验收，因此机房的消防验收需要和政务大楼的消防验收同时进行。

【问题 1】（6 分）

针对事件 1，请在带有下划线的空白处填写正确答案。

（1）综合布线系统可分为_____子系统、_____子系统、_____子系统、_____子系统、_____子系统和_____子系统六个部分。

（2）①在工作区的跳线的最大长度不能超过_____米。

②工作区子系统设计中，每_____平方米为 1 个工作区，对于增强型设计等级，每个工作区安排_____个信息插座。

【问题 2】（3 分）

针对事件 2，请判断有关信息安全方面的看法是否正确，将√（对）或者×（错）符号填入答题纸对应栏内。

【问题 3】（4 分）

针对事件 3，从监理的角度指出本项目是否可以进行验收并说明理由和依据。

试题四分析

【问题 1】

综合布线系统由工作区子系统、配线（水平）子系统、干线（垂直）子系统、设备间子系统、管理子系统和建筑群子系统 6 个子系统组成。

（1）工作区子系统（WORK AREA SUBSYSTEM）。

（2）配线（水平）子系统（HORIZONTAL SUBSYSTEM）。

（3）干线（垂直）子系统（RISER BACKBONE SUBSYSTEM）。

（4）设备间子系统（EQUIPMENT SUBSYSTEM）。

（5）管理子系统（ADMINISTRATION SUBSYSTEM）。

（6）建筑群子系统（CAMPUS SUBSYSTEM）。

各子系统所实现的功能如下：

（1）工作区子系统由配线（水平）布线系统的信息插座延伸到工作站终端设备处的连接电缆及适配器组成，每个工作区根据用户要求，设置一个电话机接口和 1～2 个计算机终端接口。

（2）配线（水平）子系统由工作区用的信息插座，每层配线设备至信息插座的配线电缆、楼层配线设备和跳线等组成。

（3）干线（垂直）子系统由设备间的配线设备和跳线，以及设备间至各楼层配线间的连接电缆组成。

（4）设备间子系统由综合布线系统的建筑物进线设备，电话、数据、计算机等各种主机设备及其保安配线设备等组成。

（5）管理子系统设置在每层配线设备的房间内，是由交接间的配线设备、输入输出设备等组成。

（6）建筑群子系统由两个及以上建筑物的电话、数据、电视系统组成一个建筑群子系统，它是室外设备与室内网络设备的接口，它终结进入建筑物的铜缆和（或）光缆，提供避雷及电源超荷保护等。

工作区指由水平系统而来的用户信息插座延伸至数据终端设备的连接线缆和适配器组成。工作区的 UTP/FTP 跳线为软线（Patch Cable）材料，即双绞线的芯线为多股细铜丝，最大长度不能超过 5m。

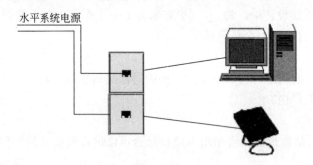

工作区子系统提供从水平子系统的信息插座到用户工作站设备之间的连接，包括工作站连线（Station Mounting Cord）、适配器和扩展线等。工作区子系统设计中，每 $10m^2$ 为 1 个工作区，对于增强型设计等级，每个工作区安排 2 个信息插座。

【问题 2】

（1）信息根据敏感程度可以分为绝密、机密、秘密……题目中给出的说法显然是错误的。

（2）定期检查操作系统的安全日志和系统状态有助于及时发现安全风险，但是并不能提高操作系统本身的安全性。

（3）数字签名一般采用非对称加密技术（如 RSA），通过对整个明文进行某种变换，得到一个值作为核实签名。接收者使用发送者的公开密钥对签名进行解密运算，如其结果为明文，则签名有效，证明对方的身份是真实的。当然，签名也可以采用多种方式，例如将签名附在明文之后。数字签名普遍用于银行、电子贸易等。

（4）任何计算机安全措施的一个重要方面是维持实际控制服务的运行，接受不必要的网络服务请求将提高系统的安全风险。即使这些网络服务对于服务器的某些功能是必要的，也需要仔细管理，对其进行配置，将不受欢迎的入侵和登录的可能性最小化。因此增加网络服务会增加安全风险。

【问题 3】

《国家电子政务工程建设项目管理暂行办法》第三十条规定：电子政务项目应遵循《国家电子政务工程建设项目验收工作大纲》（附件四，以下简称验收工作大纲）的相关规定开展验收工作。项目验收包括初步验收和竣工验收两个阶段。初步验收由项目建设单位按照验收工作大纲要求自行组织；竣工验收由项目审批部门或其组织成立的电子政务项目竣工验收委员会组织；对建设规模较小或建设内容较简单的电子政务项目，项目审批部门可委托项目建设单位组织验收。

《国家电子政务工程建设项目验收大纲（提纲）》规定的验收条件是：

（一）建设项目确定的网络、应用、安全等主体工程和辅助设施，已按照设计建成，能满足系统运行的需要。

（二）建设项目确定的网络、应用、安全等主体工程和配套设施，经测试和试运行合格。

（三）建设项目涉及的系统运行环境的保护、安全、消防等设施已按照设计与主体工程同时建成并经试运行合格。

（四）建设项目投入使用的各项准备工作已经完成，能适应项目正常运行的需要。

（五）完成预算执行情况报告和初步的财务决算。

（六）档案文件整理齐全。

因此机房未通过消防验收，不符合上述第三条所规定的验收前提条件。

解答要点

【问题 1】

（1）综合布线系统可分为　<u>工作区</u>　子系统、　<u>垂直干线</u>　子系统、<u>水平布线</u>子系统、<u>设备间</u>　子系统、<u>管理间</u>　子系统、<u>建筑群</u>　子系统。（每空 0.5 分，每空答案可互换）

（2）①在工作区的跳线的最大长度不能超过　<u>5</u>　米。

②工作区子系统设计中，每<u>10</u>平方米为 1 个工作区，对于增强型设计等级，每个工作区安排<u>2</u>个信息插座。

【问题 2】

①×　②√　③×　④√　⑤×　⑥×

【问题 3】

不能。根据《国家电子政务工程建设项目验收大纲》规定可以进行验收的前提条件之一是：建设项目涉及的系统运行环境的保护、安全、消防等设施已按照设计与主体工程同时建成并经试运行合格。

试题五（10 分）

阅读下列说明，回答问题 1 至问题 2，将解答填入答题纸的对应栏内。

【说明】

某电子商务应用系统项目已由承建单位完成了开发工作，正在开展验收前的各项测试工作。为了保证系统上线后业务的顺畅运行，建设单位要求监理单位对承建单位的性能测试进行重点把关和审核。在性能测试过程中，监理单位重点检查了承建单位测试方案及相应的测试指标设定，保证了测试的正确性和完整性。

【问题 1】（4 分）

（1）测试方案中设定的压力测试指标中，并发用户数是监理关注的重点内容，现假设该系统有 100 人同时在线，在线状态如下：

　①45 人填写调查问卷　　　②30 人浏览各种网页　　　③25 人在线聊天

则对服务器系统压力最大的应用是_____（从下述候选答案中选择）。

A. ①　　　　　　B. ②　　　　　　C. ③　　　　　　D. 无法判定

（2）监理人员需要了解性能测试相关的简单命令，比如查看内存统计的 Linux 命令是_____（从下述候选答案中选择）。

A. vmstat　　　　B. iostat　　　　C. top　　　　D. netstat

【问题 2】（6 分）

为保证性能测试指标的合理性，监理审核了与操作系统、数据库、应用软件等相关的性能指标，请指出这些性能指标包括哪些。

试题五分析

【问题 1】

（1）①45 人填写调查问卷，②30 人浏览各种网页，③25 人在线聊天这三种上网行为中，如果没有其他确定的前提，例如 45 人填写的是非常简单的表格、25 人使用简单的聊天系统进行文字聊天，30 人只是简单的浏览网页，为在很短的时间内不断地点击网页进行浏览等前提的存在，那么这三种情况对服务器造成影响的大小是无法作出评估的。在有些情况下可能聊天对服务器的压力较大，例如视频聊天，那么如果填写网络调查问卷，这个问卷系统很复杂，后台数据库的设计有很多复杂的表关联，那么添些调查表格的操作也可能对服务造成很大压力。

（2）vmstat 命令报告关于内核线程、虚拟内存、磁盘、陷阱和 CPU 活动的统计信息。iostat 命令用来监视系统输入输出设备负载，这通过观察与它们的平均传送速率相关的物理磁盘的活动时间来实现。netstat 是 Windows 系统下的命令。top 命令是 Linux 下常用的性能分析工具，能够实时显示系统中各个进程的资源占用状况，类似于 Windows 的任务管理器。

【问题 2】

什么是软件性能？对一个软件系统而言，软件的性能是软件的一种非功能特性，它关注的不是软件是否能够完成特定的功能，而是在完成特定的功能时，展示出来的相关特性包括执行效率、资源占用、稳定性、安全性、兼容性、可扩展性、可靠性等。由于感受软件性能的主体是人，不同的人对于同样的软件能有不同的主观感受，而且不同的人对于软件性能关心的视角也不同。下面分别从用户视角、管理员视角、产品开发人员视角对软件性能进行说明。

（1）用户视角的软件性能。

对用户而言，软件性能就是软件对用户操作的响应时间。用户甚至不关心响应时间中哪些是软件造成的，哪些是硬件造成的。

（2）管理员视角的软件性能。

管理员首先关注普通用户感受到的软件性能。其次，管理员需要进一步关注如何利用管理功能进行性能调优，主要关注如下几点：

- 系统的响应时间；
- 系统运行时服务器的状态，如 CPU 利用情况、内存使用情况等；
- 系统是否能够实现扩展；
- 系统支持多少用户访问；
- 系统性能可能的瓶颈在哪里；
- 系统是否支持 7×24 小时的业务访问。

（3）产品开发人员视角的软件性能。

开发人员的视角与管理员的视角基本一致，但开发人员需要更深入地关注软件性能。希望能够尽可能地开发出高性能的软件。

- 用户关心的响应时间；
- 管理员关心的系统可扩展性等；
- 架构设计是否合理；
- 数据库设计是否合理；
- 代码是否存在性能方面的问题；
- 系统中是否有不合理的内存使用方式。

解答要点

【问题 1】

（1）D　（2）C

【问题 2】

远程处理延迟、每秒交易数量、最大用户数、CPU 平均利用率、内存平均使用率、内存平均占用率。

第 3 章　2012 下半年信息系统监理师上午试题分析与解答

试题（1）

　　某软件开发项目的用户在项目初始阶段提出的需求不全面也不明确，此项目宜采用 (1) 开发。

　　（1）A. 生命周期法　　　　　　　B. 原型法

　　　　　C. 面向对象的开发方法　　　D. 瀑布式开发方法

试题（1）分析

　　最早出现的软件开发模型是 1970 年 W.Royce 提出的瀑布模型。该模型给出了固定的顺序，将生存期活动从上一个阶段向下一个阶段逐级过渡，如同流水下泻，最终得到所开发的软件产品，投入使用。但计算拓广到统计分析、商业事务等领域时，大多数程序采用高级语言（如 FORTRAN、COBOL 等）编写。瀑布模式模型也存在着缺乏灵活性、无法通过并发活动澄清本来不够确切的需求等缺点。

　　原型模型（Prototype Model）：原型模型的第一步是建造一个快速原型，实现客户或未来的用户与系统的交互，用户或客户对原型进行评价，进一步细化待开发软件的需求。原型通过逐步调整原型使其满足客户的要求，开发人员可以确定客户的真正需求是什么；第二步则在第一步的基础上开发客户满意的软件产品。显然，原型方法可以克服瀑布模型的缺点，减少由于软件需求不明确带来的开发风险，具有显著的效果。原型的关键在于尽可能快速地建造出软件原型，一旦确定了客户的真正需求，所建造的原型将被丢弃。因此，原型系统的内部结构并不重要，重要的是必须迅速建立原型，随之迅速修改原型，以反映客户的需求。选择答案 B 正确。

参考答案

　　（1）B

试题（2）

　　有关计算机软件著作权的叙述正确的是 (2)。

　　（2）A. 软件著作权属于软件开发者，软件著作权自软件出版之日起生效

　　　　　B. 国家知识产权局颁布实施了《计算机软件保护条例》，用来保护软件著作人的权益

　　　　　C. 用户购买了具有版权的软件，则具有对该软件的使用权和复制权

　　　　　D. 非法进行拷贝、发布或更改软件的人被称为软件盗版者

试题（2）分析

　　通常情况下，软件著作权一般属于软件开发者享有。软件开发者是指实际组织开发、

直接进行开发，并对开发完成的软件承担责任的法人或者其他组织；或者依靠自己具有的条件独立完成软件开发，对软件承担责任的自然人。

但是，软件条例还规定几种特殊情况的著作权归属：

（一）合作开发软件。

合作开发软件是指由两个以上的自然人、法人或者其他组织合作开发的软件。合作开发的软件著作权归属由合作开发者签定书面合同约定。未签定合同或者合同未明确约定的，合作开发的软件可以分割使用的，开发者对各自开发的部分可以单独享有著作权。合作开发的软件不能分割使用的，由各合作开发者共同享有，通过协商一致行使。

（二）委托开发软件。

委托开发软件是指接受他人委托开发的软件。委托开发软件的著作权归属由委托人与受托人签定书面合同约定；无书面合同或者合同未作明确约定的，著作权归受托人享有。

（三）国家机关下达任务开发软件。

由国家机关下达任务开发的软件，著作权的归属与行使由项目任务书或者合同规定；项目任务书或者合同未作明确规定的，软件著作权由接受任务的法人或者其他组织享有。

（四）职务开发软件。

自然人在法人或者其他组织中任职期间所开发的软件有下列情形之一的，该软件著作权由该法人或者其他组织享有，该法人或者其他组织可以对开发软件的自然人进行奖励：① 针对本职工作中明确指定的开发目标所开发的软件；② 开发的软件是从事本职工作活动所预见的结果或者自然的结果；③ 主要使用了法人或者其他组织的资金、专用设备、未公开的专门信息等物质技术条件所开发并有法人或者其他组织承担责任的软件。

此外，通过受让、继承或者承受取得软件著作权的自然人、法人或者其他组织也可以成为软件著作权人。

因此，选项 A 笼统地说软件著作权归属软件开发者是不正确的。

中华人民共和国国务院令（第 339 号）公布了《计算机软件保护条例》，自 2002 年 1 月 1 日起施行。是由国务院颁布的，因此选项 B 是错误 ude。

用户购买了具有版权的软件，只有使用权俄日没有复制权，选项 C 错误。

参考答案

（2）D

试题（3）

子网掩码产生在 (3)。

（3）A. 表示层　　　　B. 网络层　　　　C. 传输层　　　　D. 会话层

试题（3）分析

子网掩码不能单独存在，它必须结合 IP 地址一起使用。子网掩码只有一个作用，就是将某个 IP 地址划分成网络地址和主机地址两部分。

子网掩码的设定必须遵循一定的规则。与 IP 地址相同，子网掩码的长度也是 32 位，左边是网络位，用二进制数字"1"表示；右边是主机位，用二进制数字"0"表示。子网掩码为"255.255.255.0"的对应二进制为 11111111.11111111.11111111.00000000 和 10111111.10011000.00000001.00000001。正确答案是选项 B。

参考答案

（3）B

试题（4）

DNS 的作用是 (4) 。

（4）A．为客户机分配 IP 地址　　　　　　B．访问 HTTP 的应用程序

　　　C．将计算机名翻译为 IP 地址　　　　D．将 MAC 地址翻译为 IP 地址

试题（4）分析

在一个 TCP/IP 架构的网络（例如 Internet）环境中，DNS 是一个非常重要而且常用的系统。主要的功能就是将人易于记忆的 Domain Name 与人不容易记忆的 IP Address 作转换。而上面执行 DNS 服务的这台网络主机，就可以称之为 DNS Server。基本上，通常我们都认为 DNS 只是将 Domain Name 转换成 IP Address，然后再使用所查到的 IP Address 去连接（俗称"正向解析"）。事实上，将 IP Address 转换成 Domain Name 的功能也是相当常使用到的，当 login 到一台 Unix 工作站时，工作站就会去做反查，找出你是从哪个地方连线进来的（俗称"逆向解析"）。

本题选择答案 C。

参考答案

（4）C

试题（5）

计算机操作的最小单位时间是 (5) 。

（5）A．指令周期　　　B．时钟周期　　　C．中断周期　　　D．CPU 周期

试题（5）分析

时钟周期（也叫作 CPU 周期）是最基本的，就是该 CPU 所用振荡器的周期，振荡器输出给 CPU 做时钟信号。

本题正确答案是 B。

参考答案

（5）B

试题（6）

一不包括在微型计算机的三类总线中的是 (6) 。

（6）A．数据总线　　　B．控制总线　　　C．地址总线　　　D．消息总线

试题（6）分析

型计算机系统按传输信息的类型分为数据、控制和地址三种总线。① 数据总线 DB

（Data Bus）：用于 CPU 与主存储器、CPU 与 I/O 接口之间传送数据。数据总线的宽度（根数）等于计算机的字长。② 地址总线 AB（Address Bus）：用于 CPU 访问主存储器或外部设备时，传送相关的地址。此地址总线的宽度决定 CPU 的寻址能力。③ 控制总线 CB（Control Bus）：用于传送 CPU 对主存储器和外部设备的控制信号。这样一种结构使得各部件之间的关系都成为单一面向总线的关系。即任何一个部件只要按照标准挂接到总线上，就进入了系统，就可以在 CPU 统一控制下进行工作。

本题正确答案是 D。

参考答案

（6）D

试题（7）

在计算机内部，不需要编译，计算机就能够直接执行的语言是 (7) 。

（7）A．Basic　　　　　B．C　　　　　　C．Java　　　　　　D．机器语言

试题（7）分析

计算及智能识别机器语言，其他语言都需要编译或者解释后才能够执行。因此选择答案 D 正确。

参考答案

（7）D

试题（8）

局域网布线常用的双绞线中不包括 (8) 。

（8）A．1 类双绞线　　B．3 类双绞线　　C．4 类双绞线　　D．5 类双绞线

试题（8）分析

双绞线常见的有 3 类线，5 类线和超 5 类线，以及最新的 6 类线，前者线径细而后者线径粗，型号如下：

（1）一类线：主要用于语音传输（一类标准主要用于 80 年代初之前的电话线缆），不同于数据传输。

（2）二类线：传输频率为 1MHz，用于语音传输和最高传输速率 4Mbps 的数据传输，常见于使用 4MBPS 规范令牌传递协议的旧的令牌网。

（3）三类线：指目前在 ANSI 和 EIA/TIA568 标准中指定的电缆，该电缆的传输频率 16MHz，用于语音传输及最高传输速率为 10Mbps 的数据传输主要用于 10BASE-T。

（4）四类线：该类电缆的传输频率为 20MHz，用于语音传输和最高传输速率 16Mbps 的数据传输主要用于基于令牌的局域网和 10BASE-T/100BASE-T。

（5）五类线：该类电缆增加了绕线密度，外套一种高质量的绝缘材料，传输率为 100MHz，用于语音传输和最高传输速率为 10Mbps 的数据传输，主要用于 100BASE-T 和 10BASE-T 网络。这是最常用的以太网电缆。

（6）超五类线：超 5 类具有衰减小，串扰少，并且具有更高的衰减与串扰的比值（ACR）

和信噪比（Structural Return Loss）、更小的时延误差，性能得到很大提高。超 5 类线主要用于千兆位以太网（1000Mbps）。

（7）六类线：该类电缆的传输频率为 1～250MHz，六类布线系统在 200MHz 时综合衰减串扰比（PS-ACR）应该有较大的余量，它提供 2 倍于超五类的带宽。六类布线的传输性能远远高于超五类标准，最适用于传输速率高于 1Gbps 的应用。六类与超五类的一个重要的不同点在于：改善了在串扰以及回波损耗方面的性能，对于新一代全双工的高速网络应用而言，优良的回波损耗性能是极重要的。六类标准中取消了基本链路模型，布线标准采用星形的拓扑结构，要求的布线距离为：永久链路的长度不能超过 90m，信道长度不能超过 100m。

本题正确答案是选项 A。

参考答案

（8）A

试题（9）

为解决 IPv4 的地址耗尽问题，可以采取 IPv6 等技术，IPv4 向 IPv6 的过渡可以使用的策略包括 __(9)__ 。

（9）A．地址软件升级　　B．协议转换　　C．地址转换　　D．双协议栈和隧道

试题（9）分析

IPv4 到 IPv6 的过渡方法

从 IPv4 到 IPv6 的过渡方法有三种：网络元素/终端的双协议栈、网络中的隧道技术以及翻译机制。其中双协议栈和隧道技术是主要的方法，而翻译机制由于效率比较低，只在不同 IP 版本的元素之间进行通信时才采用。

（1）网络元素和移动终端上的 IPv4/IPv6 双协议栈双协议栈是非常重要的过渡机制，从网络方面来看，网络设备（如 GGSN）实现双协议栈对于实现 IPv4 和 IPv6 的接入点并完成 IPv6-in-IPv4 的隧道都是至关重要的，另外运营商 IP 网络和公众因特网边缘的边际路由器也应该是双栈路由器。从移动终端来看，需要通过双协议栈来访问 IPv4 和 IPv6 的业务而不需要网络上的翻译机制。

（2）隧道技术。如将 IPv6 的数据包封装在 IPv4 的数据包中并在隧道的另一端解除封装，这也是一种非常重要的过渡方法，隧道技术要求在封装和解除封装的节点上都有 IPv4/IPv6 双协议栈的功能。隧道技术又分为自动和人工配置两种，人工配置的隧道技术是在隧道的终点人工配置到某个特定的 IPv4 地址；对于自动隧道技术来说，封装是自动在进行封装的路由器/主机上完成的，隧道终点的 IPv4 地址被包含在目的地址为 IPv6 地址的数据包中，如"6to4"隧道技术。

（3）网络上的 IPv4-IPv6 协议翻译器：翻译器是纯 IPv4 主机和纯 IPv6 主机之间的中间件，使两种主机不需要修改任何配置就可以实现彼此之间的直接通信，翻译器的使用对于移动终端来说是透明的，头标转换是一种重要的翻译机制，通过这种方法 IPv6 数据

包的头标被转换为 IPv4 数据包的头标，或者反过来，IPv4 转换为 IPv6，有必要的时候对校验进行调整或重新计算，NAT/PT（Network Address Translator/Protocol Translator）就是采用这种机制的一种方法。

采用地址/协议翻译器需要转换 IP 数据包的头标，带来的问题是破坏了端到端的服务（如端到端的 IPSec），而且 NAT/PT 可能成为网络性能的瓶颈，有可能限制业务提供平台的容量和扩展性。

使用网络中的地址/协议翻译器还是采用其他过渡方法主要由网络运营商决定，一般来说，只有当两个通信节点的 IP 版本不同时才建议采用翻译器。

本题选择答案 D 正确。

参考答案

（9）D

试题（10）

通过网络设备 (10) 连接两个网络，它们的物理层、数据链路层、网络层协议可以是不同的。

（10）A．路由器　　　　B．调制解调器　　　　C．网桥　　　　D．中继器

试题（10）分析

调制解调器，是一种计算机硬件，它能把计算机的数字信号翻译成可沿普通电话线传送的脉冲信号，而这些脉冲信号又可被线路另一端的另一个调制解调器接收，并译成计算机可懂的语言。这一简单过程完成了两台计算机间的通信。 选项 B 不正确。

网桥工作在数据链路层，将两个 LAN 连起来，根据 MAC 地址来转发帧，可以看作一个"低层的路由器"（路由器工作在网络层，根据网络地址如 IP 地址进行转发）。远程网桥通过一个通常较慢的链路（如电话线）连接两个远程 LAN，对本地网桥而言，性能比较重要，而对远程网桥而言，在长距离上可正常运行是更重要的。因此选项 C 不正确。

中继器（Repeater）是连接网络线路的一种装置，常用于两个网络节点之间物理信号的双向转发工作。中继器工作于 OSI 的物理层，是最简单的网络互联设备，主要完成物理层的功能，负责在两个节点的物理层上按位传递信息，完成信号的复制、调整和放大功能，以此来延长网络的长度。由于存在损耗，在线路上传输的信号功率会逐渐衰减，衰减到一定程度时将造成信号失真，因此会导致接收错误。中继器就是为解决这一问题而设计的。它完成物理线路的连接，对衰减的信号进行放大，保持与原数据相同。一般情况下，中继器用于完全相同的两类网络的互连。因此选项 D 不正确。

路由器（Router）是连接因特网中各局域网、广域网的设备，它会根据信道的情况自动选择和设定路由，以最佳路径，按前后顺序发送信号的设备。 路由器是互联网络的枢纽、"交通警察"。目前路由器已经广泛应用于各行各业，各种不同档次的产品已成为实现各种骨干网内部连接、骨干网间互联和骨干网与互联网互联互通业务的主力军。路

由和交换之间的主要区别就是交换发生在 OSI 参考模型第二层（数据链路层），而路由发生在第三层，即网络层。这一区别决定了路由和交换在移动信息的过程中需使用不同的控制信息，所以两者实现各自功能的方式是不同的。

本题正确答案是 A。

参考答案

（10）A

试题（11）、（12）

公钥密码是 __(11)__。常用的公钥加密算法有 __(12)__，它可以实现加密和数字签名。

（11）A. 对称密钥技术，有 1 个密钥　　　　B. 不对称密钥技术，有 2 个密钥

　　　　C. 对称密钥技术，有 2 个密钥　　　　D. 不对称密钥技术，有 1 个密钥

（12）A. DES　　　　B. IDES　　　　C. 三元 DES　　　　D. RSA

试题（11）分析

用抽象的观点来看，公钥密码就是一种陷门单向函数。我们说一个函数 f 是单向函数，即若对它的定义域中的任意 x 都易于计算 $y=f(x)$，而当 f 的值域中的 y 为已知时要计算出 x 是非常困难的。若当给定某些辅助信息（陷门信息）时则易于计算出 x，就称单向函数 f 是一个陷门单向函数。公钥密码体制就是基于这一原理而设计的，将辅助信息（陷门信息）作为秘密密钥。这类密码的安全强度取决于它所依据的问题的计算复杂度。 每个人都有自己的一把私钥，不能交给别人，而每个人还有一把公钥，这把公钥是可以发给所有你想发信息的人。当信息被某一公钥加密后，只有对应的私钥才能打开，这就保证了信息传递的安全性。选择答案 B 和 C 正确。

试题（12）分析

常见的加密算法可以分成三类，对称加密算法，非对称加密算法和 Hash 算法。

对称加密

对称加密指加密和解密使用相同密钥的加密算法。对称加密算法的优点在于加解密的高速度和使用长密钥时的难破解性。假设两个用户需要使用对称加密方法加密然后交换数据，则用户最少需要 2 个密钥并交换使用，如果企业内用户有 n 个，则整个企业共需要 n×(n–1) 个密钥，密钥的生成和分发将成为企业信息部门的恶梦。对称加密算法的安全性取决于加密密钥的保存情况，但要求企业中每一个持有密钥的人都保守秘密是不可能的，他们通常会有意无意的把密钥泄漏出去——如果一个用户使用的密钥被入侵者所获得，入侵者便可以读取该用户密钥加密的所有文档，如果整个企业共用一个加密密钥，那整个企业文档的保密性便无从谈起。

常见的对称加密算法有 DES、3DES、Blowfish、IDEA、RC4、RC5、RC6 和 AES

非对称加密

非对称加密指加密和解密使用不同密钥的加密算法，也称为公私钥加密。假设两个用户要加密交换数据，双方交换公钥，使用时一方用对方的公钥加密，另一方即可用自

己的私钥解密。如果企业中有 n 个用户，企业需要生成 n 对密钥，并分发 n 个公钥。由于公钥是可以公开的，用户只要保管好自己的私钥即可，因此加密密钥的分发将变得十分简单。同时，由于每个用户的私钥是唯一的，其他用户除了可以通过信息发送者的公钥来验证信息的来源是否真实，还可以确保发送者无法否认曾发送过该信息。非对称加密的缺点是加解密速度要远远慢于对称加密，在某些极端情况下，甚至能比非对称加密慢上 1000 倍。

常见的非对称加密算法有：RSA、ECC（移动设备用）、Diffie-Hellman、El Gamal、DSA（数字签名用）。

Hash 算法

Hash 算法特别的地方在于它是一种单向算法，用户可以通过 Hash 算法对目标信息生成一段特定长度的唯一的 Hash 值，却不能通过这个 Hash 值重新获得目标信息。因此 Hash 算法常用在不可还原的密码存储、信息完整性校验等。

常见的 Hash 算法有 MD2、MD4、MD5、HAVAL、SHA。

加密算法的效能通常可以按照算法本身的复杂程度、密钥长度（密钥越长越安全）、加解密速度等来衡量。上述的算法中，除了 DES 密钥长度不够、MD2 速度较慢已逐渐被淘汰外，其他算法仍在目前的加密系统产品中使用。

选择答案 D 正确。

参考答案

（11）B　　　（12）D

试题（13）

计算机系统由 CPU、存储器、I/O 三部分组成，假设各部分的可靠性分别为 0.95、0.91 和 0.98，则计算机系统的可靠性约为 (13) 。

（13）A．0.95　　　　B．0.91　　　　C．0.86　　　　D．0.85

试题（13）分析

要正确解答本题，首先要判断这三个部分是串行还是并行系统，然后按照可靠性的计算方法进行计算。在计算机系统中，CPU、存储器、I/O 三部分中的任何一个部分的失效都会造成这个系统的不可使用，显然一个串行系统，将这三个部分的可靠性进行相乘得到正确答案为 D。

参考答案

（13）D

试题（14）

下列策略，不适合用来划分 VLAN 的是 (14) 。

（14）A．按交换端口号　　　　B．按 MAC 地址

　　　 C．按帧结构　　　　　　D．按第三层协议

试题（14）分析

　　VLAN（Virtual Local Area Network）的中文名为"虚拟局域网"。VLAN 是一种将局域网设备从逻辑上划分成一个个网段，从而实现虚拟工作组的新兴数据交换技术。这一新兴技术主要应用于交换机和路由器中，但主流应用还是在交换机之中。VLAN 的划分主要有以下四种方式：

　　1．基于端口的 VLAN

　　基于端口的 VLAN 的划分是最简单、最有效的 VLAN 划分方法。该方法只需网络管理员针对于网络设备的交换端口进行重新分配组合在不同的逻辑网段中即可。而不用考虑该端口所连接的设备是什么。

　　2．基于 MAC 地址的 VLAN

　　MAC 地址其实就是指网卡的标识符，每一块网卡的 MAC 地址都是唯一的。基于 MAC 地址的 VLAN 划分其实就是基于工作站、服务器的 VLAN 的组合。在网络规模较小时，该方案亦不失为一个好的方法，但随着网络规模的扩大，网络设备、用户的增加，则会在很大程度上加大管理的难度。

　　3．基于路由的 VLAN

　　路由协议工作在七层协议的第三层：网络层，即基于 IP 和 IPX 协议的转发。这类设备包括路由器和路由交换机。该方式允许一个 VLAN 跨越多个交换机，或一个端口位于多个 VLAN 中。

　　4．基于策略的 VLAN

　　基于策略的 VLAN 的划分是一种比较有效而直接的方式。这主要取决于在 VLAN 的划分中所采用的策略。

　　就目前来说，对于 VLAN 的划分主要采用 1、3 两种模式，对于方案 2 则为辅助性的方案。

　　本题正确答案是 C。

参考答案

　　（14）C

试题（15）

　　网络延迟是指 (15) 。

　　（15）A．指报文从客户端发出到客户端接收到服务器响应的间隔时间

　　　　　B．指响应时间

　　　　　C．指从报文开始进入网络到它开始离开网络之间的时间

　　　　　D．指报文在网络上的传输时间和服务器处理时间

试题（15）分析

　　网络延迟：这个也跟 tcp/ip 协议有关。如果网络带宽有限，那么数据在通过 tcp/ip 协议传输过程中，就会出现排长对的情况，从而使计算机接受到数据的时候会有一点的

延迟，这个延迟在网络技术中的解释是：在传输介质中传输所用的时间。也就是"指从报文开始进入网络到它开始离开网络之间的时间"，选择答案 C 正确。

参考答案

（15）C

试题（16）

某单位数据中心对外提供云计算服务，可以使个人或企业用户使用其数据中心的服务器、磁盘存储等资源，则其对外提供的云计算服务是 (16)。

（16）A．PaaS　　　　　　B．IaaS　　　　　　C．SaaS　　　　　　D．CaaS

试题（16）分析

云计算（cloud computing）是基于互联网的相关服务的增加、使用和交付模式，通常涉及通过互联网来提供动态易扩展且经常是虚拟化的资源。云是网络、互联网的一种比喻说法。过去在图中往往用云来表示电信网，后来也用来表示互联网和底层基础设施的抽象。狭义云计算指 IT 基础设施的交付和使用模式，指通过网络以按需、易扩展的方式获得所需资源；广义云计算指服务的交付和使用模式，指通过网络以按需、易扩展的方式获得所需服务。这种服务可以是 IT 和软件、互联网相关，也可是其他服务。它意味着计算能力也可作为一种商品通过互联网进行流通。

云计算可以认为包括以下几个层次的服务：基础设施即服务（IaaS），平台即服务（PaaS）和软件即服务（SaaS）。

- IaaS：基础设施即服务

IaaS（Infrastructure-as-a-Service）：基础设施即服务。消费者通过 Internet 可以从完善的计算机基础设施获得服务。

- PaaS：平台即服务

PaaS（Platform-as-a-Service）：平台即服务。PaaS 实际上是指将软件研发的平台作为一种服务，以 SaaS 的模式提交给用户。因此，PaaS 也是 SaaS 模式的一种应用。但是，PaaS 的出现可以加快 SaaS 的发展，尤其是加快 SaaS 应用的开发速度。

- SaaS：软件即服务

SaaS（Software-as-a-Service）：软件即服务。它是一种通过 Internet 提供软件的模式，用户无须购买软件，而是向提供商租用基于 Web 的软件，来管理企业经营活动。

使用其数据中心的服务器、磁盘存储等资源属于 IaaS 的服务内容，因此本题正确答案是 B。

参考答案

（16）B

试题（17）

应用于物联网中的 RFID 技术是指 (17)。

（17）A．短距离传输技术　　　　　　　　　　B．射频识别技术

C．长距离传输技术　　　　　　　　D．身份验证技术

试题（17）分析

射频识别即 RFID（Radio Frequency IDentification）技术，又称电子标签、无线射频识别，是一种通信技术，可通过无线电讯号识别特定目标并读写相关数据，而无须识别系统与特定目标之间建立机械或光学接触。常用的有低频（125～134.2kHz）、高频（13.56MHz）、超高频，无源等技术。RFID 读写器也分移动式的和固定式的，目前 RFID 技术应用很广，例如图书馆、门禁系统、食品安全溯源等。选择答案 B 正确。

参考答案

（17）B

试题（18）

用于评价在联机事务处理（OLTP）环境下的数据库和硬件的性能，并可用于不同系统之间用性能价格比进行比较的基准程序规范是 （18）。

（18）A．TPC-A　　　　B．TPC-B　　　　C．TPC-C　　　　D．TPC-D

试题（18）分析

TPC（Transaction Processing Performance Council，事务处理性能委员会）是由数 10 家会员公司创建的非盈利组织，总部设在美国。该组织对全世界开放，但迄今为止，绝大多数会员都是美、日、西欧的大公司。TPC 的成员主要是计算机软硬件厂家，而非计算机用户，它的功能是制定商务应用基准程序（Benchmark）的标准规范、性能和价格度量，并管理测试结果的发布。

TPC 的出版物是开放的，可以通过网络获取（http://www.tpc.org）。TPC 不给出基准程序的代码，而只给出基准程序的标准规范（Standard Specification）。任何厂家或其他测试者都可以根据规范，最优地构造出自己的系统（测试平台和测试程序）。为保证测试结果的客观性，被测试者（通常是厂家）必须提交给 TPC 一套完整的报告（Full Disclosure Report），包括被测系统的详细配置、分类价格和包含五年维护费用在内的总价格。该报告必须由 TPC 授权的审核员核实（TPC 本身并不做审计）。现在全球只有几个审核员，全部在美国。

TPC 已经推出了四套基准程序，被称为 TPC-A、TPC-B、TPC-C 和 TPC-D。TPC-A 是何亮性能价格比测基准程序。TPC-B 已经不再使用。TPC-C 是在线事务处理（OLTP）的基准程序，TPC-D 是决策支持（Decision Support）的基准程序。TPC 即将推 TPC-E，作为大型企业（Enterprise）信息服务的基准程序。　因此本题的正确答案是 A。

参考答案

（18）A

试题（19）、（20）

建筑物内安装进出线设备，并进行综合布线以及系统管理和维护的场所是 （19）。

综合布线系统中，安装有线路管理器件及各种公共设备，实现对整个系统集中管理的区域属于 (20)。

(19) A. 总线间　　　B. 管理间　　　C. 工作区　　　D. 设备间

(20) A. 管理子系统　　　　　　　B. 干线子系统
　　　 C. 设备间子系统　　　　　　D. 建筑群子系统

试题 (19)、(20) 分析

综合布线系统应是开放式结构，应能支持电话及多种计算机数据系统，还应能支持会议电视、监视电视等系统的需要。

综合布线系统可划分成 6 个子系统：

- 工作区子系统：作区是工作人员利用终端设备进行工作的地方。工作区子系统为用户提供一个既符合 ISDN（综合业务数据网）标准，又可满足高速数据传输的标准。工作区子系统由终端设备连接到信息插座的跳线和信息插座组成，通过插座即可连接计算机或其他终端。水平子系统的双绞线的一端在这里端接。
- 水平干线子系统：水平干线子系统也称为水平子系统。水平干线子系统是整个布线系统的一部分，它是指从工作区的信息插座开始到管理子系统的配线架的连接部分，功能是将工作区信息插座与楼层配线间的水平分配线架连接起来。
- 垂直干线子系统：垂直干线子系统也称垂直子系统，它是整个建筑物综合布线系统的一部分。它提供建筑物的干线电缆，负责连接管理子系统和设备间子系统，一般使用光缆或选用大对数的非屏蔽双绞线。
- 设备间子系统：设备间子系统也称设备子系统。设备间子系统由电缆、连接器和相关支撑硬件组成。它把各种公共系统的多种不同设备互联起来，其中包括电信部门的光缆、同轴电缆、程控交换机等。
- 管理子系统：管理子系统由交连、互联和 I/O 组成。管理子系统为连接其他子系统提供手段，它是连接垂直干线子系统和水平子系统的设备，其主要设备是配线架、集线器和机柜、电源。
- 建筑群子系统：建筑群子系统是将一个建筑物中的电缆延伸到另一个建筑物的通信设备和装置，通常由光缆和相应设备组成，建筑群子系统是综合布线系统的一部分，它支持楼宇间通信所需的硬件，其中包括导线电缆、光缆以及防止电缆上的脉冲电压进入建筑物的电气保护装置。

从上面个子系统的描述，不难得出本题的正确答案。

参考答案

(19) D　　(20) A

试题 (21)

隐蔽工程中，关于电气配线工程质量监控要点有如下表述，其中不准确的是 (21)。

(21) A. 施工中须高度重视插座、螺口灯头、零线与相线接线，注意采用左零右火

　　　　和上零下火上接地的作法，用试电笔或测试插头进行检验，不允许出现零
　　　　线与相线接反的情况

　　B．注意电线绝缘层的颜色控制：A 相为黄色、B 相为绿色、C 相为红色、PE
　　　　为双色，且同一建筑物内的线色应该一致

　　C．导线在管内不应有接头或扭结，接头应设在过线盒内

　　D．导线连接应采用绝缘压接帽新工艺，铜线接头处要搪锡处理，导线接头处
　　　　只用黑色胶带缠绕数圈，做好粘接

试题（21）分析

　　参见教材和几点工程安装手册等，本题正确答案是 D。

参考答案

　　（21）D

试题（22）

　　依据《电子计算机机房设计规范》，保护性接地不包括 (22)。

　　（22）A．防雷接地　　　　B．屏蔽接地　　　　C．防静电接地　　　　D．信号接地

试题（22）分析

　　GB 50174—1993《电子计算机机房设计规范》中第 6.4.2 条规定：计算机机房的接
地系统应包含直流工作地、交流工作地、安全保护地及防雷接地。没有信号接地的要求，
本题正确答案是 D。

参考答案

　　（22）D

试题（23）

　　根据折射率的分布情况，光纤可分为 (23)。

　　（23）A．跳变式光纤和渐变式光纤　　　　　　B．单模光纤和多模光纤
　　　　　C．短波长光纤和长波长光纤　　　　　　D．保偏光纤和晶体光纤

试题（23）分析

　　根据折射率的分布情况光纤可分为跳变式光纤和渐变式光纤。跳变式光纤纤芯的折
射率和保护层的折射率都是一个常数。光纤跳线在纤芯和保护层的交界面，折射率呈阶
梯型变化。本题选择答案 A 正确。

参考答案

　　（23）A

试题（24）

　　不属于光缆测试的参数是 (24)。

　　（24）A．回波损耗　　　　B．近端串扰　　　　C．衰减　　　　D．插入损耗

试题（24）分析

　　光缆布线系统的测试是工程验收的必要步骤。通常对光缆的测试方法有：连通性测

试、端-端损耗测试、收发功率测试和插入损耗测试四种。近端串扰是双绞线的测试内容，本题选择答案 B 正确。

参考答案

（24）B

试题（25）

对入侵检测技术描述错误的是　(25)。

（25）A．入侵检测的信息源包括主机信息源、网络信息源

　　　　B．入侵检测的 P2DR 模型是 Policy、Protection、Detection、Response 的缩写

　　　　C．入侵检测系统一般分为四个组件：事件产生器、事件分析器、响应单元、事件数据库

　　　　D．不同厂商的 IDS 系统之间需要通信，通信格式是 IETF

试题（25）分析

IDS 系统组件之间需要通信，不同的厂商的 IDS 系统之间也需要通信。因此，定义统一的协议，使各部分能够根据协议所制订的标准进行沟通是很有必要的。IETF 目前有一个专门的小组 IDWG（IntrusionDetection WorkingGroup）负责定义这种通信格式，称作 Intrusion Detection ExchangeFormat。目前只有相关的草案，并未形成正式的 RFC 文档。尽管如此，草案为 IDS 各部分之间甚至不同 IDS 系统之间的通信提供层协议，其设计增添了其他功能（如可从任意端发起连接，结合了加密、身份验证等）。通信格式是 Intrusion Detection ExchangeFormat，所以本题选择答案 D 正确。

参考答案

（25）D

试题（26）

以下关于防火墙工作模式的描述，正确的是　(26)。

（26）A．工作于路由模式时，防火墙各网口所接的局域网须是相同的网段

　　　　B．对于透明模式的防火墙，如果将它加入一个已经形成的网络中，可以不用修改其周边网络设备的配置

　　　　C．防火墙工作模式包括路由模式、透明模式、混合模式，使用时根据实际情况人工切换

　　　　D．工作于路由模式的防火墙，不具有 NAT 转换的功能

试题（26）分析

传统的防火墙一般工作于路由模式，也就是说防火墙可以让处于不同网段的计算机通过路由转发的方式互相通信。所以选项 A 错误，又因为 NAT 转换是路由器的基本功能，所以选项 D 也错误。

路由模式下的防火墙有两个局限：

第一，工作于路由模式时，防火墙各网口所接的局域网必须是不同的网段，如果其

中所接的局域网位于同一网段时，那么它们之间的通信将无法进行。

　　第二，如果用户试图在一个已经形成了的网络里添加防火墙，而此防火墙又只能工作于路由方式，则与防火墙所接的主机（或路由器）的网关都要指向防火墙。如果用户的网络非常复杂时，设置时就会很麻烦。

　　由于工作于路由模式的防火墙在使用时的这些特性，人们常常把它称为"不透明"的防火墙。与此相对应，新兴的防火墙技术中有一种就是"透明模式防火墙技术"，透明模式防火墙可以接在 IP 地址属于同一子网的两个物理子网之间，如果将它加入一个已经形成了的网络中，可以不用修改周边网络设备的设置。没有"混合模式"，所以选项 C 也错误。本题正确答案是 B。

参考答案

　　（26）B

试题（27）

　　下列耦合形式中，耦合度最弱的是 (27)。

　　（27）A. 特征耦合　　　　　B. 公共耦合　　　　　C. 数据耦合　　　　　D. 控制耦合

试题（27）分析

　　软件设计中通常用耦合度和内聚度作为衡量模块独立程度的标准。划分模块的一个准则就是高内聚低耦合。耦合度是指模块之间联系的紧密程度。模块间的耦合度是指模块之间的依赖关系，包括控制关系、调用关系、数据传递关系。模块间联系越多，其耦合性越强，同时表明其独立性越差。降低模块间的耦合度能减少模块间的影响，防止对某一模块修改所引起的"牵一发动全身"的水波效应，保证系统设计顺利进行。两个模块之间的耦合方式通常可分为 7 种，按其耦合度从低到高的次序依次为：非直接耦合、数据耦合、标记耦合、控制耦合、外部耦合、公共耦合、内容耦合。内聚度是指内部各元素之间联系的紧密程度，模块的内聚种类通常可分为 7 种，按其内聚度从低到高的次序依此为：偶然内聚、逻辑内聚、瞬时内聚、过程内聚、通信内聚、顺序内聚、功能内聚。因此本题选择答案 C 正确。

参考答案

　　（27）C

试题（28）

　　模块内部的算法设计在采用结构化方法进行开发的 (28) 阶段进行。

　　（28）A. 系统分析　　　　　B. 概要设计　　　　　C. 详细设计　　　　　D. 编码（实现）

试题（28）分析

　　软件详细设计的基本任务是：

　　（1）为每个模块进行详细的算法设计。用某种图形、表格、语言等工具将每个模块处理过程的详细算法描述出来。

　　（2）为模块内的数据结构进行设计。对于需求分析、概要设计确定的概念性的数据类型进行确切的定义。

（3）对数据结构进行物理设计，即确定数据库的物理结构。物理结构主要指数据库的存储记录格式、存储记录安排和存储方法，这些都依赖于具体所使用的数据库系统。

（4）其他设计：根据软件系统的类型，还可能要进行其他设计。

本题选择答案 C 正确。

参考答案

（28）C

试题（29）

一个软件系统应具有什么样的功能，这是在 (29) 阶段决定的。

（29）A．总体设计　　　　B．需求分析　　　　C．详细设计　　　　D．程序设计

试题（29）分析

软件需求分析的任务是：深入描述软件的功能和性能，确定软件设计的约束和软件同其他系统元素的接口细节，定义软件的其他有效性需求，借助于当前系统的逻辑模型导出目标系统逻辑模型，解决目标系统"做什么"的问题。需求分析可分为需求提出、需求描述及需求评审三个阶段。本题选择答案 B 正确。

参考答案

（29）B

试题（30）

信息系统开发方法各有优、缺点，下面描述中，(30) 不属于原型法的主要优点。

（30）A．原型法的开发过程是一个循环往复的反馈过程，符合用户对计算机应用认识逐步发展、螺旋式上升规律

　　　　B．原型法使用户能很快接触和使用系统，可提高用户参与系统开发的积极性

　　　　C．原型法开发周期短，使用灵活，对于管理体制和组织结构不稳定、有变化的系统比较适合

　　　　D．整个开发过程阶段和步骤清楚，每一阶段和步骤均有明确的成果，并可做为下一阶段的工作依据

试题（30）分析

原型法针对的就是用户需求不明朗的情况而采用的，当然不可能是整个开发过程阶段和步骤清楚的情况下采用，所以本题选择答案 D 正确。

参考答案

（30）D

试题（31）

某综合楼工程发包后，发包人未按约定给定预付，承包人在约定预付时间 7 天后向发包人发出要求预付的通知，发包人收到通知后仍未按要求预付，于是在发出通知后 7 天，承包人决定停止施工，承担由此造成工期损失的是 (31)。

（31）A．承包人　　　B．发包人　　　C．分包人　　　D．项目经理

试题（31）分析

　　由于发包人未按照规定支付预付款，在发包人发出要求预付的通知，发包人收到通知后仍未按要求预付，此时承包人停工时合理的，由此引起的工期损失当然应该有发包人的责任，选择答案 B 正确。

参考答案

　　（31）B

试题（32）

　　数据库设计依次为 (32) 。

　　（32）A．物理设计阶段、逻辑设计阶段、概念设计阶段

　　　　　B．概念设计阶段、逻辑设计阶段、物理设计阶段

　　　　　C．逻辑设计阶段、概念设计阶段、物理设计阶段

　　　　　D．概念设计阶段、物理设计阶段、逻辑设计阶段

试题（32）分析

　　1．概念设计：对用户要求描述的现实世界（可能是一个工厂、一个商场或者一个学校等），通过对其中住处的分类、聚集和概括，建立抽象的概念数据模型。这个概念模型应反映现实世界各部门的信息结构、信息流动情况、信息间的互相制约关系以及各部门对信息储存、查询和加工的要求等。所建立的模型应避开数据库在计算机上的具体实现细节，用一种抽象的形式表示出来。以扩充的实体—联系模型（E-R 模型）方法为例，第一步先明确现实世界各部门所含的各种实体及其属性、实体间的联系以及对信息的制约条件等，从而给出各部门内所用信息的局部描述（在数据库中称为用户的局部视图）。第二步再将前面得到的多个用户的局部视图集成为一个全局视图，即用户要描述的现实世界的概念数据模型。

　　2．逻辑设计：主要工作是将现实世界的概念数据模型设计成数据库的一种逻辑模式，即适应于某种特定数据库管理系统所支持的逻辑数据模式。与此同时，可能还需为各种数据处理应用领域产生相应的逻辑子模式。这一步设计的结果就是所谓"逻辑数据库"。

　　3．物理设计：根据特定数据库管理系统所提供的多种存储结构和存取方法等依赖于具体计算机结构的各项物理设计措施，对具体的应用任务选定最合适的物理存储结构（包括文件类型、索引结构和数据的存放次序与位逻辑等）、存取方法和存取路径等。这一步设计的结果就是所谓"物理数据库"。

　　4．三者关系：由上到下，先要概念设计，接着逻辑设计，再是物理设计，一级一级设计。

　　本题选择答案 B 正确。

参考答案

　　（32）B

试题（33）

消防联动设备的直流工作电压应符合 GB156 规定，优先采用　（33）　。

（33）A．AC18V　　　　B．DC18V　　　　C．DC24V　　　　D．AC24V

试题（33）分析

GB156 规定的防联动设备的直流工作电压是 24V，选择答案 C 正确。

参考答案

（33）C

试题（34）

通常，（34）是在编码阶段进行的测试，它是整个测试工作的基础。

（34）A．系统测试　　　B．确认测试　　　C．集成测试　　　D．单元测试

试题（34）分析

在软件测试方面，V 模型是最广为人知的模型，尽管很多富有实际经验的测试人员还是不太熟悉 V 模型，或者其他的模型。V 模型已存在了很长时间，和瀑布开发模型有着一些共同的特性，由此也和瀑布模型一样地受到了批评和质疑。

V 模型中的过程从左到右，描述了基本的开发过程和测试行为。V 模型的价值在于它非常明确地标明了测试过程中存在的不同级别，并且清楚地描述了这些测试阶段和开发过程期间各阶段的对应关系。

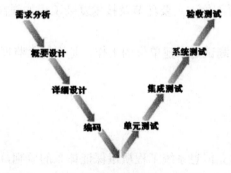

V 模型示意图

在 V 模型中，单元测试是基于代码的测试，最初由开发人员执行，以验证其可执行程序代码的各个部分是否已达到了预期的功能要求。

本题选择答案 D 正确。

参考答案

（34）D

试题（35）

　（35）不属于黑盒测试方法。

（35）A．等价类划分　　　B．状态测试　　　C．边界值分析　　　D．变异测试

试题（35）分析

黑盒测试的测试用例设计方法

- 等价类划分方法
- 边界值分析方法
- 错误推测方法
- 因果图方法
- 判定表驱动分析方法
- 正交实验设计方法
- 功能图分析方法

变异测试不是黑盒测试方法，本题选择答案 D 正确。

参考答案

（35）D

试题（36）

针对监理质量控制，监理工程师 (36)，是不正确的做法。

（36）A. 对所有的隐蔽工程在进行隐蔽以前进行检查和办理签证

　　　　B. 对重点工程要驻点跟踪监理

　　　　C. 对各类软件亲自进行测试和抽查

　　　　D. 对工程主要部位、主要环节及技术复杂工程加强检查

试题（36）分析

对各类软件亲自进行测试是承建单位的工作，是不能由监理去做的，因此本题选择答案 C 正确。

参考答案

（36）C

试题（37）

以下关于承建单位建立信息系统工程质量保证体系的原则，不正确的是 (37)。

（37）A. 承建单位要满足建设单位的使用功能要求，并符合质量标准、技术规范及现行法规

　　　　B. 承建单位的质量保证计划应在工程项目的质量保证计划的基础上建立起来

　　　　C. 在签订合同后，承建单位应按合同要求建立本工程质量保证体系

　　　　D. 质量保证体系要满足建设单位和承建单位双方的需要

试题（37）分析

"承建单位的质量保证计划应在工程项目的质量保证计划的基础上建立起来"这个描述的错误的，因为工程项目的保证计划应该由承建单位根据工程项目实际情况进行编写，如果不是这样，承建单位所要依据的"工程项目的质量保证计划"又由谁来编制呢？所以，本题选择答案 B。

参考答案

（37）B

试题（38）

软件配置管理应满足"　(38)　""可见性"和"可控性"要求。

（38）A．有效性　　　　B．可靠性　　　　C．实用性　　　　D．全面性

试题（38）分析

软件工程过程中经常会遇到不正确性（无效）、不可见性、不完整性、不一致性等一系列问题。因此软件配置管理最少应该满足正确性（有效性）、可见性和完整性。选择答案 A。

参考答案

（38）A

试题（39）

软件测试可由不同机构组织实施。以下说法正确的是 (39)。

（39）A．软件单元测试由承建单位组织，一般由软件开发组实施测试

　　　B．软件集成测试由业主单位组织，软件开发组和软件测试组联合实施测试

　　　C．软件确认测试由业主单位组织，软件测试组实施测试

　　　D．系统测试由监理单位组织，成立联合测试组实施测试

试题（39）分析

本题所述的几种测试工作都不应该由监理方或者业主方组织，所以选项 B、C、D 都错误。选择答案 A 正确。

参考答案

（39）A

试题（40）

在软件配置管理规程中应明确规定 (40)。

① 各级、各库中所管的软件实体的清单

② 保证安全性、可靠性、保密性、正确性、完备性、一致性和可追踪性的具体措施

③ 入库控制办法和审批手续

④ 出库条件及其必备的手续

⑤ 变更控制办法和审批手续

（40）A．③④⑤　　　　B．①②③④⑤　　　　C．①②③④　　　　D．①③④⑤

试题（40）分析

①②③④⑤都是软件配置管理所必需的内容，本题选择答案 B。

参考答案

（40）B

试题（41）

面向对象方法的基本思路是用　(41)　作为描写客观事物的基本单元，它包括封装在一起的对象属性和对象操作。

（41）A．对象　　　　　B．数据　　　　　C．方法　　　　　D．组件

试题（41）分析

在本题中……它包括封装在一起的对象属性和对象操作这句话已经将答案告诉你了。正确答案就是 A。

参考答案

（41）A

试题（42）

软件质量的含义应完整包括　(42)　。

① 能满足给定需要的特性之全体

② 具有所希望的各种属性的组合的程度

③ 顾客或用户认为能满足其综合期望的程度

④ 软件的组合特性，它确定软件在使用中满足顾客一切要求的程度

（42）A．①　　　　　B．①②　　　　　C．①②③　　　　　D．①②③④

试题（42）分析

"……软件的组合特性，它确定软件在使用中满足顾客一切要求的程度"，满足一切需求是无法道道的目标，所以这样的说法是错误的，本题正确答案是 C。

参考答案

（42）C

试题（43）

根据《国家电子政务工程建设项目档案管理暂行办法》中的规定，软件开发类文档保存期限不少于 30 年的是　(43)　。

（43）A．系统上线保障方案　　　　　B．系统维护手册

　　　　C．设计变更报审　　　　　　D．测试报告

试题（43）分析

参见《国家电子政务工程建设项目档案管理暂行办法》中的规定，设计变更报审文件需要 30 年以上，本题选择答案 C。

参考答案

（43）C

试题（44）

　(44)　不是信息化工程监理大纲的编制依据。

（44）A．信息化工程项目概况

　　　　B．建设单位所要达到的监理目标和要求

  C. 信息化工程工程项目监理任务的招标文件

  D. 信息化工程项目监理合同

试题（44）分析

  监理大纲是监理单位在工程施工监理项目招标过程中为承揽到工程监理业务而编写的监理技术性方案文件，因此信息化工程项目监理合同不可能成为信息化工程监理大纲的编制依据，本题正确答案是 D。

参考答案

  （44）D

试题（45）

  监理大纲是 （45）。

  （45）A. 由监理单位制定的，起着指导监理工作开展作用的纲领性文件

    B. 根据项目特点及技术要求所编制的，具有实施性和可操作性

    C. 将监理委托合同规定的责任和任务具体化的纲要性文件

    D. 为监理单位的经营目标服务的，起着承接监理任务的作用

试题（45）分析

  监理大纲是监理单位在工程施工监理项目招标过程中为承揽到工程监理业务而编写的监理技术性方案文件，所以答案 D 正确。

参考答案

  （45）D

试题（46）

  编制监理规划的步骤为 （46）。

  ① 确定监理工作内容

  ② 规划信息的收集与处理

  ③ 按照监理工作性质及内容进行工作分解

  ④ 项目规划目标的确认

  （46）A. ②④①③   B. ③①②④   C. ①②③④   D. ②①④

试题（46）分析

  参见教材，编制监理规划的步骤是：

  （1）规划信息的收集与处理

  所谓规划信息，就是指与监理规划相关的信息，例如，所监理的信息系统工程项目的情况（一般由建设单位提供）、承建单位（可能还包括设计单位、分包单位）的情况、建设单位的情况、监理委托合同所规定的各项监理任务等信息，在编制监理规划以前，应该广泛收集相关的监理信息，在整理和消化这些材料的基础上开始着手编制项目监理规划。

  （2）项目规划目标的确认

  依据第一步收集到的项目规划信息，来确定项目规划的目标。并对目标进行识别、

排序和量化，为下一步确定监理工作做准备。

（3）确定监理工作内容

在对监理规划目标进行确认的基础上，具体确定监理单位应该做的工作。在这里，监理工作的工作内容、工作程序和工作要求等，都将得到确定。确定的依据，一方面来自于上边所确定的监理规划目标，另一方面来自于监理委托合同。

（4）按照监理工作性质及内容进行工作分解

紧承上一步，在对监理工作进行初步确认的基础上，对监理工作进行细分，确定不同小组的责任，以此来确定各自的监理任务。

选择答案 A 正确。

参考答案

（46）A

试题（47）

除立项阶段的立项准备、立项申请、立项审批之外，绝大部分的项目管理要素，都是项目 (47) 所要重点实施的内容。

（47）A．业主单位　　　B．承建单位　　　C．监理单位　　　D．投资单位

试题（47）分析

立项准备、立项申请、立项审批等是业主的任务，监理单位只是做"司四控三管一协调"的工作。所以绝大部分的项目管理要素都是承建单位所要重点实施的内容。

本题正确答案是 B。

参考答案

（47）B

试题（48）

　(48) 是用来生成和协调诸如质量计划、进度计划、成本计划等所有计划的总计划，是指导整个项目执行和控制的文件。

（48）A．项目计划　　　　　　　　B．安全管理计划

　　　　C．风险管理计划　　　　　　D．文档管理计划

试题（48）分析

四个选项中只有"项目计划"是总体性计划，本题选择答案 A 正确。

参考答案

（48）A

试题（49）

以下关于监理工程师的权利和义务的叙述，不正确的是 (49)。

（49）A．根据监理合同独立执行工程监理业务

　　　　B．要求监理单位支付其劳动报酬

　　　　C．向总监理工程师汇报项目情况

　　D．根据建设单位要求开展监理工作

试题（49）分析

　　应该根据监理合同要求执行监理任务，而不是对建设单位的任何要求都接受。本题选择答案 D 正确。

参考答案

　　（49）D

试题（50）

　　监理活动的主要内容被概括为"四控、三管、一协调"，所谓"四控"不包括 (50)。

　　(50) A．投资控制　　　　B．风险控制　　　　C．变更控制　　　　D．进度控制

试题（50）分析

　　四控制的内容是质量控制、进度控制、投资控制和变更控制。所以本题选择答案 B 正确。

参考答案

　　（50）B

试题（51）

　　(51) 的质量从根本上决定着软件项目的适用性，是软件质量形成的关键环节。

　　(51) A．开发环境　　　　　　　　　　B．软件开发设计
　　　　 C．软件测试　　　　　　　　　　D．软件安装调试

试题（51）分析

　　现代质量管理最重要的观点之一就是：理解、管理和影响需求，从而达到客户的希望。这就要求项目产品符合要求（项目必须生产它所承诺生产的产品），并且应该具有适用性（项目提供的产品或服务必须能满足实际需要）。这就要求开发设计的方案易于理解、代码易于理解和修改等等。因此，软件开发设计的质量从根本上决定着软件项目的适用性，选择答案 B 正确。

参考答案

　　（51）B

试题（52）

　　对下图所示的 S 形曲线理解正确的是 (52)。

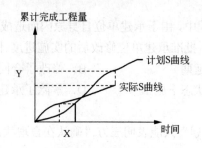

（52）A．X 表示拖延的时间，Y 表示拖欠的工程量

B．X 表示超前的时间，Y 表示拖欠的工程量

C．X 表示拖延的时间，Y 表示超额完成的工程量

D．X 表示超前的时间，Y 表示超额完成的工程量

试题（52）分析

S 曲线比较法是以横坐标表示时间，纵坐标表示累计完成任务量，绘制一条按计划时间累计完成任务量的 S 曲线；然后将工程项目实施过程中各检查时间实际累计完成任务量的 S 曲线也绘制在同一坐标系中，进行实际进度与计划进度比较的一种方法。

从整个工程项目实际进展全过程看，单位时间投入的资源量一般是开始和结束时较少，中间阶段较多。与其相对应，单位时间完成的任务量也呈同样的变化规律。而随工程进展累计完成的任务量则应呈 S 形变化。由于其形似英文字母"S"，S 曲线因此而得名。S 曲线比较法也是在图上进行工程项目实际进度与计划进度的直观比较。在工程项目实施过程中，按照规定时间将检查收集到的实际累计完成任务量绘制在原计划 S 曲线图上，即可得到实际进度 S 曲线。

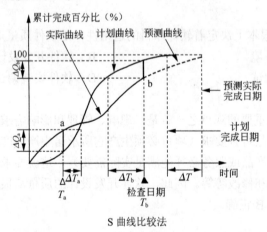

S 曲线比较法

本题选择答案 B 正确。

参考答案

（52）B

试题（53）

在信息化工程实施过程中，由于承建单位自身原因而造成实际进度拖后，建设单位、监理单位和承建单位协调后批准承建单位修改后的实施进度计划意味着 (53) 。

（53）A．批准了工程延期

B．修改了合同工期

C．确认在合理状态下施工

D．解除了承建单位的责任

试题（53）分析

"修改后的实施进度计划"只能表明三方"确认在合理状态下施工"，并没有其他的

承诺,就是这份进度计划的安排超出了工期,也可能通过某些安排在合理的情况赶回来,所以不会去承诺其他三个选项所描述的意思。选择答案 C 正确。

参考答案

　　（53）C

试题（54）

　　在信息化工程监理工作中, (54) 属于工程进度计划监测的工作之一。

　　（54）A. 编制科学合理的进度计划　　　B. 改变工作间的逻辑关系

　　　　　　C. 改变关键工作的持续时间　　　　D. 实际进度与计划进度对比分析

试题（54）分析

　　监理对项目的进行的是进度控制,也就是说发现问题并报告或者提出解决的建议,因此监理不可以承担选项 A、B、C 的工作,选择答案 D 正确。

参考答案

　　（54）D

试题（55）

　　信息系统监理单位行为准则包括 (55) 。

　　① 科学　　　　② 规范　　　　③ 守法　　　　④ 保密

　　（55）A. ①②③　　　　B. ①③④　　　　C. ②③④　　　　D. ①②③④

试题（55）分析

　　对于某一工程作业或者行为进行定性的信息规定。主要是因为无法精准定量的形成标准,所以被称为规范。规：尺规；范：模具。这两者分别是对物、料的约束器具,合用为“规范”。拓展成为对思维和行为的约束力量。除了法律、规章制度、纪律外,学说、理论和数学模式也具有规范的性质。这里指的是“监理单位行为准则”,因此在这里本题的正确答案是 B 而不是 D。

参考答案

　　（55）B

试题（56）

　　由多家监理单位分别承担监理业务的工程项目中,作为一名总监理工程师,应当负责 (56) 。

　　（56）A. 建设单位代表分配的各项工作

　　　　　　B. 整个工程项目的监理工作

　　　　　　C. 所承担的那部分工程的指挥工作

　　　　　　D. 监理合同范围内受委托的监理工作

试题（56）分析

　　作为一名总监理工程师,应当负责监理合同范围内受委托的监理工作以及与自己角色职责相关的工作,因此本题选择答案 D 正确。

参考答案

（56）D

试题（57）、（58）

某工程项目群各子项目实施计划及关联关系如下表，任务 D 的期望时间是　(57)　天，任务 E 的自由时差是　(58)　天。

工作代号	紧前工作	完成时间估计（天）		
		乐观时间	平均时间	悲观时间
A	-	1	2	3
B	A	3	6	21
C	A	1	2	3
D	B	3	6	15
E	B、C	2	4	12
F	D	1	2	3
G	E、F	1	2	9
H	E	2	5	8
I	G、H	1	2	3

（57）A. 9　　　　B. 8　　　　C. 7　　　　D. 6

（58）A. 0　　　　B. 1　　　　C. 2　　　　D. 3

试题（57）、（58）分析

在 PERT 中，假设各项工作的持续时间服从 β 分布，近似地用三时估计法估算出三个时间值，即最短、最长和最可能持续时间，再加权平均算出一个期望值作为工作的持续时间。在编制 PERT 网络计划时，把风险因素引入到 PERT 中，人们不得不考虑按 PERT 网络计划在指定的工期下，完成工程任务的可能性有多大，即计划的成功概率，即计划的可靠度，这就必须对工程计划进行风险估计。在绘制网络图时必须将非肯定型转化为肯定型，把三时估计变为单一时间估计，其计算公式为：（乐观时间+4×平均时间+悲观时间）/6。

（57）题中，D 工作的期望时间是（3+4×6+15）/6=7，选择答案 C 正确。试题（58）同样要用到这个计算公式求出期望时间，在结合网络图，可以得出答案 A 正确。

参考答案

（57）C　　　（58）A

试题（59）

某项目进行到第 70 天，挣值的三个基本参数分别为：BCWS 为 800 万，BCWP 为 750 万，ACWP 为 780 万，下列说法中正确的是　(59)　。

（59）A. 该项目进度滞后且费用超支　　　B. 该项目进度提前且费用节约

　　　　C. 该项目进度滞后但费用节约　　　D. 该项目进度提前但费用超支

试题（59）分析

成本差异：CV=BCWP-ACWP，就是实际完成的任务，比较预算成本和实际成本之差。

进度差异：SV=BCWP-BCWS

带入公式进行计算后得出正确的答案为 A。

参考答案

（59）A

试题（60）

下列针对 BT 合同模式的理解，不正确的是 (60)。

（60）A. 该模式缓解了建设单位经费的不足

　　　 B. 该模式要求承担单位具有非常雄厚的技术实力

　　　 C. 该模式要求监理单位具有非常丰富的项目管理经验

　　　 D. 该模式主要由建设单位承担全部的风险

试题（60）分析

任何一个工程项目承建方、建设方和监理方都有各自面临和需要承担的风险。不可能是全部由承建方来承担，选择答案 D。

参考答案

（60）D

试题（61）

某电子政务项目的合同甲乙双方在实施过程中签订了增加采购 5 台 PC 服务器的补充协议，但由于该型号服务器停产，乙方未能完成采购，延误了实施进度。针对此种情况下列说法中正确的是 (61)。

（61）A. 乙方已造成合同违约

　　　 B. 甲方应向乙方索赔

　　　 C. 由于设备停产，因此合同甲乙双方签署的补充协议无效

　　　 D. 甲乙双方进行协议变更，更换服务器型号

试题（61）分析

在此种情况下最好的处理方式就是选项 D，如果采取选项 A 的方法争议合同问题，那项目不是更加要延迟了吗？所以本题选择答案 D。

参考答案

（61）D

试题（62）

以下材料中防电磁辐射最好的是 (62)。

（62）A. 光缆　　　　　　 B. 非屏蔽双绞线　　　　 C. 铜缆　　　　 D. 屏蔽双绞线

试题（62）分析

光纤又称为光缆或光导纤维，由光导纤维纤芯、玻璃网层和能吸收光线的外壳组成。是由一组光导纤维组成的用来传播光束的、细小而柔韧的传输介质。应用光学原理，由光发送机产生光束，将电信号变为光信号，再把光信号导入光纤，在另一端由光接收机接收光纤上传来的光信号，并把它变为电信号，经解码后再处理。与其他传输介质比较，光纤的电磁绝缘性能好、信号衰小、频带宽、传输速度快、传输距离大。主要用于要求传输距离较长、布线条件特殊的主干网连接。具有不受外界电磁场的影响，无限制的带宽等特点，可以实现每秒几十兆位的数据传送，尺寸小、重量轻，数据可传送几百千米，但价格昂贵。本题选择答案 A 正确。

参考答案

（62）A

试题（63）

（63）不属于应在验收阶段完成的项目文档。

（63）A．项目验收计划　　　　　　　　B．项目试运行报告
　　　C．项目总结报告　　　　　　　　D．项目验收报告

试题（63）分析

显然项目验收机会是验收阶段之前应该做的工作，制定的验收计划只有在经过审核批准后，进入验收阶段的重要前提具备了。本题选择答案 A 正确。

参考答案

（63）A

试题（64）

下列关于监理文档管理的说法正确的是 （64）。

（64）A．监理应负责建设单位的文档整理工作
　　　B．监理必须要做好自身的文档管理工作
　　　C．监理不能将自身的文档借阅给承建单位人员查阅
　　　D．项目的文档管理负责人应为总监理工程师

试题（64）分析

这道题很简单，选项 B 描述的内容监理必须要做好自身的文档管理工作永远是正确的说法。如果说承建单位必须要做好自身的文档管理工作也是永远正确的说法。

参考答案

（64）B

试题（65）

下列政府采购方式属于招标采购的是 （65）。

（65）A．邀请招标　　　B．单一来源采购　　　C．询价　　　D．竞争性谈判

试题（65）分析

招标采购只有两种方式，公开招标和邀请招标，因此本题选择答案 A 正确。

参考答案

（65）A

试题（66）

属于静态评价指标的包括 （66）。

① 财务净现值

② 投资回收期

③ 财务内部收益率

④ 投资利润率

⑤ 投资利税率

（66）A．①③④⑤　　　　B．②③④⑤　　　C．①②③　　　　D．②④⑤

试题（66）分析

投资回收期、财务内部收益率、投资利润率是静态的指标，可以很容易地判断出来，选择答案 D 正确。

参考答案

（66）D

试题（67）

具有纵向职能系统和横向子项目系统的监理组织形式为 （67）监理组织形式。

（67）A．矩阵制　　　　B．直线制　　　　C．直线职能制　　　D．职能制

试题（67）分析

矩阵制是由职能部门系列和为完成某一临时任务而组建的项目小组系列组成，它的最大特点在于具有双道命令系统。矩阵制组织形式是在直线职能制垂直形态组织系统的基础上，再增加一种横向的领导系统，可称之为"非长期固定性组织"。是把按职能划分的部门和按项目（或产品、服务等）划分的子公司或部门结合起来组成一个矩阵，是同一名员工既同原职能部门保持组织与业务上的联系，又参加所在子公司或部门的工作的一种管理模式。为了保证完成一定的管理目标，每个子公司或部门都设负责人，在组织的最高主管直接领导下进行工作。本题选择答案 A 正确。

参考答案

（67）A

试题（68）

软件文档不仅是软件开发各阶段的重要依据，而且影响软件的 （68）。

（68）A．可靠性　　　　B．可维护性　　　　C．可扩展性　　　D．可移植

试题（68）分析

软件文档编写的好当然会使得人们对系统设计和代码等更加易于理解，使得可维护

性提高，选择答案 B。

参考答案

（68）B

试题（69）

根据有关法律，在一般招标项目中，__(69)__符合评标委员会成员的任职条件或其行为恰当。

（69）A．某甲，由投标人从省人民政府有关部门提供的专家名册的专家中确定

B．某乙，现任某公司法定代表人，该公司常年为某投标人提供系统软件

C．某丙，从事招标工程项目领域工作满 10 年并具有高级职称

D．某丁，在开标后、中标结果确定前将自己担任评标委员会成员的事告诉了某投标人

试题（69）分析

招标投标法第三十七条规定，评标由招标人依法组建的评标委员会负责。

依法必须进行招标的项目，其评标委员会由招标人的代表和有关技术、经济等方面的专家组成，成员人数为五人以上单数，其中技术、经济等方面的专家不得少于成员总数的三分之二。

评标专家应当从事相关领域工作满八年并具有高级职称或者具有同等专业水平，由招标人从国务院有关部门或者省、自治区、直辖市人民政府有关部门提供的专家名册或者招标代理机构的专家库内的相关专业的专家名单中确定；一般招标项目可以采取随机抽取方式，特殊招标项目可以由招标人直接确定。与投标人有利害关系的人不得进入相关项目的评标委员会；已经进入的应当更换。

评标委员会成员的名单在中标结果确定前应当保密。

本题选择答案 C 正确。

参考答案

（69）C

试题（70）

实行总分包的工程，分包应按照分包合同约定对其分包工程的质量向总包单位负责，总包单位与分包单位对分包工程的质量承担__(70)__。

（70）A．连带责任　　　　B．违约责任　　　　C．违法责任　　　　D．赔偿责任

试题（70）分析

《招标投标法》第四十八条 中标人应当按照合同约定履行义务，完成中标项目。中标人不得向他人转让中标项目，也不得将中标项目肢解后分别向他人转让。

中标人按照合同约定或者经招标人同意，可以将中标项目的部分非主体、非关键性工作分包给他人完成。接受分包的人应当具备相应的资格条件，并不得再次分包。

中标人应当就分包项目向招标人负责，接受分包的人就分包项目承担连带责任。

本题选择答案 A。

参考答案

（70）A

试题（71）

In software engineering and systems engineering, （71） is a description of a system's behavior as it responds to a request that originates from outside of that system.

（71）A．black box　　　　　　　　　　B．business rule

　　　　C．traceability matrix　　　　　　D．use case

试题（71）分析

本题的含义是，在软件工程中，"用例"（use case）用来描述系统的行为……只要能够翻译到这点，这个题目就可以得出正确答案，后面的定语从句已经不重要了，本题选择答案 D。

参考答案

（71）D

试题（72）

Supervision will manage the implementation and the configuration of the different types of project documents, not including （72）.

（72）A．compile　　　　　B．format　　　　　C．version　　　　D．change

试题（72）分析

本题的含义主要是：监理针对项目的各种类型的实施和配置文档进行管理，所以选项 A 不是监理所需要管理的内容，选择答案 A 正确。

参考答案

（72）A

试题（73）

The quality management plan should describe how the project management team will implement its quality （73）.

（73）A．improvement　　　B．control　　　C．policy　　　D．information

试题（73）分析

本题的含义是：质量管理计划应当描述项目管理团队将如何实现他们的质量方针。

参考答案

（73）D

试题（74）

Quality management （74）.

（74）A．is another name for careful inspections

　　　　B．is inversely related to productivity

C．is primarily the responsibility of management

D．is primarily the responsibility of the workers

试题（74）分析

本题的含义是：质量管理是项目管理的主要职责。选择答案 C。

参考答案

（74）C

试题（75）

Adding 5 people to a 4 person team increases the communication channels by a factor of
（75）．

（75）A．3 times　　　　B．4 times　　　　C．5 times　　　　D．6 times

试题（75）分析

本题的含义是：在四个人的团队中增加 5 人后，沟通的通道会增加多少倍。要利用计算公式 n（n-1）/2，4 个人的时候沟通通道是 6 条，增加 5 人后，沟通渠道是 36，增加了 6 倍，选择答案 D。

参考答案

（75）D

第 4 章 2012 下半年信息系统监理师下午试题分析与解答

试题一（15分）

某监理公司丙承担了某市政务信息化项目实施的监理任务，该工程由承建单位乙承担建设任务，实施过程中发生了以下事件：

【事件1】在招标文件中，按时间定额计算，工期的日历天数为505天，但在项目合同中，开工日期为2009年11月18日，交工日期为2011年4月23日，工期的日历天数为522天。

【事件2】设计阶段，监理工程师发现有的业务流程不符合用户需求或与用户实际的业务流程不符。

【事件3】在软件开发阶段，监理对承建单位的《质量保证计划》进行审查时发现承建单位依据的标准有误。

【事件4】建设单位还要求监理机构对项目主要实施过程，无论是软件的开发过程与测试过程，还是设备安装与调试过程，都要求严格把好实施质量关，要达到合同规定的高标准和高质量保证率。

【问题1】（4分）

针对事件1，作为监理工程师，你认为项目实施的工期应为多少天？为什么？

【问题2】（5分）

针对事件2的情况，监理应如何处理？应由哪一方（监理单位、建设单位、承建单位）做出最终决定？

【问题3】（2分）

承建单位应依据_____标准编写《质量保证计划》。

A. GB/T 12504   B. GB/T 17504

C. GB/T 15504   D. GB/T 16260

【问题4】（4分）

针对事件4，请指出监理工程师进行实施过程质量控制的手段主要有哪几个？

试题一分析

【问题1】

《中华人民共和国招标投标法》第四十六条 招标人和中标人应当自中标通知书发出之日起三十日内，按照招标文件和中标人的投标文件订立书面合同。招标人和中标人不得再行订立背离合同实质性内容的其他协议。

《中华人民共和国招标投标法实施条例》第五十七条 招标人和中标人应当依照招标

投标法和本条例的规定签订书面合同，合同的标的、价款、质量、履行期限等主要条款应当与招标文件和中标人的投标文件的内容一致。招标人和中标人不得再行订立背离合同实质性内容的其他协议。

招标要求的工期是 505 天，合同工期比招标要求的工期多 17 天，多出 3%左右，与招标要求的履行期限基本一致（法律和条例中都没有规定要相等，而是要求一致），因此这点上是符合要求的。

又由于合同在后，因此出现不一致时，应该按照合同工期履行（当然前提是这份合同是合法的）。

【问题 1】参考答案

虽然招标文件是签订合同所遵循的依据，但合理的工期应为 522 天，理由是合同与招标文件出现矛盾时，应该以合同为准。

【问题 2】

这个题目中有一个关键点要理解，对于正确答出本题是至关重要的，那就是本题描述的是"监理工程师发现有的业务流程不符合用户需求或与用户实际的业务流程不符"，难道监理对这个问题的看法就是100%正确的？开发商的理解就一定不对吗？显然不能这样看待问题。这时唯一正确的处理方式就是请客户确定，理解了这点本题就很容易得出正确答案。

监理应向建设单位（业主单位）提交监理意见。建设单位对承建单位做出整改决定。

【问题 3】

GB/T 12504—1990 计算机软件质量保证计划规范、GB/T 17504—1998 海洋自然保护区类型与级别划分原则（与 IT 没有关系，是干扰选项）、GB/T 15504—1995 水质二硫化碳的测定二乙胺乙酸铜分光光度法（干扰选项）、GB/T 16260—2006 软件产品评价质量特性及其使用指南。因此本题选择答案 A。

【问题 3】参考答案

A

【问题 4】分析

参见教材"质量控制手段"一节，主要手段是：

1. 评审

评审的主要目的是本着公正的原则检查项目的当前状态，项目评审一般是在主要的项目里程碑接近完成时进行，例如，总体设计、产品设计、编码或测试完成的时候。通过专家评审，可以及时发现重大问题，并给出处理意见。

2. 测试

测试是信息系统工程质量控制最重要的手段之一，这是由信息系统工程的特点所决定的，信息系统工程一般由网络系统、主机系统、应用系统组成，而这些系统的质量到底如何，只有通过实际的测试才能知道，因此测试结果是判断信息系统工程质量最直接的依据。

3．旁站

在项目实施现场进行旁站监理工作是监理在信息系统工程质量控制方面的重要手段之一。旁站监理是指监理人员在施工现场对某些关键部位或关键工序的实施全过程现场跟班的监督活动。旁站监理在总监理工程师的指导下，由现场监理人员负责具体实施。旁站监理时间可根据施工进度计划事先做好安排，待关键工序实施后再做具体安排。旁站的目的在于保证施工过程中的项目标准的符合性，尽可能保证施工过程符合国家或国际相关标准。

4．抽查

信息系统工程建设过程中的抽查主要针对计算机设备、网络设备、软件产品以及其他外围设备的到货验收检查以及对项目实施过程有可能发生质量问题的环节随时的检查。

【问题 4】参考答案

监理工程师进行施工过程质量控制的手段主要有以下四个方面：

（1）通过评审手段进行控制；

（2）通过测试手段进行控制；

（3）通过旁站手段进行控制；

（4）通过抽查手段进行控制。

试题二（12 分）

建设单位甲以招标的方式委托监理公司丙承担某电子政务工程项目监理任务，并签订了监理合同。甲又以公开招标的方式选择了承建单位乙承担该项目的建设任务，并签订了实施合同。项目过程中，发生了如下事件：

【事件 1】承建单位乙根据合同编制了下表所示的机房建设工作实施计划表。

工作名称	紧前工作	持续时间
A	--	15
B	--	10
C	A、B	10
D	A、B	10
E	B	5
F	D、E	5
G	C、F	20
H	D、E	10
I	G、H	15

【事件 2】工程实施过程中，为了保证电子政务基础环境的高质量和高可靠，建设单

位甲要求针对综合布线系统进行全面的测试。

【问题1】（9分）

针对事件1：

（1）根据实施计划表编制的部分进度计划网络图如下图所示，请在答题纸上将该计划网络图补充完整。

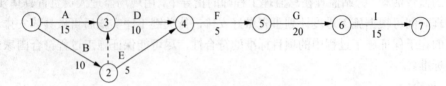

（2）指出该工程进度计划的关键线路，并计算总工期。

（3）由于承建单位自身原因，工作 E 持续时间增加 10 天，在其他条件不变的情况下，承建单位能保证交货日期吗？说明理由。

（4）由于设计变更原因，工作 H 持续时间增加 18 天，承建单位提出了延长工期 18 天的要求，监理工程师可以批准多少天的延期？为什么？此时总工期为多少天？

【问题2】（3分）

针对事件2，作为监理工程师请回答：对 UTP 链路测试的主要内容有哪些？

试题二分析

【问题1】

在遇到此类题目时，即便您不会绘制网络图，也不要放弃，以本题为例，就根据已给出的不完整的网络图去做，这样多少会得到一部分分数，在本题中未画出的两个工作都不是关键工作，所以至少可以计算出关键路径。

（1）

完整的网络图绘制如下：

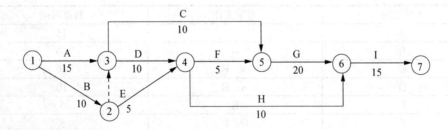

（2）

关键线路为①—③—④—⑤—⑥—⑦

总工期为 65 天

（3）

E 工作有 10 天的总时差，因此延长十天不会影响总工期。

（4）

H 工作有 15 天自由时差，工作 H 持续时间增加 18 天后智慧影响总工期 3 天。

【问题 1】参考答案

（1）

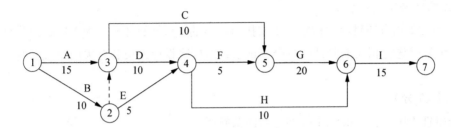

（每个 1 分，共 2 分）

（2）关键线路为①—③—④—⑤—⑥—⑦（或 A—D—F—G—I）（1 分），总工期为 65 天（1 分）。

（3）能（1 分），因为 E 工作原处在非关键线路上，增加 10 天后，用掉了 E 工作的总时差，能保证工期不受影响（1 分）。但已变成关键工作，处在关键线路上。

（4）只能批准 3 天（1 分），因为 H 工作处在非关键线路上，有 15 天自由时差（1 分），此时总工期为 68 天（1 分）。

【问题 2】

参见教材第二编，UTP 链路测试的主要内容有：接线图、链路长度、衰减、近端串扰（NEXT）、接线、连线长度、衰减量、SRL（Structural Return loss）、等效式远端串扰、综合远端串扰、回波损耗、衰减串扰比（ACR）。或者下列回答也可：信息插座到楼层配线架的连通性测试、主干线连通性测试、跳线测试、电缆通道性能测试、电缆通信性能测试。

【问题 2】参考答案

对 UTP 链路测试的主要内容有：

接线图、链路长度、衰减、近端串扰（NEXT）、接线、连线长度、衰减量、SRL（Structural Return loss）、等效式远端串扰、综合远端串扰、回波损耗、衰减串扰比（ACR）。

试题三（13 分）

某企业信息化工程建设项目，建设单位甲分别与承建单位乙、监理单位丙签订了项目承建合同和监理合同。项目过程中，发生了如下事件：

【事件 1】承担项目监理工作之初，总监理工程师召集有关监理人员专门讨论了如何加强监理文件档案资料的管理问题，涉及有关监理文件档案资料管理的意义、内容和组织等方面的问题。

【事件 2】甲方要求设计开发出的软件系统具备较高的可移植性，为此乙方提出了提高软件可移植性的一些措施：

A．提供没有错误的程序　　　　B．建立质量保证制度

C．改进程序文档质量　　　　　D．明确软件质量标准

E．增加测试人员数量

【事件 3】乙方项目经理指定李工安排该项目的集成测试工作，李工决定由两个测试小组每天独立进行相关的测试，每个测试小组由程序设计人员和有关用户代表两类人员构成。

【问题 1】（7 分）

在事件 1 中，作为监理工程师，请简要叙述：

（1）对监理文件档案资料进行科学管理的意义。

（2）监理文件档案资料管理的主要内容。

【问题 2】（4 分）

事件 2 中，监理工程师审查了乙方给出的措施后，认为有两项措施无助于提高软件的可移植性，请你指出（只能选择两项）。

【问题 3】（2 分）

请指出事件 3 中李工在软件测试的组织工作中存在的问题。

试题三分析

【问题 1】

这小题考核的是考生综合回答问题的能力，这样的问题都不是指在哪一本书或者标准规范上的内容，而是这些内容的综合体现。只要逻辑思维清晰，就能给出至少部分正确答案，比如针对"对监理文件档案资料进行科学管理的意义"，应该可以马上想到当然是：可以为监理工作的顺利开展创造良好条件，如果问的是承建单位，会为项目建设工作的顺利开展创造良好条件同样是正确的……因此这样的题目其实不难回答，但是很多考生却无从下手，这个可能就要从综合能力和写作能力上面多做努力了。

说到监理文件档案资料管理的主要内容，其实去掉监理两个字，就一般文件档案资料管理的内容无非是收集、正题、分类、归档、借阅等。

【问题 1】参考答案

1．监理文件档案资料进行科学管理的意义为：

（1）可以为监理工作的顺利开展创造良好条件；

（2）可以极大地提高监理工作效率；

（3）可以为建设工程档案的归档提供可靠保证。

2. 监理文件档案资料管理的主要内容包括：

监理档案的收集、整理、立卷、保管、借阅、归档、作废。（答对其中的部分就可以得满分）

【问题 2】

选项 A，不仅是不可能提高可以执行的问题，是根本就不可能做到的事情。选项 E 与可以执行没有任何关系。所以 A 和 E 两项不考虑。

从另外一个方面考虑，见下图 GB/T16260 标准中可移植性与适应性、易安装性、遵循性、替换性有关系，显然 B、C、D 对这个几个特性有正向影响作用，可以提高软件的可移植性，也可以得到正确答案。

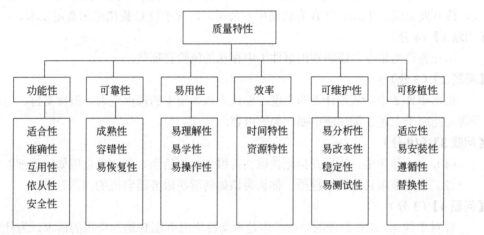

【问题 2】参考答案

A、E

【问题 3】分析

李工决定由两个测试小组每天独立进行相关的测试这点并没有错误，不妥当的是测试小组里面没有专职的测试人员，会使测试的效果大打折扣。

【问题 3】参考答案

测试小组当中还应包括专职测试人员。

试题四（20 分）

某省广播电视第三方服务公司（甲方公司）准备建设一套基于数字电视用户的消费账户支付系统和结算系统。经过市场调研，甲方公司认为目前该行业正处于市场培育期，没有可供借鉴的标准和经验，因此为了保证实施的效果，准备先期在某地市进行试点。同时，为了加快开发完成相关业务，甲方公司采取了"边设计、边实施、边监理"的工作模式，采用邀标的方式同时召入了设计单位 A，集成单位 B，监理单位 C。项目过程中，发生了如下事件：

【事件 1】为了加快理解业务需求，甲方公司要求设计单位 A、集成单位 B 投入充足的资源，分别开展调研工作，并由监理单位 C 进行总体协调。

【事件 2】经过设计单位 A、集成单位 B 双方调研，最终确认需要开发核心交易类、运营管理类、辅助类等系统功能。

【事件 3】集成单位 B 在投设备标时，获得了原厂供货的授权，但由于商务人员失误，最终以低于成本的价格中标，为了追求成本与利润的平衡，集成单位 B 从金牌代理商处协调设备供货，并正常顺利上架安装，但加电测试过程中，该批设备中某台设备由于主板损坏而宕机，甲方随即拨打原厂售后服务电话，但原厂以该设备不属于投标时原厂承诺的授权范围为由而拒绝提供原厂支持服务。

【事件 4】集成单位 B 为了快速开发完成业务需求，使用了自由软件产品——报表系统，待开发完成，集成单位 B 为此向甲方公司、监理单位 C 提出追加费用要求。

【问题 1】（4 分）

站在监理的角度，请识别出事件 1 中存在的风险有哪些。

【问题 2】（3 分）

根据事件 2 中，从设计者的角度，你认为该系统中的账单查询、消费支付、用户管理等功能属于上述 3 类功能中哪一类的内容。

【问题 3】（10 分）

（1）在事件 3 中，原厂商拒绝提供支持服务是否恰当？监理单位应如何处理？

（2）作为该项目监理工程师，你认为该如何解决服务器宕机的问题？

【问题 4】（3 分）

针对事件 4，站在监理的角度，你是否支持集成单位 B 追加费用的请求，为什么？

试题四分析

【问题 1】

在回答问题 1 这样的问题时，我们一定要顺着问题的描述给出指引，去精确地回答问题，很多考生一看到这个问题就会自然想到"这样的安排不合理、会造成项目失败"等等，现在的问题是，并没有问考生这样的安排好不好，而是问，分别去调研，从监理的角度来看，有什么风险，已经将范围确定于一个很小的范围内。

理解了这点，这个题就不难回答了。显然，两个团队分别去调研，监理要协调用户并确保调研结果有效是很有难度的，甚至无法获得用户的理解与配合，即便勉强获得用户认可，如果确保调研部陷入混乱以及确保调研效果等都是难题。

【问题 1】参考答案

（1）设计单位 A、集成单位 B 两者可能对业务人员重复调研而导致业务人员工作量增加，增大了调研失败的风险（重复调研增加工作量、调研失败等答案均可）。

（2）监理需要同时协调设计单位和集成单位的调研工作，沟通协调工作量大，难度高，可能使项目调研陷入混乱（监理沟通协调难度高等答案也可）。

【问题 2】分析

本项目是建设一套基于数字电视用户的消费账户支付系统和结算系统，因此可以判断出消费支付当然是核心交易类软件；用户管理是运营管理类软件，设下的账单查询自然就是辅助类软件。

【问题 2】参考答案

账单查询属于辅助类；消费支付属于核心交易类；用户管理属于运营管理类。

【问题 3】分析

监理方虽然受建设单位委托对项目进行监理，但是监理方在建立过程中要坚持的重要原则之一就是要维护项目建设中所涉及各方的合理利益，而不是仅仅站在建设单位的立场上去考虑问题。因此，集成单位 B 未购买原厂商服务，在出现问题后，"甲方随即拨打原厂售后服务电话，但原厂以该批设备不属于投标时原厂承诺的授权范围为由而拒绝提供原厂支持服务"，原厂商的做法是合理的。最好的处理方式就是要求集成单位 B 进款与原厂商协商如何解决问题。

针对宕机问题的处理，无非是要集成单位查明原因、进行故障处理、给出故障报告等。

【问题 3】参考答案

（1）恰当。

监理应责成集成单位 B 尽快与原厂协调，获得原厂对甲方公司的设备授权，保证甲方公司的合法使用权限。

（2）（a）要求集成单位 B 查明宕机原因，提供事故分析报告。

（b）要求集成单位 B 协调原厂更换损坏的主板。

（c）要求集成单位 B 提交事故处理报告，及后续应急解决预案。

【问题 4】分析

这部分内容是该系统的正常功能，已经包含在正常的报价之中、至于是在商业化的报表软件、开源的报表软件基础上进行二次开发还是完全自己编写代码是开发商应当自己把握的事情，不能犹豫采用不同的方式而增加费用。

【问题 4】参考答案

不支持。因为这是甲方的正常业务需求（或乙方投标时已包含该部分功能需求实现的报价），不因为乙方实现方法的不同而额外支付费用。

试题五（15 分）

某市作为试点，由国家发改委立项批复智慧城市项目，使用财政资金作为国家重大项目进行实施，该市项目实施方（甲方）分两阶段完成项目规划设计的招标采购工作。首先进行概念设计阶段的招标，即招标该市智慧城市建设的概念设计，由某系统集成企业 A 中标，其后，根据 A 企业的设计思路，再进行项目总体规划招标，由中标单位完成总体规划编制工作。项目过程中，发生了如下事件：

【事件 1】在概念设计招标过程中，甲方考虑其余投标各方均进行了必要的工作，拟对未中标的所有单位以适当的经济补偿，并写入招标文件。

【事件 2】该项目设计思路上引用了国外某家企业的智慧平台理念，故障招标文件中明确了包含服务器型号、软件名称在内的全套产品。

【事件 3】A 企业作为先期设计单位，对于建设内容的理解及把握存在一定优势，在总体规划项目的公开招标中中标，成为该项目的总体规划编制单位。

【问题 1】（4 分）

在事件 1 中，甲方行为是否恰当，请说明理由。

【问题 2】（6 分）

在事件 2 中，招标文件编制是否规范，请给出依据及理由。

【问题 3】（5 分）

在事件 3 中，A 企业通过公开招标成为项目总体规划编制单位是否合理，请说明理由。

试题五分析

【问题 1】

如果在招标中，提出对所有未中标的投标人都给予经济补偿，那就会给投机者可乘之机，他们很可能仅仅是为了获取补偿而去投标，为此胡乱拼凑投标文件目的就是为了片区经济补偿。而招标方的本意是：未中标的投标人为此花费了大量的精力，在投标文件中也会有很多好的思路可以借鉴，这个是正确的做法。因此应该是给符合要求的未中标的投标人予以补偿。

【问题 1】参考答案

不恰当。

理由：针对概念设计阶段的招标工作可以对满足招标文件要求的未中标单位进行补偿。

【问题 2】

《招标投标法》第二十条 招标文件不得要求或者标明特定的生产供应者以及含有倾向或者排斥潜在投标人的其他内容。

【问题 2】参考答案

不规范。

理由：招标文件不得要求或者标明特定的投标人或者产品，以及含有倾向性或者排斥潜在投标人的其他内容。（如回答指向性、排他性可以适当分，回答指定产品的可以适当给分）

【问题 3】

根据《政府采购货物和服务招标投标管理办法》(财政部令第 18 号)第二十二条的规定,招标采购单位可以根据需要,就招标文件征询有关专家或者供应商的意见。因此,在上述案例中,采购人征询 S 公司的意见并不违反规定。同时,该办法也只是规定了"征询过意见的专家,不得再作为评标专家参加评标",而没有限制"征询过意见的供应商"参与投标。因此,如果此次采购发生在 2011 年 4 月 13 日之前,那 S 公司就是合格的投标人。但如果是发生在这个时间点之后,S 公司就没有资格参加投标,其中标自然也就无效。

财政部于 2011 年 4 月 13 日发出的《关于信息系统建设项目采购有关问题的通知》(财库〔2011〕59 号)明确规定,在信息系统建设中,受托为整体采购项目或者其中分项目的前期工作提供设计、编制规范、进行管理等服务的供应商,对于理解及把握采购内容具有一定的优势,其再参加该项目的采购活动,存在违反公平竞争原则的可能性。为了保证政府采购活动的公平、公正,凡为整体采购项目提供上述服务的法人及其附属机构(单位),不得再参加该整体采购项目及其所有分项目的采购活动;凡为分项目提供上述服务的法人及其附属机构(单位),不得再参加该分项目的采购活动。但属于《政府采购法》第三十一条规定的单一来源方式采购情形的,不适用本通知。

值得一提的还有,财政部在这个通知中还提出,各单位应按照要求认真编制采购文件。因此在财政部发出这个通知后,采购代理机构不仅应该在采购文件中对这个限制性规定予以明确,而且最好是在接到项目委托后就及时将该规定告诉采购人,以避免其找一些优秀的供应商参与设计,进而影响了其参与投标,这对参与咨询的供应商来说也不公平。

一般情况下,对于前期设计,采购人最好是咨询专家;如果必须要向供应商咨询,则应先向供应商说明情况,以确保其在"愿意放弃投标机会"的前提下提供服务。

相关法律

《政府采购货物和服务招标投标管理办法》

第二十二条 招标采购单位可以根据需要,就招标文件征询有关专家或者供应商的意见。

第四十五条 招标采购单位就招标文件征询过意见的专家,不得再作为评标专家参加评标。

《财政部关于信息系统建设项目采购有关问题的通知》

财库〔2011〕59 号

为了规范政府采购行为,维护政府采购公平、公正,促进供应商公平竞争,根据《政府采购法》的规定,现就信息系统建设政府采购有关问题通知如下:

在信息系统建设中,受托为整体采购项目或者其中分项目的前期工作提供设计、编制规范、进行管理等服务的供应商,对于理解及把握采购内容具有一定的优势,其再参加该项目的采购活动，存在违反公平竞争原则的可能性。

为了保证政府采购公平、公正，凡为整体采购项目提供上述服务的法人及其附属机构（单位），不得再参加该整体采购项目及其所有分项目的采购活动；凡为分项目提供上述服务的法人及其附属机构（单位），不得再参加该分项目的采购活动。但属于《政府采购法》第三十一条规定的单一来源方式采购情形的，不适用本通知。

【问题 3】参考答案

不恰当。

理由：在信息系统建设中，受托为整体采购项目或者其中分项目的前期工作提供设计、编制规范、进行管理等服务的供应商，对于理解及把握采购内容具有一定的优势，其再参加该项目的采购活动，存在违反公平竞争原则的可能性。为保证政府采购公平、公正，凡为整体采购项目提供上述服务的法人及其附属机构（单位），不得再参加该整体采购项目及其所有分项目的采购活动；凡为分项目提供上述服务的法人及其附属机构（单位），不得再参加采购活动。

第 5 章　2013 上半年信息系统监理师上午试题分析与解答

试题（1）

以下信息系统项目一定不属于电子政务项目的是 (1) 。

（1）A. 宏观经济管理信息系统　　　　B. 土地招拍挂管理信息系统

　　C. ERP 系统　　　　　　　　　　D. 基础空间地理信息库管理系统

试题（1）分析

回答本题目时，如果考生知道 ERP 是企业使用的系统，那么立即可以得出正确答案。否则采用排除法，宏观经济、土地拍卖都是政府所主导的事情，因此，宏观经济管理信息系统和土地招拍挂管理信息系统是电子政务系统。基础空间地理信息库管理系统这样的公共平台在目前一般也是由政府牵头来建设，因此也是电子政务系统。

参考答案

（1）　C

试题（2）

信息系统采用结构化开发方法时，需要考虑的因素不包括 (2) 。

（2）A. 用户至上原则　　　　　　　　B. 每个阶段有明确的任务

　　C. 开发文档标准化　　　　　　　D. 强调系统开发过程的局部性和阶段性

试题（2）分析

结构化系统开发方法（Structured System Development Methodology）是目前应用得最普遍的一种开发方法。

1. 结构化系统开发方法的基本思想

用系统的思想和系统工程的方法，按照用户至上的原则结构化、模块化，自顶向下对系统进行分析与设计。

先将整个信息系统开发过程划分为若干个相对独立的阶段（系统规划、系统分析、系统设计、系统实施等）。

在前三个阶段坚持自顶向下地对系统进行结构化划分：在系统调查和理顺管理业务时，应从最顶层的管理业务入手，逐步深入至最基层；在系统分析、提出目标系统方案和系统设计时，应从宏观整体考虑入手，先考虑系统整体的优化，然后再考虑局部的优化问题。因此选项 D 的说法是错误的。

在系统实施阶段，则坚持自底向上地逐步实施，即组织人员从最基层的模块做起（编程），然后按照系统设计的结构，将模块一个个拼接到一起进行调试，自底向上、逐步地构成整个系统。

2. 结构化系统开发方法的开发要求

主要用于控制开发质量

（1）开发计划——阶段化

（2）管理业务——流程化

（3）工作步骤——程序化

（4）文档资料——规范化

（5）进度安排——网络化

参考答案

（2）D

试题（3）

原型化方法是用户和软件开发人员之间进行的一种交互过程，适用于开发 (3) 系统。

（3）A. 需求不确定性高的 　　　　　　 B. 管理信息

　　　 C. 需求确定性高的 　　　　　　　 D. 决策支持

试题（3）分析

原型化方法，即 Prototyping，是为弥补瀑布模型的不足而产生的。

传统软件生存期模型的典型代表是"瀑布模型"。这种模型将软件生存期划分为若干阶段，根据不同阶段工作的特点，运用不同的方法、技术和工具来完成该阶段的任务。软件人员遵循严格的规范，在每一阶段工作结束时都要进行严格的阶段评审和确认，以得到该阶段的一致、完整、正确和无多义性的文档，把这些文档作为阶段结束的标志"冻结"起来，并以它们作为下一阶段工作的基础，从而保证软件的质量。

传统思想之所以强调每一阶段的严格性，尤其是开发初期要有良好的软件规格说明，主要是源于过去软件开发的经验教训，即在开发的后期或运行维护期间，修改不完善的规格说明要付出巨大的代价。因此人们投入极大的努力来加强各阶段活动的严格性，特别是前期的需求分析阶段，希望得到完善的规格说明以减少后期难以估量的经济损失。

但是，很难得到一个完整准确的规格说明。特别是对于一些大型的软件项目，在开发的早期用户往往对系统只有一个模糊的想法，很难完全准确地表达对系统的全面要求，软件人员对于所要解决的应用问题认识更是模糊不清。经过详细的讨论和分析，也许能得到一份较好的规格说明，却很难期望该规格说明能将系统的各个方面都描述得完整、准确、一致，并与实际环境相符。很难通过它在逻辑上推断出（不是在实际运行中判断评价）系统运行的效果，以此达到各方对系统的共同理解。随着开发工作向前推进，用户可能会产生新的要求，或因环境变化，要求系统也能随之变化；开发者又可能在设计与实现的过程中遇到一些没有预料到的实际困难，需要以改变需求来解脱困境。因此规格说明难以完善、需求的变更以及通信中的模糊和误解，都会成为软件开发顺利推进的障碍。尽管在传统软件生存期管理中通过加强评审和确认，全面测试来缓解上述问题，但不能从根本上解决这些问题。

为了解决这些问题，逐渐形成了软件系统的快速原型的概念。在形成一组基本需求之后，通过快速分析方法构造出待建的原型版本，然后根据顾客在使用原型的过程中提出的意见对原型进行修改，从而得到原型的更新版本，这一过程重复进行，直至得到满足顾客需求的系统。

总体来说，原型化方法是用户和软件开发人员之间进行的一种交互过程，适用于需求不确定性高的系统。它从用户界面的开发入手，首先形成系统界面原型，用户运行用户界面原型，并就同意什么和不同意什么提出意见，它是一种自外向内型的设计过程。

参考答案

（3）A

试题（4）

　(4) 决定计算机的运算精度。

　（4）A. 主频　　　　　B. 字长　　　　　C. 内存容量　　　D. 硬盘容量

试题（4）分析

字长：一般说来，计算机在同一时间内处理的一组二进制数称为一个计算机的"字"，而这组二进制数的位数就是"字长"。字长与计算机的功能和用途有很大的关系，是计算机的一个重要技术指标。字长直接反映了一台计算机的计算精度，为适应不同的要求及协调运算精度和硬件造价间的关系，大多数计算机均支持变字长运算，即机内可实现半字长、全字长（或单字长）和双倍字长运算。在其他指标相同时，字长越大计算机的处理数据的速度就越快。早期的微机字长一般是 8 位和 16 位，386 以及更高的处理器大多是 32 位。目前市面上的计算机的处理器大部分已达到 64 位。字长由微处理器对外数据通路的数据总线条数决定。

参考答案

（4）B

试题（5）

Cache 存储器的存取方式是 (5) 。

　（5）A. 只读存取　　　B. 随机存取　　　C. 顺序存取　　　D. 先进先出存取

试题（5）分析

高速缓冲存储器（Cache）其原始意义是指存取速度比一般随机存取记忆体（RAM）来得快的一种 RAM（Random Access Memory，随机存储器），一般而言它不像系统主记忆体那样使用 DRAM 技术（也采用随机存储方式），而使用昂贵但较快速的 SRAM 技术，也有快取记忆体的名称。

参考答案

（5）B

试题（6）

在 Internet 域名体系中，域的下面可以划分子域，各级域名用圆点分开，按照__(6)__。

(6) A. 从左到右越来越小的方式分 4 层排列

   B. 从右到左越来越小的方式分 4 层排列

   C. 从左到右越来越小的方式分多层排列

   D. 从右到左越来越小的方式分多层排列

试题（6）分析

URL 的一般格式为(带方括号[]的为可选项)：protocol://hostname[:port]/path/[;parameters][?query]#fragment。

而 www.rkb.gov.cn 是 URL 的第二部分，是指存放资源的服务器的域名系统 (DNS) 主机名或 IP 地址。域名从后往前命名，以 "." 来区分，最后为顶级域名（网络名）可以是 com、net、inf 等，或者是国家地区代码 cn、jp、ko 等。在这 www.rkb.gov.cn 中字符串从左至右依次表示的含义（根据域名系统的规则）是：主机名，机构名，网络名，是从右到左越来越小的方式分多层排列。

参考答案

(6) D

试题（7）

将 IP 地址转换为物理地址的协议是__(7)__。

(7) A. ARP   B. TCP   C. ICMP   D. DNS

试题（7）分析

ARP（AddressResolutionProtocol）地址解析协议用于将计算机的网络地址（IP 地址 32 位）转化为物理地址（MAC 地址 48 位）[RFC826]。ARP 协议是属于链路层的协议，在以太网中的数据帧从一个主机到达网内的另一台主机是根据 48 位的以太网地址（硬件地址）来确定接口的，而不是根据 32 位的 IP 地址。内核（如驱动）必须知道目的端的硬件地址才能发送数据。当然，点对点的连接是不需要 ARP 协议的。

参考答案

(7) A

试题（8）

10 个终端都连接到一个 10Mbps 的以太网交换机上,那么每个终端得到的带宽__(8)__。

(8) A. 小于等于 1Mb   B. 小于等于 10Mb   C. 为 1～10Mb   D. 随机分配

试题（8）分析

在实际使用时，以太网交换机一般并不需要通信双方同时既发送又接收，像打印机这类的单向传送设备，半双工甚至单工就能胜任，也无须倒向。

交换机可以"学习" MAC 地址，并把其存放在内部地址表中，通过在数据帧的始发者和目标接收者之间建立临时的交换路径，使数据帧直接由源地址到达目的地址。交换机拥有一条很高带宽的背部总线和内部交换矩阵。

交换机的所有的端口都挂接在这条背部总线上，控制电路收到数据包以后，处理端口会查找内存中的地址对照表以确定目的 MAC（网卡的硬件地址）的 NIC（网卡）挂接在哪个端口上，通过内部交换矩阵迅速将数据包传送到目的端口，目的 MAC 若不存在才广播到所有的端口，接收端口回应后交换机会"学习"新的地址，并把它添加入内部地址表中。

交换机在同一时刻可进行多个端口对之间的数据传输。每一端口都可视为独立的网段，连接在其上的网络设备独自享有全部的带宽，无须同其他设备竞争使用。当节点 A 向节点 D 发送数据时，节点 B 可同时向节点 C 发送数据，而且这两个传输都享有网络的全部带宽，都有着自己的虚拟连接。

参考答案

（8）B

试题（9）

不正确的 VLAN 划分方式是 （9） 。

（9）A．基于交换机端口划分　　　　B．基于网卡地址划分

　　　C．基于 IP 地址划分　　　　　　D．基于用户名划分

试题（9）分析

VLAN（Virtual Local Area Network）的中文名为"虚拟局域网"。VLAN 是一种将局域网设备从逻辑上划分成一个个网段，从而实现虚拟工作组的新兴数据交换技术。这一新兴技术主要应用于交换机和路由器中，但主流应用还是在交换机之中。但又不是所有交换机都具有此功能，只有 VLAN 协议的第三层以上交换机才具有此功能，这一点可以查看相应交换机的说明书即可得知。VLAN 的主要划分方式有：

根据端口来划分 VLAN

许多 VLAN 厂商都利用交换机的端口来划分 VLAN 成员。被设定的端口都在同一个广播域中。例如，一个交换机的 1，2，3，4，5 端口被定义为虚拟网 AAA，同一交换机的 6，7，8 端口组成虚拟网 BBB。这样做允许各端口之间的通信，并允许共享型网络的升级。但是，这种划分模式将虚拟网限制在了一台交换机上。

第二代端口 VLAN 技术允许跨越多个交换机的多个不同端口划分 VLAN，不同交换机上的若干个端口可以组成同一个虚拟网。

以交换机端口来划分网络成员，其配置过程简单明了。因此，从目前来看，这种根据端口来划分 VLAN 的方式仍然是最常用的一种方式。

根据 MAC 地址划分 VLAN

这种划分 VLAN 的方法是根据每个主机的 MAC 地址来划分，即对每个 MAC 地址的主机都配置它属于哪个组。这种划分 VLAN 方法的最大优点就是当用户物理位置移动时，即从一个交换机换到其他的交换机时，VLAN 不用重新配置，所以，可以认为这种根据 MAC 地址的划分方法是基于用户的 VLAN，这种方法的缺点是初始化时，所有的用户都必须进行配置，如果有几百个甚至上千个用户的话，配置是非常累的。而且这种划分的方法也导致了交换机执行效率的降低，因为在每一个交换机的端口都可能存在很多个 VLAN 组的成员，这样就无法限制广播包了。另外，对于使用笔记本电脑的用户来说，他们的网卡可能经常更换，这样 VLAN 就必须不停地配置。

根据网络层划分 VLAN

这种划分 VLAN 的方法是根据每个主机的网络层地址或协议类型（如果支持多协议）划分的，虽然这种划分方法是根据网络地址，比如 IP 地址，但它不是路由，与网络层的路由毫无关系。

这种方法的优点是用户的物理位置改变了，不需要重新配置所属的 VLAN，而且可以根据协议类型来划分 VLAN，这对网络管理者来说很重要；另外，这种方法不需要附加的帧标签来识别 VLAN，这样可以减少网络的通信量。

这种方法的缺点是效率低，因为检查每一个数据包的网络层地址是需要消耗处理时间的（相对于前面两种方法），一般的交换机芯片都可以自动检查网络上数据包的以太网帧头，但要让芯片能检查 IP 帧头，需要更高的技术，同时也更费时。当然，这与各个厂商的实现方法有关。

根据 IP 组播划分 VLAN

IP 组播实际上也是一种 VLAN 的定义，即认为一个组播组就是一个 VLAN，这种划分的方法将 VLAN 扩大到了广域网，因此这种方法具有更大的灵活性，而且也很容易通过路由器进行扩展，当然这种方法不适合局域网，主要是效率不高。

基于规则的 VLAN

也称为基于策略的 VLAN。这是最灵活的 VLAN 划分方法，具有自动配置的能力，能够把相关的用户连成一体，在逻辑划分上称为"关系网络"。网络管理员只需在网管软件中确定划分 VLAN 的规则（或属性），那么当一个站点加入网络中时，将会被"感知"，并被自动地包含进正确的 VLAN 中。同时，对站点的移动和改变也可自动识别和跟踪。

采用这种方法，整个网络可以非常方便地通过路由器扩展网络规模。有的产品还支持一个端口上的主机分别属于不同的 VLAN，这在交换机与共享式 Hub 共存的环境中显得尤为重要。自动配置 VLAN 时，交换机中软件自动检查进入交换机端口的广播信息的 IP 源地址，然后软件自动将这个端口分配给一个由 IP 子网映射成的 VLAN。

按用户划分 VLAN

基于用户定义、非用户授权来划分 VLAN，是指为了适应特别的 VLAN 网络，根据具体的网络用户的特别要求来定义和设计 VLAN，而且可以让非 VLAN 群体用户访问 VLAN，但是需要提供用户密码，在得到 VLAN 管理的认证后才可以加入一个 VLAN。不是基于用户名划分，因此选项 D 是错误的。

以上划分 VLAN 的方式中，基于端口的 VLAN 端口方式建立在物理层上；MAC 方式建立在数据链路层上；网络层和 IP 广播方式建立在第三层上。

参考答案

（9）D

试题（10）

决定局域网特性的主要因素一般认为有三个，分别是__(10)__。

（10）A. 传输介质、差错检测方法和网络操作系统

　　　　B. 通信方式、同步方式和拓扑结构

　　　　C. 传输介质、拓扑结构和介质访问控制方法

　　　　D. 数据编码技术、介质访问控制方法和数据交换技术

试题（10）分析

决定局域网特性的主要因素有三个：连接各种设备的拓扑结构、传输数据的介质及共享资源的介质访问控制方法。

参考答案

（10）C

试题（11）

从技术角度看，__(11)__ 不是云计算所采用的关键技术方法。

（11）A. 从强调单机的性能向"虚拟化、分布式、智能化"等方向发展

　　　　B. 通过大量低成本服务器替代传统专用大/小型机/高端服务器

　　　　C. 通过分布式软件替代传统单机操作系统，通过自动管控软件替代传统的集中管控

　　　　D. 通过利用物理存储设备性能的提高来实现数据读写性能的提高

试题（11）分析

云计算的三项关键技术是分布式计算、虚拟化技术、云存储。因此选项 D 的物理存储显然不是云计算的关键技术。

参考答案

（11）D

试题（12）

以下不属于云计算主要特征的是__(12)__。

（12）A. 资源配置静态化　　　　　　B. 网络访问便捷化

　　　　C. 资源虚拟化　　　　　　　　D. 需求服务自助化

试题（12）分析

参见试题 11 的解答，云计算的三项关键技术是分布式计算、虚拟化技术、云存储。

与虚拟化对应的是动态分配资源。

参考答案

（12）A

试题（13）

将单位内部的局域网接入 Internet（因特网）所需使用的接入设备是 (13) 。

（13）A. 防火墙　　　　　B. 集线器　　　　　C. 路由器　　　　　D. 中继转发器

试题（13）分析

将一个局域网连接到 Internet 主机可以有两种方法。一种是通过局域网的服务器、一个高速调制解调器和电话线路把局域网与 Internet 主机连接起来，局域网上的所有微机共享服务器的一个 IP 地址。另一种是通过路由器把局域网与 Internet 主机连接起来。局域网上的所有主机都可以连接 X.25 网、DDN 专线或帧中继等。这种方式有自己的 IP 地址。路由器与 Internet 主机的通信虽然要求用户对软硬件的初始投资较高，每月的通信线路费用也较高，但亦是唯一可以满足大信息量 Internet 通信的方式。这种方式最适用于教育科研机构、政府机构及企事业单位中已装有局域网的用户，或是希望多台主机都加入 Internet 的用户。

参考答案

（13）C

试题（14）

通过监视网络中发生的错误和出现的故障，验证网络系统的存活能力，这属于网络测试中的 (14) 。

（14）A. 可接受性测试　　B. 响应时间测试　　C. 吞吐量测试　　D. 可靠性测试

试题（14）分析

可接受性测试是在把测试的版本交付测试部门大范围测试以前进行的对最基本功能的简单测试。因为在把测试的版本交付测试部门大范围测试之前，应该先验证该版本对于所测试的功能是否基本上比较稳定。必须满足一些最低要求，比如程序不会很容易就挂起或崩溃。如果一个新版本没通过可测试性的验证，就应该阻拦测试部门花时间在该测试版本上测试。同时还要找到造成该版本不稳定的主要缺陷并督促尽快加以修正。

响应时间测试、吞吐量测试都是性能测试的内容。从另外角度看，验证网络的存活能力，当然是验证网络可靠不可靠。

参考答案

（14）D

试题（15）

光缆测试参数不包括 (15) 。

（15）A. 回波损耗　　　　B. 近端串扰　　　　C. 衰减　　　　　　D. 插入损耗

试题（15）分析

近端串扰（Near End Cross-Talk（NEXT））是指在 UTP 电缆（不是光纤）链路中一对线与另一对线之间的因信号耦合效应而产生的串扰，是对性能评价的最主要指标，近端串扰用分贝来度量，分贝值越高，线路性能就越好，有时它也被称为线对间 NEXT。由于 5 类 UTP 线缆由 4 个线对组成，依据排列组合的方法可知共有六种组合方式。TSB－67 标准规定两对线之间最差的 NEXT 值不能超过标准中基本链路（Basic Link）和通道（Channel）的测试限的要求。

参考答案

（15）B

试题（16）

依照《电子信息系统机房设计规范》（GB 50174—2008）的要求，室外安装的安全防范系统设备应采取防雷电保护措施，电源线、信号线应采用屏蔽电缆，避雷装置和电缆屏蔽层应接地，且接地电阻不应大于 (16) 。

（16）A. 1Ω　　　　B. 5Ω　　　　C.10Ω　　　　D. 100Ω

试题（16）分析

参见《电子信息系统机房设计规范》（GB 50174—2008），本题选择答案 C 正确。

参考答案

（16）C

试题（17）

在隐蔽工程的槽道设计中，槽道与热力管道在没有保温层的情况下，最小净距是 (17) m。

（17）A. 0.15　　　　B. 0.5　　　　C. 1.0　　　　D. 1.5

试题（17）分析

参见教材第二版"隐蔽工程管路设计"一节的内容。

槽道与各种管线间的最小净距（m）

管线和槽道间的情况	一般工艺管线	具有腐蚀性液体或气体的管道	热力管道（包括管沟）	
			有保温层	无保温层
平行净距	0.4	0.5	0.5	1.0
交叉净距	0.3	0.5	0.5	1.0

本题选择答案 C 正确。

参考答案

（17）C

试题（18）

隐蔽工程中，暗管宜采用金属管。预埋在墙体中间的暗管内径不宜超过 (18) mm。

（18）A. 50　　　　B. 60　　　　C. 80　　　　D. 100

试题（18）分析

参见教材第二版"管道安装"一节的内容：暗管宜采用金属管，预埋在墙体中间的暗管内径不宜超过 50mm；楼板中的暗管内径宜为 15～25mm。在直线布管 30m 处应设置暗箱等装置。

参考答案

（18）A

试题（19）

网络工程施工过程中需要许多施工材料，这些材料有的必须在开工前就备好，有的可以在开工过程中准备。在施工前至少必须就位的材料有 (19) 。

①　防火板　　②　塑料槽板　　③　集线器　　④　PVC 防火管

（19）A. ①②　　　B. ②③　　　C. ③④　　　D. ②④

试题（19）分析

布线工程开工前的准备工作是：

网络工程经过调研，确定方案后，下一步就是工程的实施，而工程实施的第一步就是开工前的准备工作，要求做到以下几点：

1）设计综合布线实际施工图。确定布线的走向位置。供施工人员、督导人员和主管人员使用。

2）备料

网络工程施工过程需要许多施工材料，这些材料有的必须在开工前就备好料，有的可以在开工过程中备料。主要有以下几种：

光缆、双绞线、插座、信息模块等；

不同规格的塑料槽板、PVC 防火管、蛇皮管、自攻螺丝等布线用料就位；

如果集线器是集中供电，则准备好导线、铁管和制订好电器设备安全措施（供电线路必须按民用建筑标准规范进行）；

制定施工进度表（要留有适当的余地，施工过程中意想不到的事情，随时可能发生，并要求立即协调）。

3）向工程单位提交开工报告。

参考答案

（19）D

试题（20）

以下关于垂直干线系统敷设光缆的监理工作要求，叙述准确的是 (20) 。

（20）A. 光缆埋地时，要加铁管保护

B. 光缆在地下管道穿过时最好使用水泥管

C. 光缆需要拐弯时，其曲率半径不能小于 60cm

D. 光缆在室内布线时必须外套金属软管

试题（20）分析

参见教材第二版"综合布线系统设计"一节的内容：

在敷设电缆时，对不同的介质电缆要区别对待。

　　A. 光缆

- 光缆敷设时不应该绞结；
- 光缆在室内布线时要走线槽；
- 光缆在地下管道中穿过时要用 PVC 管或铁管；
- 光缆需要拐弯时，其曲率半径不能小于 30cm；
- 光缆的室外裸露部分要加铁管保护，铁管要固定、牢固；
- 光缆不要拉得太紧或太松，并要有一定的膨胀收缩余量；
- 光缆埋地时，要加铁管保护；
- 光缆两端要有标记。

　　B. 同轴粗电缆

- 同轴粗电缆敷设时不应扭曲，要保持自然平直；
- 粗缆在拐弯时，其弯角曲率半径不应小于 30cm；
- 粗缆接头安装要牢靠；
- 粗缆布线时必须走线槽；
- 粗缆的两端必须加端接器，其中一端应接地；
- 粗缆上连接的用户间隔必须在 2.5m 以上；
- 粗缆室外部分的安装与光纤电缆室外部分安装相同。

　　C. 双绞线

- 双绞线敷设时线要平直，走线槽，不要扭曲；
- 双绞线的两端点要标号；
- 双绞线的室外部要加套管并考虑防雷措施，严禁搭接在树干上；
- 双绞线不要拐硬弯。

参考答案

（20）A

试题（21）

基于网络的入侵检测系统的输入信息源是 （21） 。

（21）A. 系统的审计日志　　　　　B. 系统的行为数据

　　　　C. 应用程序的事务日志文件　　D. 网络中的数据包

试题（21）分析

　　基于网络的入侵检测系统用原始的网络包作为数据源，它将网络数据中检测主机的网卡设为混杂模式，该主机实时接收和分析网络中流动的数据包，从而检测是否存在入侵行为，基于网络的 IDS 通常利用一个运行在随机模式下的网络适配器来实时检测并分析通过网络的所有通信业务。它的攻击辨识模块通常使用四种常用技术来标识攻击标志：模式、表达式或自己匹配；频率或穿越阈值；低级时间的相关性；统计学意义上的非常规现象检测，一旦检测到了攻击行为，IDS 响应模块就提供多种选项以通知、报警并对攻击采取响应的反应，尤其适应于大规模网络的 NIDS 可扩展体系结构，知识处理过程和海量数据处理技术等。

参考答案

　　（21）D

试题（22）

　　包过滤型防火墙作为比较简单的防火墙，主要机制是检查出入数据包　(22)　地址。

　　（22）A. 物理层　　　　　B. 网络层　　　　　C. 数据链路层　　　　　D. 应用层

试题（22）分析

　　包过滤防火墙是用一个软件查看所流经的数据包的包头（header），由此决定整个包的命运。它可能会决定丢弃（DROP）这个包，可能会接受（ACCEPT）这个包（让这个包通过），也可能执行其他更复杂的动作，工作在网络层。

参考答案

　　（22）B

试题（23）

　　下面属于监理员职责的是　(23)　。

　　（23）A. 负责本项目的日常监理工作和一般性监理文件的签发

　　　　　B. 负责调解建设单位和承建单位的合同争议

　　　　　C. 负责本专业工作量的核定

　　　　　D. 复核或从实施现场直接获取有关工程量核定数据并签署原始凭证、文件

试题（23）分析

　　参见教材第一版，监理员的职责一节：

- 在监理工程师的指导下开展监理工作；
- 检查承建单位投入工程项目的软、硬件设备、人力及其使用、运行情况，并做好检查记录；
- 复核或从实施现场直接获取工程量核定的有关数据并签署原始凭证、文件；
- 按详细设计说明书及有关标准，对承建单位的实施过程进行检查和记录，对安装、

调试过程及测试结果进行记录；
- 做好督导工作，发现问题及时指出并向本专业监理工程师报告；
- 做好监理日记和有关的监理记录。

参考答案

（23）D

试题（24）

　(24) 是监理工程师的法律责任的表现行为。

（24）A．违规行为　　　　　B．违约行为
　　　 C．违纪行为　　　　　D．违背职业道德的行为

试题（24）分析

只有违约行为才会涉及法律责任，选择答案 B。

参考答案

（24）B

试题（25）

以下叙述符合信息系统监理师职业道德要求的是 (25) 。

（25）A．经过总监理工程师的认可，监理员可以接受承建单位的宴请
　　　 B．监理单位不能作为承建单位的投资方
　　　 C．监理人员去项目现场检查工作，交通费用应由承建单位承担
　　　 D．在处理建设单位与承建单位的矛盾和纠纷时，现场监理人员首先应维护建设单位的利益

试题（25）分析

在监理过程中，无论怎样的情况，监理人员都不能够接受承建单位的宴请或者某些费用由承建单位承担，选项 A、C 错误，监理是第三方，在处理建设单位与承建单位的矛盾和纠纷时，应当维护双方的合法利益，而不是一味地偏袒建设单位，选项 D 错误。

参考答案

（25）B

试题（26）

在软件需求分析过程中，一般应确定用户对软件的 (26) 。

（26）A．功能需求和性能需求　　　　　B．性能需求和非功能需求
　　　 C．测试需求和功能需求　　　　　D．功能需求和非功能需求

试题（26）分析

软件需求分析就是把软件计划期间建立的软件可行性分析求精和细化，分析各种可能的解法，并且分配给各个软件元素。需求分析是软件定义阶段中的最后一步，是确定系统必须完成哪些工作，也就是对目标系统提出完整、准确、清晰、具体的要求，主要

是功能需求与非功能需求。而性能需求是非功能需求的一部分。

参考答案

　　（26）D

试题（27）

　　从用户角度看，软件使用质量模型的属性不包括 (27) 。

　　（27）A．安全性　　　　B．有效性　　　　C．满意度　　　　D．易安装性

试题（27）分析

　　显然易安装性是系统开发人员和维护人员所关心的事情，因此选择答案 D 正确。

参考答案

　　（27）D

试题（28）

　　在软件质量因素中，软件在异常条件下仍能运行的能力称为软件的 (28) 。

　　（28）A．安全性　　　　B．健壮性　　　　C．可用性　　　　D．可靠性

试题（28）分析

　　健壮性又称鲁棒性，是指软件对于规范要求以外的输入情况的处理能力。

　　所谓健壮的系统是指对于规范要求以外的输入能够判断出这个输入不符合规范要求，并能有合理的处理方式。

　　另外健壮性有时也和容错性，可移植性，正确性有交叉的地方。

　　比如，一个软件可以从错误的输入推断出正确合理的输入，这属于容错性量度标准，但是也可以认为这个软件是健壮的。

　　一个软件可以正确地运行在不同环境下，则认为软件可移植性高，也可以叫软件在不同平台下是健壮的。

　　一个软件能够检测自己内部的设计或者编码错误，并得到正确的执行结果，这是软件的正确性标准，但是也可以说，软件有内部的保护机制，是模块级健壮的。

　　软件健壮性虽是一个比较模糊的概念，却是非常重要的软件外部量度标准。软件设计的健壮与否直接反映了分析设计和编码人员的水平。即所谓的高手写的程序不容易死。

　　本题选择答案 B 正确。

参考答案

　　（28）B

试题（29）

　　软件配置项的属性一般不包含 (29) 。

　　（29）A．源代码　　　　B．日期　　　　C．标识符　　　　D．作者

试题（29）分析

　　一般认为，软件生存周期各个阶段活动的产物经审批后即可称之为软件配置项。 软

件配置项包括：

① 与合同、过程、计划和产品有关的文档和资料；

② 源代码、目标代码和可执行代码；

③ 相关产品，包括软件工具、库内的可重用软件、外购软件及顾客提供的软件等。

每个配置项的主要属性有：名称、标识符文件状态、版本、作者、日期等。别把配置项和配置项属性搞混，本题很容易得到正确答案。

参考答案

（29）B

试题（30）

集成测试的测试用例应根据 (30) 的结果来设计。

（30）A. 需求分析　　B. 源程序　　C. 概要设计　　D. 详细设计

试题（30）分析

参见软件测试的 V 模型：

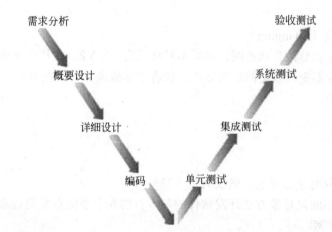

参考答案

（30）C

试题（31）

软件测试过程中，与用户需求对应的测试是 (31) 。

（31）A. 确认测试　　B. 集成测试　　C. 单元测试　　D. 系统测试

试题（31）分析

参见软件测试的 V 模型，与用户需求对应的是确认测试。

参考答案

（31）A

试题（32）

按照软件版本管理的一般规则，通过评审的文档的版本号最可能是 (32) 。

（32）A. 1.21　　　　B. 1.0　　　　C. 0.9　　　　D. 0.1

试题（32）分析

按照软件版本管理的一般规则，文档状态有以下三种。

（1）草稿（Draft）

文档刚建立时其状态为"草稿"，通过评审或审批后，其状态变为"正式发布"，此后如果修改文档，必须依照"变更控制规程"执行，其状态变为"正在修改"。当文档修改完毕并重新通过评审或审批时，其状态又变为"正式发布"，如此循环。

处于"草稿"状态的文档的版本号格式为：0.YZ，YZ 的数字范围为 01～99。随着草稿的不断完善，"YZ"的取值递增，其初值和增幅由自己把握。

（2）正式发布（内部开发为 Build，交付给客户为 Released）

处于"正式发布"状态的文档的版本号格式为：X.Y，X 为主版本号，取值范围为 1～9，Y 为次版本号，取值范围为 1～9。文档第一次"正式发布"时，版本号为 1.0。如果文档的版本升级幅度比较小，只增大 Y 值，X 值保持不变，只有文档版本升级比较大时，才增大 X 值。

（3）正在修改（Changing）

文档处于"正在修改"状态时，其版本号格式为：X.YZ。文档正在修改时，只增大 Z 值，X.Y 值保持不变。当文档修改完毕，状态重新成为"正式发布"时，将 Z 值设置为 0，增加 X.Y 值。

参考答案

（32）B

试题（33）

以下关于面向对象的说法，错误的是 (33) 。

（33）A. 采用面向对象方法开发软件的基本目的和主要优点是通过重用提高软件的生产率

　　　　B. 在面向对象程序中，对象是属性（状态）和方法（操作）的封装体

　　　　C. 在面向对象程序中，对象彼此间通过继承和多态启动相应的操作

　　　　D. 继承和多态机制是面向对象程序中实现重用的主要手段

试题（33）分析

面向对象的观点：一个系统是由一些相互协作的对象构成的，这个系统的功能的是由这些对象共同实现和提供的。也就是说，没有一个对象是独立的。对象之间的协作是通过发送消息完成的。发送消息给某个对象 A 就是指调用一个对象 A 的成员函数（或方法）。

参考答案

（33）C

试题（34）

面向对象程序设计将描述事物的数据与 (34) 封装在一起，作为一个相互依存、不

可分割的整体来处理。

（34）A. 数据字典　　　B. 数据隐藏　　　C. 对数据的操作　　　D. 数据抽象

试题（34）分析

面向对象程序设计中的概念主要包括：对象、类、数据抽象、继承、动态绑定、数据封装、多态性、消息传递。通过这些概念面向对象的思想得到了具体的体现。

（1）对象

对象是运行期的基本实体，它是一个封装了数据和操作这些数据的代码的逻辑实体。

（2）类

类是具有相同类型的对象的抽象。一个对象所包含的所有数据和代码可以通过类来构造。

（3）封装

封装是将数据和代码捆绑到一起，避免了外界的干扰和不确定性。对象的某些数据和代码可以是私有的，不能被外界访问，以此实现对数据和代码不同级别的访问权限。

（4）继承

继承是让某个类型的对象获得另一个类型的对象的特征。通过继承可以实现代码的重用：从已存在的类派生出的一个新类将自动具有原来那个类的特性，同时，它还可以拥有自己的新特性。

（5）多态

多态是指不同事物具有不同表现形式的能力。多态机制使具有不同内部结构的对象可以共享相同的外部接口，通过这种方式减少代码的复杂度。

（6）动态绑定

绑定指的是将一个过程调用与相应代码链接起来的行为。动态绑定是指与给定的过程调用相关联的代码只有在运行期才可知的一种绑定，它是多态实现的具体形式。

（7）消息传递

对象之间需要相互沟通，沟通的途径就是对象之间收发信息。消息内容包括接收消息的对象的标识，需要调用的函数的标识，以及必要的信息。消息传递的概念使得对现实世界的描述更容易。

参考答案

（34）C

试题（35）

使用软件系统文档的人员随着承担工作的不同，所关心的文档种类也不同。（35）一般不属于维护人员关心的文档。

（35）A. 需求规格说明　　B. 软件设计说明　　C. 测试报告　　D. 项目合同

试题（35）分析

在系统维护过程中，项目维护人员不需要关心合同是怎样签订的，有需求、设计和测试报告做依据即可，基于合同签订的是否合理，不是维护人员所能决定的。

参考答案

（35）D

试题（36）

变更和风险管理是信息系统的项目管理要素之一。其中，应对风险的基本措施不包括___(36)___。

（36）A. 转移　　　　　B. 接受　　　　　C. 减轻　　　　　D. 规避

试题（36）分析

项目风险应对措施主要包括如下几种。

1．项目风险规避措施

这是从根本上放弃项目或放弃使用有风险的项目资源、项目技术、项目设计方案等，从而避开项目风险的一类应对措施。例如，对于存在不成熟的技术坚决不在项目实施中采用就是一种项目风险规避的措施。

2．项目风险遏制措施

这是从遏制项目风险引发原因的角度出发应对项目风险的一种措施。例如，对可能因项目财务状况恶化而造成的项目风险（如因资金断绝而造成烂尾楼工程项目等），采取注入新资金的保障措施就是一种典型的项目风险遏制措施。

3．项目风险转移措施

这类项目风险应对措施多数是用来对付那些概率小，但是损失大（超出了承受能力）或者项目组织很难控制的项目风险。例如，通过购买工程一切险等保险的方法将工程项目的风险转移给保险商就属于风险转移措施。

4．项目风险化解措施

这类措施从化解项目风险产生出发，去控制和消除项目具体风险的引发原因。例如，对于可能出现的项目团队内部和外部的各种冲突风险，可以通过采取双向沟通、调解等各种消除矛盾的方法去解决，这就是一种项目风险的化解措施。

5．项目风险消减措施

这类风险应对措施是对付无预警信息项目风险的主要应对措施之一。例如，对于一个工程建设项目，在因雨天而无法进行室外施工时，采用尽可能安排各种项目团队成员与设备从事室内作业的方法就是一种项目风险消减的措施。

6．项目风险储备措施

这是应对无预警信息项目风险的一种主要措施，特别是对于那些潜在巨大损失的项目风险，应该积极采取这种风险应对措施。例如，储备资金和时间以对付项目风险、储备各种灭火器材以对付火灾、购买救护车以应对人身事故的救治等都属于项目风险储备措施。

　　7．项目风险容忍措施

　　这是针对那些项目风险发生概率很小而且项目风险所能造成的后果较轻的风险事件所采取的一种风险应对措施。这是一种最常使用的项目风险应对措施，但是要注意必须合理地确定不同组织的风险容忍度。

　　8．项目风险分担措施

　　这是指根据项目风险的大小和项目相关利益者承担风险的能力大小，分别由不同的项目相关利益主体合理分担项目风险的一种应对措施。这种项目风险应对措施多数采用合同或协议的方式确定项目风险的分担责任。

　　9．项目风险开拓措施

　　如果组织希望确保项目风险的机会能得以实现，这就具有采用积极的风险措施，该项发现措施的目标在于通过确保项目风险机会的实现。这种措施包括为项目分配更多和更好的资源，以便缩短完成时间或实现超过最初预期的好质量。

　　10．项目风险提高措施

　　这种策略旨在通过提高项目风险机遇的概率及其积极影响，识别并最大程度发挥这些项目风险机遇的驱动因素，致力于改变这种项目风险机遇的大小，最终促进或增强项目风险的机会，以及积极强化其触发条件，提高其发生的概率。

　　另外还有许多项目风险的应对措施，但是在项目风险管理中上述应对措施是最常用的。

参考答案

　　（36）A

试题（37）

　　信息工程监理实施的前提是 (37) 。

　　（37）A．信息工程建设文件　　　　　B．建设单位的委托和授权

　　　　　C．有关的信息工程建设合同　　D．信息工程监理企业的专业化

试题（37）分析

　　信息工程监理实施的前提当然是建设单位的委托和授权，与建设单位签订了监理合同。

参考答案

　　（37）B

试题（38）

　　项目监理中，监理单位重点涉及的"三管"，是指 (38) 管理。

　　（38）A．合同、信息、风险　　　　　B．合同、安全、知识产权

　　　　　C．合同、信息、安全　　　　　D．合同、安全、风险

试题（38）分析

　　信息工程监理的"四控三管一协调"："四控"：进度控制、质量控制、成本控制、

变更控制;"三管":合同管理、安全管理、信息管理;"一协调":沟通与协调业主、承建方、设备和材料供应商之间的关系。

参考答案

(38) C

试题 (39)

在实施全过程监理的建设工程上, (39) 是建设项目的管理主体。

(39) A. 监理单位　　　B. 承建单位　　　C. 建设单位　　　D. 设计单位

试题 (39) 分析

在建设工程中,业主单位永远是建设项目的管理主体,与采用的监理方式无关。

参考答案

(39) C

试题 (40)

下面关于信息工程监理表述不正确的是 (40) 。

(40) A. 信息系统工程监理与设备监理是我国实施的同一监理体系的两个分支

　　　B. 使用国家财政性资金的信息系统工程应当实施监理

　　　C. 信息系统工程监理内容中的"一协调"是指信息系统工程实施过程中协调有关单位及人员间的工作关系

　　　D. 信息系统工程监理中,知识产权保护比建筑工程监理中更突出

试题 (40) 分析

信息系统工程监理与设备监理不是我国实施的同一监理体系的两个分支,分别由不同的部门主管(工信部和质量监督总局)。

参考答案

(40) A

试题 (41)

(41) 符合信息系统工程监理单位甲级资质等级评定条件(2012 年修订版)的规定。

(41) A. 企业注册资本和实收资本均不少于 1000 万元

　　　B. 具有信息系统工程监理工程师资格的人数不少于 25 名

　　　C. 企业近三年的信息系统工程监理及相关信息技术服务收入总额不少于 3500 万元

　　　D. 近三年完成的信息系统工程监理及相关信息技术服务项目个数不少于 10

试题 (41) 分析

参见《信息系统工程监理单位资质等级评定条件(2012 年修订版)》甲级资质的相关条件:

- 企业注册资本和实收资本均不少于 800 万元。
- 具有信息系统工程监理工程师资格的人数不少于 25 名。

- 近三年完成的信息系统工程监理及相关信息技术服务项目个数不少于 20 个，其中至少有 2 个合同额不少于 100 万元或 4 个合同额不少于 50 万元的项目。
- 近三年完成的信息系统工程监理项目投资总值不少于 6 亿元，监理合同总额不少于 2400 万元。

参考答案

（41）B

试题（42）

不属于委托监理合同中监理单位义务的内容是__（42）__。

（42）A. 在委托的工程范围内负责合同的协调管理工作

　　　B. 负责建设工程外部协调工作

　　　C. 按合同约定派驻人员

　　　D. 不得泄露所申明的秘密

试题（42）分析

工程建设的主体是建设单位，因此监理不可能也没有能力去负责建设工程外部协调工作。

参考答案

（42）B

试题（43）

下面对于业主单位实施工程监理招标过程顺序的描述，正确的是__（43）__。

（43）A. 招标、投标、评标、开标、决标、签订合同

　　　B. 招标、投标、评标、决标、开标、签订合同

　　　C. 招标、投标、开标、评标、决标、签订合同

　　　D. 招标、投标、开标、决标、评标、签订合同

试题（43）分析

参见《中华人民共和国招标投标法》，开标应在评标的前面进行，选项 A 错误，同样的道理选项 B 也错误，决标应该在评标的后面，所以 D 也是错误的。

参考答案

（43）C

试题（44）

信息工程监理宜按__（44）__等基本过程进行实施。

（44）A. 编制监理大纲，监理规划，监理细则，开展监理工作

　　　B. 编制监理规划，成立项目监理机构，编制监理细则，开展监理工作

　　　C. 编制监理规划，成立项目监理机构，开展监理工作，参加工程竣工验收

　　　D. 成立项目监理机构，编制监理规划，开展监理工作，向业主提交工程监理
　　　　 档案资料

试题（44）分析

　　监理大纲、监理规划和监理细则都是为某一个工程而在不同阶段编制的监理文件，
它们是密贴联系的，但同时又有区别。简要叙述如下：

　　监理规划、监理实施细则就是监理工作的一部分与开展监理工作不是先后的关系，
选项 A 错误，成立项目监理机构后才能够进行编制监理规划等方面的工作，选项 B、C
错误。

参考答案

　　（44）D

试题（45）

　　项目监理实施过程中使用的监理工具和方法通常在 （45） 中就需要加以说明。

　　（45）A. 监理专题报告　　　B. 监理工作计划　　　C. 监理大纲　　　D. 监理规划

试题（45）分析

　　监理规划包括的主要内容有工程项目概况、监理范围、监理内容、监理目标、监理
项目部的组织形式、监理项目部的人员配备计划、监理项目部的人员岗位职责、监理依
据、监理工作程序、监理工作方法及措施、监理工作制度、监理工具和设施等。

参考答案

　　（45）D

试题（46）

　　制定监理实施细则一般由项目总监理工程师主持，专业监理工程师参加，根据监理
委托合同规定范围和建设单位的具体要求，以 （46） 为对象而编制。

　　（46）A. 被监理的承建单位　　　　　　　　B. 被监理的信息系统工程项目
　　　　　 C. 项目实施现场监理工程师　　　　　D. 建设单位

试题（46）分析

　　信息系统工程监理是信息系统工程领域的一种社会治理结构，是独立第三方机构为
信息系统工程提供的规划与组织、协调与沟通、控制与管理、监督与评价方面的服务，
其目的是支持与保证信息系统工程的成功。因此信息工程监理的对象是工程项目。

参考答案

　　（46）B

试题（47）

　　以下关于信息系统工程质量控制原则的说法，不正确的是 （47） 。

　　（47）A. 质量控制要与建设单位对工程质量的监督紧密结合
　　　　　 B. 质量控制是一种系统过程的控制
　　　　　 C. 质量控制要实施全面控制
　　　　　 D. 质量控制只在工程实施阶段贯穿始终

试题（47）分析

质量控制工程实施的各个阶段都需要，只在实施阶段贯穿始终的说法不正确。

参考答案

（47）D

试题（48）

监理工程师在审核信息系统设计时，重点审查系统的_(48)_设计，防止对信息的篡改、越权获取和蓄意破坏以及预防自然灾害。

（48）A. 容错　　　　B. 结构化　　　　C. 可靠性　　　　D. 安全性

试题（48）分析

这个题目中，防止对信息的篡改、越权获取和蓄意破坏以及预防自然灾害已经告诉了是要重点审核系统的安全性。

参考答案

（48）D

试题（49）

信息系统工程实施中，监理对工程实施条件的控制主要包括_(49)_。

① 人员
② 材料设备
③ 承建单位的组织结构
④ 程序及方法
⑤ 实施环境条件

（49）A. ①②③④　　　B. ①②④⑤　　　C. ②③④⑤　　　D. ①②③④⑤

试题（49）分析

承建单位的组织结构是既成事实，显然监理无法对承建单位的组织结构进行控制。

参考答案

（49）B

试题（50）

在信息工程进度监测过程中，监理工程师要想更准确地确定进度偏差，其关键环节是_(50)_。

（50）A. 缩短进度报表的间隔时间
　　　　B. 缩短现场会议的间隔时间
　　　　C. 将进度报表与现场会议的内容更加细化
　　　　D. 对所获得的实际进度数据进行计算分析

试题（50）分析

缩短进度报表的间隔时间、缩短现场会议的间隔时间、将进度报表与现场会议的内容更加细化与更准确地确定进度偏差没有必然的联系，这样做了有可能对于更准确地确定进度偏差有帮助，但不是必然，只有对所获得的实际进度数据进行计算分析，才有可能更准确地确定进度偏差。

参考答案

（50）D

试题（51）

在信息系统工程实施过程中，监理工程师检查实际进度时发现某工作的总时差由原计划的 5 天变为 −3 天，则说明该工作的实际进度　(51)　。

(51) A. 拖后 2 天，影响工期 2 天　　　　　B. 拖后 5 天，影响工期 2 天

　　　C. 拖后 8 天，影响工期 3 天　　　　　D. 拖后 3 天，影响工期 3 天

试题（51）分析

原来有总时差 5 天，现在为 −3 天，则拖后的工期为 5−（−3）=8 天，由于有 5 天的总时差，因此只影响工期 3 天。

参考答案

（51）C

试题（52）

当采用匀速进展横道图比较法时，如果表示实际进度的横道线右端点位于检查日期的右侧，则该端点与检查日期的距离表示工作　(52)　。

(52) A. 实际少消耗的时间　　　　　　　　B. 实际多消耗的时间

　　　C. 进度超前的时间　　　　　　　　　D. 进度拖后的时间

试题（52）分析

实际进度的横道线右端点位于检查日期的右侧，也就是比计划进度超前。

参考答案

（52）C

试题（53）

监理工程师在检查工程网络计划执行过程中，如果发现某工作进度拖后，判断受影响的工作一定是该工作的　(53)　。

(53) A. 后续工作　　　　B. 平行工作　　　　C. 先行工作　　　　D. 紧前工作

试题（53）分析

网络计划执行过程中，如果发现某工作进度拖后，判断受影响的工作一定是该工作后面的工作，也就是紧后工作，因此选择答案 A 正确。

参考答案

（53）A

试题（54）

信息系统工程项目投资构成中的工程费用，不包括　(54)　。

(54) A. 间接费　　　　　B. 税金　　　　C. 直接费　　　　D. 系统运维费

试题（54）分析

参见教材第一版"信息工程项目投资构成分析"。

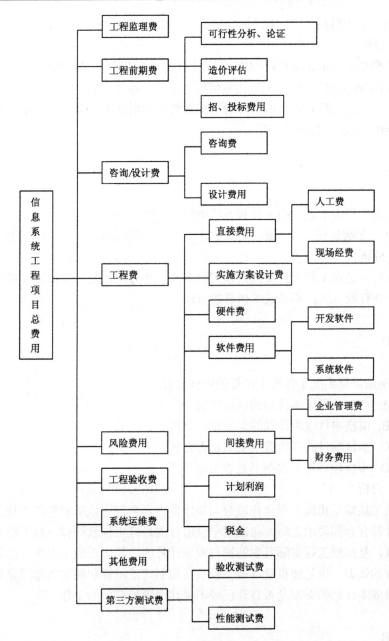

系统运维费不包括在信息系统工程项目投资构成中的工程费用中。

参考答案

（54）D

试题（55）

当某信息系统工程的费用偏差大于 0 时，表明___（55）___。

（55）A．成本节约　　　　B．工期提前　　　C．工期拖延　　　D．成本增加

试题（55）分析

费用偏差(Cost Variance-CV)：CV 是指检查期间 BCWP 与 ACWP 之间的差异，计算公式为 CV=BCWP–ACWP。当 CV 为负值时表示执行效果不佳，即实际消费费用超过预算值即超支。反之，当 CV 为正值时表示实际消耗费用低于预算值，表示有节余或效率高。若 CV=0，表示项目按计划执行。

参考答案

（55）A

试题（56）

信息系统工程成本估算的工具和方法不包括　(56)　。

（56）A．参数建模　　　　B．类比估计　　　C．累加估计　　　D．挣值分析

试题（56）分析

挣值分析法是在工程项目实施中使用较多的一种方法，是对项目进度和费用进行综合控制的一种有效方法，不是成本估算的方法。

参考答案

（56）D

试题（57）

　(57)　不是信息系统工程竣工结算的审核内容。

（57）A．审核项目成本计划的执行情况

　　　B．审核项目成本计划的编制是否合理

　　　C．审核项目的各项费用支出是否合理

　　　D．审核项目竣工说明书是否全面系统

试题（57）分析

工程竣工结算是指施工企业按照合同规定的内容全部完成所承包的工程，经验收质量合格，并符合合同要求之后，向发包单位进行的最终工程款结算。竣工结算书是一种动态的计算，是按照工程实际发生的量与额来计算的。经审查的工程竣工结算是核定建设工程造价的依据，也是建设项目竣工验收后编制竣工结算和核定新增固定资产价值的依据。项目成本计划的编制是否合理已经不是这个阶段要做的工作。

参考答案

（57）B

试题（58）

对于承建单位提出的工程变更要求，总监理工程师在签发《工程变更单》之前，应就工程变更引起的工期改变和费用增减　(58)　。

（58）A．进行分析比较，并指令承建单位实施

　　　B．要求承建单位进行比较分析，以供审批

C. 要求承建单位与建设单位进行协商

D. 分别与建设单位和承建单位进行协商

试题（58）分析

变更必须得到三方的同意才可以，因此，对于承建单位提出的工程变更要求，总监理工程师在签发《工程变更单》之前，应与建设的单位和承建单位协商达成共识。

参考答案

（58）D

试题（59）

关于变更控制的工作程序，描述不正确的是　(59)　。

（59）A. 项目变更控制是一个动态的过程，监理工程师应记录这一变化的过程，使其转化为静态过程进行监控

B. 监理机构在变更的初审环节，对于完全无必要的变更，可以在征询建设单位的意见后驳回变更申请

C. 工程变更建议书应在预计可能变更的时间之前 14 天提出

D. 三方进行协商和讨论，根据变更分析的结果，确定最优变更方案

试题（59）分析

"项目变更控制是一个动态的过程，监理工程师应记录这一变化的过程，使其转化为静态过程进行监控"这句话就有问题，如何将动态的过程转化为静态的过程？或者说这句话就不靠谱，因此选择答案 A 正确。

参考答案

（59）A

试题（60）

设计变更、洽商记录必须经　(60)　书面签认后，承建单位方可执行。

（60）A. 建设单位　　　　B. 上级单位　　　　C. 监理单位　　　　D. 分包单位

试题（60）分析

参见教材"需求设计变更、洽商过程的管理措施"一节的内容：

- 设计变更、洽商无论由谁提出和批准，均须按设计变更、洽商的基本程序进行；
- 设计变更、洽商记录必须经监理单位书面签认后，承建单位方可执行；
- 设计变更、洽商记录的内容应符合有关规范、规程和技术标准；
- 设计变更、洽商记录填写的内容必须表述准确、图示规范；
- 设计变更、洽商的内容应及时反映在实施方案中；
- 分包项目的设计变更、洽商应通过总承建单位办理；
- 设计变更、洽商的费用由承建单位填写"费用报审表"报监理单位，由监理工程师进行审核后，总监理工程师签认；
- 设计变更、洽商的项目完成，并经监理工程师验收合格后，应按正常的支付程序

办理变更项目费用的支付手续。

参考答案

（60）C

试题（61）

关于分包合同的禁止性规定应该包括 (61) 。

① 禁止转包

② 禁止将项目分包给不具备相应资质条件的单位

③ 禁止再分包

④ 禁止将主体结构分包

（61）A. ①②④　　　　B. ①③④　　　　C. ①②③　　　　D. ①②③④

试题（61）分析

招标投标法规定：中标人按照合同约定或者经招标人同意，可以将中标项目的部分非主体、非关键性工作分包给他人完成。接受分包的人应当具备相应的资格条件，并不得再次分包。

参考答案

（61）D

试题（62）

项目实施期间，承建单位从节约工程投资的角度，向监理工程师提出变更部分工程设计的建议。监理单位接受建议后，由于承建单位当时因人力资源的限制不能在要求的时间内完成变更任务，与承建单位协商并经其同意将此部分工作委托其他设计单位完成。变更设计方案经过监理工程师审核后用于实施，但实施中发现修改的设计方案存在重大缺陷。就变更程序而言，应由 (62) 承担责任。

（62）A. 承建单位　　　B. 建设单位　　　C. 其他设计单位　　　D. 监理单位

试题（62）分析

设计属于项目建设的关键环节，这部分的内容是不能分包或者转包出去的，本题中监理非但不能同意设计变更任务分包，而且变更设计方案是监理主导的事情，当然应当承担相应的责任。

参考答案

（62）D

试题（63）

下面关于实施知识产权保护的监理，描述错误的是 (63) 。

（63）A. 知识产权保护的管理，应该坚持全过程的管理

　　　B. 监理应建议建设单位制定知识产权的管理制度

　　　C. 监理应协助承建单位制定知识产权管理制度

D. 对于待开发的软件，监理单位应及时提醒建设单位在合同中明确知识产权的归属

试题（63）分析

监理没有任何义务协助承建单位制定知识产权管理制度。

参考答案

（63）C

试题（64）

信息系统安全体系应当由　(64)　共同构成。

(64) A. 技术体系、人员体系和管理体系

B. 人员体系、组织机构体系和管理体系

C. 技术体系、人员体系和组织机构体系

D. 技术体系、组织机构体系和管理体系

试题（64）分析

参见教材第一版，从信息安全管理目标来看，其中的网络安全、数据安全、信息内容安全等可通过开放系统互连安全体系的安全服务、安全机制及其管理实现，但所获得的这些安全特性只解决了与通信和互连有关的安全问题，而涉及与信息系统工程的构成组件及其运行环境安全有关的其他安全问题（如物理安全、系统安全等）还需从技术措施和管理措施两方面结合起来。为了系统地、完整地构建信息系统的安全体系框架，信息系统安全体系应当由技术体系、组织机构体系和管理体系共同构建。

参考答案

（64）D

试题（65）

物理安全技术包括机房安全和　(65)　。

(65) A. 数据安全　　B. 系统安全　　　　C. 通信安全　　D. 设施安全

试题（65）分析

物理安全技术，通过物理机械强度标准的控制使信息系统的建筑物、机房条件及硬件设备等条件，满足信息系统的机械防护安全；通过对电力供应设备以及信息系统组件的抗电磁干扰和电磁泄露性能的选择性措施达到两个安全目的，其一是信息系统组件具有抗击外界电磁辐射或噪声干扰能力而保持正常运行，其二是控制信息系统组件电磁辐射造成的信息泄露，必要时还应从建筑物和机房条件的设计开始就采取必要措施，以使电磁辐射指标符合国家相应的安全等级要求。物理安全技术运用于物理保障环境（含系统组件的物理环境）。物理安全技术包括机房安全和设施安全。

参考答案

（65）D

试题（66）

以下监理文档，不属于监理实施文件的是 (66) 。

(66) A. 监理月报　　　B. 监理实施细则　　　C. 竣工总结　　　D. 监理专题报告

试题（66）分析

参见教材第一版，监理实施细则是总控类文档。选择答案 B 正确。

参考答案

(66) B

试题（67）

下面关于监理文档管理描述正确的是 (67) 。

(67) A. 监理资料的管理应该由总监理工程师代表负责，并指定专人具体实施

　　　B. 监理资料应在验收阶段进行整理归档，其他阶段应重点编制文档内容

　　　C. 文档编制策略是由建设单位主持制订的

　　　D. 文档工作包括文档计划、编写、修改、形成、分发和维护等方面的内容

试题（67）分析

参见教材第一版，监理工程师在归集监理资料时，应注意以下事项：

- 监理资料应及时整理、真实完整、分类有序；
- 监理资料的管理应由总监理工程师负责，并指定专人具体实施；
- 监理资料应在各阶段监理工作结束后及时整理归档；
- 监理档案的编制及保存应按有关规定执行。

从上面内容可以看出，选项 A、B 错误。教材第一版"监理单位制订文档编制策略"一节的内容，"文档策略是由监理单位主持制订的，对其他单位或开发人员提供指导"，选项 C 错误，选择答案 D。

参考答案

(67) D

试题（68）

工程验收监理报告包含的要素是 (68) 。

① 信息系统安全等级

② 工程竣工准备工作综述

③ 验收测试方案与规范

④ 测试结果与分析

⑤ 验收测试结论

(68) A. ①②③④⑤　　　B. ①②③④　　　C. ②③④⑤　　　D. ①③④

试题（68）分析

参见教材第一版，工程验收监理报告：

工程监理验收报告是信息工程项目验收阶段产生的主要监理文件，此阶段的主要监

理工作是监督合同各方做好竣工准备工作，组织三方对工程系统进行验收测试以检验系统及软硬件设备等是否达到设计要求。验收采用定量或定性分析方法，针对问题进行分析和研究，最后提出监理报告，因此工程监理验收报告的主体应该是验收测试结论与分析，必须包含以下几个要素：

- 工程竣工准备工作综述

评估集成商准备的技术资料、文档、基础数据等是否准确、齐全，其他竣工准备工作是否完备。

- 验收测试方案与规范

组织三方确定验收测试方案、测试案例、测试工具的使用等。

- 测试结果与分析

依照验收测试方案实施测试得到的测试结果描述，包括业务测试和性能测试；对原始测试结果必要的技术分析，包括各种分析图表、文字说明等。

- 验收测试结论

根据测试结果分析对各项指标是否达到工程设计要求做综合性说明，对工程中存在或可能存在的问题进行分析和归纳，以及确定的需要返工修改的部分；对返工修改的部分回归测试的情况。

参考答案

（68）C

试题（69）

进行组织协调的监理工作方法主要有 （69） 。

（69）A. 监理会议和监理报告
B. 沟通和监理培训

C. 监理会议和监理培训
D. 监理培训和监理报告

试题（69）分析

监理培训显然不是组织协调的监理工作方法。

参考答案

（69）A

试题（70）

下面关于监理例会的描述，错误的是 （70） 。

（70）A. 会议主要议题包括检查和通报项目进度情况，确定下一阶段的进度目标

B. 监理例会是监理单位、承建单位和建设单位的三方会议，分包单位不能参加

C. 项目监理例会是由总监理工程师组织并且主持的会议

D. 监理例会的会议纪要需经总监理工程师签认后，发放到项目相关各方

试题（70）分析

选项 B，监理例会是监理单位、承建单位和建设单位的三方会议，分包单位不能参加，这样的说法是错误的，监理例会应当是所有参与工程的各方参加的会议。

参考答案

（70）B

试题（71）

In order to complete work on your projects, you have been provided confidential information from all of your clients. A university contacts you to help it in its research. Such assistance would require you to provide the university with some of the client data from your files. What should you do? （71）.

（71）A. Release the information, but remove all references to the clients' names

B. Provide high-level information only

C. Contact your clients and seek permission to disclose the information

D. Disclose the information

试题（71）分析

本题的含义是：为了完成项目工作，已经从你的客户那里得到了一些机密信息。一个学校请你帮助他们的研究工作，这个协助工作需要你提供一些从你的客户那里得到的数据，你将怎样处理这件事情。当然，最好的方式不是自作主张，将一些信息解密后提供给这个学校的研究工作，而是与你的客户联系寻求许可后，确定可以透露的信息。

参考答案

（71）C

试题（72）

TCP/IP is a communication protocol, which provides many different networking services. The TCP/IP Internet protocol suite is formed from two standards: the TCP (Transmission Control Protocol) and the IP (Internet Protocol).（72）means it is on the transport layer.

（72）A. ISO   B. IP   C. OSI   D. TCP

试题（72）分析

本题的含义是：TCP/IP 是一个通信协议，提供了很多不同的网络服务。TCP/IP 的 Internet 互联协议组来源于两个标准，TCP（传输控制协议和 Internet 协议）。显然 TCP 意味着它在传输层。选择答案 D。

参考答案

（72）D

试题（73）

Earned value analysis is an example of （73）.

（73）A. performance reporting

B. planning control

C. Ishikawa diagrams

D. integrating the project components into a whole

试题（73）分析

本题的含义是：挣值分析是执行报告的一个例子。选择答案 A。

参考答案

（73）A

试题（74）

Quality control is normally performed by the （74） .

（74）A. QA personnel　　　　　B. project team

　　　C. operating personnel　　　D. project manager

试题（74）分析

本题的含义是：质量控制一般是由……来执行的。QA 是质量保障，不合适，项目团队肯定有做质量控制的，但不是团队本身，项目经理做操作工作角色不对，因此选择答案 D。

参考答案

（74）D

试题（75）

Workarounds are determined during which risk management process? （75） .

（75）A. Risk identification　　　　B. Quantitative risk analysis

　　　C. Plan risk responses　　　　D. Risk monitoring and control

试题（75）分析

本题的含义是：风险应对措施是在风险管理过程中决定的吗？正确答案应当是在风险监测和控制的过程中确定的，选择答案 D。

参考答案

（75）D

第6章 2013 上半年信息系统监理师下午试题分析与解答

试题一（20 分）

阅读下列说明，回答问题 1 至问题 4，将解答填入答题纸的对应栏内。

【说明】

建设单位甲通过公开招标选择承建单位乙承担某电子商务应用项目的实施任务，并委托监理单位丙对项目实施全过程监理。该工程项目涉及机房建设、系统集成和应用软件开发等建设内容。在建设过程中，发生如下事件：

事件 1：为了保证项目的质量，监理机构制定了旁站监理方案。在旁站方案中旁站监理人员的职责有：

1. 核查进场材料、配件、设备等的质量检验报告等，并可在现场监督承建单位进行检验；

2. 做好旁站监理记录和监理日记，保存旁站监理原始资料。

事件 2：承建单位乙把机房的消防工程分包给一专业消防实施单位丁施工。该分包单位丁的资质未经监理机构验证，即进行施工，并已进行了部分消防工程的设备安装。

事件 3：建设单位甲还要求监理机构对于主要的工程进行严格的质量控制，特别要求监理机构利用测试手段对软件开发进行质量控制。

事件 4：监理机构制定了监理规划。在监理规划中写明，监理机构的工作任务之一是做好与建设单位、承建单位的协调工作。

【问题 1】（6 分）

旁站监理方案中旁站监理人员的职责是否全面？若不全面，请补充其缺项。

【问题 2】（6 分）

针对事件 2，监理工程师应如何处理？

【问题 3】（3 分）

针对事件 3 的情况，对于软件开发部分，监理机构应主要对哪些方面进行测试？

【问题 4】（5 分）

针对事件 4，在实施阶段，项目监理机构与承建单位的协调工作应包括哪些内容？

试题一分析

【问题 1】

参见教材第一版。

在项目实施现场进行旁站监理工作是监理在信息系统工程质量控制方面的重要手段之一。旁站监理是指监理人员在施工现场对某些关键部位或关键工序的实施全过程现场跟班的监督活动。旁站监理在总监理工程师的指导下，由现场监理人员负责具体实施。旁站监理时间可根据施工进度计划事先做好安排，待关键工序实施后再做具体安排。旁站的目的在于保证施工过程中的项目标准的符合性，尽可能保证施工过程符合国家或国际相关标准。

旁站是监理人员控制工程质量，保证项目目标实现的必不可少的重要手段。旁站往往是在那些出现问题后难以处理的关键过程或关键工序。现场旁站比较适合于网络综合布线、设备开箱检验、机房建设等方面的质量控制，也适合其他与现场地域有直接关系的项目质量控制的工作。

现场旁站要求现场监理工程师具有深厚的专业知识和项目管理知识，能够纵观全局，对项目阶段或者全过程有深刻的理解，对项目的建设具有较高的深入细致的观察能力和总结能力。旁站记录是监理工程师或总监理工程师依法行使有关签字权的重要依据，是对工程质量的签认资料。旁站记录必须做到：

- 记录内容要真实、准确、及时；
- 对旁站的关键部位或关键工序，应按照时间或工序形成完整的记录；
- 记录表内容填写要完整，未经旁站人员和施工单位质检人员签字不得进入下道工序施工；
- 记录表内施工过程情况是指所旁站的关键部位和关键工序施工情况。例如：人员上岗情况、材料使用情况、实施技术和操作情况、执行实施方案和强制性标准情况等；
- 完成的工程量应写清准确的数值，以便为造价控制提供依据；
- 监理情况主要记录旁站人员、时间、旁站监理内容、对施工质量检查情况、评述意见等。将发现的问题做好记录，并提出处理意见；
- 质量保证体系运行情况主要记述旁站过程中承建单位质量保证体系的管理人员是否到位，是否按事先的要求对关键部位或关键工序进行检查，是否对不符合操作要求的施工人员进行督促，是否对出现的问题进行纠正；
- 若工程因意外情况发生停工，应写清停工原因及承建单位所做的处理。

其中，记录表内施工过程情况是指所旁站的关键部位和关键工序施工情况。例如，人员上岗情况、材料使用情况、实施技术和操作情况、执行实施方案和强制性标准情况等。

因此，旁站监理方案中旁站监理人员的职责不完全，还缺少人员上岗情况、实施技术和操作情况、执行实施方案和强制性标准情况。

【问题 2】

分包是指从事工程总承包的单位将所承包的建设工程的一部分依法发包给具有相应资质的承包单位的行为，该总承包人并不退出承包关系，其与第三人就第三人完成的工作成果向发包人承担连带责任。

参见《中华人民共和国招标投标法》的相关规定，合法的分包须满足以下几个条件：（1）分包必须取得发包人的同意；（2）分包只能是一次分包，即分包单位不得再将其承包的工程分包出去；（3）分包必须是分包给具备相应资质条件的单位；（4）总承包人可以将承包工程中的部分工程发包给具有相应资质条件的分包单位，但不得将主体工程分包出去。

因此，分包单位的资质条件必须经过审查符合要求后，才能进场施工。针对分包单位未经资质验证认可，即进行施工，并以进行了部分消防工程的设备安装等行为，监理人员应该立即报告总监理工程师下达停工指令，检查分包单位资质。若审查合格，允许分包单位丁继续实施。若审查不合格，指令分包单位丁令分包单位立即退场。由于已经实施的部分工程并没有经过监理监督检查，所以无论分包单位资质是否合格，均应对其已安装完的消防工程设备进行质量检查。

【问题 3】

参见教材第一版质量控制一节的相关内容：对于软件开发项目，监理单位要对重要的功能、性能、安全性等进行模拟测试，以判断阶段性开发成果是否满足质量要求，并且要作为进度控制以及成本控制的依据。

【问题 4】

参见教材信息系统工程建设的组织协调这章的相关内容。组织协调与目标控制密不可分，以保证建设单位项目成功实施为目标，是实现项目目标控制不可缺少的方法和手段，是重要的监理措施之一。

组织协调涉及与建设单位、承建单位等多方关系，它贯穿于信息系统工程建设的全过程，贯穿于监理活动的全过程。作为监理工程师，应该熟悉组织协调的基本内容和要求，掌握完成组织协调监理工作的技能。

把信息系统工程建设项目作为一个系统来看，组织协调的对象可分为系统内部的协调和系统外部的协调两大部分。系统外部的协调又可分为具有合同因素的协调和非合同因素的协调。本问题问的是项目监理机构与承建单位的协调工作应注意哪些内容。

显然项目监理机构与承建单位的协调工作首先想到的是与承建单位项目经理的协调，然后是进度问题的协调、质量问题的协调等等；对承建单位违约行为的处理、合同争议的协调、处理好人际关系等方面，只要是项目协调中关注的重要内容，都可以列出。

解答要点

【问题 1】

旁站监理人员的职责不全面。其缺项有：

（1）检查实施单位现场人员到岗情况；

（2）检查实施技术和操作情况；

（3）在现场跟班监督关键部位、关键工序的实施执行实施方案以及工程建设强制性标准实施情况。

【问题 2】

报告总监理工程师下达指令停工，检查分包单位资质。若审查合格，允许分包单位丁继续实施。若审查不合格，令分包单位丁立即退场。无论分包单位资质是否合格，均应对其已安装完的消防工程设备进行质量检查。

【问题 3】

要对重要的功能、性能、安全性等进行测试。

【问题 4】

协调工作的主要内容有：

（1）与承建单位项目经理关系的协调；

（2）进度问题的协调；

（3）质量问题的协调；

（4）对承建单位违约行为的处理；

（5）合同争议的协调；

（6）对分包单位的协调；

（7）处理好人际关系。

试题二（15 分）

阅读下列说明，回答问题 1 至问题 3，将解答填入答题纸的对应栏内。

【说明】

某局使用财政资金进行网络升级改造，分为 A、B 两包。A 包为存储设备及其他配套设备采购项目，B 包为网络服务设计项目，包括网络服务器及总集成。

事件 1：该局将 A 包拆分为 A1 包和 A2 包，A1 包为存储设备采购，A2 包为其他配套设备采购。A1 包和 A2 包的金额都低于该市规定的需要招标的最低额度，对 A1 包和 A2 包均采用竞争性谈判方式购买。

事件 2：B 包招标文件的部分内容如下：（1）1 台服务器：某品牌某型号产品；（2）项目招标文件于 2012 年 3 月 5 日起发售，2012 年 3 月 20 日开标；（3）项目评标委员会有业主方代表 2 名，其他技术、经济专家 5 名。因行业特殊性，其中 2 名技术专家由招标人直接确定。

【问题 1】（4 分）

在事件 1 中，该单位的行为是否恰当？请说明理由。

【问题 2】（6 分）

在事件 2 中，项目招标文件中的三项内容是否正确？请分别说明原因。

【问题 3】（5 分）

请简要回答监理方应围绕哪几方面审核网络服务的设计？

试题二分析

【问题 1】

《中华人民共和国招标投标法》第四条规定：任何单位和个人不得将依法必须进行

招标的项目化整为零或者以其他任何方式规避招标。

《中华人民共和国政府采购法》第二十八条规定：采购人不得将应当以公开招标方式采购的货物或者服务化整为零或者以其他任何方式规避公开招标采购。

因此该单位的行为是违法的，不恰当。在答题时，只要说出招标投标法和政府采购法即可，不要求考生答出是哪一条的规定。

【问题 2】

项目招标文件中的三项内容：

（1）《中华人民共和国招标投标法》第二十条规定：招标文件不得要求或者标明特定的生产供应者以及含有倾向或者排斥潜在投标人的其他内容，因此这条不正确。

（2）《中华人民共和国招标投标法》第二十四条规定：招标人应当确定投标人编制投标文件所需要的合理时间；但是，依法必须进行招标的项目，自招标文件开始发出之日起至投标人提交投标文件截止之日止，最短不得少于二十日。本条中，招标文件于 2012 年 3 月 5 日起发售，2012 年 3 月 20 日开标，不足 20 日，因此是错误的。

（3）《中华人民共和国招标投标法》第三十七条规定：评标由招标人依法组建的评标委员会负责。

依法必须进行招标的项目，其评标委员会由招标人的代表和有关技术、经济等方面的专家组成，成员人数为五人以上单数，其中技术、经济等方面的专家不得少于成员总数的三分之二。

前款专家应当从事相关领域工作满八年并具有高级职称或者具有同等专业水平，由招标人从国务院有关部门或者省、自治区、直辖市人民政府有关部门提供的专家名册或者招标代理机构的专家库内的相关专业的专家名单中确定；一般招标项目可以采取随机抽取方式，特殊招标项目可以由招标人直接确定，因本题中描述的项目行业特殊，所以可以由招标人直接确定。所以本条正确。

【问题 3】

参见《信息化工程监理规范 第四部分 计算机网络系统工程监理规范》规范第 6.3.2 工程设计方案一节的内容。

解答要点

【问题 1】

不恰当。该单位的行为违反《中华人民共和国招投标法》、《中华人民共和国政府采购法》（答出 1 个即可）的相关规定。该单位不能将招标的项目化整为零规避招标。

【问题 2】

（1）不正确。招标文件不得要求或者标明特定的投标人或者产品。

（2）不正确。自招标文件开始发出之日起至投标人提起投标文件截止之日止，最短不得少于二十日。

（3）正确。招投标法情况特殊，评标专家可由招标人直接确定。

【问题 3】

（1）对业主单位应用系统的支撑能力。

（2）与操作系统的兼容性。

（3）应用层协议的选择和配置。

（4）服务软件的配置。

（5）网络服务的安全性设计。

试题三（15 分）

阅读下列说明，回答问题 1 至问题 3，将解答填入答题纸的对应栏内。

【说明】

建设单位甲选定监理单位丙对应用软件开发项目实施全过程监理，承建单位乙承担项目建设任务。在项目实施过程中，发生如下事件：

事件 1：在应用软件开发的初期，项目遇到了因需求频繁变动而导致进度滞后、质量低下等问题，甲方要求监理单位认真分析问题出现的原因并给出解决办法。

事件 2：软件测试是监理方进行质量控制的重要手段之一。总监理工程师要求监理工程师加强对乙方的测试方案、测试用例及测试数据等的重点监控。

事件 3：由于开发的应用系统是企业的核心业务系统，因此软件的后期维护至关重要。在讨论如何提高软件可维护性的会议上，监理和承建单位就软件维护的一些问题产生了异议。

【问题 1】（7 分）

针对事件 1，导致需求变更的原因很多，请你列出一些常见的原因及可能的解决办法。

【问题 2】（4 分）

针对事件 2，为了检验程序的正确性，使用白盒测试方法时，应根据 (1) 和指定的覆盖标准确定测试数据。与设计测试数据无关的是 (2) 。

（1）候选答案：

A. 程序的内部逻辑　　　　　B. 程序的复杂程度

C. 使用说明书　　　　　　　D. 程序的功能

（2）候选答案：

A. 该软件的设计人员　　　　B. 程序的复杂程度

C. 源程序　　　　　　　　　D. 项目开发计划

【问题 3】（4 分）

针对事件 3，一般来说，在软件维护过程中，大部分工作是由 (1) 引起的。在软件维护的实施过程中，为了正确、有效地修改程序，需要经历以下三个步骤：分析和理解程序、修改程序和 (2) 。修改 (3) 不归结为软件的维护工作。产生软件维护的副作用，是指 (4) 。

（1）候选答案：

A. 适应新的软件环境　　　　B. 适应新的硬件环境

C. 用户的需求改变　　　　　D. 程序的可靠性

（2）候选答案：

A. 重新验证程序　　　　　　B. 验收程序

C. 书写维护文档　　　　　　D. 建立目标程序

（3）候选答案：

A. 设计文档　　B. 数据　　C. 需求规约　　D. 代码

（4）候选答案：

A. 开发时的错误　　　　　　　B. 隐含的错误

C. 因修改软件而造成的错误　　D. 运行时误操作

试题三分析

【问题 1】

本问题主要涉及软件工程的相关知识和实际工作中考生针对需求存在问题的实际经验，可以参见教材第三版的相关内容做回答。在答题的时候，碰到此类型的题目，考生可以根据自己对该知识点的掌握和实际中碰到的问题去回答，就可以得到较高的分数。导致需求变更的原因，首先应该想到的是既然需求要变更，那么一定是当初需求没有搞清楚，进一步思考，当初没有搞清楚的原因，可能会有用户配合不好，模棱两可的需求描述等等，另外，用户的需求不断增加，用户和软件人员对需求理解的差异等也一定是原因。同样的思考方式，提出可能的解决办法，既然用户和软件人员对需求的理解容易产生理解上的差异，那么通过用原型法去明确用户的需求。针对用户需求不断增加的问题，可以采用良好的体系结构，采用面向对象思想等等去应对，对于用户配合不好、模棱两可的需求描述可以通过良好的需求管理来减少这些情况的发生。

【问题 2】

软件测试的目的是软件中的错误。因为不可能把所有可能的输入数据都拿来测试（时间花费不起），为了提高测试的效率，应该选择发现错误的可能性大的数据作为测试数据。

使用白盒测试方法时，确定测试数据应根据程序的内部逻辑和指定的覆盖标准，可以不考虑程序的功能。

软件项目计划（Software Project Planning）是一个软件项目进入系统实施的启动阶段，主要进行的工作包括：确定详细的项目实施范围、定义递交的工作成果、评估实施过程中主要的风险、制定项目实施的时间计划、成本和预算计划、人力资源计划等，与设计测试数据没有关系。

【问题 3】

我们称在软件运行/维护阶段对软件产品所进行的修改就是所谓的维护。要求进行维护的原因多种多样，归结起来有三种类型：

改正在特定的使用条件下暴露出来的一些潜在程序错误或设计缺陷。

因在软件使用过程中数据环境发生变化或处理环境发生变化，需要修改软件以适应这种变化。

用户和数据处理人员在使用时常提出改进现有功能，增加新的功能，以及改善总体性能的要求，为满足这些要求，就需要修改软件把这些要求纳入到软件之中。

由这些原因引起的维护活动可以归为以下几类：

① 改正性维护

在软件交付使用后，必然会有一部分隐藏的错误被带到运行阶段来。这些隐藏下来的错误在某些特定的使用环境下就会暴露出来。为了识别和纠正软件错误、改正软件性能上的缺陷、排除实施中的误使用，应当进行的诊断和改正错误的过程，就叫作改正性维护。

② 适应性维护

随着计算机的飞速发展，外部环境（新的硬、软件配置）或数据环境（数据库、数据格式、数据输入/输出方式、数据存储介质）可能发生变化，为了使软件适应这种变化，而去修改软件的过程就叫作适应性维护。

③ 完善性维护

在软件的使用过程中，用户往往会对软件提出新的功能与性能要求。为了满足这些要求，需要修改或再开发软件，以扩充软件功能、增强软件性能、改进加工效率、提高软件的可维护性。这种情况下进行的维护活动叫作完善性维护。

在维护阶段的最初一两年，改正性维护的工作量较大。随着错误发现率急剧降低，并趋于稳定，就进入了正常使用期。然而，由于改造的要求，适应性维护和完善性维护的工作量逐步增加。实践表明，在几种维护活动中，完善性维护所占的比重最大，来自用户要求扩充、加强软件功能、性能的维护活动约占整个维护工作的 50%。

因此，填空项（1）选 C 正确。

在软件维护的实施过程中，为了正确、有效地修改，需要经历以下 3 个步骤：分析和理解程序、修改程序和重新验证程序。经过分析，全面、准确、迅速地理解程序是决定维护成败和质量好坏的关键。有如下几种方法：分析程序结构图、数据跟踪、控制跟踪及其他方法。在将修改后的程序提交用户之前，需要通过静态确认、计算机确认和维护后的验收，保证修改后的程序的正确性。因此填空项（2）选 A 正确，填空项（3）选 B 正确。

所谓软件维护的副作用，是指因修改软件而造成的错误或其他不希望发生的情况，有以下三种副作用：

① 修改代码的副作用：在使用程序设计语言修改源代码时，都可能引入错误。例如，删除或修改一个子程序、删除或修改一个标号、 删除或修改一个标识符、改变程序

代码的时序关系、改变占用存储的大小、改变逻辑运算符、修改文件的打开或关闭、改进程序的执行效率，以及把设计上的改变翻译成代码的改变、为边界条件的逻辑测试做出改变时，都容易引入错误。

② 修改数据的副作用：在修改数据结构时，有可能造成软件设计与数据结构不匹配，从而导致软件出错。数据副作用就是修改软件信息结构导致的结果。例如，在重新定义局部的或全局的常量、重新定义记录或文件的格式、增大或减小一个数组或高层数据结构的大小、修改全局或公共数据、重新初始化控制标志或指针、重新排列输入／输出或子程序的参数时，容易导致设计与数据不相容的错误。

③ 文档的副作用：对数据流、软件结构、模块逻辑或任何其他有关特性进行修改时，必须对相关技术文档进行相应修改。否则会导致文档与程序功能不匹配，缺省条件改变，新错误信息不正确等错误。使得软件文档不能反映软件的当前状态。如果对可执行软件的修改不反映在文档里，就会产生文档的副作用。例如，对交互输入的顺序或格式进行修改，如果没有正确地记入文档中，就可能引起重大的问题。过时的文档内容、索引和文本可能造成冲突，引起用户的失败和不满。因此填空项（4）选 C 正确。

解答要点

【问题 1】

原因：

（1）开发人员对待需求开发的态度不认真；

（2）用户参与不够；

（3）用户需求的不断增加；

（4）模棱两可的需求；

（5）用户和需求开发人员在理解上的差异；

（6）开发人员的画蛇添足；

（7）过于简单的规格说明；

（8）忽略了用户分类。

可能的解决方法：

（1）需求阶段尽可能采用原型或者用例方法明确用户需求；

（2）采用严格的需求变更管理流程；

（3）采用良好的体系结构；

（4）采用面向对象方法。

【问题 2】

　　（1）A　　（2）D

【问题 3】

　　（1）C　　（2）A　　（3）B　　（4）C

试题四（15 分）

阅读下列说明，回答问题 1 至问题 3，将解答填入答题纸的对应栏内。

【说明】

在某省重点大型电子政务工程建设项目建设过程中，建设单位甲与承建单位乙签订了实施合同，并委托某监理公司丙承担项目全过程的监理任务。建设接近完成时，发生了如下事件：

事件 1：应用系统开发完成后，承建单位乙完成了自查、自评工作，提交了由项目经理签字的《软件验收申请报告》，并将全部验收资料报送项目监理机构，申请验收。总监理工程师认为实施过程中均按要求进行了检验和阶段验收，即同意了承建单位乙的验收申请。

事件 2：经过近两年的实施，项目主体工程已按照设计完成，能满足系统运行的需要，各类档案文件齐全，达到竣工验收条件。建设单位甲要求监理单位根据国家有关电子政务项目竣工验收的要求，协助完成本项目的竣工验收工作。

【问题 1】（6 分）

事件 1 中，承建单位乙和总监理工程师的做法均存在不妥之处，请给出正确做法。

【问题 2】（4 分）

针对事件 2，作为监理工程师，请指出：

（1）电子政务建设项目验收分为哪两个阶段？

（2）本项目的竣工验收应由谁来组织？

【问题 3】（5 分）

针对事件 2，可由专家组负责开展竣工验收的先期基础性工作，请指出此过程重点检查的内容有哪些？

试题四分析

【问题 1】

参见教材，"验收阶段承建单位的工作"一节。

承建单位必须向业主单位及监理单位提交正式的软件验收申请报告，概要说明申请验收软件的情况、应交付的文档，以及这些文档是否通过了规定的评审。验收申请报告由承建单位技术负责人签字。业主单位及监理单位必须了解被验收软件的功能、质量特性和文档等方面的内容，对验收申请报告进行审查，提出处理意见。

【问题 2】

《国家发改委 55 号令国家电子政务工程建设项目管理暂行办法》第三十条规定，电子政务项目应遵循《国家电子政务工程建设项目验收工作大纲》（附件四，以下简称《验收工作大纲》）的相关规定开展验收工作。项目验收包括初步验收和竣工验收两个阶段。初步验收由项目建设单位按照《验收工作大纲》要求自行组织；竣工验收由项目审批部门或其组织成立的电子政务项目竣工验收委员会组织；对建设规模较小或建设内容较简单的电子政务项目，项目审批部门可委托项目建设单位组织验收。

【问题 3】

《国家电子政务工程建设项目管理暂行办法》附件 4：《国家电子政务工程建设项目验收大纲（提纲）》规定的验收条件是：

七、竣工验收

（一）组织竣工验收的单位（机构）组建竣工验收委员会，下设专家组。

（二）专家组负责开展竣工验收的先期基础性工作，重点检查项目建设、设计、监理、施工、招标采购、档案资料、预（概）算执行和财务决算等情况，提出评价意见和建议。

（三）竣工验收委员会基于专家组评价意见提出竣工验收报告。

解答要点

【问题 1】

（1）承建单位提交的《软件验收申请报告》应该由承建单位技术负责人签字。

（2）总监理工程师收到《软件验收申请报告》后，应会同建设单位了解被验收软件的功能、质量特性和文档等方面的内容，对验收申请报告进行审查，提出处理意见。

【问题 2】

（1）建设项目验收分为初步验收和竣工验收两个阶段。

（2）本项目的竣工验收应由本项目审批部门或其组织成立的电子政务项目竣工验收委员会来组织。

【问题 3】

重点检查项目建设规划、设计、监理、施工、招标采购、档案资料、预（概）算执行和财务决算等情况，提出评价意见和建议。

试题五（10 分）

阅读下列说明，回答问题 1 至问题 3，将解答填入答题纸的对应栏内。

【说明】

某企业拟建设涉密数据中心，作为企业信息系统的运行中心、灾备中心，承载着企业的核心业务运营、信息资源服务、关键业务计算、数据存储和备份，以及确保业务连续性等重要任务。该项目已由承建单位完成了建设工作，正在开展验收前的各项测试工作。为了保证数据中心的各项指标确实能达到建设单位的需求和符合相关标准，建设单位要求监理单位加强对承建单位测试工作的管控。

【问题 1】（2 分）

在数据中心的测试中，_____是常见和实用的网络测试诊断工具集。

A. ping 和 junit　　　　　　B. ping 和 traceroute

C. ping 和 route　　　　　　D. ping 和 jtest

【问题 2】（2 分）

该数据中心仅会在某一特定时间内集中处理一批机密级数据，下列说法中正确的是＿＿＿＿＿＿。

A. 该数据中心须按照所涉及处理的最高密级信息，即按机密级建设要求建设

B. 由于该中心仅在特定时间内处理该部分数据，可根据相关要求，在该段时间内通过管理措施确保数据安全性

C. 数据中心所有人员的保密等级应与机密级保持一致

D. 考虑建设经费及使用频率，折中按秘密级建设本中心

【问题 3】（6 分）

为保证数据中心测试的合理性，针对承建单位提交的测试方案，监理重点审核了测试内容、测试步骤等，请指出数据中心测试的内容应包括哪些？

试题五分析

【问题 1】

JUnit 是由 Erich Gamma 和 Kent Beck 编写的一个回归测试框架（Regression Testing Framework）。Junit 测试是程序员测试，即所谓白盒测试，因为程序员知道被测试的软件如何（How）完成功能和完成什么样（What）的功能。Junit 是一套框架，继承 TestCase 类，就可以用 Junit 进行自动测试了，所以选项 A 错误。

Route 命令是在本地 IP 路由表中显示和修改条目网络命令，非网络测试诊断命令，所以选项 C 错误。

jParasoft 的 Jtest 的是一个综合的发展广泛的实践证明，以提高开发团队的工作效率和软件质量的自动化测试解决方案。侧重于实践验证的 Java 代码和应用程序，无缝集成 Parasoft 的 SOAtest 以使最终结束今天复杂的，分布式的应用、交易的功能和负载测试。此外，Jtest 是一种日语考试简称，都与网络诊断无关，选项 D 错误。

而都可以对网络进行侦测，尽管 ping 工具也可以进行侦测，但是，因为 IP 头的限制，ping 不能完全地记录下所经过的路由器。所以 Traceroute 正好就填补了这个缺憾。所以选项 B 是正确答案。

【问题 2】

《保密法》第二条规定："国家秘密是关系国家的安全和利益，依照法定程序确定，在一定时间内只限一定范围的人员知悉的事项。"

国家秘密事项分为：绝密级、机密级、秘密级三个等级。"绝密"是最重要的国家秘密，泄露会使国家的安全和利益遭受特别严重的损害；"机密"是重要的国家秘密，泄露会使国家的安全和利益遭受严重的损害；"秘密"是一般的国家秘密，泄露会使国家的安全和利益遭受损害。

目前安全保密面临的主要威胁之一就是内部人员意识不强，防范不力。

内部人员，主要包括机关工作人员和信息系统的管理、编程和维护人员等。内部人

员在建设、使用网络或微机过程中，存在以下几个方面的问题：

一是认识上存在误区。有的片面强调信息网络建设应用第一，把安全保密放在从属、次要的地位，对保密设施的建设重视不够，投入太少，对保密管理措施的落实避重就轻，应付了事；有的盲目自信，认为网络安全了也就保密了，把对涉密网络的安全保密建设和管理等同于普通网络的安全建设和管理。

二是思想麻痹，有章不循。有的缺乏信息安全保密意识，对有关规定和要求熟视无睹；有的有章不循，违反操作规程。比如安装物理隔离卡的微机，有"内网"和"外网"两种工作环境，国家秘密和内部办公信息只有在"内网"状态下处理才是安全的。有的却在"外网"状态下处理涉密信息。有的在低等级的场所处理高等级秘密的信息，有的明密不分，将本来应该用密码传输的内容，却用明码发出。有的密电明复、明电密复。有的擅自带游戏软盘在涉密网中使用，造成涉密网感染病毒，留下泄密隐患。还有的存有侥幸心理，认为涉密计算机偶尔上一次互联网，不会出现什么问题，造成严重泄密隐患，等等。

因此，处理保密信息的场所，必须与这些信息的保密等级相当或者更高，选项 A 正确。

【问题 3】

在今天的数据中心测试中，大型融合式数据中心是一种相对较新的事物，为它提出的测试意见在很多方面都存在相互竞争的关系。对于哪些标准基准测试才能以可重复、有压力和有意义的方式来描述数据中心交换，没有一致的意见。

因此，回答本问题时顺着三个个路径思考：

（1）首先就会想到，这个数据中心应该是可以使用的，性能应该达到一定的要求，并且安全可靠，否则其他都无从谈起，因此，可用性测试、性能测试和安全测试是一定要做的。

（2）面对着一个庞大的数据中心，各种设备很繁杂，如何管理是个大问题，因此易于管理很重要，需要进行可管理性测试；除此之外，数据中心建好了，今后需求增加了，是不是很容易的进行扩展，因此要进行可伸缩性测试。

（3）数据中心存放了很多的数据和应用，数据会不会丢失，中心的运行是不是稳定都是用户所关心的问题，因此应该进行备份和还原测试、稳定测试等等。

解答要点

【问题 1】

B

【问题 2】

A

【问题 3】

可用性测试、管理功能测试、性能测试、可伸缩性测试、安全性测试、备份和还原测试、稳定测试

第7章 2013下半年信息系统监理师上午试题分析与解答

试题（1）

在计算机信息处理中，数据组织的层次依次是 __(1)__ 。

(1) A. 数据、记录、文档、数据库　　　　B. 数据、记录、文件、数据库

　　 C. 数据项、记录、字段、数据库　　　D. 数据项、记录、文件、数据库

试题（1）分析

任何信息系统都有一个数据组织的层次体系。在该层次体系中，每一后继层都是其前驱层数据元组合的结果，最终实现一个综合的数据库。处于第一层的"位"用户是不必了解的，而其他五层则是用户输入和请求数据时合理的需要。数据是一切信息系统的基础。一个高质量的计算机信息系统的最终用户必须具备数据的组织及其处理方面的知识。

1. 位

位是主存储器和辅助存储器的基本单位。

2. 字符（字节）

在通过键盘（光符号识别器或其他输入设备）输入一个字符时，机器直接将字符翻译成某特定的编码系统中一串位的组合。一个计算机系统可以使用不止一种编码体制。例如，某些计算机系统中将 ASCII 编码体制用于数据通信，而将 EBCDIC 编码体制用于数据存储。

3. 数据项和数据元

描述数据元的最好办法是举例说明。一个人的社会保险号、姓名、信用卡号、街道地址和婚姻状况等都是数据元。在数据的层次体系中，数据元是最低一层的逻辑单位，为了形成一个逻辑单位，需要将若干位和若干字节组合在一起。一个日期不一定是一个数据元，它可以是三个数据元：年、月、日。对地址来说，也是同样的。一个地址中可以包括州、城市、街道地址和邮政码这四个数据元。从逻辑上可以把日期和地址都看成是一个数据元，但是输出这种数据元是不方便的。例如，通常在输出时总是把街道地址单写一行，因而应该把一个地址的几个数据元分开。此外，由于姓名和地址文件经常按邮政码排序，因此，需要将邮政码作为一个逻辑实体（数据元）来对待。

根据上下文的需要，有时也把数据元称作为字段（记录中的字段）。数据元是泛指的，而数据项才是实际的实体（或实际的"值"）。例如，社会保险号是一个数据元，而 445487279 和 44214158 则是两个数据项。

为了节省输入数据时敲打键盘的时间和存储空间，在输入数据时通常将数据元编

码。例如，通常将职工主文件中的"性别"数据元编码，这样，数据录入员就可以简单的输入"M"或"F"来代替"Male"（男）或"Female"（女）。然后再将"M"和"F"分别翻译成"男"或"女"。

4. 记录

将逻辑上相关的数据元组合在一起就形成一个记录。材料表 20.6.2 列举了一个职工记录中可能包含的若干数据元，以及作为职工记录的一个值的若干数据项。记录是能够从数据库中存取的最低一层的逻辑单位。

5. 文件

文件是逻辑上相关的记录的集合。职工主文件包含每一个职工的记录。库存文件包含每一种库存货物的记录。应收账目文件包含每个顾客的记录。"文件"这个词有时也指某台二级存储设备上的一块已命名的区域，该区域中可以包含程序代码、教材、数据，甚至还可以包含输出报表。

6. 数据库

数据库是一种作为计算机系统资源共享的全部数据之集合。有时根据不同应用领域可将该资源共享数据分成若干段。例如，财会数据库可以划分为一个应用领域，它可以包含六个不同的文件。读者应该注意到：用"文件"来组织数据这种方法将带来数据的冗余。也就是说，为了在处理时使用，必须将某些数据元重复地存放在几个文件中。例如，在一所大学的安置办公室、宿舍管理处、财务支持办公室以及注册处等都有可能保存学生文件。像学生名、校内地址这类数据元几乎在每个文件中都重复出现。在对开发一个综合的学生信息系统进行可行性分析时，一些系统分析员在美国西南部一所规模很大的大学中发现有 75 个计算机文件中都包含学生名和校内地址。采用先进的数据库管理系统比之传统的文件系统有较大的改进，它使得用户可以将存储数据的重复程度减至最小。

参考答案

（1）　D

试题（2）

信息系统采用面向对象开发方法时，需要考虑的基本思想不包括 __(2)__ 。

（2）A. 对象是由属性和操作组成

　　　B. 对象之间的联系采用封装机制来实现

　　　C. 对象可以按其属性来归类

　　　D. 对象是对客观事物抽象的结果

试题（2）分析

面向对象的开发方法（简称 OO）的基本思想：OO 方法认为，客观世界是由各种各样的对象组成的，每种对象都有各自的内部状态和运动规律，不同的对象之间的相互作用和联系就构成了各种不同的系统。当我们设计和实现一个客观系统时，如能在满足需求的条件下，把系统设计成由一些不可变的（相对固定）部分组成的最小集合，这个设计就是最好的。而这些不可变的部分就是所谓的对象。

对象是 OO 方法的主体，对象至少应有以下特征。

模块性。模块性即对象是一个独立存在的实体，从外部可以了解它的功能，但其内部细节是"隐蔽"的，它不受外界干扰。对象之间的相互依赖性很小，因而可以独立地被其他各个系统所选用。

继承和类比性。事物之间都有一定的相互联系，事物在整体结构中都会占有它自身的位置。在对象之间有属性关系的共同性，在 OO 方法学中称之为继承性次结构是靠继承关系维系着的。

对象是一个被严格模块化了的实体，称之为封装（encapsulation）。这种封装了的对象满足软件工程的一切要求，而且可以直接被面向对象的程序设计语言所接受。

对象之间的联系主要是通过传递消息（message）来实现的，传递的方式是通过消息模式（message pattern）和方法所定义的操作过程来完成的。

参考答案

（2）B

试题（3）

在软件开发的生命周期方法中，对模块的功能进行描述是 (3) 阶段的任务。

（3）A．需求分析　　　B．概要设计　　　C．详细设计　　　D．编码设计

试题（3）分析

软件生命周期又称为软件生存周期或系统开发生命周期，是软件的产生直到报废的生命周期，周期内有问题定义、可行性分析、总体描述、系统设计、编码、调试和测试、验收与运行、维护升级到废弃等阶段，这种按时间分程的思想方法是软件工程中的一种思想原则，即按部就班、逐步推进，每个阶段都要有定义、工作、审查、形成文档以供交流或备查，以提高软件的质量。但随着新的面向对象的设计方法和技术的成熟，软件生命周期设计方法的指导意义正在逐步减少。　生命周期的每一个周期都有确定的任务，并产生一定规格的文档（资料），提交给下一个周期作为继续工作的依据。而软件的功能设计是在概要设计阶段来完成的。

参考答案

（3）B

试题（4）

主存储器和 CPU 之间增加高速缓冲存储器（Cache）的目的是 (4) 。

（4）A．扩大存储系统的容量

　　　B．解决 CPU 与主存的速度匹配问题

　　　C．扩大存储系统的容量和提高存储系统的速度

　　　D．便于程序的访存操作

试题（4）分析

本题考查的是计算机系统中 Cache 结构的知识点。缓存是计算机系统中处处可以见到的技术，考生应该牢固掌握缓存的概念，以及采用缓存的理由。

Cache 即高速缓冲存储器，是位于 CPU 与主存间的一种容量较小但是速度很高的存储器。采用 Cache 的理由是由于 CPU 的速度远高于主存，CPU 直接从内存中存取数据要等待一定时间周期，Cache 中保存着 CPU 刚用过或循环使用的一部分数据，当 CPU 再次使用该部分数据时可从 Cache 中直接调用，这样就减少了 CPU 的等待时间，提高了系统的效率。Cache 又可以分为一级 Cache(L1 Cache)和二级 Cache(L2 Cache)。

参考答案

（4）B

试题（5）

衡量存储容量的常用单位有 (5) 。

（5）A. μs、ns 和 ms   B. μb、nb 和 mb

      C. Kb、Mb 和 Gb   D. B、KB、MB 和 GB

试题（5）分析

衡量计算机存储容量的常用单位是：

1Byte=8Bit

1KB=1024 字节，KB 也叫千字节

1MB=1024KB，MB 是兆字节

1GB=1024MB，GB 是千兆字节

参考答案

（5）D

试题（6）

如果通过局域网连接互联网，需要设置 TCP/IP 协议属性，其中不需要针对 (6) 指定 IP 地址。

（6）A. 本机   B. 默认网关   C. Web 服务器   D. DNS 服务器

试题（6）分析

局域网要连接 Internet 除了要有 TCP/IP 协议，还要在本机 TCP/IP 属性中进行设置，即 IP 地址、子网掩码、默认网关，以及 DNS 服务器地址的详细信息这些信息都要进行设置。

参考答案

（6）C

试题（7）、（8）

在使用路由器 R 的 TCP/IP 网络中，两主机通过一路由器 R 互联，提供主机 A 应用和主机 B 应用之间通信的层是 (7) ，支持 IP 层和网络层协议的设备 (8) 。

（7）A．应用层　　　　　B．传输层　　　　　C．IP 层　　　　　D．网络层

（8）A．包括主机 A、B 和路由器 R　　　　　B．仅有主机 A、B

　　　C．仅有路由器 R　　　　　D．也应支持应用层和传输层协议

试题（7）、（8）分析

TCP/IP 协议也是一个分层的网络协议，不过它与 OSI 参考模型所分的层次有所不同。TCP/IP 协议从底至顶分为网络接口层、网际层、传输层和应用层 4 个层次。

TCP/IP 协议各层功能如下：

1．网络接口层

这是 TCP/IP 协议的最底一层，包括有多种逻辑链路控制和媒体访问协议。网络接口层的功能是接收 IP 数据报并通过特定的网络进行传输，或从网络上接收物理帧，抽取出 IP 数据报并转交给网际层。

2．网际网层(IP 层)

该层包括以下协议：IP（网际协议）、ICMP（Internet Control Message Protocol，因特网控制报文协议）、ARP（Address Resolution Protocol，地址解析协议）、RARP（Reverse Address Resolution Protocol，反向地址解析协议）。该层负责相同或不同网络中计算机之间的通信，主要处理数据报和路由。在 IP 层中，ARP 协议用于将 IP 地址转换成物理地址，RARP 协议用于将物理地址转换成 IP 地址，ICMP 协议用于报告差错和传送控制信息。IP 协议在 TCP/IP 协议组中处于核心地位。

3．传输层

该层提供 TCP（传输控制协议）和 UDP（User Datagram Protocol，用户数据报协议）两个协议，它们都建立在 IP 协议的基础上，其中 TCP 协议提供可靠的面向连接服务，UDP 协议提供简单的无连接服务。传输层提供端到端，即应用程序之间的通信，主要功能是数据格式化、数据确认和丢失重传等。

4．应用层

TCP/IP 协议的应用层相当于 OSI 参考模型的会话层、表示层和应用层，它向用户提供一组常用的应用层协议，其中包括 Telnet、SMTP、DNS 等。此外，在应用层中还包含有用户应用程序，它们均是建立在 TCP/IP 协议组之上的专用程序。

参考答案

（7）B（8）A

试题（9）

在国际标准化组织（ISO）发布的 OSI 参考模型中，为网络层实体提供数据发送和接收功能和过程的是　(9)　。

（9）A．数据链路层　　　B．应用层　　　C．物理层　　　D．传输层

试题（9）分析

OSI 七层模型称为开放式系统互联参考模型，OSI 七层模型是一种框架性的设计方

法。OSI 七层模型通过七个层次化的结构模型使不同的系统不同的网络之间实现可靠的通讯，因此其最主要的功能使就是帮助不同类型的主机实现数据传输。

物理层：OSI 模型的最低层或第一层，该层包括物理连网媒介，如电缆连线连接器。物理层的协议产生并检测电压以便发送和接收携带数据的信号。在桌面 PC 上插入网络接口卡，就建立了计算机连网的基础。换言之，提供了一个物理层。尽管物理层不提供纠错服务，但它能够设定数据传输速率并监测数据出错率。网络物理问题，如电线断开，将影响物理层。

数据链路层：OSI 模型的第二层，它控制网络层与物理层之间的通信。它的主要功能是如何在不可靠的物理线路上进行数据的可靠传递。为了保证传输，从网络层接收到的数据被分割成特定的可被物理层传输的帧。帧是用来移动数据的结构包，它不仅包括原始数据，还包括发送方和接收方的网络地址以及纠错和控制信息。其中的地址确定了帧将发送到何处，而纠错和控制信息则确保帧无差错到达。数据链路层的功能独立于网络和它的节点和所采用的物理层类型，它也不关心是否正在运行 Word、Excel 或使用 Internet。有一些连接设备，如交换机，由于它们要对帧解码并使用帧信息将数据发送到正确的接收方，所以它们是工作在数据链路层的。

网络层：OSI 模型的第三层，其主要功能是将网络地址翻译成对应的物理地址，并决定如何将数据从发送方路由到接收方。网络层通过综合考虑发送优先权、网络拥塞程度、服务质量以及可选路由的花费来决定从一个网络中节点 A 到另一个网络中节点 B 的最佳路径。由于网络层处理路由，而路由器因为即连接网络各段，并智能指导数据传送，属于网络层。在网络中，"路由"是基于编址方案、使用模式以及可达性来指引数据的发送。

传输层：OSI 模型中最重要的一层。传输协议同时进行流量控制或是基于接收方可接收数据的快慢程度规定适当的发送速率。除此之外，传输层按照网络能处理的最大尺寸将较长的数据包进行强制分割。例如，以太网无法接收大于 1500 字节的数据包。发送方节点的传输层将数据分割成较小的数据片，同时对每一数据片安排一序列号，以便数据到达接收方节点的传输层时，能以正确的顺序重组。该过程即被称为排序。工作在传输层的一种服务是 TCP/IP 协议套中的 TCP（传输控制协议），另一项传输层服务是 IPX/SPX 协议集的 SPX（序列包交换）。会话层：负责在网络中的两节点之间建立和维持通信。

会话层的功能包括：建立通信链接，保持会话过程通信链接的畅通，同步两个节点之间的对话，决定通信是否被中断以及通信中断时决定从何处重新发送。你可能常常听到有人把会话层称作网络通信的"交通警察"。当通过拨号向你的 ISP（因特网服务提供商）请求连接到因特网时，ISP 服务器上的会话层向你与你的 PC 客户机上的会话层进行协商连接。若你的电话线偶然从墙上插孔脱落时，你终端机上的会话层将检测到连接中断并重新发起连接。会话层通过决定节点通信的优先级和通信时间的长短来设置通信期限。

表示层：应用程序和网络之间的翻译官，在表示层，数据将按照网络能理解的方案进行格式化；这种格式化也因所使用网络的类型不同而不同。表示层管理数据的解密与加密，如系统口令的处理。例如，在 Internet 上查询银行账户，使用的即是一种安全连接。你的账户数据在发送前被加密，在网络的另一端，表示层将对接收到的数据解密。除此之外，表示层协议还对图片和文件格式信息进行解码和编码。

应用层：负责对软件提供接口以使程序能使用网络服务。术语"应用层"并不是指运行在网络上的某个特别应用程序，应用层提供的服务包括文件传输、文件管理以及电子邮件的信息处理。

参考答案

（9）A

试题（10）

关于以太网交换机的工作机制和特点，以下理解正确的是（10）。

（10）A. 以太网交换机工作在传输层

B. 以太网交换机都支持全双工

C. 以太网交换机采用的交换方式是电路交换

D. 以太网交换机灵活性较差

试题（10）分析

以太网交换机独享带宽。其工作机制与总线型网络是完全一致的。通信时，双方站点的计算机独占信道，采用相同的通信协议，相对于两台计算机通过一条线路直接相连。它支持交换机端口节点之间的多个并发连接，可以实现多接点之间的数据的并发传输。因此，以太网交换机可以增加网络带宽，改善局域网的性能与服务质量。以太网交换机工作在 OSI 层的网络层，它是对数据包的进行转发的。

参考答案

（10）B

试题（11）

（11）是指在云计算基础设施上为用户应用软件提供部署和运行环境的服务。

（11）A. SaaS　　　　B. PaaS　　　　C. IaaS　　　　D. HaaS

试题（11）分析

根据现在最常用，也是比较权威的 NIST（National Institute of Standards and Technology，美国国家标准技术研究院）定义，云计算主要分为三种服务模式，而且这个三层的分法重要是从用户体验的角度出发的：

Software as a Service，软件即服务，简称 SaaS，这层的作用是将应用作为服务提供给客户。

Platform as a Service，平台即服务，简称 PaaS，这层的作用是将一个开发平台作为服务提供给用户。

Infrastructure as a Service,基础设施即服务,简称 IaaS,这层的作用是提供虚拟机或者其他资源作为服务提供给用户。

参考答案

(11) B

试题(12)

操作系统的四个基本功能是 __(12)__ 。

(12) A. 运算器管理、控制器管理、内存储器管理和外存储器管理

　　　 B. CPU 管理、主机管理、中断管理和外部设备管理

　　　 C. 用户管理、主机管理、程序管理和设备管理

　　　 D. CPU 管理、内存储器管理、设备管理和文件管理

试题(12)分析

操作系统的四大管理功能:(1)文件管理:又称为信息管理;(2)存储管理:实质是对存储"空间"的管理,主要指对主存的管理;(3)设备管理:实质是对硬件设备的管理,其中包括对输入输出设备的分配、启动、完成和回收;(4)进程管理:实质上是对处理机执行"时间"的管理。

参考答案

(12) D

试题(13)

在缺省配置的情况下,交换机的所有端口 __(13)__ 。

(13) A. 处于直通状态　　　　　 B. 属于同一 VLAN

　　　 C. 属于不同 VLAN　　　　 D. 地址都相同

试题(13)分析

这个题看起来复杂,其实答起来挺简单的,思考一下,不同的 VLAN 一定是通过设置来实现的,因此交换机默认配置的情况下,其端口一定是属于同一个 VLAN。

参考答案

(13) B

试题(14)

某无线网络的传输速率是 2Mbps,这相当于每秒传输 __(14)__ 。

(14) A. 2×1024×1024 位　　　 B. 2×1024×1024 字节

　　　 C. 2×1000×1000 位　　　 D. 2×1000×1000 字节

试题(14)分析

Mbps 是电信部门衡量网络带宽的单位,意思是兆比特位每秒(Mbit per second)。所以选项 B 和 D 错误。而 1GB=1024MB,1MB=1024KB,1KB=1024Bytes 是存储的单位换算关系,也不对。

参考答案

（14）C

试题（15）

综合布线系统应采用共用接地的接地系统，如单独设置接地体时，接地电阻不应大于___(15)___。

（15）A．1Ω　　　　　　B．2Ω　　　　　　C．3Ω　　　　　　D．4Ω

试题（15）分析

综合布线系统的接地体与其他接地装置的接地体一样，也可分为自然接地体和人工接地体两类。当综合布线系统采用单独的接地系统时，接地体一般采用人工接地体且应满足以下的条件。

（1）该接地体与其他工频低压交流接地体间的距离不得小于10m。

（2）该接地体与该建筑物的防雷系统接地体间的距离不得小于2m。

（3）该接地体的接地电阻不得大于4Ω。

当综合布线系统同其他系统一起采用共用接地时，接地体一般利用建筑物基础内的钢筋作为自然接地体，要求联合接地体的接地电阻不应大于1Ω。

在本题中，虽然前半句话说了综合布线系统应采用共用接地的接地系统，但是后半句问的是单独设置接地体时，接地电阻不应大于多少，因此选择答案 D 正确。

参考答案

（15）D

试题（16）

进入屏蔽机房的各种线缆均需要进行___(16)___，以保证机房内的信号不因线缆的进出而造成泄漏。

（16）A．防雷处理　　　B．防静电处理　　　C．除静电处理　　　D．滤波处理

试题（16）分析

电波在传输过程中，交替产生交变的磁场和电场，在其试图通过具有良好接地的铁磁材料制成的导电性能较好的屏蔽壳体时，电场能量将通过具有接地导体而衰减，磁场能量在通过磁场物质中产生涡流而损耗，因此其强度将受到较大的衰耗（3000～100000倍），从而起到将电磁波屏蔽（隔离）的作用。

屏蔽机房的主要组成单元有屏蔽壳体、屏蔽门、通风波导窗、电源滤波器、通信滤波器、空调滤波器、室内装饰。

在进行线缆滤波系统设计时，进入屏蔽机房的各种线缆均需要进行滤波处理，以保证机房内的信号不因线缆的进出而造成泄漏。

目前进入屏蔽室的进出线缆主要有各类电源线（含交流和直流线）、计算机数据线、语音线、监控视频线、消防报警线、空调室内外机组信号连线、门禁系统连线、计算机的直流地。处理上述各类信号线的方式有滤波处理、光纤处理、五类线屏蔽处理。

参考答案

（16）D

试题（17）

关于隐蔽工程管道安装时管内穿线的叙述，错误的是 (17) 。

（17）A．穿在管内绝缘导线的额定电压不应高于 500V

B．管内穿线宜在建筑物的抹灰、装修及地面工程前进行

C．不同系统、不同电压、不同电流类别的线路不应穿同一根管内或线槽的同一孔槽内

D．导线穿入钢管前，在导线出入口处，应安装护线套保护导线

试题（17）分析

参见教材第二编"隐蔽工程管道安装"一节的内容：

- 穿在管内绝缘导线的额定电压不应高于 500V。
- 管内穿线宜在建筑物的抹灰、装修及地面工程结束后进行，在穿入导线之前，应将管子中的积水及杂物清除干净。
- 不同系统、不同电压、不同电流类别的线路不应穿同一根管内或线槽的同一孔槽内。
- 管内导线的总截面积（包括外护层）不应超过管子截面积的 40%。
- 在弱电系统工程中使用的传输线路宜选择不同颜色的绝缘导线以区分功能，区分正负极。同一工程中相同线别的绝缘导线颜色应一致，线端应有各自独立的标号。
- 导线穿入钢管前，在导线出入口处，应安装护线套保护导线；在不进入盒（箱）内的垂直管口，穿导线后，应将管口作密封处理。
- 线管进入箱体，宜采用下进线或设置防水弯以防箱体进水。

参考答案

（17）B

试题（18）

隐蔽工程中，管内导线的总截面积（包括外护层）不应超过管子截面积的 (18) 。

（18）A．30%　　　　B．40%　　　　C．50%　　　　D．60%

试题（18）分析

参见教材第二编"隐蔽工程管道安装"一节的内容。"管内导线的总截面积（包括外护层）不应超过管子截面积的 40%。"

参考答案

（18）B

试题（19）

"62.5/125μm" 多模光纤的 62.5/125μm 指的是 (19) 。

（19）A．光纤内外径　　　　B．光纤可传输的光波波长

　　　　C．光缆内外径　　　　D．光缆可传输的光波波长

试题（19）分析

　　基本上有两种多模光纤，一种是梯度型（graded）；另一种是阶跃型（stepped）。对于梯度型（graded）光纤来说，芯的折射率（refraction index)于芯的外围最小而逐渐向中心点不断增加，从而减少讯号的模式色散，而对阶跃型（Stepped Index）光缆来说，折射率基本上是平均不变,而只有在包层（cladding）表面上才会突然降低。阶跃型（stepped）光纤一般较梯度型（graded）光纤的带宽低。在网络应用上，最受欢迎的多模光纤为 62.5/125，62.5/125 意指光纤芯径为 62.5μm 而包层（cladding）直径为 125μm，其他较为普通的为 50/125 及 100/140。

参考答案

　　（19）A

试题（20）

　　安装在墙面或柱子上的信息插座底盒、多用户信息插座盒及集合点配线箱体的底部离地面的高度宜为　(20)　mm。

　　（20）A．200　　　　B．300　　　　C．400　　　　D．500

试题（20）分析

　　根据《建筑与建筑群综合布线系统工程设计规范》GB/T 50311—2000 第 12.5.1 条规定，工作区信息插座的安装宜符合下列规定：

　　1．安装在地面上的信息插座应采用防水和抗压的接线盒；

　　2．安装在墙面或柱子上的信息插座底部离地面的高度宜为 300mm；

　　3．安装在墙面或柱子上的多用户信息插座模块，或集合点配线模块，底部离地面的高度宜为 300mm。

参考答案

　　（20）B

试题（21）

　　入侵检测系统执行的主要任务不包括　(21)　。

　　（21）A．监视、分析用户及系统活动，审计系统构造和弱点

　　　　　B．统计分析异常行为模式

　　　　　C．评估重要系统和数据文件的完整性

　　　　　D．发现所维护信息系统存在的安全漏洞

试题（21）分析

　　入侵检测技术 IDS 是一种主动保护自己免受攻击的一种网络安全技术。作为防火墙的合理补充，入侵检测技术能够帮助系统对付网络攻击，扩展了系统管理员的安全管理能力（包括安全审计、监视、攻击识别和响应），提高了信息安全基础结构的完整性。

　　入侵检测系统功能主要有：

1．识别黑客常用入侵与攻击手段

入侵检测技术通过分析各种攻击的特征，可以全面快速地识别探测攻击、拒绝服务攻击、缓冲区溢出攻击、电子邮件攻击、浏览器攻击等各种常用攻击手段，并做相应的防范。一般来说，黑客在进行入侵的第一步探测、收集网络及系统信息时，就会被 IDS 捕获,向管理员发出警告。

2．监控网络异常通信

IDS 系统会对网络中不正常的通信连接做出反应，保证网络通信的合法性；任何不符合网络安全策略的网络数据都会被 IDS 侦测到并警告。

3．鉴别对系统漏洞及后门的利用

IDS 系统一般带有系统漏洞及后门的详细信息，通过对网络数据包连接的方式、连接端口以及连接中特定的内容等特征分析，可以有效地发现网络通信中针对系统漏洞进行的非法行为。

4．完善网络安全管理

IDS 通过对攻击或入侵的检测及反应，可以有效地发现和防止大部分的网络犯罪行为，给网络安全管理提供了一个集中、方便、有效的工具。使用 IDS 系统的监测、统计分析、报表功能，可以进一步完善网络管理。

参考答案

（21）D

试题（22）

下面关于防火墙的说法中，正确的是 (22) 。

（22）A．防火墙可以解决来自内部网络的攻击

　　　B．防火墙可以防止受病毒感染的文件的传输

　　　C．防火墙会减弱计算机网络系统的性能

　　　D．防火墙可以防止错误配置引起的安全威胁

试题（22）分析

防火墙可以解决来自外部网络的攻击,因此选项 A 错误，防火墙没有防病毒的功能，因此选项 B 是错误的，防火墙也许能够在偶然情况下防止错误配置引起的安全威胁，但不是必然的，所以选项 D 的说法错误。

参考答案

（22）C

试题（23）

组织整理工程项目的监理资料是 (23) 的职责。

（23）A．总监理工程师　　　　　B．总监理工程师代表

　　　C．专业监理工程师　　　　D．监理员

试题（23）分析

参见教材，"总监理工程师的职责"一节：

- 对信息工程监理合同的实施负全面责任；
- 负责管理监理项目部的日常工作，并定期向监理单位报告；
- 确定监理项目部人员的分工；
- 检查和监督监理人员的工作，根据工程项目的进展情况可进行人员的调配，对不称职的人员进行调换；
- 主持编写工程项目监理规划及审批监理实施方案；
- 主持编写并签发监理月报、监理工作阶段报告、专题报告和项目监理工作总结，主持编写工程质量评估报告；
- 组织整理工程项目的监理资料；
- 主持监理工作会议，签发监理项目部重要文件和指令；
- 审定承建单位的开工报告、系统实施方案、系统测试方案和进度计划；
- 审查承建单位竣工申请，组织监理人员进行竣工预验收，参与工程项目的竣工验收、签署竣工验收文件；
- 审核签认系统工程和单元工程的质量验收记录；
- 主持审查和处理工程变更；
- 审批承建单位的重要申请和签署工程费用支付证书；
- 参与工程质量事故的调查；
- 调解建设单位和承建单位的合同争议，处理索赔，审批工程延期；
- 负责指定专人记录工程项目监理日志。

参考答案

（23）A

试题（24）

某网络项目刚开工不久，出现了一次严重的质量事故，在后续处理事故过程中，监理单位做法正确的是　(24)　。

（24）A. 确认该事故由承建单位引起，由其全权负责赔偿

　　　　B. 使用仪器进行测试，寻找事故发生的原因

　　　　C. 通过公共媒体对承建单位的所有信息曝光，制造舆论压力

　　　　D. 责成承建单位分析事故的原因，并提供解决问题的思路和方案

试题（24）分析

确认该事故由承建单位引起这种说法就有问题，即便是由监理来认定责任，也不能先入为主的就一定认为是承建单位的责任，选项 A 错误，使用仪器进行测量不应该是监理职责范围内的事情，选项 B 错误，选项 C 所描述的行为是监理的职业道德所不允许的，选项 C 错误。

参考答案

（24）D

试题（25）

总监理工程师代表由总监理工程师授权，可以　(25)　。

（25）A. 审定系统测试方案　　　　B. 签发工程暂停令

　　　 C. 审批工程延期　　　　　　D. 主持编写工程项目监理规划

试题（25）分析

选项 B、C、D 都是总监理工程师的职责，而且是不能授权给总监理工程师代表的职责。

参考答案

（25）A

试题（26）

以下关于软件需求分析的说法，不正确的是　(26)　。

（26）A. 需求分析不同于软件开发中的结构化分析，是面向功能的软件设计

　　　 B. 需求分析应始于业主单位的需要、期望和限制条件

　　　 C. 需求分析阶段研究的对象是软件项目的用户要求

　　　 D. 需求分析的目标是描述软件的功能和性能

试题（26）分析

"需求分析不同于软件开发中的结构化分析，是面向功能的软件设计"，需求分析就是需求分析，如何成为面向功能的软件设计，显然这句话有问题。

参考答案

（26）A

试题（27）

软件质量保证应在　(27)　阶段开始定义和实施。

（27）A. 需求分析　　　　B. 设计　　　　C. 开发　　　　D. 运行

试题（27）分析

软件质量保证（SQA）是建立一套有计划，有系统的方法，来向管理层保证拟定出的标准、步骤、实践和方法能够正确地被所有项目所采用。软件质量保证的目的是使软件过程对于管理人员来说是可见的。它通过对软件产品和活动进行评审和审计来验证软件是合乎标准的。软件质量保证组在项目开始时就一起参与建立计划、标准和过程。这些将使软件项目满足机构方针的要求，显然应该从一开始（需求阶段）就定义和实施。

参考答案

（27）A

试题（28）

在软件质量因素中，软件在异常条件下仍能运行的能力称为软件的　(28)　。

（28）A．安全性　　　　　　B．健壮性　　　　C．可用性　　　　D．可靠性

试题（28）分析

健壮性又称鲁棒性，是指软件对于规范要求以外的输入情况的处理能力。

所谓健壮的系统，是指对于规范要求以外的输入能够判断出这个输入不符合规范要求，并能有合理的处理方式。

另外，健壮性有时也和容错性，可移植性，正确性有交叉的地方。

比如，一个软件可以从错误的输入推断出正确合理的输入，这属于容错性量度标准，但是也可以认为这个软件是健壮的。

一个软件可以正确地运行在不同环境下，则认为软件可移植性高，也可以称，软件在不同平台下是健壮的。

一个软件能够检测自己内部的设计或者编码错误，并得到正确的执行结果，这是软件的正确性标准，但是也可以说，软件有内部的保护机制，是模块级健壮的。

软件健壮性虽是一个比较模糊的概念，但却是非常重要的软件外部量度标准。软件设计的健壮与否直接反映了分析设计和编码人员的水平。即所谓的高手写的程序不容易死。

参考答案

（28）B

试题（29）

在软件配置管理中，___(29)___不是配置项。

（29）A．程序　　　　　　B．文档　　　　C．过程　　　　D．数据

试题（29）分析

一般认为：软件生存周期各个阶段活动的产物经审批后即可称之为软件配置项。软件配置项包括：

① 与合同、过程、计划和产品有关的文档和资料；

② 源代码、目标代码和可执行代码；

③ 相关产品，包括软件工具、库内的可重用软件、外购软件及顾客提供的软件等。

选择答案 C 正确。

参考答案

（29）C

试题（30）

软件测试类型按开发阶段划分依次是___(30)___。

（30）A．需求测试、单元测试、集成测试、验证测试

　　　B．单元测试、系统测试、集成测试、验收测试

　　　C．单元测试、集成测试、确认测试、系统测试

　　　D．调试、单元测试、集成测试、用户测试

试题（30）分析

参见软件测试的 V 模型：

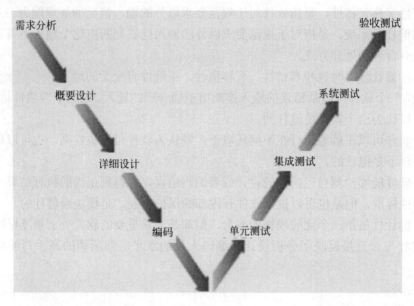

从 V 模型来看，单元测试后面一定是集成测试，后面的过程根据实际情况进行调整一下顺序也属正常，也可以把系统测试看成是对整个项目的测试，是验收测试，从这个角度来看，只有选项 C 正确。

参考答案

（30）C

试题（31）

性能测试工具 LoadRunner 可以完成　（31）　功能。

（31）A. 黑盒测试　　　　B. 白盒测试　　　　C. 压力测试　　　　D. 灰盒测试

试题（31）分析

LoadRunner 是一种预测系统行为和性能的工业标准级负载测试工具。通过以模拟上千万用户实施并发负载及实时性能监测的方式来确认和查找问题，LoadRunner 能够对整个企业架构进行测试。通过使用 LoadRunner，企业能最大限度地缩短测试时间，优化性能和加速应用系统的发布周期。目前企业的网络应用环境都必须支持大量用户，网络体系架构中含各类应用环境且由不同供应商提供软件和硬件产品。难以预知的用户负载和愈来愈复杂的应用环境使公司时时担心会发生用户响应速度过慢，系统崩溃等问题。这些都不可避免地导致公司收益的损失。

参考答案

（31）C

试题（32）

软件配置管理（SCM）是对软件__(32)__的管理。

（32）A．需求变更　　　　B．版本　　　　C．配置的质量　　　D．变化

试题（32）分析

软件配置管理（Software Configuration Management，SCM）是一种标识、组织和控制修改的技术。软件配置管理应用于整个软件工程过程。在软件建立时变更是不可避免的，而变更加剧了项目中软件开发者之间的混乱。SCM 活动的目标就是为了标识变更、控制变更、确保变更正确实现并向其他有关人员报告变更。从某种角度讲，SCM 是一种标识、组织和控制修改的技术，目的是使错误降为最小并最有效地提高生产效率。

参考答案

（32）D

试题（33）

面向对象技术具有的最重要的特征不包括__(33)__。

（33）A．多态性　　　　B．继承性　　　　C．可移植性　　　D．封装性

试题（33）分析

面向对象程序设计中的概念主要包括：对象、类、数据抽象、继承、动态绑定、数据封装、多态性、消息传递。通过这些概念面向对象的思想得到了具体的体现。

1．对象

对象是运行期的基本实体，它是一个封装了数据和操作这些数据的代码的逻辑实体。

2．类

类是具有相同类型的对象的抽象。一个对象所包含的所有数据和代码可以通过类来构造。

3．封装

封装是将数据和代码捆绑到一起，避免了外界的干扰和不确定性。对象的某些数据和代码可以是私有的，不能被外界访问，以此实现对数据和代码不同级别的访问权限。

4．继承

继承是让某个类型的对象获得另一个类型的对象的特征。通过继承可以实现代码的重用：从已存在的类派生出的一个新类将自动具有原来那个类的特性，同时，它还可以拥有自己的新特性。

5．多态

多态是指不同事物具有不同表现形式的能力。多态机制使具有不同内部结构的对象可以共享相同的外部接口，通过这种方式减少代码的复杂度。

6．动态绑定

绑定指的是将一个过程调用与相应代码链接起来的行为。动态绑定是指与给定的过

程调用相关联的代码只有在运行期才可知的一种绑定，它是多态实现的具体形式。

7．消息传递

对象之间需要相互沟通，沟通的途径就是对象之间收发信息。消息内容包括接收消息的对象的标识，需要调用的函数的标识，以及必要的信息。消息传递的概念使得对现实世界的描述更容易。

可移植性是软件质量特性，不是面向对象技术的特征。

参考答案

（33）C

试题（34）

以下不属于面向对象语言的是 （34） 。

（34）A．Java　　　　　　　B．C　　　　　　　C．Smalltalk　　　D．C++

试题（34）分析

C 语言，是一种通用的、过程式的、结构化的编程语言，广泛用于系统与应用软件的开发。具有高效、灵活、功能丰富、表达力强和较高的可移植性等特点，在程序员中备受青睐。最近 25 年是使用最为广泛的编程语言。

参考答案

（34）B

试题（35）

软件工程中，_（35）_ 不属于用户文档的内容。

（35）A．功能描述　　　　B．安装手册　　　　C．系统设计　　　D．使用手册

试题（35）分析

系统设计是项目开发人员为了系统建设和编写的文档，不属于用户文档。

参考答案

（35）C

试题（36）

信息系统项目管理中的质量管理构成的要素不包括 （36） 。

（36）A．质量计划编制　　B．质量评估　　　　C．质量保证　　　　D．质量控制

试题（36）分析

项目质量管理的主要构成是：

- 质量策划：包括产品策划、管理和作业策划以及质量计划的编制和质量改进的准备工作。
- 质量体系：是为实施质量管理所需的组织结构、程序、过程和资源。
- 质量保证：供方为使用户确信能够满足质量要求，开展有计划和系统的活动。
- 质量控制：ISO 9000—2000 族对"质量控制"的定义是："质量管理的一部分，致力于满足质量要求。"

- 质量改进：以追求更高的效益和效率为目标的持续性活动。

参考答案

（36）B

试题（37）

信息系统项目的实施涉及主建方、承建单位、监理单位三方，主建方重点实施的是 （37） 。

　　（37）A．计划管理、质量管理　　　　　B．成本管理、风险管理

　　　　　C．文档管理、沟通与协调管理　　D．立项管理、评估与验收管理

试题（37）分析

纵观题目给出的四个选项，立项管理不可能由承建单位或者监理单位来完成的。

参考答案

（37）D

试题（38）

监理单位应当按照合同规定认真履行自己的职责，这一要求体现了监理单位经营活动应遵循 （38） 准则。

　　（38）A．守法　　　　　B．诚信　　　　　C．公正　　　　　D．科学

试题（38）分析

监理单位应当按照合同规定认真履行自己的职责这一表述已经清晰的说明需要在法律框架下去开展经营活动。

参考答案

（38）A

试题（39）

某信息系统项目在实施过程中，未能在到货验收时检查出设备关键配置指标的下降，同意了到货验收通过，导致设备在使用过程中无法满足需求。此时，作为监理人员，首先可以 （39） 。

　　（39）A．要求供货商更换设备　　　　　B．要求供货商提供情况说明

　　　　　C．要求前期到货验收结果作废　　D．要求供货商退货并赔偿损失

试题（39）分析

既然出现了"未能在到货验收时检查出设备关键配置指标的下降，同意了到货验收通过，导致设备在使用过程中无法满足需求"的情况，那么首先要做的当然是要求前期到货验收结果作废。否则要求供货商更换设备、要求供货商提供情况说明、要求供货商退货并赔偿损失等后续措施都无法进行。

参考答案

（39）C

试题（40）、（41）

信息系统工程监理单位甲级资质等级评定条件(2012 年修订版)规定，信息系统工程监理及相关信息技术服务的技术人员数量应不少于 (40) 人；甲级监理企业的技术负责人从事信息系统工程监理工作的经历不少于 (41) 年。

(40) A. 50　　　　B. 45　　　　C. 30　　　　D. 25

(41) A. 3　　　　　B. 5　　　　　C. 8　　　　　D. 10

试题（40）、（41）分析

为完善信息系统工程监理单位资质管理，进一步规范信息系统工程监理行业，促进市场健康和良性发展，2012 年 5 月 2 日，工业和信息化部以工信计资〔2012〕8 号印发《信息系统工程监理单位资质等级评定条件（2012 年修订版）》。该《评定条件》分甲级资质、乙级资质、丙级资质、丙级资质（暂定）4 部分。其中针对甲级监理单位人员的要求是：

1. 从事信息系统工程监理及相关信息技术服务工作的技术人员不少于 45 人，其中大学本科及以上学历人员所占比例不低于 80%；

2. 具有信息系统工程监理工程师资格的人数不少于 25 名；

3. 已建立人力资源管理体系并能有效实施。

参考答案

(40) B　　　　(41) B

试题（42）

信息系统工程项目建设中，开展监理工作的依据文件依次是 (42) 。

(42) A. 承建合同　　监理合同　　招标文件　　投标文件

　　　B. 监理合同　　承建合同　　投标文件　　招标文件

　　　C. 监理合同　　承建合同　　招标文件　　投标文件

　　　D. 承建合同　　监理合同　　投标文件　　招标文件

试题（42）分析

信息系统工程项目建设中，开展监理工作的依据首要的是与建设单位签订的监理合同，据此分析，选项 A 和选项 D 肯定是错误的。

合同文件的解释顺序如下：

1. 实施合同（双方有关工程的洽商、变更等书面协议或文件视为实施合同协议书的组成部分）。

2. 中标通知书。

3. 投标书及附件。

4. 实施合同专用条款。

5. 实施合同通用条款。

6. 标准、规范及有关技术文件。

7．图纸。

8．工程量清单。

9．工程报价单或预算书。

关于以上解释的说明：

1．上述合同文件应能够互相解释、互相说明。

2．当合同文件中出现不一致时，上面的顺序就是合同的优先解释顺序。

3．当合同文件出现含糊不清或者当事人有不同理解时，按照合同争议的解决方式处理。

4．在不违反法律、行政法规的前提下，当事人可以通过协商变更实施合同。此变更的协议或文件，效力高于其他合同文件，签署在后的协议或文件高于在先的。

5．招标文件其实应是最高的，不响应招标文件早就是废标了。所以招标文件不在"实施合同"的解释顺序里，但可以在实施合同中约定招标文件为合同的组成部分。

因此正确答案是 C。

参考答案

（42）C

试题（43）

以下一般不属于监理合同主要内容的是　(43)　。

（43）A．业务需求　　　　B．监理费用　　　　C．违约责任　　　　D．知识产权

试题（43）分析

业务需求也应该在建设单位与承建单位的实施合同中体现，监理合同中说明白是什么项目即可，从另外一个角度看，选项 B、C、D 都是监理合同应该明确的内容。

参考答案

（43）A

试题（44）、（45）

与监理规划相比，项目监理实施细则更具　(44)　，其作用不包括　(45)　。

（44）A．全面性　　　　B．系统性　　　　C．指导性　　　　D．操作性

（45）A．体现监理单位的水平　　　　　　B．有利于获得信任

　　　C．有利于工程管理　　　　　　　　D．有利于避免与承建单位的纠纷

试题（44）、（45）分析

监理大纲、监理规划和监理细则都是为某一个工程而在不同阶段编制的监理文件，它们是密切联系的，但同时又有区别。

监理实施细则是以被监理的信息系统工程项目为对象而编制的，用以指导监理单位各项监理活动的技术、经济、组织和管理的综合性文件；它是根据监理委托合同规定范围和建设单位的具体要求，由项目总监理工程师主持，专业监理工程师参加编制，在设计阶段监理工作的基础上，综合项目的具体情况，广泛收集工程信息和资料以及征求监

理工程师意见和建议的情况下，结合监理的具体条件，制定的指导其整个监理项目部开展监理工作的技术管理性文件。应该注意的是，对信息工程监理而言，仅仅有信息工程系统设计方案，是无法完成监理实施细则的制订的。监理工程师只有在有了系统设计中所确定的大量具体实施、开发的具体数据之后，才能够编制出切合此项工程实际的监理实施细则。编写监理实施细则对实施监理工作意义重大，是监理工作必经的一个阶段，因此监理实施细则更具操作性。监理在监理工作中应公正、公平的维护各方合法权益，针对建立过程中与承建单位产生的纠纷，是不可能通过制定监理实施细则去避免的。

参考答案

（44）D　　（45）D

试题（46）

编制监理实施细则的依据包括 __（46）__ 。

① 监理投标文件

② 已批准的监理规划

③ 与专业工程相关的标准、设计文件和技术资料

④ 信息工程建设的相关法律、法规及项目审批文件

⑤ 实施组织设计

（46）A. ①②③　　　　B. ②③④　　　　C. ②③⑤　　　　D. ②④⑤

试题（46）分析

参见教材"建立实施细则"章节的内容，编制监理实施细则的依据是：

- 已经批准的项目监理规划；
- 与信息系统工程相关的国家、地方政策、法规和技术标准；
- 与工程相关的设计文件和技术资料；
- 实施组织设计；
- 合同文件。

（46）C

试题（47）

以下叙述正确的包括 __（47）__ 。

① 测试对信息系统工程质量控制来说是必需的

② 能否选择优秀的系统承建单位是质量控制最关键的因素

③ 信息系统工程的建设过程是人的智力劳动过程，因此要控制质量，首先应对人加强控制

④ 对发现的软件错误的改正代价越小，引发其他质量问题的可能性越小

（47）A. ①②　　　　B. ①②③　　　　C. ②③④　　　　D. ①②③④

试题（47）分析

"对发现的软件错误的改正代价越小，引发其他质量问题的可能性越小"。这个标书存在逻辑混乱的问题，这两点没有必然的联系，因此这个说法是错误的，其他几项说法都正确。

参考答案

（47）B

试题（48）

在工程分析设计阶段，质量保证监理的主要内容不包括__(48)__。

（48）A．确保承建单位成立了软件质量保证活动的组织

　　　　B．保障软件质量保证计划符合项目软件的规范要求

　　　　C．审查软件质量保证活动，并给出软件质量保证监理报告

　　　　D．协助承建单位拟定关键部位的测试方案

试题（48）分析

这个题目中，考生应当把握好监理的角色，协助承建单位拟定关键部位的测试方案这样的事情不是监理的职责范围，应该是督促或者监督承建单位做好测试方案。

参考答案

（48）D

试题（49）

在机房工程建设实施过程中，监理工程师对勘查现场作业质量进行控制时，应检查原始记录表格是否经__(49)__签字。

（49）A．有关作业人员　　　　　　　　B．现场监理人员

　　　　C．项目负责人　　　　　　　　　D．专业监理工程师

试题（49）分析

现场作业的原始记录表格一定是现场作业人员来填写并签字确认。

参考答案

（49）A

试题（50）

进度计划的__(50)__阶段是工程进度控制的核心。

（50）A．实施　　　　　B．编制　　　　　C．检查与调整　　　D．分析与总结

试题（50）分析

计划得再好，分析与总结的再彻底都不能保证实施的时候能够正常进行，至于检查与调整是进度控制的手段，而实施阶段的控制是最重要的。

参考答案

（50）A

试题（51）

能够反映施工工序在施工中的机动时间的进度计划图是 (51) 。

(51) A. 甘特图　　　　B. 直方图　　　　C. S 曲线　　　　D. 网络图

试题（51）分析

网络图可以通过计算自由时差、总时差等反映施工工序在施工中的机动时间。

参考答案

(51) D

试题（52）

在实施过程中，监理单位应针对发现的问题，协调关系和排除矛盾，实行动态进度控制, (52) 是不可缺少的手段。

(52) A. 日常检查　　　B. 定期检查　　　C. 调度工作　　　D. 总结和分析

试题（52）分析

日常检查和定期检查都是发现问题，总结和分析是找到问题的原因，都不是具体的行动，而调度工作显然是动态进度控制的重要手段之一。

参考答案

(52) C

试题（53）

工程网络计划中，工作 M 的最早开始时间为第 17 天，其持续时间为 5 天。该工作有三项紧后工作，它们的最早开始时间分别为第 25 天、第 27 天和第 30 天，最迟开始时间分别为第 28 天、第 29 天和第 30 天，则工作 M 的总时差和自由时差 (53) 天。

(53) A. 均为 6　　　　　　B. 均为 3

　　　C. 分别为 6 和 3　　　D. 分别为 11 和 8

试题（53）分析

M 的最早开始时间为第 17 天，其持续时间为 5 天，M 的紧后工作最早的开始时间是第 25 天（最前面的一个），M 的自由时差是 25–（17+5）=3 天；又由于 M 的紧后工作最迟开始时间为第 28 天（最前面的一个），M 总时差=3 +（28–25）=6。

参考答案

(53) C

试题（54）

信息系统工程项目投资构成中的实施方案设计费属于 (54) 。

(54) A. 工程费　　　B. 工程前期费　　　C. 咨询费　　　D. 工程验收费

试题（54）分析

参见教材第一版"信息工程项目投资构成分析"的内容（如图 1-1）：

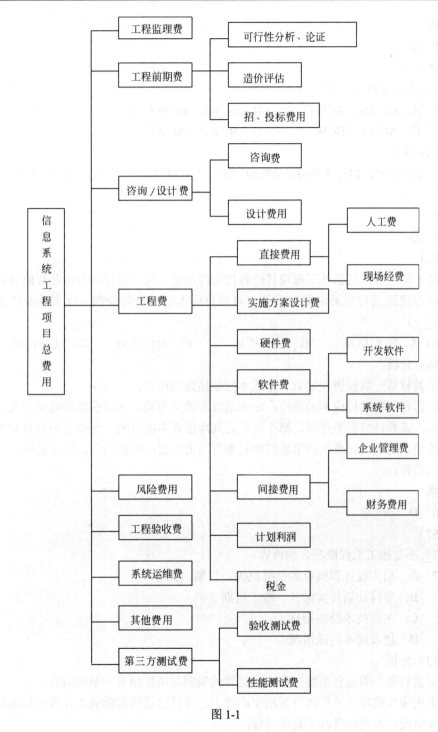

图 1-1

实施方案设计费属于信息系统工程项目投资构成中的工程费用。

参考答案

（54）A

试题（55）

挣值法中，CPI 与 (55) 有关。

（55）A．BCWS、ACWP　　　　B．BCWP、BCWS

　　　　C．ACWP、BCW　　　　　D．BCWP、ACWP

试题（55）分析

成本绩效指数(CPI)：CPI=BCWP/ACWP，当 CPI<1 时，成本超支；当 CPI>1 时，成本节约。

参考答案

（55）D

试题（56）

监理单位在对信息系统工程项目进行投资控制时，除了进行资金规范性监督和管理外，还应在建设过程中采取监理措施，对项目成本进行有效控制。成本控制措施不包括 (56) 。

（56）A．组织措施　　　B．技术措施　　　C．合同措施　　　D．法律措施

试题（56）分析

参见教材第一版投资控制章节中成本控制措施的内容：

降低信息工程项目成本的途径，应该是既开源又节流，或者说既增收又节支。只开源不节流，或者只节流不开源，都不可能达到降低成本的目的，至少是不会有理想的降低成本效果。控制项目成本的措施归纳起来有四大方面：组织措施、经济措施、技术措施、合同措施。

参考答案

（56）D

试题（57）

(57) 不是竣工工程概况表的内容。

（57）A．初步设计和概算的批准机关、日期、文号

　　　　B．项目计划与实际开、竣工日期

　　　　C．主要技术经济指标

　　　　D．建设成本构成情况

试题（57）分析

参见教材第一版信息系统工程竣工结算的编制与结算报表一节的内容：

此表用来反映竣工工程项目新增生产能力，项目建设的实际成本及各项技术经济指标的实际情况。本表包括以下具体内容：

- 竣工工程项目名称、建设地址；

- 初步设计和概算的批准机关、日期、文号；
- 工程项目设计与实际占地面积；
- 竣工项目新增生产能力（或收益）；
- 项目计划与实际开、竣工日期；
- 完成主要工程量（用实物工程量表示）；
- 建设成本；
- 主要技术经济指标。

参考答案

（57）D

试题（58）

关于变更控制程序的相关描述，正确的是__(58)__。

（58）A. 工程变更建议书应在预计可能变更的时间之前 14 天提出

　　　　B. 承建单位向建设单位提出变更要求或建议，建设单位再要求监理工程师进行变更初审

　　　　C. 监理机构在进行变更的初审时，应首先明确界定变更的合理性

　　　　D. 最优的变更方案由监理机构分析和评估后进行确定

试题（58）分析

参见教材"接受变更申请"一节的内容：变更申请单位向监理工程师提出变更要求或建议，提交书面工程变更建议书。工程变更建议书主要包括以下内容：变更的原因及依据；变更的内容及范围；变更引起的合同总价增加或减少；变更引起的合同工期提前或缩短；为审查所提交的附件及计算资料等。工程变更建议书应在预计可能变更的时间14 天之前提出。在特殊情况下，工程变更可不受时间的限制。

参考答案

（58）A

试题（59）

监理工程师可以通过__(59)__，来帮助管理项目进度计划的变更。

（59）A. 编写进度计划　　B. 审核进度计划　　C. 实际检查　　D. 合同约束

试题（59）分析

编写进度计划是承建单位的工作，选项 A 错误，审核进度计划与管理变更没有必然的因果关系，选项 B 错误，而在进度计划变更的执行过程中进行实际的检查是非常有效的管理方法，因此选择答案 C 正确。合同约束是变更要考虑到的、不能突破的限制，并不是具体过程，选项 D 错误。

参考答案

（59）C

试题（60）

成本变更控制的主要方法不包括 (60) 。

(60) A. 偏差控制法　　　　　　　B. 专家评估法

　　　 C. 进度-成本同步控制法　　D. 成本分析表法

试题（60）分析

参见教材"对成本变更的控制"一节的内容：成本变更控制的方法主要有：

1. 偏差控制法

该方法是在制定出计划成本的基础上，通过采用成本分析方法找出计划成本与实际成本间的偏差和分析产生偏差的原因与变化发展趋势，进而采取措施以减少或消除偏差，实现目标成本的一种科学管理方法。

2. 成本分析表法

包括日报、周报、月报表、分析表和成本预测报表等。这是利用表格的形式调查、分析、研究项目成本的一种方法。

3. 进度—成本同步控制法

可以运用成本与进度同步跟踪的方法控制分部分项工程的实施成本。成本控制与计划管理、成本与进度之间有着必然的同步关系。即项目进行到什么阶段，就应该发生相应的成本费用。如果成本与进度不对应，就要作为不正常现象进行分析，找出原因，并加以纠正。

为了便于在项目中同时进行进度与成本的控制，掌握进度与成本的变化过程，可以运用横道图和网络图来进行分析和处理。

参考答案

(60) B

试题（61）

合同管理的原则中，不包括 (61) 。

(61) A. 事前预控原则　　　　　B. 实时纠偏原则

　　　 C. 公正处理原则　　　　　D. 事后追溯原则

试题（61）分析

参见教材第一版"合同管理的原则"一节的内容。

合同管理的原则是指监理单位在信息系统工程监理过程中针对各类合同的管理须遵循的宗旨，贯穿合同管理的全过程，包括：事前预控原则、实时纠偏原则、充分协商原则、公正处理原则。而事后追溯原则是对成本变更控制的内容。

参考答案

(61) D

试题（62）

一个实施合同的当事人在合同中未选择协议管辖，实施合同发生纠纷后，实施企业应当向_(62)_人民法院提出诉讼申请。

　　（62）A．承建单位所在地　　　　　B．工程项目所在地

　　　　　C．合同签订地　　　　　　　D．建设单位所在地

试题（62）分析

　　《中华人民共和国合同法》第六十二条规定　当事人就有关合同内容约定不明确，依照本法第六十一条的规定仍不能确定的，适用下列规定：

　　（一）质量要求不明确的，按照国家标准、行业标准履行；没有国家标准、行业标准的，按照通常标准或者符合合同目的的特定标准履行。

　　（二）价款或者报酬不明确的，按照订立合同时履行地的市场价格履行；依法应当执行政府定价或者政府指导价的，按照规定履行。

　　（三）履行地点不明确，给付货币的，在接受货币一方所在地履行；交付不动产的，在不动产所在地履行；其他标的，在履行义务一方所在地履行。

　　（四）履行期限不明确的，债务人可以随时履行，债权人也可以随时要求履行，但应当给对方必要的准备时间。

　　（五）履行方式不明确的，按照有利于实现合同目的的方式履行。

　　（六）履行费用的负担不明确的，由履行义务一方负担。.

参考答案

　　（62）B

试题（63）

　　实施合同的合同工期是判定承包人提前或延误竣工的标准。订立合同时约定的合同工期概念应为：从_(63)_的日历天数计算。

　　（63）A．合同签字日起按投标文件中承诺

　　　　　B．合同签字日起按招标文件中要求

　　　　　C．合同约定的开工日起按投标文件中承诺

　　　　　D．合同约定的开工日起按招标文件中要求

试题（63）分析

　　合同的内容是根本的，签字日没有更多的意义，因此选项 A、B 错误。投标文件的承诺一定是符合招标文件的，否则不会中标，就工期而已，投标文件承诺的工期一定比招标文件要求的少或者等于，否则无法中标，因此选择答案 C 正确。

参考答案

　　（63）C

试题（64）

　　在信息系统逻辑访问的控制方面，监理工程师在项目建设过程中重点分析并评估的对象不包括_(64)_。

　　（64）A．信息系统策略　　B．组织结构

　　　　C．业务流程　　　　D．计算机设备在搬动时是否需要设备授权通行的证明

试题（64）分析

参见教材第一版，"信息系统安全管理分析与对策"一节的内容，在逻辑访问控制方面，监理工程师应着重分析并评估项目建设过程中的信息系统策略、组织结构、业务流程及访问控制，以保护信息系统及数据，避免非法访问泄漏或损坏的发生。从另外一方面看计算机设备在搬动时是否需要设备授权通行的证明这一行为与计算机逻辑控制没有关系。

参考答案

（64）D

试题（65）

对于物理环境安全，监理单位应注意的问题，包括　（65）　。

① 硬件设施在合理的范围内是否能防止强制入侵

② 计算机设备在搬动时是否需要设备授权通行的证明

③ 智能终端是否上锁或有安全保护，以防止电路板、芯片或计算机被搬移

④ 程序中是否被植入了木马

（65）A．①②④　　　　B．②③④　　　　C．①②③　　　　D．①②③④

试题（65）分析

物理安全技术，通过物理机械强度标准的控制使信息系统的建筑物、机房条件及硬件设备等条件，满足信息系统的机械防护安全；通过对电力供应设备以及信息系统组件的抗电磁干扰和电磁泄露性能的选择性措施达到两个安全目的，其一是信息统组件具有抗击外界电磁辐射或噪声干扰能力而保持正常运行，其二是控制信息系统组件电磁辐射造成的信息泄露，必要时还应从建筑物和机房条件的设计开始就采取必要措施，以使电磁辐射指标符合国家相应的安全等级要求。物理安全技术运用于物理保障环境（含系统组件的物理环境）。物理安全技术包括机房安全和设施安全。而软件显然不属于物理环境的范围，所以不应当选择④。

参考答案

（65）C

试题（66）

信息系统工程建设信息中的　（66）　不是进度控制信息。

（66）A．分目标进度　　　　　　　　B．资金及物资供应计划

　　　　C．劳动力及设备的配置计划　　D．工程预算

试题（66）分析

显然工程预算是在项目批复后就已经确定的静态信息，不是进度控制信息。

参考答案

（66）B

试题（67）

依据《国家电子政务工程建设项目档案管理暂行办法》，监理周（月）报归档后保管期限是 (67) 。

(67) A．10 年　　　B．20 年　　　C．30 年　　　D．永久

试题（67）分析

参见《国家电子政务工程建设项目档案管理暂行办法》，监理周（月）报归档后保管期限是 10 年。

参考答案

(67) A

试题（68）

信息工程监理表格体系中，属于承建单位用表的是 (68) 。

(68) A．工程合同评审表　　　　B．合格供方名单

　　　C．工程进度报表　　　　D．工程进度计划检查表

试题（68）分析

在项目实施过程中，承建单位要定时向建设单位和监理单位汇报工程进度进展情况，需要使用工程季度报表。

参考答案

(68) C

试题（69）

监理实践中，监理工程师对核心问题有预先控制措施，凡事要有证据，体现了 (69) 原则。

(69) A．公平　　　B．诚信　　　C．科学　　　D．独立

试题（69）分析

监理实践中，监理工程师对核心问题采取凡事要有证据的工作方式，显然是符合科学发展的做法。

参考答案

(69) C

试题（70）

在监理工作过程中，应当由 (70) 负责与建设工程有关的外部关系的组织协调工作。

(70) A．监理单位　　　　B．承建单位

　　　C．建设单位　　　　D．建设单位与监理单位共同

试题（70）分析

与建设工程有关的外部关系的组织协调工作，智能由承建单位来负责，监理单位和承建单位都没有这个能力去承担这样的工作。

参考答案

（70）C

试题（71）

Since risk is associated with most projects, the best course of action is to ___（71）___.

（71）A. cover all project risks by buying appropriate insurance

　　　 B. ignore the risks, since nothing can be done about them and move forward with the project in an expeditious manner

　　　 C. avoid projects with clear and present risk

　　　 D. identify various risks and implement actions to mitigate their potential impact

试题（71）分析

本题的含义是：由于绝大多数项目都存在着风险，因此最好的做法是：识别出各种风险并采取措施去减轻风险的潜在影响（选项 D）。而选项 A 掩盖风险，选项 B 忽略风险，选项 C 避免风险都是错误的做法。

选择答案 D 正确。

参考答案

（71）D

试题（72）

OSPF routing protocol typically runs over ___（72）___.

（72）A. IP　　　　 B. TCP　　　　 C. UDP　　　　 D. ARP

试题（72）分析

本题的含义是，OSPF（Open Shortest Path First）协议运行于协议栈的那个层上面。

OSPF（Open Shortest Path First）为 IETF OSPF 工作组开发的一种基于链路状态的内部网关路由协议。OSPF 专为 IP 开发的路由协议，直接运行在 IP 层上面。

集线器没有交换转发功能，从一个端口收到的信息会从所有其他端口广播出去，集线器只是起信号放大作用。上面一般不会跑 TCP/IP 协议栈，更不会有 OSPF。

严格意义上的交换机是只有二层转发功能，是根据 MAC 地址转发报文。从一个端口收到报文后查询目的 MAC 对应的端口，把报文从相应从这个端口发送出去。同时也把报文的源 MAC 写到接收这个报文的端口 MAC 表中。因为它已经知道这个源 MAC 对应的主机是连接在收到报文的端口下边的。以后收到目的 MAC 是这个地址的报文就只向接收报文的这个端口发送了。

路由器是根据 IP 地址转发报文的，收到报文后查找路由表，从查找到得路由出接口发送出去。而路由表是 OSPF 等路由协议计算出来的。OSPF 是运行在 IP 层之上的，直接从 IP 层收发报文。OSPF 虽然运行在 IP 之上，但它和 TCP UDP 等传输层协议是不同的，它不是用来传输数据报文的。所以严格说来是运行在 IP 层之上的应用层协议。

现在的很多交换机也具有路由转发功能，因此这样的交换机被叫做路由交换机。路由交换机上的 OSPF 协议也是运行在 IP 之上的应用层协议。简单地说，路由交换机就是既可以用 MAC 地址转发报文，又可以用 IP 转发报文的简单的路由器和交换机的集合体。

参考答案

（72）A

试题（73）

Cost of quality is ___(73)___.

（73）A．primarily caused by poor workmanship of workers who are building or manufacturing the produce

　　　　B．associated with non-conformance to specifications and requirements

　　　　C．used to determine whether a quality management program is suitable for a given project

　　　　D．negligible for most large projects

试题（73）分析

本题的含义是：质量成本是什么，与什么相关。质量成本是保证和提高产品质量而付出的一切费用以及产品质量未达到标准而造成损失的总和。选项 B 的意思是与规格和需求不一致相关联。

参考答案

（73）B

试题（74）

Schedule control is concerned with all the followings except ___(74)___.

（74）A．influencing the factors that create schedule changes to ensure that the changes are beneficial

　　　　B．determining that the schedule has changed

　　　　C．managing the actual changes when and as they occur

　　　　D．changing the schedule based on customer demands

试题（74）分析

本题的含义是：

进度计划控制不考虑以下哪一项？

A．对造成进度计划变更的因素施加影响，保证变更是有利的

B．确定进度计划已经变化

C．管理实际发生的变更

D．根据客户需求变更进度计划

参考答案

（74）D

试题（75）

With a clear SOW a contractor completes work as specified, but the buyer is not pleased with the result. The contract is considered to be   (75) .

（75）A. incomplete because the buyer is not pleased

B. incomplete because the specs are incorrect

C. complete because the contractor meets the terms and conditions of the contract

D. complete because the contractor is satisfied

试题（75）分析

本题的含义是：

根据明确的工作说明书，承包商按规定完成工作，但是买方对结果不满意。这个合同被认为是：

A. 未完成的，因为买方不满意

B. 未完成的，因为规格不正确

C. 完成的，因为承包商满意

D. 完成的，因为承包商满足了合同的条款和条件

参考答案

（75）D

第 8 章　2013 下半年信息系统监理师下午试题分析与解答

试题一（20 分）

阅读下列说明，回答问题 1 至问题 5，将解答填入答题纸的对应栏内。

【说明】

国务院某部委负责实施"十二五"期间的一项国家政务信息化工程建设项目。该项目涉及与其他 10 个部委的信息交换共享以及基础设施、设备采购、软件开发、系统集成、系统安全、标准等建设任务。目前项目的初步设计报告及概算已经国家发改委批复同意。经过公开招标，A 公司中标该项目，负责项目建设总集成，B 公司负责该项目的总监理。在项目建设过程中，发生如下事件：

事件 1：某参与建设的部委提出，由于本部门提供的数据具有较高的敏感性，无法联网提供，建议 A 公司修改外部数据交换标准。

事件 2：B 公司建议各共建单位就此项目联合办公，获得了各部委的认可并成立了联合办公室。

事件 3：在联合办公室召开的某次例会上，某设备集成商提出了由于设备停产，需要进行型号、配置变更的申请，联合办公室要求 B 公司牵头处理此事。

事件 4：该工程完成所有建设任务后，招入第三方测评机构开展安全保护等级的测评工作。在测评工作中，该机构发现部分共建部委的系统存在安全隐患，要求进行整改。

【问题 1】（5 分）

在事件 1 中，作为监理，请就 A 公司是否同意修改外部数据交换标准给出建议，并说明理由和解决措施。

【问题 2】（4 分）

根据事件 2：（1）请列举 B 公司建议共建单位联合办公的理由；（2）请给出这类联合办公机构的一般称谓。

【问题 3】（4 分）

根据事件 3，如果你是 B 公司的项目总监理工程师，该如何处理？

【问题 4】（3 分）

根据事件 4，监理需要在安全整改过程中开展哪些工作？

【问题 5】（4 分）

你认为"十二五"国家政务信息化工程的典型特征是什么？

试题一分析

【问题 1】

题干中给出的信息是：项目的初步设计报告及概算已经国家发改委批复同意，如果仅因为一个部委的特殊情况就修改外部数据交换标准或者对设计进行修改的话，这会涉及调整概算或者总体设计等方面的问题，如果出现了这样的情况，就有可能需要重新报发改委进行审批，耗时耗力，因此，不能同意这样的做法。其实只要针对这个部委的特殊情况采取相应的方法（例如，利用光盘或其他保密方式进行数据交换）去解决即可，整个系统还是应按照批复的初步设计进行实施。

【问题 2】

（1）项目涉及与其他 10 个部委的信息交换共享以及基础设施、设备采购、软件开发、系统集成、系统安全、标准等建设任务。B 公司建议各共建单位就此项目联合办公，并获得了各部委的认可，显然此举可以加强沟通的效率，否则点对点的沟通方式，路径太多，效率太低；既然沟通效率高了，那么自然会节省一定的成本，同时也对进度也有很多益处。

（2）这类联合办公机构的一般称谓是：项目管理办公室（Project Management Office，PMO）。

【问题 3】

本问涉及变更控制的问题，参见教材变更控制章节的内容，变更控制的工作程序是：

- 了解变化

在项目实施过程中，监理工程师与项目组织者要经常关注与项目有关的主客观因素，就是发现和把握变化，认真分析变化的性质，确定变化的影响，适时地进行变化的描述，监理工程是要对整个项目的执行情况做到心中有数。

- 接受变更申请

变更申请单位向监理工程师提出变更要求或建议，提交书面工程变更建议书。工程变更建议书主要包括以下内容：变更的原因及依据；变更的内容及范围；变更引起的合同总价增加或减少；变更引起的合同工期提前或缩短；为审查所提交的附件及计算资料等。工程变更建议书应在预计可能变更的时间 14 天之前提出。在特殊情况下，工程变更可不受时间的限制。

- 变更的初审

项目监理机构应了解实际情况和收集与项目变更有关的资料，首先明确界定项目变更的目标，再根据收集的变更信息判断变更的合理性和必要性，对于完全无必要的变更，可以驳回此申请，并给出监理意见，对于有必要的变更，可以进一步进行变更分析。

评价项目变更合理性应考虑的内容包括：

（1）变更是否会影响工作范围、成本、工作质量和时间进度；

（2）是否会对项目准备选用的设备或消耗的材料产生影响，性能是否有保证，投资的变化有多大；

（3）在信息网络系统或信息应用系统的开发设计过程中，变更是否会影响到开发系统的适用性和功能，是否影响系统的整体架构设计；

（4）变更是否会影响到项目的投资回报率和净现值？如果是，那么项目在新的投资回报率和净现值基础上是否可行；

（5）如何证明项目的变更是合理的，是会产生良性效果的，必要时要有论证。

把项目变化融入项目计划中是一个新的项目规划过程，只不过这一规划过程是以原来的项目计划为框架，在考察项目变化的基础上完成的。通过新的计划的对比，监理工程师可以清楚地看到项目变化对项目预算、进度、资源配置的影响与冲击。把握项目变化的影响和冲击是相当重要的，否则就难以做出正确的决策，做出合理的项目变更。

- 确定变更方法

三方进行协商和讨论，根据变更分析的结果，确定最优变更方案，做出项目变更时，力求在尽可能小的变动幅度内对主要因素进行微调。如果它们发生较大的变动，就意味着项目计划的彻底变更，这会使目前的工作陷入瘫痪状态。

下达变更通知书并进行变更公布。

下达变更通知书，并把变更实施方案告知有关实施部门和实施人员，为变更实施做好准备。

- 监控变更的实施

变更后的内容作为新的计划和方案，可以纳入正常的监理工作范围里，但监理工程师对变更部分的内容要密切注意，项目变更控制是一个动态的过程，在这一过程中，要记录这一变化过程，充分掌握信息，及时发现变更引起的超过估计的后果，以便及时控制和处理。

- 变更效果评估

在变更实施结束后，要对变更效果进行分析和评估。

整个变更控制流程如下图所示。

作为一名监理工程师，这个工作程序是必须熟练掌握的，而且要会灵活运用，书上给出的是原则性的工作程序，应当根据项目实施中遇到的具体情况进行灵活运用。例如在本问中，设备集成商提出了由于设备停产，需要进行型号、配置变更的申请，作为监理工程师，进行变更控制的首要任务就是了解、确认设备是否停产（对应着变更工作程序的"了解变化"这一步骤），具体的措施是要求供货商提供停产证明，这就是对变更工作流程的灵活运用。又例如，变更需要得到三方的认可，其实这个也是一个基本原则，实际上就是变更必须得到与变更相关的各方的认可，本问中就是建设单位、总监理单位、总集成单位、设备集成商四方。所以，在具体实践中，应根据项目实施中的具体情况去运用这个变更控制程序，对工作程序进行增减后运用到监理工作中。

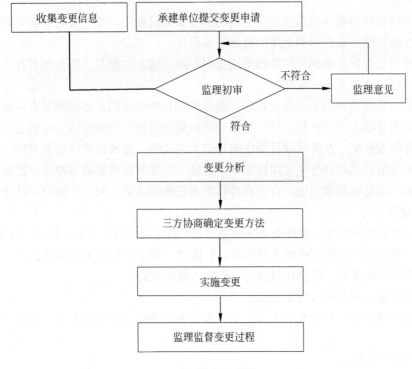

变更控制流程图

【问题 4】

其实可以把整改看成是一种特殊类型的变更，因此，可以参照上问有关如何根据实际情况运用变更工作程序去解决实际问题的方式。就本问来说，既然要整改，作为监理工程师首先应该想到要督促承建单位拿出整改方案，有了整改方案自然就需要审查是否合适，然后就是监督整改过程，最后自然是对整改结果的评估。

【问题 5】

国家电子政务"十二五"信息化规划主要发展方向或者说典型特征是：

"十二五"期间，电子政务全面支撑政务部门履行职责，满足公共服务、社会管理、市场监管和宏观调控各项政务目标的需要，促进行政体制改革和服务型政府建设的作用更加显著。

——电子政务统筹协调发展不断深化。全面推进电子政务顶层设计，符合科学发展的电子政务工作体制和机制不断完善，统筹协调能力不断提高。

——应用发展取得重大进展。县级以上政务部门主要业务基本实现电子政务覆盖，政务信息资源开发利用成效明显。政务部门主要业务信息化覆盖率，中央和省级超过

85%，地市和县区分别平均达到 70%、50%以上。

　　——政府公共服务和管理应用成效明显。县级以上政府社会管理和政务服务电子政务水平明显提高，社会管理和政务服务事项电子政务覆盖率平均达到 70%以上。县级以下街道（乡镇）和社区（行政村）的政务服务事项电子政务覆盖率分别平均达到 50%、30%以上。

　　——电子政务信息共享和业务协同取得重大突破。县级以上政府普遍开展跨地区、跨部门信息共享和业务协同，共享内容和范围不断扩大，业务协同能力不断增强。主要业务信息共享率平均达到 50%以上。

　　——电子政务技术服务能力明显加强。电子政务基础设施建设不断发展，专业技术服务水平持续提升，应用支撑服务能力明显提高。电子政务网络互联互通率平均达到 85%以上，专业技术服务机构技术服务达标率平均达到 60%以上。

　　——电子政务信息安全保障能力持续提升。县级以上地方电子政务信息安全管理制度普遍建立，信息安全基础设施不断发展，安全可靠软硬件产品应用不断加强，信息系统安全保障取得显著成绩。

　　本题的回答中说出部分内容即可，主要是考察考生是否对"国家电子政务"十二五"信息化规划"有一定的了解。

解答要点

【问题 1】

　　不能。因为既然强调敏感数据无法联网提供，没有必要修改已经批准的外部数据交换标准，只需要对该部委的数据交换方式作适当调整即可。建议的解决措施是：利用光盘或其他保密方式进行数据交换。

【问题 2】

　　（1）能够加强沟通的效率；能够降低实施成本；能够加快实施进度。

　　（2）PMO 或项目管理办公室。

【问题 3】

　　（1）要求该设备集成商提供设备停产的原厂证明文件。

　　（2）要求 A 公司分析变更申请的合理性。

　　（3）可以召集专家进行变更的分析和论证。

　　（4）联合办公室要求建设单位、总监理单位、总集成单位、设备集成商四方确认变更方案。

　　（5）跟踪监督变更过程。

　　（6）组织变更评估工作。

【问题 4】

　　（1）督促安全项目承建单位编制整改方案。

　　（2）审核整改方案。

（3）监督整改过程。

（4）评估整改结果。

【问题 5】

电子政务统筹协调发展不断深化

应用发展取得重大进展

政府公共服务和管理应用成效明显

电子政务信息共享和业务协同取得重大突破

电子政务技术服务能力明显加强

电子政务信息安全保障能力持续提升

试题二（15 分）

阅读下列说明，回答问题 1 至问题 3，将解答填入答题纸的对应栏内。

【说明】

某政府部门拟对内网进行升级改造，现计划通过公开招标方式采购一批网络设备，按照综合评分法确定最终供应商，其中投标报价部分采用最低价得最高分的原则，监理单位协助客户对招标文件进行规范性审核。

事件 1：因该部门预算相对充足，较为重视设备后续的技术支持及维保等服务，因此将价格分值比重设置为 20%。

事件 2：共 3 家投标人参与本次招标，评分如下：

投标人名称	商务得分	技术得分	报价得分	总分
A 公司	28	42	20	90
B 公司	26	44	20	90
C 公司	22	50	18	90

【问题 1】（5 分）

请简述综合评分一般需考虑哪些主要因素。

【问题 2】（5 分）

在事件 1 中，价格分值比重设置是否合理，请给出依据及理由。

【问题 3】（5 分）

根据事件 2 中的信息，请给出最终中标人，并说明原因。

试题二分析

本题的解答主要涉及的依据是财政部 18 号令《政府采购货物和服务招标投标管理办法》。

综合评分法是在最大限度地满足招标文件实质性要求前提下，按照招标文件中规定的各项因素进行综合评审后，以评标总得分最高的投标人作为中标候选供应商或者中标供应商的评标方法。

【问题 1】

参见财政部 18 号令《政府采购货物和服务招标投标管理办法》。综合评分一般需考虑的主要因素是：价格、技术、财务状况、信誉、业绩、服务、对招标文件的响应程度等。

【问题 2】

财政部 18 号令《政府采购货物和服务招标投标管理办法》综合评分法权值规定，价格所占权值：

- 货物为百分之三十至百分之六十；
- 服务为百分之十至百分之三十；
- 执行统一价格标准的服务项目，其价格不列为评分因素（限价）；
- 有特殊情况需要调整的，应当经同级人民政府财政部门批准。

本问中为货物采购，因此价格权重至少为 30%。

【问题 3】

财政部 18 号令《政府采购货物和服务招标投标管理办法》综合评分法确定中标次序的规则是：

按评审后得分由高到低顺序排列。得分相同的，按投标报价由低到高顺序排列。得分且投标报价相同的，按技术指标优劣顺序排列。

本问中，三家公司的总分相同，通过比较投标报价，C 公司被淘汰（注意表中列出的是"报价得分"而不是价格，因此得分低意味着报价高而被淘汰），在继续比较技术指标得分，可以得出 B 公司中标。

解答要点

【问题 1】

综合评分的主要因素包括价格、技术、财务状况、信誉、业绩、资质、服务、对招标文件的响应程度，以及相应的比重或者权值，等等。

【问题 2】

不合理。

理由：本项目属于货物采购，参照《政府采购货物和服务招标投标管理办法》，采用综合评分法的，货物项目的价格分值占总分值的比重（即权值）为百分之三十至百分之六十。

【问题 3】

中标人为 B 公司。

理由：采用综合评分法的，按评审后得分由高到低顺序排列。得分相同的，按投标报价由低到高顺序排列。得分且投标报价相同的，按技术指标优劣顺序排列。

试题三（15 分）

阅读下列说明，回答问题 1 至问题 3，将解答填入答题纸的对应栏内。

【说明】

建设单位甲选定监理单位丙对某应用软件开发项目实施全过程监理，承建单位乙承担项目建设任务。在项目实施过程中，发生了如下事件：

事件 1：为保证系统建设过程中文档的完整和有效，甲方要求丙方对项目各阶段应当产生的文档进行严格的把控。

事件 2：在项目实施过程中，为了确保代码质量，承建单位乙除了按合同要求对开发过程进行了有效控制外，还将测试的覆盖率由 50%提高到 60%，为此增加成本 32 万元。实施完成后，承建单位乙向监理工程师提出费用补偿的要求。

事件 3：该项目的计划工期为 1 年，预算总成本 800 万元，实施半年后的实际情况是：实际成本发生额为 200 万元，所完成工作的计划预算成本额为 100 万元。与项目预算成本比较可知：当工期过半时，项目计划成本发生额应该为 400 万元。

【问题 1】（6 分）

针对事件 1，概要设计阶段完成时应产生哪些文档？

【问题 2】（4 分）

针对事件 2，作为监理工程师，你是否同意承建单位乙的费用补偿要求，并说明理由。

【问题 3】（5 分）

针对事件 3，请列出计算公式计算项目的成本偏差 CV 和进度偏差 SV，并根据计算结果说明成本执行情况和计划完工情况。

试题三分析

【问题 1】

本题的考点主要是理清软件设计阶段需要做些什么，产出怎样的成果，即便考生只有最基本的有关软件设计开发的基础知识，至少可以答出产出成果有《概要设计说明书》、《数据库说明书》等。

在软件需求分析阶段，已经搞清楚了软件"做什么"的问题，并把这些需求通过规格说明书描述了出来，这也是目标系统的逻辑模型。进入了设计阶段，要把软件"做什么"的逻辑模型变换为"怎么做"的物理模型，即着手实现软件的需求，并将设计的结果反映在"设计规格说明书"文档中，所以软件设计是一个把软件需求转换为软件表示的过程，最初这种表示只是描述了软件的总的体系结构，称为软件概要设计或结构设计。设计中的主要任务是：

- 制订规范：制订在设计规范时应该共同遵守的标准，以便协调组内各成员的工作。
- 软件系统结构的总体设计：划分成模块的层次结构、确定每个模块的功能、确定模块间的调用关系、确定模块间的接口、评估模块划分的质量及导出模块结构的规则。
- 处理方式设计：确定为满足软件系统的性能需求所必需的算法和模块间的控制方

式（性能设计）、确定外部信号的接收发送形式（接口设计）。

- 数据结构设计：确定软件涉及的文件系统的结构，以及数据库的模式、子模式，进行数据完整性和安全性的设计。
- 可靠性设计：确定软件可靠性和其他质量指标。
- 编写概要设计阶段的文档。
- 概要设计评审：对概要设计的结果进行严格的技术审查，在技术审查通过之后再由使用部门的负责人从管理角度进行复审。

概要设计阶段产出的主要文档主要有：

（1）概要设计说明书。

（2）数据库设计说明书，主要给出所使用的 DBMS 简介、数据库的概念模型、逻辑设计、结果。

（3）用户手册，对需求分析阶段编写的用户手册进行补充。

（4）集成测试计划，对测试策略、方法、步骤提出明确要求。

（5）软件编码规范。

【问题 2】

针对事件 2 索赔要求，监理工程师不应同意其索赔要求。

因为提高软件测试的覆盖率，是承建单位为了保证工程质量而采取的技术措施，而不是合同技术规范或设计文件的要求，监理工程师也没有下达变更指令。所以这一措施造成的成本增加应由承建单位自己承担。

【问题 3】

挣值法是通过分析项目目标实施与项目目标期望之间的差异，从而判断项目实施成本、进度绩效的一种方法。挣值法通过"三个成本""两个偏差"和"两个绩效"的比较，对成本实施控制。

（1）三个成本

- 计划工作量的预算费用（BCWS），即（Budgeted Cost for Work Scheduled）。计划成本

BCWS 是指项目实施过程中某阶段计划要求完成的工作量所需的预算工时（或费用）。公式：BCWS＝计划工作量×预算定额。BCWS 主要是反映进度计划应当完成的工作量而不是反映 应消耗的工时（或费用）。

例如：某项目打算安装一台 WEB 接入服务器，预计硬件、软件、安装等计划用一周的时间，购买软硬件及请别人安装等的成本预算，批准了 3 万元。这一周的计划工作预算费用 BCWS 就是 3 万元。

- 已完成工作量的实际费用（ACWP），即（Actual Cost for Work Performed）。（实际成本）

ACWP 是指项目实施过程中某阶段实际完成的工作量所消耗的工时（或费用）。CWP

主要是反映项目执行的实际消耗指标。

例如，上例中，最后实际用了两周时间，完成了服务器的购买和安装。在第一周花 2.5 万元购买了服务器，在第二周花 0.5 万元完成了安装工作。则第一周的 ACWP=2.5 万元，第二周的 ACWP 为 0.5 万元。

- 已完工作量的预算成本（BCWP，Budgeted Cost for Work Performed），是指项目实施过程中某阶段按实际完成工作量及按预算定额计算出来的工时（或费用），即挣得值（Earned Value）。（挣值）

BCWP 的计算公式为：BCWP=已完工作量×预算定额。

例如，上例中，你认为第一周购买了服务器和软件，是完成总计划工作量的 70%，你第一周的计划成本是 3 万元。那么你第一周的挣值就是：第一周的 BCWP=70%× 3 万=2.1 万元。即你在第一周时间点上的挣值是 2.1 万元。

（2）两个偏差

- 成本偏差（CV）

CV=BCWP–ACWP 当 CV<0 时，成本超支；当 CV>0 时，成本节约。

- 进度偏差（SV）

SV=BCWP–BCWS 当 SV<0 时，进度拖后；当 SV>0 时，进度超前。

（3）两个绩效

- 成本绩效指数（CPI）

CPI=BCWP/ACWP 当 CPI<1 时，成本超支；当 CPI>1 时，成本节约。

- 进度绩效指数（SPI）

SPI=BCWP/BCWS 当 SPI<1 时，进度拖后；当 SPI>1 时，进度超前。

本题关键是根据事件 3 的描述内容，分析出三个成本然后根据公式进行计算。

根据事件 3 的描述："与项目预算成本比较可知：当工期过半时，项目计划成本发生额应该为 400 万元"，因此，BCWS=400 万元；"实施后半年实际成本发生额为 200 万元"，因此，ACWP=200 万元；"所完成工作的计划预算成本额为 100 万元"，因此 BCWP=100 万元。

解答要点

【问题 1】

（1）概要设计说明书

（2）数据库设计说明书

（3）用户手册

（4）软件编码规范

（5）集成测试计划

（其他正确内容也可以酌情给分）

【问题 2】

不同意补偿。

因为提高测试覆盖率，是承建单位为了保证工程质量而采取的技术措施，而不是合同、技术规范或设计文件的要求，监理工程师也没有下达变更指令，所以这一措施造成的成本增加应由承建单位自己承担。

【问题 3】

BCWS=400 万元，ACWP=200 万元，BCWP=100 万元

成本偏差 CV=BCWP–ACWP=100 万元–200 万元 = –100 万元

进度偏差 SV=BCWP–BCWS=100 万元–400 万元 = –300 万元

CV<0 表明本项目处于成本超支状态，SV<0 表示本项目实施落后于计划进度。

试题四（15 分）

阅读下列说明，回答问题 1 至问题 3，将解答填入答题纸的对应栏内。

【说明】

建设单位甲与承建单位乙签订了某省重点大型电子政务工程建设项目实施合同，并委托监理单位丙承担项目全过程的监理任务。合同规定项目验收包括初步验收和竣工验收两次验收过程，初步验收和竣工验收根据国家有关电子政务项目验收的要求进行。

【问题 1】（5 分）

在（1）～（5）中填写恰当内容（从候选答案中选择一个正确选项，将该选项编号填入答题纸对应栏内）。

项目建设接近完成时，按照合同要求进行初步验收。初步验收中，各工作的主要完成者是：初步验收文件资料准备由 (1) 完成；申请工程初步验收由 (2) 完成；审核初步验收申请由 (3) 完成；签署初步验收申请由 (4) 完成；组织工程初步验收由 (5) 完成。

（1）～（5）供选择的答案：

A. 建设单位　　B. 承建单位　　C. 监理单位　　D. 项目审批部门　　E. 设计单位

【问题 2】（6 分）

在（1）～（3）中填写恰当内容（从候选答案中选择一个正确选项，将该选项编号填入答题纸对应栏内）。

根据国家有关电子政务项目验收的要求，在完成项目建设任务后的 (1) 个月内，应完成建设项目的 (2) 工作和 (3) 工作。

（1）供选择的答案：

A. 3　　　　　B. 6　　　　　C. 10　　　　　D. 12

（2）、（3）供选择的答案：

A. 项目文档整理　　B. 信息安全风险评估　　C. 初步验收　　D. 财务决算

【问题 3】（4 分）

　　在应用系统的验收过程中，监理抽测发现系统的查询响应时间超标，要求承建单位进行整改。此时，承建单位告知监理：此前他们已经独自选择了一家权威的第三方测试机构对项目进行了全面测试，全部合格，并拿出了测试报告。请问，就系统的查询响应时间超标这一问题，监理应该承认第三方测试机构的测试结果吗？请说明理由。

试题四分析

【问题 1】

　　根据《国家电子政务工程建设项目管理暂行办法》规定：建设项目竣工验收一般分为初步验收和竣工验收两个阶段。

　　（1）建设项目的初步验收，由项目建设单位按照《国家电子政务工程建设项目验收工作大纲》（附件四）规定组织，并提出初步验收报告（附件 1）。

　　（2）建设项目的竣工验收，对建设规模较大或建设内容较复杂的建设项目，由项目审批部门或其组织成立的电子政务项目竣工验收委员会组织验收；建设规模较小或建设内容较简单的建设项目，项目建设单位可委托项目建设单位组织验收。

　　解答本题的要点首先应该厘清的是：初步验收涉及的主要单位有建设单位、承建单位和监理单位，然后分清楚各单位的职责，组织初步验收由建设单位来完成，这是《国家电子政务工程建设项目管理暂行办法》规定的；当然组织验收需要的文档资料、提出验收申请的工作应当由承建单位来完成；审核初步验收申请并签署监理意见当然是监理单位来完成。

　　因此，初步阶段各流程的完成者是：（1）初步验收文件资料准备由承建单位完成；（2）申请工程初步验收由承建单位完成；（3）审核初步验收申请由监理单位完成；（4）签署初步验收验收申请由监理单位完成；（5）组织初步验收由建设单位完成。

【问题 2】

　　《国家发改委 55 号令 国家电子政务工程建设项目管理暂行办法》规定国家电子政务工程建设项目建设完成半年内，项目建设单位应完成初步验收工作，并向项目审批部门提交竣工验收的申请报告。

　　因特殊原因不能按时提交竣工验收申请报告的建设项目，经项目审批部门批准，可以适当延期进行竣工验收。

　　《国家电子政务工程建设项目验收工作大纲》（附件四）规定，初步验收的任务主要是：

　　（1）建设项目承建单位完成合同任务后，向项目建设单位提交相关资料和完工报告。

　　（2）项目建设单位审查各类资料和完工报告，并依据合同进行单项验收，并形成单项或专项验收报告。建设规模大、建设内容多的建设项目，可依据合同分别进行单项验收；有特殊工艺、特殊要求的项目，项目建设单位应分别委托消防、防雷接地、机房楼板承重等具有国家资质的专业机构进行专项验收。

（3）按照国家有关信息安全风险评估工作的有关规定，由项目建设单位或相关单位组织信息安全风险评估，来验证信息系统安全措施能否实现安全目标，并提出验收项目的信息安全风险评估报告。

（4）单项或专项验收和信息安全风险评估完成后，项目建设单位对项目的工程、技术、财务和档案等进行验收，形成初步验收报告（附件 1）。

（5）初步验收合格后，项目建设单位向项目审批部门提交竣工验收申请报告，将项目建设总结、初步验收报告、有关单项或专项验收报告、信息安全风险评估报告、财务报告和审计报告等文件作为申请报告附件一并上报。

根据题目给出的选择项：正确选择应该是：根据国家有关电子政务项目验收的要求，在完成项目建设任务后的（6）个月内，应完成建设项目的（信息安全风险评估 ）工作和（初步验收）工作。

【问题 3】

教材的"质量控制""对验收中出现的质量问题进行处理"章节针对聘请第三方测试机构过程中监理单位与建设单位的作用做了详细的说明：

"对于工程中的关键性技术指标，以及有争议的质量问题，监理机构应要求承建单位出具第三方测试机构的测试报告。第三方测试机构应经建设单位和监理机构同意。"

因此，监理不应当承认承建单位独自选择一第三方测试机构给出的测试报告。

解答要点

【问题 1】

（1）B　　　（2）B　　　（3）C　　　（4）C　　　（5）A

【问题 2】

（1）B　　　（2）B　　　（3）C

【问题 2】

不承认。

理由是：聘请的第三方测试机构应经建设单位和监理机构同意。

试题五（10 分）

阅读下列说明，回答问题 1 至问题 3，将解答填入答题纸的对应栏内。

【说明】

某企业建设云计算数据中心，作为企业信息系统的运行中心、灾备中心，承载着企业的核心业务运营、信息资源服务、关键业务计算、数据存储和备份，以及确保业务连续性等重要任务。目前，该项目已由承建单位完成了建设工作，正在开展验收前的各项测试工作。为了保证云计算数据中心的各项指标确实能达到建设单位的需求和符合相关标准，建设单位要求监理单位对云计算数据中心的测试和运维管理方案进行有效的把控。

【问题 1】（4 分）

在（1）～（4）中填写恰当内容（从候选答案中选择一个正确选项，将该选项编号填入答题纸对应栏内）。

在云计算数据中心的测试中，网络测试主要包含 (1) 、 (2) 、 (3) 和 (4) 四个部分。

(1) ～ (4) 供选择的答案：

A. 连通性测试　　　B. 安全测试　　　C. 确认测试

D. 虚拟化测试　　　E. 高可靠测试　　　F. 单元测试

G. 用户测试　　　　H. 性能测试　　　　I. 云测试

【问题 2】（4 分）

规范管理数据中心是其安全、稳定运行的关键。针对数据中心的运维管理，判断下列选项的正误（填写在答题纸的对应栏内，正确的选项填写"√"，错误的选项填写"×"）：

（1）值班人员不得任意关闭设备告警，不得因私占用业务电话。　　　　　（　　）

（2）非保密技术档案与资料可以直接由值班人员携出机房。　　　　　　　（　　）

（3）交接班时因漏交或错交产生的问题，由交班人员承担责任；交接双方均未发现的问题，由接班人承担责任。　　　　　　　　　　　　　　　　　　　　（　　）

（4）机房内未经许可禁止照相。　　　　　　　　　　　　　　　　　　　（　　）

【问题 3】（2 分）

在数据中心的测试中，_____命令用于显示以太网的统计信息（从候选答案中选择一个正确选项，将该选项编号填入答题纸对应栏内）。

供选择的答案：

A. netstat -a　　　　　　　B. netstat -c

C. ping -a　　　　　　　　D. ping -c

试题五分析

【问题 1】

谈到测试首先我们至少应该想到功能测试、性能测试、安全性测试，这点是最基本的，但是给出的选项中没有功能测试，而且有四个填空项，因此还要从剩余的选项中选择两个选项。而针对云计算数据中心的测试，应该想到还应该进行虚拟化测试，对于数据中心来讲，可靠性非常重要，因此应该进行高可靠性测试。

【问题 2】

A 选项显然是对的，如果关闭了报警装置，设备出问题的时候值班人员如何能第一时间发现？如果切断和占用业务电话，用户有问题的时候就很难找到数据中心的相关人员进行及时处理。

技术档案与资料直接可由值班人员携出机房会带来安全性等一系列的问题，因此 B 选项是错误的。

交接工作是双方的事情，如果值班人员漏交，按照正常的交接程序接班人员也应该发现还有应该交代的事情没有交代。如果接班人员也忽视了漏交的问题同样也应该承担责任，因此 C 选项"因漏交或错交产生的问题，由交班人员承担责任"的说法是错误的，选项 C 错误。

对于一个数据中心来讲，如果随便说说就可以进的机房可以随意进行照相，你敢把自己的服务器放在那么？如果手续比较烦琐，你可以开心了，因为最起码他们的规章制度是完善的，别觉得麻烦，麻烦是为你负责，因此选项 D 的说法是正确的。

【问题 3】

ping 是用来检查网络是否通畅或者网络连接速度的命令。Netstat 用于显示与 IP、TCP、UDP 和 ICMP 协议相关的统计数据，一般用于检验本机各端口的网络连接情况，因此，要显示以太网的统计信息应该选择 netstat 命令。从道理上来讲，应该是 netstat -e 显示以太网的统计信息，或者 netstat -s 能够按照各个协议分别显示其统计数据，但是选项中没有 netstat -e 或者 netstat -s，而 netstat -c 每隔一个固定时间，执行该 netstat 命令，可以得到相关的信息，而 netstat -a 显示所有选项，默认不显示 LISTEN 相关，因此选择答案 netstat -c 更好。选择答案 B 正确。

解答要点

【问题 1】

（1）B　　　　（2）D　　　　（3）E　　　　（4）H

【问题 2】

（1）√　　　　（2）×　　　　（3）×　　　　（4）√

【问题 3】

B

第 9 章 2014 上半年信息系统监理师上午试题分析与解答

试题（1）

在各种系统开发方法中，系统可重用性、扩充性、维护性较好的开发方法是 (1) 。

(1) A. 原型法　　　 B. 生命周期法　　　 C. 面向对象的方法　　　 D. 增长法

试题（1）分析

1. 结构化系统开发方法（亦称"生命周期法"）

① 优点：从系统整体出发，强调在整体优化的条件下"自上而下"地分析和设计，保证了系统的整体性和目标的一致性；遵循用户至上原则；严格区分系统开发的阶段性；每一阶段的工作成果是下一阶段的依据，便于系统开发的管理和控制；文档规范化，按工程标准建立标准化的文档资料。

② 缺点：用户素质或系统分析员和管理者之间的沟通存在问题；开发周期长，难以适应环境变化；结构化程度较低的系统，在开发初期难以锁定功能要求。

③ 适用范围：主要适用于规模较大、结构化程度较高的系统的开发。

2. 原型法

① 优点：符合人们认识事物的规律，系统开发循序渐进，反复修改，确保较好的用户满意度；开发周期短，费用相对少；由于有用户的直接参与，系统更加贴近实际；易学易用，减少用户的培训时间；应变能力强。

② 缺点：不适合大规模系统的开发；开发过程管理要求高，整个开发过程要经过"修改—评价—再修改"的多次反复；用户过早看到系统原型，误认为系统就是这个模样，易使用户失去信心；开发人员易将原型取代系统分析；缺乏规范化的文档资料。

③ 适用范围：处理过程明确、简单系统；涉及面窄的小型系统。不适合于：大型、复杂系统，难以模拟；存在大量运算、逻辑性强的处理系统；管理基础工作不完善、处理过程不规范；大量批处理系统。

3. 面向对象开发方法

① 优点：

- 是一种全新的系统分析设计方法（对象、类、结构属性、方法）。
- 适用于各类信息系统的开发。
- 实现了对客观世界描述到软件结构的直接转换，大大减少后续软件开发量。
- 开发工作的重用性、继承性高，降低重复工作量。
- 缩短了开发周期。

② 缺点：

类和继承等特点使得程序会有很多指针操作来定位函数入口和自身要维护虚拟方法表等额外的工作，程序的处理效率相对要低（但程序开发效率高）。所以现在单纯的 C 语言还是大为用武之地的。 但随着科技的进步，CPU 和内存的性能也突飞猛进。由原来的 1 核到 8 核，内存 16MB 和现在的 16GB，所以程序的效率多多少少会随着硬件的性能变得更好。考生可以发现很多大的项目也开始由 C 转而变成由 C++和 Java 等面向对象来写了。

所以选择答案 C 正确。

参考答案

（1） C

试题（2）

J2EE 架构核心是一组技术规范与指南，其中访问数据库的标准接口是 (2) 。

（2）A．JSP 　　　　　B．EJB 　　　　　C．JMS 　　　　　D．JDBC

试题（2）分析

JDBC（Java Data Base Connectivity，Java 数据库连接）是一种用于执行 SQL 语句的 Java API，可以为多种关系数据库提供统一访问，它由一组用 Java 语言编写的类和接口组成。JDBC 提供了一种基准，据此可以构建更高级的工具和接口，使数据库开发人员能够编写数据库应用程序。选择答案 D 正确。

参考答案

（2） D

试题（3）

通过构造目标系统的基本需求，通过追加、完善，演化成最终系统的方法属于 (3) 范畴。

（3）A．结构化方法 　　B．面向对象方法 　　C．原型法 　　D．功能点法

试题（3）分析

原型法是指在获取一组基本的需求定义后，利用高级软件工具可视化的开发环境，快速地建立一个目标系统的最初版本，并把它交给用户试用、补充和修改，再进行新的版本开发。反复进行这个过程，直到得出系统的"精确解"，即用户满意为止的一种方法。通过题干的描述和原型法的定义可以得出选择答案 C 正确。

选择答案 C 正确。

参考答案

（3） C

试题（4）

计算机操作系统的主要功能是 (4) 。

（4）A．处理机管理、存储器管理、设备管理、文件管理

　　　B．运算器管理、控制器管理、打印机管理、磁盘管理

　　　C．硬盘管理、软盘管理、存储器管理、文件管理

D. 程序管理、文件管理、编译管理、设备管理

试题（4）分析

为了使计算机系统能协调、高效和可靠地进行工作，同时也为了给用户提供方便、友好的计算机使用环境，在计算机操作系统中，通常都设有处理器管理、存储器管理、设备管理、文件管理、作业管理等功能的模块，它们相互配合，共同完成操作系统既定的全部功能。

下面简要地介绍上述几个模块的主要功能：因此选择答案 A 正确。

另外一个角度，选项 B 中运算器管理、控制器管理是硬件系统自身的功能，所以该答案错误；选项 C 中硬盘管理、软盘管理都是设备管理的范畴，缺少处理器管理的内容，该选项错误；选项 D 中编译管理、程序管理都是应用软件管理范畴，显然也不正确，所以选择答案 A 正确。

参考答案

（4）A

试题（5）

（5）磁盘阵列存储有校验数据，可提供数据容错能力。

（5）A. RAID5　　　　B. RAID2　　　　C. RAID1　　　　D. RAID0

试题（5）分析

RAID 0：RAID 0 并不是真正的 RAID 结构，没有数据冗余。RAID 0 连续地分割数据并并行地读/写于多个磁盘上。因此具有很高的数据传输率。但 RAID 0 在提高性能的同时，并没有提供数据可靠性，如果一个磁盘失效，将影响整个数据。因此 RAID 0 不可应用于需要数据高可用性的关键应用。

RAID 1：RAID 1 通过数据镜像实现数据冗余，在两对分离的磁盘上产生互为备份的数据。RAID 1 可以提高读的性能，当原始数据繁忙时，可直接从镜像拷贝中读取数据。RAID 1 是磁盘阵列中费用最高的，但提供了最高的数据可用率。当一个磁盘失效，系统可以自动地交换到镜像磁盘上，而不需要重组失效的数据。

RAID 2：从概念上讲，RAID 2 同 RAID 3 类似，两者都是将数据条块化分布于不同的硬盘上，条块单位为位或字节。然而 RAID 2 使用称为"加重平均纠错码"的编码技术来提供错误检查及恢复。这种编码技术需要多个磁盘存放检查及恢复信，使得 RAID 2 技术实施更复杂。因此，在商业环境中很少使用。

RAID 3：不同于 RAID 2，RAID 3 使用单块磁盘存放奇偶校验信息。如果一块磁盘失效，奇偶盘及其他数据盘可以重新产生数据。如果奇偶盘失效，则不影响数据使用。RAID 3 对于大量的连续数据可提供很好的传输率，但对于随机数据，奇偶盘会成为写操作的瓶颈。

RAID 4：同 RAID 2，RAID 3 一样，RAID 4，RAID 5 也同样将数据条块化并分布于不同的磁盘上，但条块单位为块或记录。RAID 4 使用一块磁盘作为奇偶校验盘，

每次写操作都需要访问奇偶盘，成为写操作的瓶颈。在商业应用中很少使用。

RAID 5：RAID 5 没有单独指定的奇偶盘，而是交叉地存取数据及奇偶校验信息于所有磁盘上。在 RAID5 上，读/写指针可同时对阵列设备进行操作，提供了更高的数据流量。RAID 5 更适合于小数据块，随机读写的数据。RAID 3 与 RAID 5 相比，重要的区别在于 RAID 3 每进行一次数据传输，需涉及所有的阵列盘。而对于 RAID 5 来说，大部分数据传输只对一块磁盘操作，可进行并行操作。在 RAID 5 中有"写损失"，即每一次写操作，将产生四个实际的读/写操作，其中两次读旧的数据及奇偶信息，两次写新的数据及奇偶信息。

因此选择 A 正确。

参考答案

（5）A

试题（6）

　　(6)是用来实现局域网与广域网之间互联的网络设备。

（6）A．中继器或网桥　　　　　　　　B．路由器或网关

　　　C．网桥或路由器　　　　　　　　D．网桥或网关

试题（6）分析

　　网桥（Bridge）是一个局域网与另一个局域网之间建立连接的桥梁。网桥是属于网络层的一种设备，它的作用是扩展网络和通信手段，在各种传输介质中转发数据信号，扩展网络的距离，同时又有选择地将有地址的信号从一个传输介质发送到另一个传输介质，并能有效地限制两个介质系统中无关紧要的通信。网桥可分为本地网桥和远程网桥。本地网桥是指在传输介质允许长度范围内互联网络的网桥；远程网桥是指连接的距离超过网络的常规范围时使用的远程桥，通过远程桥互联的局域网将成为城域网或广域网。如果使用远程网桥，则远程桥必须成对出现。在题目中并没有指明是远程网桥，所以说网桥就是实现局域网与广域网之间互联的网络设备的手法不是完整的说法，是错误的表达，而选项 A，C，D 中都有网桥，用排除法，因此选择 B 正确。

参考答案

　　（6）B

试题（7）、（8）

　　Ethernet 采用的媒体访问控制方式为(7)，(8)是 100Base-T 使用的传输介质。

　　（7）A．CSMA/CD　　　B．CDMA　　　C．令牌总线　　　D．无竞争协议

　　（8）A．同轴电缆　　　B．光纤　　　C．双绞线　　　D．红外线

试题（7）、（8）分析

　　以太网是当今现有局域网采用的最通用的通信协议标准，组建于七十年代早期。Ethernet（以太网）是一种传输速率为 10Mbps 的常用局域网（LAN）标准。在以太网中，所有计算机被连接一条同轴电缆上，采用具有冲突检测的载波感应多处访问

（CSMA/CD）方法，采用竞争机制和总线拓扑结构。基本上，以太网由共享传输媒体，如双绞线电缆或同轴电缆和多端口集线器、网桥或交换机构成。在星型或总线型配置结构中，集线器/交换机/网桥通过电缆使得计算机、打印机和工作站彼此之间相互连接。

选择 A、C 正确。

参考答案

（7）A　（8）C

试题（9）

采用组件的优点主要是 (9) 。

（9）A. 让软件获得更高性能　　　　　B. 支持软件复用

　　　C. 让功能划分容易　　　　　　D. 为达到低内聚、高耦合的设计目标

试题（9）分析

组件（Component）是对数据和方法的简单封装。C++ Builder 中，一个组件就是一个从 TComponent 派生出来的特定对象。组件可以有自己的属性和方法。属性是组件数据的简单访问者。方法则是组件的一些简单而可见的功能。使用组件可以实现拖放式编程、快速的属性处理以及真正的面向对象的设计。组件是近代工业发展的产物，兴起于 20 世纪初，目的是功能模块化，前提是接口标准化，好处是软件复用，构成产品的各个功能组件，由更专业的厂商生产，提高了质量，降低了成本。

因此，选择答案 B 正确。

参考答案

（9）B

试题（10）

IPv6 将 32 位地址空间扩展到 (10) 位。

（10）A. 64　　　　B. 128　　　　C. 256　　　　D. 1024

试题（10）分析

IPv6 最明显的特征是它使用更大的地址。IPv6 中地址的大小是 128 位，比 IPv4 中的地址大 4 倍。32 位地址空间允许 2^{32} 个或 4,294,967,296 个可能的地址。128 位地址空间允许 2^{128} 个或 340,282,366,920,938,463,463,374,607,431,768,211,456（3.4×10^{38}）个可能的地址。

选择答案 B 正确。

参考答案

（10）B

试题（11）

关于"大数据"，错误的说法是 (11) 。

（11）A. "大数据"是继云计算、物联网之后，IT 行业又一次对生产和消费产生巨大影响的技术变革

  B.　"大数据"是指无法在一定时间内用常规软件工具对其内容进行抓取、管理和处理的数据集合

  C.　"大数据"是用来描述信息爆炸时代产生的海量数据的概念，其规模标准在几十个"TB"与几个"PB"之间的持续变化

  D.　"大数据"是信息通信技术日渐普遍和成熟的产物，是信息时代的重要标志

试题（11）分析

  大数据，是指无法在一定时间内用常规软件工具对其内容进行抓取、管理和处理的数据集合。大数据技术，是指从各种各样类型的数据中，快速获得有价值信息的能力。适用于大数据的技术，包括大规模并行处理（MPP）数据库，数据挖掘电网，分布式文件系统，分布式数据库，云计算平台，互联网，和可扩展的存储系统。

  大数据与海量数据区别数要是：满足 4V（Variety, Velocity, Volume, Value，即种类多、流量大、容量大、价值高）指标的数据称为大数据。而海量数据仅仅是指 Volume（量大）。选项 C 是海量数据的概念，在本题中选择答案 C 正确。

参考答案

  （11）C

试题（12）

  (12) 是指用户可通过 Internet 获取 IT 基础设施硬件资源。

  （12）A. SaaS   B. PaaS   C. IaaS   D. HaaS

试题（12）分析

  IaaS: Infrastructure-as-a-Service（基础设施即服务）

  IaaS 有时候也叫作 Hardware-as-a-Service，几年前如果你想在办公室或者公司的网站上运行一些企业应用，你需要去买服务器，或者别的高昂的硬件来控制本地应用，让你的业务运行起来。

  但是现在有 IaaS，你可以将硬件外包到别的地方去。IaaS 公司会提供场外服务器，存储和网络硬件，你可以租用。节省了维护成本和办公场地，公司可以在任何时候利用这些硬件来运行其应用。

  一些大的 IaaS 公司包括 Amazon, Microsoft, VMWare, Rackspace 和 Red Hat。不过这些公司又都有自己的专长，比如 Amazon 和微软给你提供的不只是 IaaS，他们还会将其计算能力出租。

  PaaS: Platform-as-a-Service（平台即服务）

  PaaS 某些时候也叫作中间件。你公司所有的开发都可以在这一层进行，节省了时间和资源。PaaS 公司在网上提供各种开发和分发应用的解决方案，比如虚拟服务器和操作系统。这节省了你在硬件上的费用，也让分散的工作室之间的合作变得更加容易。网页应用管理，应用设计，应用虚拟主机，存储，安全以及应用开发协作工具等。

SaaS: Software-as-a-Service（软件即服务）

SaaS 大多是通过网页浏览器来接入。任何一个远程服务器上的应用都可以通过网络来运行，就是 SaaS 了。

一些用作商务的 SaaS 应用包括 Citrix 的 GoToMeeting，Cisco 的 WebEx，Salesforce 的 CRM，ADP，Workday 和 SuccessFactors。

因此选择答案 C 正确。

参考答案

（12）C

试题（13）

按照采用　(13)　不同，服务器可以分为 CISC 架构、VLIW 架构和 RISC 架构 3 种类型。

（13）A．操作系统　　　　B．CPU 架构　　　　C．性能　　　　D．功能

试题（13）分析

VLIW 是英文 "Very Long Instruction Word" 的缩写，中文意思是 "超长指令集架构"，VLIW 架构采用了先进的 EPIC（清晰并行指令）设计，我们也把这种构架叫作 "IA-64 架构"。每时钟周期例如 IA-64 可运行 20 条指令，而 CISC 通常只能运行 1～3 条指令，RISC 能运行 4 条指令，可见 VLIW 要比 CISC 和 RISC 强大的多。VLIW 的最大优点是简化了处理器的结构，删除了处理器内部许多复杂的控制电路，这些电路通常是超标量芯片（CISC 和 RISC）协调并行工作时必须使用的，VLIW 的结构简单，也能够使其芯片制造成本降低，价格低廉，能耗少，而且性能也要比超标量芯片高得多。目前基于这种指令架构的微处理器主要有 Intel 的 IA-64 和 AMD 的 x86-64 两种。这些都是与服务器、CPU 相关的术语。

选择答案 B 正确。

参考答案

（13）B

试题（14）

解决网络故障问题的过程中，需要询问用户，以便了解解决问题所需的信息，这个步骤的目的是要　(14)　。

（14）A．收集信息　　　　　　　　B．界定故障现象

　　　　C．列举可能导致故障的原因　　D．排查原因

试题（14）分析

题目中已经给出了前提条件就是 "询问用户，以便了解解决问题所需的信息"，其目的不是为了收集信息而是为了解决问题，也就是为了列举可能导致故障的原因，因此选择答案 C 正确。

参考答案

（14）C

试题（15）

为了确认网络性能能够满足多媒体应用的需要，需要通过必要的网络测试工具对网络的性能进行测试。以下属于网络测试工具的是 （15） 。

（15）A. MSTest　　B. PerformaSure　　C. LoadRunner　　D. Smartbits

试题（15）分析

MS_TOOLS 是微软的一些工具；PerformaSure 是一个用于分布式 J2EE 应用的，强大的诊断工具，它是以事务为中心的。PerformaSure 使公司能够诊断并解决横跨应用服务器，数据库和 J2EE 应用代码的性能问题；LoadRunner：一种较高规模适应性的，自动负载测试工具，它能预测系统行为，优化性能，都不是网络测试工具。

而 SmartBits 是数据通信领域广泛认同的、能够对于网络及设备进行性能测试和评估分析的标准测量仪表。能帮助用户测试交换机、路由器的性能，如吞吐量、延迟、丢包等指标，更可以在一个端口中模拟上千万个网络的数量，并可以对其各自的性能进行分析，测试出不同的 QoS 下不同流量的表现。除了对交换机和路由器的基本网络设备的测试，SmartBits 还能够应用在网络安全设备、接入网设备、通信终端、ATM 设备进行测试和分析。

因此选择答案 D 正确。

参考答案

（15）D

试题（16）

关于机房工程施工中监理工作重点内容的描述，（16）是不正确的。

（16）A. 审查好承建方的工程实施组织方案，尤其要重点审查是否有保证施工质量的措施

　　　　B. 控制好施工人员的资质，坚持持证上岗

　　　　C. 为保证施工进度，应在工作整体完成后进行检测

　　　　D. 对违反《建筑智能化系统工程实施及验收规范》的做法应及时纠正

试题（16）分析

机房工程监理的主要工作及关键要点是：设计标准、建设规范和规程，这些是工程实施和工程质量评定的依据，抓好工程实施的关键环节：深化设计、工程界面、施工安装、系统调试、系统验收。管理协调工作始终贯穿其中。因此为保证施工进度，应在工作整体完成后进行检测的说法是错误的，本题选择答案 C 正确。

参考答案

（16）C

试题（17）

隐蔽工程施工中，垂直线槽布放缆线应于每间隔 (17) 处将缆线固定在缆线支架上。

(17) A．1 米　　　　B．1.5 米　　　　C．2 米　　　　D．2.5 米

试题（17）分析

参见教材第二编"金属线槽安装"一节的内容：槽内缆线应顺直，尽量不交叉，缆线不应溢出线槽，在缆线进出线槽部位、转弯处应绑扎固定。垂直线槽布放缆线应每间隔 1.5m 处固定在缆线支架上；在水平、垂直桥架和垂直线槽中敷设缆线时，应对缆线进行绑扎。4 对对绞电缆以 24 根为束，25 对或以上主干对绞电缆、光缆及其他通信电缆应根据缆线的类型、缆径、缆线芯数为束绑扎。绑扎间距不宜大于 1.5 米，扣间距应均匀、松紧适应。

本题选择答案 B 正确。

参考答案

(17) B

试题（18）

暗敷管路的敷设路由应以直线敷设为主，尽量不选弯曲路由。如暗敷管路受到客观条件限制必须弯曲时，要求其弯曲的曲率半径不应小于该管外径的 (18) 倍。

(18) A．5　　　　B．6　　　　C．7　　　　D．8

试题（18）分析

参见教材第二篇"金属线槽安装"一节的内容。

参见教材第二篇"隐蔽工程管路设计"一节的内容。暗敷管路的敷设路由应以直线敷设为主，尽量不选弯曲路由。直线敷设段落的最大长度以不超过 30m 为宜。如必须超过上述长度时，应根据实际需要在管路早间的适当位置加装接头箱（接头盒或过渡盒），以便穿放缆线时，在中间协助牵引施工。如暗敷管路受到客观条件限制必须弯曲时，要求其弯曲的曲率半径不应小于该管外径的 6 倍；如暗管外径大于 50mm 时，要求曲率半径不应小于该管外径的 10 倍。转弯的夹角角度不应小于 90°，且不应有两个以上的弯曲。如有两次弯曲时，应设法把弯曲处设在该暗管段落的两端，并要求该段落的长度不超过 15m，同时要求在这一段落内不得有 S 形弯或 U 形弯。如弯曲管的段长超过 20m时，应在该段落中装接头箱（接头盒或过渡盒）。

在设计时，暗敷管路的弯曲角度和曲率半径应尽量大些，有利于穿放缆线，不致使缆线的外护套受到损伤。

本题选择答案 B 正确。

参考答案

(18) B

试题（19）

关于 5 类双绞线的特性，下列说法错误的是 (19) 。

（19）A. 最大传输速率为 100Mbps　　　B. 节点间的最大传输距离为 100m
　　　 C. 双绞线传输信号有衰减　　　　　D. 传输过程中 8 根线都在工作

试题（19）分析

百兆网络只使用 1236 四根线，但是千兆网络就要使用八根线。但是 5 类双绞线不能用于千兆网络。因此选项 D 的说法是错误的。

本题选择答案 D 正确。

参考答案

（19）D

试题（20）

水平布线子系统也称作水平子系统，其设计范围是指_____(20)_____。

（20）A. 信息插座到楼层配线架　　　　B. 信息插座到主配线架
　　　 C. 信息插座到用户终端　　　　　D. 信息插座到服务器

试题（20）分析

水平布线子系统是指从工作区子系统（信息插座）的信息点出发，连接管理子系统的通信中间交叉配线设备的线缆部分。由于智能大厦对通信系统的要求，需要把通信系统设计成易于维护、更换和移动的配置结构，以适用通信系统及设备在未来发展的需要。水平布线子系统分布于智能大厦的各个角落，绝大部分通信电缆包括在这个子系统中。相对于垂直干线子系统而言，水平布线子系统一般安装得十分隐蔽。在智能大厦交工后，该子系统很难接近，因此更换和维护水平线缆的费用很高、技术要求也很高。如果我们经常地对水平线缆进行维护和更换的话，就会打扰大厦内用户的正常工作，严重者就要中断用户的通信系统。由此可见，水平布线子系统的管路敷设、线缆选择将成为综合布线系统中重要的组成部分。因此电气工程师应初步掌握综合布线系统的基本知识，从施工图中领悟设计者的意图，并从实用角度出发为用户着想，减少或消除日后用户对水平布线子系统的更改，这是十分重要的。

本题选择 A 正确。

参考答案

（20）A

试题（21）

入侵检测一般分为三个步骤，依次是：_____(21)_____。

①修补　　　②数据分析　　　③响应　　　④信息收集

（21）A. ④③①　　　B. ④②③　　　C. ④②①　　　D. ②③①

试题（21）分析

入侵检测过程一般分为三个步骤：信息收集、信息分析和结果处理。

信息收集：信息收集是指利用 IDS 收集系统、网络、数据及用户活动的行为和状态，并利用所知道的真正、精确而完整的软件来报告这些信息，对来自不同源的信息进行特征分析比较之后得出问题的所在。

信息分析：主要采用两种技术进行分析：模式匹配（误用）、统计分析（异常）。

模式匹配：将收集到的信息与已知的网络入侵数据库进行比较，从而发现违背安全策略的行为。该方法检测准确、效率高，但相应数据库要不断升级。

统计分析：将用户、文件、目录、设备等的访问次数、操作失败次数、延时等属性的平均值与它们的实时行为进行比较，当观测值超常则认为有入侵。该方法能发现未知、复杂入侵，但误报、漏报率高，方法推理复杂，目前处于热点研究之中。

结果处理：在发现了攻击企图或违背安全策略的网络行为时，入侵检测系统需要及时对这些网络行为进行响应。响应的行为包括：

1）告警；

2）记录：记录入侵的细节和系统的反应；

3）反应：进行响应的处理进行进一步的处理；

本题选择 A 正确。

参考答案

（21）A

试题（22）

驻留在多个网络设备上的程序在短时间内同时产生大量的请求消息冲击某 Web 服务器，导致该服务器不堪重负，无法正常响应其他用户的请求，这属于 （22） 。

（22）A．网上冲浪　　B．中间人攻击　　C．DDoS 攻击　　D．MAC 攻击

试题（22）分析

分布式拒绝服务(DDoS:Distributed Denial of Service)攻击指借助于客户/服务器技术，将多个计算机联合起来作为攻击平台，对一个或多个目标发动 DDoS 攻击，从而成倍地提高拒绝服务攻击的威力。通常，攻击者使用一个偷窃账号将 DDoS 主控程序安装在一个计算机上，在一个设定的时间主控程序将与大量代理程序通信，代理程序已经被安装在 Internet 上的许多计算机上。代理程序收到指令时就发动攻击。利用客户/服务器技术，主控程序能在几秒钟内激活成百上千次代理程序的运行。

本题选择答案 C 正确。

参考答案

（22）C

试题（23）

对工程建设监理公正性的要求，是 （23） 。

（23）A．对工程建设监理进行约束的条件

　　B．监理单位和监理工程师的基本职业道德准则

　　C．工程建设监理正常和顺利开展的基本条件

　　D．由它的维护社会公共利益和国家利益的特殊使命所决定的

试题（23）分析

参见教材第一篇，监理单位的组织建设一节：

原信息产业部正式颁布的《信息系统工程监理暂行规定》中，第十八条详细规定了监理单位的权利与义务：

- 应按照"守法、公平、公正、独立"的原则，开展信息系统工程监理工作，维护建设单位与承建单位的合法权益；
- 按照监理合同取得监理收入；
- 不承建信息系统工程；
- 不得与被监理项目的承建单位存在隶属关系和利益关系，不得作为其投资者或合伙经营者；
- 不得以任何形式侵害建设单位和承建单位的知识产权；
- 在监理过程中因违犯国家法律、法规，造成重大质量、安全事故的，应承担相应的经济责任和法律责任。

从以上的条款可以看出，一个信息系统工程监理单位的行为应该遵循以下准则：

1. 守法

这是任何一个具有民事行为能力的单位或个人最起码的行为准则，对于监理单位守法就是依法经营，其行为应遵守国家和相应地区的所有法律法规。

2. 公正

主要是指监理单位在处理建设单位与承建单位之间的矛盾和纠纷时，要做到不偏袒任何一方，是谁的责任，就由谁承担，该维护谁的权益，就维护谁的利益，决不能因为监理单位受建设单位的委托，就偏袒建设单位。

3. 独立

这是信息系统工程监理有别于其他监理的一个特点，监理单位不能参与除监理以外的与本项目有关的业务，而且，监理单位不得从事任何的具体的信息系统工程业务。也就是说，监理单位应该是完全独立于其他双方的第三方机构。

4. 科学

信息系统工程是代表高科技的工程，监理的业务活动要依据科学的方案，运用科学的手段，采取科学的方法，进行科学的总结。

5. 保密

信息系统工程是高新技术领域的工程，在工程设计和实施中会涉及大量的技术、商业、经济等秘密，监理单位有义务对其在工作范围内接触的上述信息保守秘密。

本题选择答案 B 正确。

参考答案

（23）　B

试题（24）

信息系统监理单位应在项目执行过程中坚持"独立"的行为准则，具体是指 (24) 。

（24）A. 依照国家法律法规及标准开展监理工作

　　　　B. 在纠纷处理过程中，不偏袒任何一方

　　　　C. 不参与除监理以外的与本项目有关的业务

　　　　D. 不将工作中接触到的信息透露给第三方

试题（24）分析

独立，这是信息系统工程监理有别于其他监理的一个特点，监理单位不能参与除监理以外的与本项目有关的业务，而且，监理单位不得从事任何的具体的信息系统工程业务。也就是说，监理单位应该是完全独立于其他双方的第三方机构。选择答案 C 正确。

参考答案

（24）C

试题（25）

总监理工程师代表由总监理工程师授权，可以 (25) 。

（25）A. 审定系统测试方案　　　　B. 签发工程暂停令

　　　　C. 审批工程延期　　　　　　D. 主持编写工程项目监理规划

试题（25）分析

总监理工程师代表的职责：

- 总监理工程师代表由总监理工程师授权，负责总监理工程师指定或交办的监理工作。

- 负责本项目的日常监理工作和一般性监理文件的签发。

- 总监理工程师不得将下列工作委托总监理工程师代表：

  ➢ 根据工程项目的进展情况进行监理人员的调配，调换不称职的监理人员；

  ➢ 主持编写工程项目监理规划及审批监理实施方案；

  ➢ 签发工程开工 / 复工报审表、工程暂停令、工程款支付证书、工程项目的竣工验收文件；

  ➢ 审核签认竣工结算；

  ➢ 调解建设单位和承建单位的合同争议，处理索赔，审批工程延期。

选择答案 A 正确。

参考答案

（25）A

试题（26）

(26) 是需求分析阶段研究的对象。

（26）A. 软件的功能和性能　　　　B. 软件项目的用户要求

　　　　C. 目标系统的物理模型　　　D. 目标系统的逻辑模型

试题（26）分析

需求分析阶段研究的对象是软件项目的用户要求，软件的功能和性能是用户要求的一部分，所以不会选择选项 A。

选择答案 B 正确。

参考答案

（26）B

试题（27）

监理软件质量保证工作的目标包括＿＿（27）＿＿。

①监督承建单位对软件质量保证活动做到有计划

②促进由各方及时处理软件项目开发过程中的不一致性问题

③确保所选择的软件工作产品是经过标识、受到控制并具有可用性的

④客观地验证软件产品及其活动是否遵守应用的标准、规程和需求

（27）A．①②③④　　　　B．②③④　　　　C．①②③　　　　D．①②④

试题（27）分析

软件质量保证（SQA）是建立一套有计划，有系统的方法，来向管理层保证拟定出的标准、步骤、实践和方法能够正确地被所有项目所采用。软件质量保证的目的是使软件过程对于管理人员来说是可见的。它通过对软件产品和活动进行评审和审计来验证软件是合乎标准的。软件质量保证组在项目开始时就一起参与建立计划、标准和过程。这些将使软件项目满足机构方针的要求，显然应该从一开始（需求阶段）就定义和实施，这些都是软件项目监理工作要注重的内容，"确保所选择的软件工作产品是经过标识、受到控制并具有可用性的"这句话所说是要求而不是目标。

因此选择答案 D 正确。

参考答案

（27）D

试题（28）

对于监理工作而言，软件质量保证应从＿＿（28）＿＿时开始定义和实施，一直持续到运行期。

（28）A．立项阶段　　　　B．合同签订　　　　C．需求分析　　　　D．编码阶段

试题（28）分析

软件的质量保证（QA）是实施阶段的任务，在建立的前期阶段都是招标投标和合同签订的工作，不存在软件质量保证（QA）的工作，应从实施阶段（需求分析）。

本题选择答案 C 正确。

参考答案

（28）C

试题（29）

配置管理库不包括 (29) 。

(29) A. 开发库　　　　B. 代码库　　　　C. 受控库　　　　D. 产品库

试题（29）分析

软件配置管理库包含：开发库、受控库、产品库。

选择答案 B 正确。

参考答案

(29) B

试题（30）

(30) 不是使用软件测试工具的目的。

(30) A. 帮助测试寻找问题　　　　　　B. 协助问题的诊断

　　　C. 节省测试时间　　　　　　　　D. 更好地控制缺陷提高软件质量

试题（30）分析

软件测试的目的主要是：

测试的目的是为了发现尽可能多的缺陷，不是为了说明软件中没有缺陷。

成功的测试在于发现了迄今尚未发现的缺陷。所以测试人员的职责是设计这样的测试用例，它能有效地揭示潜伏在软件里的缺陷。

软件测试本身只能发现错误，不能提高软件质量，使用软件测试工具同样不能达到这个目的。

选择答案 D 正确。

参考答案

(30) D

试题（31）

在局域网网络性能评价中，最核心的评价指标不包括 (31) 。

(31) A. 响应时间　　B. 数据量　　　C. 吞吐率　　　　D. 资源利用率

试题（31）分析

常用的网络性能评价指标如下。

1. 吞吐率（Throughput）

吞吐率是单位时间内传送通过网络的给定点的平均比特数，单位为 b/s（比特/秒）。因为数据分组可能出错，所以，当测试吞吐率时，一般只包括无差错数据分组的比特数。对整个或局部稳态网络来说，其输入和输出速率是相等的。因此，吞吐率则为进入或离开一段网络时每秒钟的平均比特数。

2. 包延迟（Latency）

包延迟反映的是网络的反应时间，是指数据分组的最后一位从到达网络的工作站到通过网络送至目的工作站所用的时间。无论是网络延迟还是由用户/工作站链路所引起的延迟，都可能超过用户-用户的响应时间。根据吞吐率，可测出网络在每秒钟处理的比特数或数据分组数的平均值。很多网络用延迟-吞吐率的关系曲线来描述网络性能。由于现在网络的复杂应用，许多应用（如音频、视频等）对延迟非常敏感。

3．丢包率（Frame Lost Rate）

丢包率反映的是网络资源的利用率，是指在正常稳定网络状态下，应该被转发由于缺少资源而没有被转发的数据包所占的百分比。丢包率的大小，显示出网络的稳定性及可靠性程度。

4．背对背（Back-to-back）

背对背是用于表示网络设备缓冲数据包能力的一个指标。网络上经常有一些应用（如 NFS、备份、路由更新等）会产生大量的突发数据包，而且这样的数据包丢失可能会产生更多的数据包，强大缓冲能力可以减小这种突发对网络造成的影响。

没有数据量的测试项，选择 B 正确。

参考答案

（31）　B

试题（32）

软件配置管理项应满足的特性不包括　(32)　。

（32）A．正确性　　　　B．完备性　　　　C．可追踪性　　　　D．实时性

试题（32）分析

软件配置管理（Software Configuration Management，SCM）是一种标识、组织和控制修改的技术。软件配置管理应用于整个软件工程过程。在软件建立时变更是不可避免的，而变更加剧了项目中软件开发者之间的混乱。SCM 活动的目标就是为了标识变更、控制变更、确保变更正确实现并向其他有关人员报告变更。从某种角度讲，SCM 是一种标识、组织和控制修改的技术，目的是使错误降为最小并最有效地提高生产效率。知道了软件配置管理的目的，采用排除法，软件配置管理必须正确、完备，具有可追踪性，而实时并不是软件配置管理所追求的目标。

选择答案 D

参考答案

（32）D

试题（33）

UML 提供了 4 种结构图用于对系统的静态方面进行可视化、详述、构造和文档化。(33)　不属于这类视图。

（33）A．对象图　　　　B．类图　　　　C．协作图　　　　D．组件图

试题（33）分析

UML 中包含 9 种图，可以将这 9 种图分为两类，一类用于结构建模，称为结构图；

一类用于行为建模，称为行为图。

1．结构图

结构图有 4 种，分别是：

（1）类图（classdiagram）

类图显示一组类、接口、协作以及它们之间的关系。类图可用于说明系统的静态设计视图。包含主动类的类图可用于说明系统的静态进程视图。

（2）对象图（objectdiagram）

UML 图中对象图显示一组对象以及它们之间的关系。对象图是类图中发现的事物的实例的数据结构和静态快照。对象图也可用于说明系统的静态设计视图和静态的进程视图，但它是从现实或原型的方面来透视的（因为是类的实例）。

（3）构件图（componentdiagram）

UML 图中构件图显示了一组构件以及他们之间的关系。构件图可用于说明系统的静态实现视图。

（4）实施图（deploymentdiagram）

UML 图中实施图显示了一组节点以及他们之间的关系。实施图可用于说明系统的静态实施视图。

这 4 种图还有一些常见的变体，例如子系统图实际就是一个类图。

2．行为图

行为图有 5 种，分别是：

（1）用况图（usecasediagram）

UML 图中用况图用于组织系统的行为，描述了一组用况和参与者以及它们之间的关系。用况图用于描述系统的静态用况视图。

（2）顺序图（sequencediagram）和协作图（collaborationdiagram）

UML 图中顺序图和协作图在语义上是等价的，它们可以互相转换。顺序图和协作图又被统称为交互图（interactiondiagram）。它们显示了一组对象和由这组对象发送和接收的消息。顺序图强调消息的时间次序，协作图强调发消息的对象的结构组织。

（3）状态图（statechartdiagram）和活动图（activitydiagram）

UML 图中状态图和活动图在语义上是等价的，它们可以互相转换。状态图用来描述一个特定的对象的所有可能的状态以及由于各种事件的发生而引起的状态之间的转移。与活动图的主要区别体现在：状态图侧重从行为的结果来描述，而活动图侧重从行为的动作来描述。活动图可能涉及多个对象，而状态图只涉及一个特定的对象。

协作图未包含上述描述的范围内，选择答案 C 正确。

参考答案

（33）C

试题（34）

　　(34) 不属于面向对象技术的基本特征。

　　(34) A. 封装性　　　　B. 模块性　　　　C. 多态性　　　　D. 继承性

试题（34）分析

　　显然模块性是结构化设计的典型特征。选择答案 B 正确。

参考答案

　　(34) B

试题（35）

　　作为软件系统验收依据的文件是软件生存周期中的 (35) 。

　　(35) A. 实施方案　　　B. 测试方案　　　C. 需求规格说明书　　　　D. 设计文档

试题（35）分析

　　选项中没有合同文件，如果有合同应该是软件系统验收依据的文件。需求规格说明书编写的目的是通过此文档，以保证业务需求提出者与需求分析人员、开发人员、测试人员及其他相关利益人对需求达成共识，因此，需求规格说明书作为软件系统验收依据的文件是合适的。

　　因此选择答案 C 正确。

参考答案

　　(35) C

试题（36）

　　某项目团队包含项目经理在内共计 11 人，团队内部的沟通渠道共计 (36) 条。

　　(36) A. 55　　　B. 44　　　C. 33　　　D. 22

试题（36）分析

　　计算公式为：沟通渠道=n(n-1)/2=55

　　选择答案 A 正确。

参考答案

　　(36) A

试题（37）

　　信息化工程建设监理过程中，被监理单位应当按照 (37) 的规定接受监理。

　　(37) A. 工程建设监理合同

　　　　　B. 工程建设合同

　　　　　C. 监理单位给被监理单位的书面通知

　　　　　D. 建设单位给被监理单位的书面通知

试题（37）分析

　　信息化工程建设监理过程中，一般是在建设单位与承建单位的工程建设合同中明确要求承建单位接受监理单位的监理，选择答案 B 正确。

参考答案

（37）B

试题（38）

分包合同发生的索赔问题，涉及总包合同中建设单位的义务和责任时，由总承包商向建设单位提出索赔，由 (38) 进行协调。

(38) A．总包项目经理　　　　　　　　B．分包项目经理

　　　C．监理工程师　　　　　　　　　D．建设单位代表

试题（38）分析

本题中给出的情景式实际上是建设单位和承建单位发生了索赔的问题，需要协调，这当然是监理工程师的责任，因此，本题选择答案 C 正确。

参考答案

（38）C

试题（39）

当专业监理工程师需要重大调整时，总监理工程师应书面通知 (39) 。

(39) A．承建单位和监理单位　　　B．建设单位质量监督机构

　　　C．质量监督机构和主管单位　　D．建设单位和承建单位

试题（39）分析

参见教材第一篇"监理项目部的组成"一节的内容，监理项目部的组织形式和规模，应根据委托监理合同规定的服务内容、服务期限、工程类别、规模、技术复杂程度、监理单位式等因素确定。监理项目部的组织机构应该精简灵活，运转高效。监理项目实行总监理工程师负责制，监理人员还应包括专业监理工程师和监理员，必要时可配备总监理工程师代表。监理工程师的专业结构应合理，数量和比例要满足监理工作的实际需要。一般来说，监理单位应于委托监理合同签订后 10 个工作日内将监理项目部的组织形式、人员构成及对总监理工程师的任命书书面通知建设单位。当总监理工程师需要调整时，监理单位应征得建设单位同意并书面通知承建单位；当专业监理工程师需要调整时，总监理工程师应书面通知建设单位和承建单位。

选择答案 D 正确。

参考答案

（39）D

试题（40）

关于监理单位的权利与义务， (40) 说法是错误的。

(40) A．监理单位应按照"守法、公平、公正、独立"的原则，开展信息系统工程监理工作，维护建设单位与承建单位的合法权益

　　　B．监理单位应按照监理合同取得监理收入

　　　C．监理单位不得与被监理项目的承建单位存在隶属关系和利益关系，不得作

为其投资者或合伙经营者

　　D. 在监理过程中，如承建单位发生质量和安全事故，监理单位无须承担责任

试题（40）分析

选项 D 在监理过程中，如承建单位发生质量和安全事故，监理单位无须承担责任这一说法存在着错误，如果监理正确的履行了自己的监理职责，当然不需要为承建单位发生的质量事故承担责任，但是如果监理工作未做到位，承建单位发生质量和安全事故，监理当然应当承担相应的责任。

选择 D 是正确答案。

参考答案

（40）D

试题（41）

信息系统工程监理行业相对于建设工程监理行业，其监理对象特点不包括 (41) 。

（41）A. 过程控制可视性强　　　　B. 信息技术水平高

　　　　C. 需求变更较为频繁　　　　D. 投资规模相对小

试题（41）分析

参见教材第一篇"信息系统工程监理与建筑工程监理之区别"一节的内容：

两者在工程方面的区别主要体现在：

1. 技术浓度

建筑工程项目属于劳动密集型；而信息系统工程项目属于技术密集型。

2. 可视性

建筑工程项目可视性、可检查性强；信息系统工程项目可视性差，而且在度量和检查方面难度较高。

3. 设计独立性

建筑工程的设计通常是由专门的设计单位承担的，或者说，建筑工程的设计单位通常不承担施工任务，而是由施工单位根据设计单位提供的设计图纸和说明书进行施工；信息系统工程的设计与实施通常是由一个系统集成商（承建单位）承担的。

建筑设计行业已存在了多年，有若干单位专门从事这一行当，但到目前为止尚不存在专门从事信息系统设计的公司和行业，也不存在不进行系统设计而专门等着别人设计好了而自己去施工以完成信息系统的公司和行业。

4. 变更性

建筑工程一旦施工开始，则投资单位一般不再对该建筑的功能需求、设计等方面提出变更，建筑工程队只需严格按设计图纸和说明书施工直至完成；而信息系统工程则不然，承建单位常常在实施过程中不断地面对"变更"问题，特别是用户需求的变更。

5. 复制成本

如果由同一套筑建设计生成 n 套建筑工程，则一般而言，其总投资（设为 TI）就应

为一套建筑工程投资（设为 i）的几倍（即 TI=ni）；而在信息系统建设中，则有 TI<ni 或 TI≤ni。所以，只要花较小甚至很小的代价，就可以将一个信息系统的软件和集成方案经过再造而成一个新的信息系统去满足类似用户的需求，从而使该信息系统的知识产权所有者蒙受重大损失。

6. 投资规模

建筑工程项目的投资规模与信息系统的投资规模不在同一数量级上，后者比前者小得多。所以，在确定监理费占整个工程项目费的比例上会遇到一定困难。

选择 A 是正确答案。

参考答案

（41）A

试题（42）

某企业与一长期合作供应商签订合同，委托其在本年度内代为采购企业所需的信息化设备，现设备费用总额尚不确定。该企业在合同中约定除向供应商支付设备购置费外，同时按购置费总和的 20%作为该供应商的服务费用。上述合同类型属于 __(42)__ 。

（42）A．总价合同　　　　　　　　B．工料合同
　　　　C．成本加奖励合同　　　　D．成本加固定费率合同

试题（42）分析

参见教材第一篇"信息系统工程合同的分类"一节的内容：

以付款方式的不同，信息系统工程合同分为总价合同、单价合同和成本加酬金合同。

1. 总价合同

又称固定价格合同。固定价格合同是指在合同中确定一个完成项目的总价，承建单位据此完成项目全部内容的合同。这种合同类型能够使建设单位在评标时易于确定报价最低的承建单位，易于进行支付计算。但这类合同仅适用于项目工作量不大且能精确计算、工期较短、技术不太复杂、风险不大的项目。因而采用这种合同类型要求建设单位必须准备详细而全面的设计方案（一般要求实施详图）和各项说明，使承建单位能准确计算项目工作量。

2. 单价合同

单价合同是承建单位在投标时按照招标文件就分部、分项项目所列出的项目工作量表确定各分部、分项项目费用的合同类型。

这类合同适用范围比较宽，其风险可以得到合理的分摊，并且能鼓励承建单位通过提高工效等手段从成本节约中提高利润。这类合同能够成立的关键在于双方对单价和项目工作量计算方法的确认，在合同履行中需要注意的问题则是双方实际项目工作量的确认。

3. 成本加酬金合同

成本加酬金合同，是建设单位向承建单位支付建设项目的实际成本，并按事先约定的某一种方式支付酬金的合同类型。在这类合同中，建设单位需承担项目实际发生的一

切费用，因此也就承担了项目的全部风险。而承建单位由于无风险，其报酬也往往较低。这类合同的缺点是建设单位对项目总价不易控制，承建单位也往往不注意降低项目成本。这类合同主要适用于需要立即开展工作的工程项目、新型的工程项目，或风险很大的工程项目。因此正确答案是 D。

参考答案

（42）D

试题（43）

在合同协议书内应明确注明开工日期、竣工日期和合同工期总日历天数。其中工期总日历天数应为__(43)__。

(43) A．招标文件要求的天数　　　　　B．投标书内承包人承诺的天数

　　　C．工程实际需要实施的天数　　　D．经政府主管部门认可的天数

试题（43）分析

选项 B "投标书内承包人承诺的天数"一定符合招标文件要求的工期天数，否则不能中标，而且承建单位投标书的工期天数有可能少于招标文件要求的工期天数。

选择答案 B 正确。

参考答案

（43）B

试题（44）

建设单位选择合适的监理单位时，监理单位为了获得监理任务，在项目监理招标阶段编制的项目监理指导性文件是__(44)__。

(44) A．监理大纲　　　B．监理规划　　　　C．监理方案　　　　D．监理细则

试题（44）分析

监理大纲是在建设单位选择合适的监理单位时，监理单位为了获得监理任务，在项目监理招标阶段编制的项目监理单位案性文件。它是监理单位参与投标时，投标书内容的重要组成部分。编制监理大纲的目的是，要使建设单位信服，采用本监理单位制定的监理单位方案，能够圆满实现建设单位的投资目标和建设意图，进而赢得竞争投标的胜利。由此可见，监理大纲的作用，是为监理单位的经营目标服务的，起着承接监理任务的作用。

本题选择答案 A 正确。

参考答案

（44）A

试题（45）

下列各种说法中，__(45)__是不正确的。

(45) A．监理规划由项目总监理工程师主持制订

　　　B．制订监理规划是开展监理工作的第一步

　　　C．监理规划是签定监理合同之前与建设方协商确定的监理文件

　　　D．监理规划是签定监理合同之后与建设方协商确定的监理文件

试题（45）分析

监理规划是在监理委托合同签订后，由监理单位制定的指导监理工作开展的纲领性文件。它起着指导监理单位规划自身的业务工作，并协调与建设单位在开展监理活动中的统一认识、统一步调、统一行动的作用。由于监理规划是在委托合同签订后编制的，监理委托关系和监理授权范围都已经很明确，工程项目特点及建设条件等资料也都比较翔实。因此，监理规划在内容和深度等方面比监理委托合同更加具体化，更加具有指导监理工作的实际价值。

本题选择答案 C 正确。

参考答案

（45）C

试题（46）

监理细则是在 (46) 制订的。

(46) A. 签订监理合同前　　　　B. 监理招标过程中
　　　 C. 开展现场监理活动前　　D. 开展监理工作过程中

试题（46）分析

参见教材第一篇建立实施细则章节的内容：监理实施细则则是在监理规划指导下，监理项目部已经建立，各项专业监理工作责任制已经落实，配备的专业监理工程师已经上岗，再由专业监理工程师根据专业项目特点、本专业技术要求所编制的具有实施性和可操作性的业务性文件。监理实施细则由各专业监理工程师负责主持编制，并报送项目总监理工程师认可批准执行。

选择答案 C 正确。

参考答案

（46）C

试题（47）

(47) 是应用系统建设过程中凸显出来的最大特点。在需求获取过程中因需求不完整、不清晰的情况，导致后续开发改动频繁，容易引发大量的质量缺陷及隐患。

(47) A. 风险　　　 B. 漏洞　　　 C. 纠纷　　　 D. 变更

试题（47）分析

"在需求获取过程中因需求不完整、不清晰的情况，导致后续开发改动频繁，容易引发大量的质量缺陷及隐患"值得是变更，已经给出了答案。

选择答案 D 正确。

参考答案

（47）D

试题（48）

以下属于工程设计阶段质量控制要点的是 (48) 。

(48) A. 审查承建单位对关键部位的测试方案
　　　 B. 协助建设单位提出工程需求方案

C. 对开发、实施材料与设备的检查

D. 协助招标公司和建设单位制定评标的评定标准

试题（48）分析

审查承建单位对关键部位的测试方案应该在涉及阶段来完成。协助建设单位提出工程需求方案实在工程前期完成的；对开发、实施材料与设备的检查是实施阶段的工作；协助招标公司和建设单位制定评标的评定标准是在前期阶段的工作内容。

因此选项 A 正确。

参考答案

（48）　A

试题（49）

工程项目质量控制是采取一系列监控措施、手段和方法，以确保项目符合（49）的质量标准的过程。

（49）A. 监理工程师规定　　　　B. 合同规定

　　　C. 政府规定　　　　　　　D. 建设单位规定

试题（49）分析

项目的质量、进度等都要满足合同的要求，而合同是不会与政府的规定、建设单位的规定相违背的。因此选择答案 B 正确。

参考答案

（49）　B

试题（50）～（52）

- 下表描述了某软件工程各项子任务之间的关系和持续时间，由此可知工程总工期为（50）天。如因某骨干员工离职，原定任务 F 由 2 天延长至 4 天，则总工期为（51）天，此时任务 E 的自由时差为（52）天。

工作代号	紧前工作	持续时间
A		2
B	A	3
C	A	1
D	B	2
E	C	3
F	C	2
G	E、F	4
H	D、G	1
I	H	4

（50）A. 13　　　B. 14　　　C. 15　　　D. 16

（51）A. 15　　　B. 16　　　C. 17　　　D. 18

（52）A. 1　　　B. 2　　　C. 3　　　D. 4

试题（50）～（52）分析

本题的关键是画出双代号网络图如下：

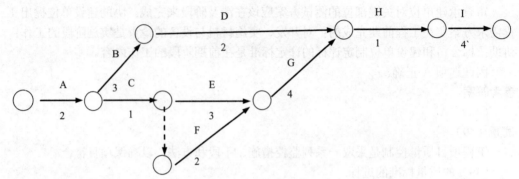

从图中可以看出，关键路径是 A—C—E—G—H—I，工期为 15 天。

原定任务 F 由 2 天延长至 4 天后，关键路径变为 A—C—F—G—H—I，工期为 16 天

此时任务 E 的自由时差是 1。

选择答案 C、B、A 正确。

参考答案

（50）C　　　　（51）B　　　　（52）A

试题（53）

质量控制工具 (53) 与 "二八定律" 揭示的原理相同。

（53）A．直方图　　　　B．散点图　　　　C．控制图　　　　D．帕累托图

试题（53）分析

帕累托图又叫排列图、主次图，是按照发生频率大小顺序绘制的直方图，表示有多少结果是由已确认类型或范畴的原因所造成。它是将出现的质量问题和质量改进项目按照重要程度依次排列而采用的一种图表。可以用来分析质量问题，确定产生质量问题的主要因素。

按等级排序的目的是指导如何采取纠正措施：项目班子应首先采取措施纠正造成最多数量缺陷的问题。从概念上说，帕累托图与帕累托法则一脉相承，该法则认为相对来说数量较少的原因往往造成绝大多数的问题或缺陷。排列图用双直角坐标系表示，左边纵坐标表示频数，右边纵坐标表示频率。分析线表示累积频率，横坐标表示影响质量的各项因素，按影响程度的大小（即出现频数多少）从左到右排列，通过对排列图的观察分析可以抓住影响质量的主要因素。帕累托法则往往称为二八原理，即百分之八十的问题是百分之二十的原因所造成的。帕累托图在项目管理中主要用来找出产生大多数问题的关键原因，用来解决大多数问题。

因此选择答案 D 正确。

参考答案

（53）D

试题（54）

监理工程师对工程项目的进度控制从审核承建单位提交的实施进度计划开始直至工程项目 (54) 为止。

(54) A．开工　　　　　　　　B．工程完工交付使用

　　　C．竣工验收　　　　　　D．质保运行维护期满

试题(54)分析

信息化工程监理分为工程招标、工程设计、工程实施、工程验收四个阶段，监理工程师对工程项目的进度控制从审核承建单位提交的实施进度计划开始直至工程项目竣工验收为止。

因此选择答案 C 正确。

参考答案

（54）　C

试题（55）

挣值法中，成本偏差 (55)　。

(55) A．为正表示成本增加，为负表示成本节约

　　　B．为正表示成本节约，为负表示成本增加

　　　C．表示成本实际值与成本计划值的偏离程度

　　　D．表示绝对偏差与相对偏差的偏离程度

试题（55）分析

挣值法中，成本偏差为正表示成本节约，为负表示成本增加。选择答案 B 正确。

参考答案

（55）B

试题（56）

在信息系统工程成本估算的工具和方法中，(56) 是专家判断的一种形式。

(56) A．累加估计　　B．类比估计　　　C．参数建模　　　D．计算工具

试题（56）分析

显然类比估计是需要大量的判断的工作，是专家判断的一种形式。

选择答案 B 正确。

参考答案

（56）B

试题（57）

在信息工程的各个过程，为了确保投资目标的实现，(57) 需要编制资金使用计划，比较实际投资额和投资控制目标之间的偏差，分析偏差产生的原因，采取有效的措施加

以控制。

  （57）A．建设单位 B．投资方 C．监理单位 D．承建单位

试题（57）分析

  编制资金使用计划，比较实际投资额和投资控制目标之间的偏差，分析偏差产生的原因，采取有效的措施加以控制必然是承建单位的事情，不可能由建设单位或者监理单位来承担。

  参见教材第一篇"施阶段成本控制"一节的内容：

  督促承建单位编制项目总费用计划，监理人员审核总费用计划的可行性，并监督其执行。对于跨年度的大型工程，还应编制年度费用计划。对应于月进度计划，承建单位应编制月度费用计划，监理人员据此进行月度费用的控制和跟踪。

  选择答案 D 正确。

参考答案

  （57）D

试题（58）

  监理工程师在遇到项目变更情况时，正确的变更控制程序是　(58)　。

  （58）A．工程变更建议书应在预计可能变更的时间之前 14 天提出

     B．承建单位向建设单位提出变更要求或建议，建设单位再要求监理工程师进行变更初审

     C．监理机构在进行变更的初审时，应首先明确界定变更的合理性

     D．最优的变更方案由监理机构分析和评估后进行确定

试题（58）分析

  参见教材"接受变更申请"一节的内容：变更申请单位向监理工程师提出变更要求或建议，提交书面工程变更建议书。工程变更建议书主要包括以下内容：变更的原因及依据；变更的内容及范围；变更引起的合同总价增加或减少；变更引起的合同工期提前或缩短；为审查所提交的附件及计算资料等。工程变更建议书应在预计可能变更的时间14 天之前提出。在特殊情况下，工程变更可不受时间的限制。

  本题选择答案 A 正确。

参考答案

  （58）A

试题（59）

  分包单位应立即执行的变更指令包括　(59)　的书面指令。

  （59）A．建设单位直接送达   B．监理工程师直接送达

     C．监理工程师代表直接送达 D．经总包单位代表确认监理工程师发布

试题（59）分析

  分包单位由总包单位领导和管理，总包单位对分包单位承担连带责任，因此，分包

单位应立即执行的变更指令一定是要由总包单位认定过的指令，选项 D 正确。

参考答案

（59）　D

试题（60）

信息系统工程建设过程中要控制需求变更。以下监理人员必须遵守的原则，错误的是（60）。

（60）A. 每个项目合同必须包括一个控制系统，通过它对项目计划、流程、预算、进度或可交付成果的变更申请进行评估

　　　　B. 变更必须获得项目各方责任人的书面批准

　　　　C. 在准备审批变更申请单前，监理工程师必须与总监理工程师商议所有提出的变更

　　　　D. 变更申请单批准以前，必须修改项目整体计划，使之反映出该项变更，并且使该变更单成为这个计划的一部分

试题（60）分析

变更没有被批准前，项目整体计划不可能去反映这个变化，更不能使该变更单成为这个计划的一部分。

选择答案 D 正确。

参考答案

（60）D

试题（61）

监理工程师对已同意承建单位覆盖的隐蔽工程质量有怀疑，指示承建单位进行剥露后的重新检验。检验结果表明该部位的施工质量满足行业规范的要求，但未达到合同约定的标准。监理工程师应判定（61）。

（61）A. 质量合格　　　　　　　　　B. 需重新修复

　　　　C. 不补偿费用但顺延合同工期　　D. 顺延合同工期并追加合同价款

试题（61）分析

承建单位施工质量满足行业规范的要求，但未达到合同约定的标准，当然属于质量不合格，必须要返工修复，选择答案 B 正确。

参考答案

（61）B

试题（62）

以下关于监理单位合同争议调解措施描述错误的是（62）。

（62）A. 及时了解合同争议的全部情况，包括进行调查和取证

　　　　B. 及时与合同争议的双方进行磋商

　　　　C. 在项目监理机构提出调解方案后，由监理工程师进行争议调解

D. 当调解未能达成一致时，总监理工程师应在实施合同规定的期限内提出处理该合同争议的意见，同时对争议做出监理决定，并将监理决定书面通知建设单位和承建单位

试题（62）分析

合同争议的调解需要第三者来实施，但调解建设单位和承建单位的合同争议是总监理工程师的职责，不能由监理工程师来处理。

选择答案 C 正确。

参考答案

（62） C

试题（63）

某单位（甲方）委托某企业（乙方）开发一款新产品，委托某监理公司（丙方）作为此项目的监理方。甲乙双方签订合同时丙方并未入场，因此合同内并未说明知识产权归属问题。当乙方开发出某一新产品，并投入生产后，甲方根据监理建议，向专利部门提交专利申请。在甲方提交专利权申请后的第五日，乙方向该专利部门提交了此产品的专利申请。按照专利法有关条款，（63）获得专利申请权。

（63）A. 甲乙方同时　　B. 甲乙方先后等到此专利权　　C. 甲方　　D. 乙方

试题（63）分析

根据《中华人民共和国专利法》第八条 两个以上单位或者个人合作完成的发明创造、一个单位或者个人接受其他单位或者个人委托所完成的发明创造，除另有协议的以外，申请专利的权利属于完成或者共同完成的单位或者个人；申请被批准后，申请的单位或者个人为专利权人。因此，乙方是受甲方的委托完成的发明创造，合同并未约定的话，申请专利的权利属于完成的单位（即乙方）；申请被批准后，申请的单位为专利权人。

因此选择答案 D 正确。

参考答案

（63）D

试题（64）

《中华人民共和国保守国家秘密法》第二章规定了国家秘密的范围和密级，国家秘密的密级分为：（64）。

（64）A. "普密"和"商密"两个级别

B. "低级"和"高级"两个级别

C. "绝密""机密""秘密"三个级别

D. "一密""二密""三密""四密"四个级别

试题（64）分析

《中华人民共和国保守国家秘密法》第二章第十条：国家秘密的密级分为绝密、机密、秘密三级。

绝密级国家秘密是最重要的国家秘密，泄露会使国家安全和利益遭受特别严重的损害；机密级国家秘密是重要的国家秘密，泄露会使国家安全和利益遭受严重的损害；秘密级国家秘密是一般的国家秘密，泄露会使国家安全和利益遭受损害。

选择答案 C 正确。

参考答案

（64）C

试题（65）

对于物理环境安全，监理单位应注意的问题，包括__（65）__。

① 硬件设施在合理的范围内是否能防止强制入侵

② 计算机设备在搬动时是否需要设备授权通行的证明

③ 智能终端是否上锁或有安全保护，以防止电路板、芯片或计算机被搬移

④ 在程序中移入木马

（65）A．①②④　　　B．②③④　　　C．①②③　　　D．①②③④

试题（65）分析

物理安全技术，通过物理机械强度标准的控制使信息系统的建筑物、机房条件及硬件设备等条件，满足信息系统的机械防护安全；通过对电力供应设备以及信息系统组件的抗电磁干扰和电磁泄露性能的选择性措施达到两个安全目的，其一是信息系统组件具有抗击外界电磁辐射或噪声干扰能力而保持正常运行，其二是控制信息系统组件电磁辐射造成的信息泄露，必要时还应从建筑物和机房条件的设计开始就采取必要措施，以使电磁辐射指标符合国家相应的安全等级要求。物理安全技术运用于物理保障环境（含系统组件的物理环境）。物理安全技术包括机房安全和设施安全。而在程序中移入木马显然不属于物理环境的范围，所以不应当选择④。

选择答案 C 正确。

参考答案

（65）C

试题（66）

建设项目监理工作中，各有关部门之间同一层次的各有关人员之间相互交流的信息属于__（66）__。

（66）A．自上而下流动信息　　　B．自下而上流动信息

　　　　C．横向流动信息　　　　　D．建设项目内部与外部环境之间流动的信息

试题（66）分析

各有关部门之间同一层次的各有关人员之间相互交流的信息显然属于横向流动。选择答案 C 正确。

参考答案

（66）C

试题（67）

依据《国家电子政务工程建设项目档案管理暂行办法》，需求变更确认文档报归档后保管期限是 (67) 。

(67) A. 10 年　　　　B. 20 年　　　　C. 30 年　　　　D. 永久

试题（67）分析

参见《国家电子政务工程建设项目档案管理暂行办法》，需求变更确认文档报归档后保管期限是 30 年。

选择答案 C 正确。

参考答案

(67) C

试题（68）

以下对监理文档内容及作用描述错误的是 (68) 。

(68) A. 在进度监理过程中，监理工程师对某一工程阶段的进度情况进行客观描述，由总监理工程师组织对进度情况进行评审和分析，并提出进度监理意见

　　　B. 在质量监理过程中，总监理工程师组织对检测情况进行评审和分析，并提出质量监理意见

　　　C. 工程监理月报由总监理工程师代表组织编写，由各相关专业监理工程师参加，对本月的工程进度、工程质量、合同管理及其他事项进行综合、分析，总结本月监理结论，并提出下月的监理计划

　　　D. 工程监理总结报告由总监理工程师组织编写，由各相关专业监理工程师参加，综合各工程月报和所有的监理资料，对工程进度、工程质量、合同管理及其他事项进行统一的综合分析，总结出整体监理结论

试题（68）分析

工程监理月报由总监理工程师组织编写，由各相关专业监理工程师参加，对本月的工程进度、工程质量、合同管理及其他事项进行综合、分析，总结出本月监理结论，并提出下月的监理计划。一般来说，监理月报应包含以下几个要素：

- 工程概况：包括本月进行的工程情况，如有工程外包，则包括相应的承包单位情况；
- 监理工作统计：统计本月的监理情况，包括监理会议、监理实施等情况；
- 工程质量控制：综合本月的质量控制情况，包括测试结论、质量事故、模块修改过程等；
- 工程进度控制：综合本月的工程进度情况，包含完成情况及分析、实际进度与计划进度的比较、纠偏实施情况、工程变更等；
- 管理协调：综合本月的合同管理、综合协调情况，包含有无新签合同、合同履行情况、合同纠纷、双方工作关系情况等；

- 监理总评价：对本月工程质量、进度、协调的各方面情况进行综合性评价，并提出存在的问题和建议；
- 下月监理计划：对下月监理工作提出计划，指导各监理工程师工作。

选择答案 C 正确。

参考答案

（68）C

试题（69）

监理实践中，工程师对核心问题有预先控制措施，凡事要有证据，体现了__（69）__原则。

（69）A. 公平　　　　　B. 科学　　　　　C. 诚信　　　　　D. 独立

试题（69）分析

监理实践中，监理工程师对核心问题采取凡事要有证据的工作方式，显然是符合科学发展的做法，选择 B 正确。

参考答案

（69）　B

试题（70）

监理单位在项目组织协调过程中，有关会议的描述错误的是__（70）__。

（70）A. 监理例会由总监理工程师组织与主持

　　　B. 监理专题会议可由总监理工程师授权的监理工程师主持

　　　C. 监理专题会议的会议纪要可由总监理工程师授权的监理工程师签认

　　　D. 应该在会后 24 小时内公布会议成果

试题（70）分析

参见教材第一篇"监理会议"一节的内容，专题会议是为解决专门问题而召开的会议，由总监理工程师或授权监理工程师主持。专题会议应认真做好会前准备，监理工程师要认真做好会议记录，并整理会议纪要，由总监理工程师签认，发给项目有关方面。专题会议通常包括技术讨论会、现场（项目组织）协调会、紧急事件协调会和技术（或方案）评审会等。

选择答案 C 正确。

参考答案

（70）　C

试题（71）

The stages within the development phase of the software life cycle are __（71）__.

（71）A. design, analysis, implementation, and testing

　　　B. analysis, design, implementation, and testing

　　　C. analysis, design, testing, and implementation

D. design, analysis, testing, and implementation

试题（71）分析

本题的含义是：软件生命周期中开发的各个步骤，正确的是：分析、设计、实现和测试。

选择答案 B 正确。

参考答案

（71）　B

试题（72）

Which type of the backup process backs up files that have been modified since the last time all data was backed up? （72）.

（72）A．Incremental backup　　　　B．Full backup

　　　　C．Partial backup　　　　　　D．Differential backup

试题（72）分析

本题的含义是，上次所有数据都被备份后，备份上一次的完全备份后，发生变化的所有文件是哪种类型的备份？

备份的方式：

完全备份（Full backup）

备份全部选中的文件夹，并不依赖文件的存档属性来确定备份哪些文件（在备份过程中，任何现有的标记都被清除，每个文件都被标记为已备份，换言之，清除存档属性）。

差异（差分）备份（Differential backup）

差异备份是针对完全备份：备份上一次的完全备份后发生变化的所有文件（差异备份过程中，只备份有标记的那些选中的文件和文件夹。它不清除标记，即：备份后不标记为已备份文件，换言之，不清除存档属性）。

增量备份（Incremental backup）

增量备份是针对于上一次备份（无论是哪种备份）：备份上一次备份后，所有发生变化的文件。（增量备份过程中，只备份有标记的选中的文件和文件夹，它清除标记，即：备份后标记文件，换言之，清除存档属性。）

没有 Partial backup 这样的备份方式，是干扰项。

选择答案 D 确。

参考答案

（72）　D

试题（73）

"Cost of quality" is a project management concept that includes cost of 　(73)　.

（73）A．exceeding requirements　　　　B．changes to the requirements

　　　　C．ensuring conformance to requirements　　D．the quality control requirements

试题（73）分析

本题的含义是："质量成本"是一个项目管理概念，它包括下列哪项所需的成本？

A. 超过要求 　　　 B. 要求变更 　　　 C. 保证符合要求 　　　 D. 质量控制要求

选择答案 C 正确。

参考答案

（73） C

试题（74）

All the following are root-cause analysis techniques used in quality management except
（74）　．

（74）A. fishbone diagrams 　　　　　　　 B. Ishikawa diagrams

　　　　 C. system or process flowcharts 　　　 D. checklists

试题（74）分析

本题的含义是：

以下哪项不属于质量管理中使用的根原因分析技术？

A. 鱼骨图 　　　　　　　　　　　　 B. Ishikawa 图

C. 系统或过程流程图 　　　　　　　 D. 检查清单

选择答案 D 正确。

参考答案

（74）D

试题（75）

Which of the following represents the estimated value of the work actually accomplished?
（75）．

（75）A. AC 　　　 B. CV 　　　 C. PV 　　　 D. EV

试题（75）分析

本题的含义是：以下哪项表示工作实际完成的估算值？

显然选择答案 D 正确。

参考答案

（75） D

第10章 2014上半年信息系统监理师下午试题分析与解答

试题一（20分）

阅读下列说明，回答问题1至问题4，将解答填入答题纸的对应栏内。

【说明】

某电子商务工程建设项目，建设单位甲分别与承建单位乙、监理单位丙签订了项目承建合同和监理合同，在项目实施过程中发生了如下事件：

【事件1】在项目核心模块开发过程中，交易模块的开发和测试基本完成后，监理工程师发现在设计要求的运行环境下，模块的功能操作反应迟缓，信息查询时间长，怀疑其性能存在问题。设计要求系统能够支持3万用户的并发交易，信息查询响应时间不超过5秒。于是要求承建单位出示交易模块性能的测试资料和其他证明材料。承建单位向监理机构出示其对交易模块的性能测试计划、用例和测试结果，表明交易模块的负载能力和响应时间全部达到或超过项目的设计要求，其中查询的响应时间最快达到2秒。

【事件2】面对交易模块性能测试未达标的结果，承建单位承认他所提交的性能测试结果不是在运行环境下进行测试的，而是在实验室内高配的环境下进行测试的结果。

【事件3】为了加强开发过程监理的质量控制力度，建设单位就如何进行质量控制对监理进行了质询：①开发质量控制的监理过程包括哪些方面；②应采取哪些质量控制手段。

【事件4】在后续的监理工作中，监理单位加强以抽查的方式监控承建单位的开发行为。为此监理机构要求承建单位的开发和测试人员在监理进行抽查时，必须暂时停止开发或者测试工作，全力配合监理工作，以便保证抽查的效果。

【问题1】（6分）

在事件1中，作为监理工程师应如何判断承建单位开发的交易模块的性能是否达到了要求。

【问题2】（5分）

根据事件2，请回答对于这起质量事故，（1）承建单位应承担什么责任；（2）监理机构的监理工作有何错误。

【问题3】（5分）

在事件3中，请你回答建设单位提出的两个问题。

【问题4】（4分）

针对事件4，监理的做法恰当吗？如果恰当，请给出理由。如果不恰当，请给出监理和承建单位的正确做法。

试题一分析
【问题 1】

参见教材第三篇"测试质量控制"章节的内容：测试的最终目的是确保最终交给用户的产品的功能符合用户的需求，把尽可能多的问题在产品交给用户之前发现并改正，监理单位对测试质量控制的目的就是促使测试人员按照国家标准实施测试工作，以达到最终的测试目的。主要监理过程如下。

- 系统承建单位或外部测试方按合同规定和进度计划提交测试计划和测试规范。
- 监理工程师按照有关国家标准审查提交的测试计划和测试规范，并提出审查意见。
- 必要时，总监理工程师组织专家进行评审，提出评审意见和建议。
- 监理单位与业主和承建单位共同探讨，最终确定可行的测试方案。
- 承建单位或外部测试方根据最终确定的测试方案实施测试，监理工程师对测试过程进行抽查。
- 测试结束后承建单位或外部测试方提交测试问题单和测试报告。
- 监理工程师对测试问题单及测试报告进行审查，如有疑点可进行抽检。
- 承建单位对测试问题进行修改并回归测试通过后，再次提交给监理单位。
- 监理单位对回归测试的过程、结果进行确认，并决定测试是否完成。

参见教材第一篇"测试质量控制"章节的内容：对于工程中的关键性技术指标，以及有争议的质量问题，监理机构应要求承建单位出具第三方测试机构的测试报告。第三方测试机构应经建设单位和监理机构同意。

本项目中，在项目核心模块开发过程中，交易模块的开发和测试基本完成后，监理工程师发现在设计要求的运行环境下，模块的功能操作反应迟缓，信息查询时间长，怀疑其性能存在质量问题，设计要求系统能够支持 3 万用户的并发交易，信息查询响应时间不超过 5 秒。出现了这样的情况后，承建单位向监理机构出示其对交易模块的性能测试计划、用例和测试结果，表明交易模块的负载能力和响应时间全部达到或超过项目的设计要求，其中查询的响应时间最快达到 2 秒。问题是这已经是事后提供的材料，过程没有建立的监督或者抽查，显然建立不能够仅仅根据承建单位提供的测试计划、用例和结果等就认可不存在性能问题。

监利可以采取几种方式来处理这个问题：

1. 在有承建单位在场的情况下组织自身检测（测试）力量进行抽测。
2. 聘请有权威性的第三方测试机构（费用由责任方承担）进行测试。
3. 承建单位在监理机构的监督下，对交易模块进行性能测试，取得性能的数据，进行分析鉴定。

【问题 2】

（1）这个质量事故是由于承建单位性能测试不是按照设计要求的运行环境进行的，

而是在实验室内高配的环境下进行的。因此，承建单位应承担工程质量责任，承担返工处理的一切有关费用和工期损失责任。

（2）对于监理机构来说，也存在着一定的错误，主要是未能认真、严格地对承建单位的测试过程进行监督、控制。

【问题 3】

参见教材第三篇"开发质量控制"章节的内容：开发质量主要指软件开发过程的质量。承建单位必须制订软件质量保证计划，确立质量体系，保证开发的质量。监理工程师要对承建单位的软件质量保证计划和执行情况进行监理。另外，监理单位还对承建单位的开发过程进行抽查，促使其开发行为按照软件工程的基本步骤规范地进行，促进最终软件产品质量的提高。监理过程包含两个方面，对系统承建单位的质量保证管理体系进行评审，对承建单位的开发过程和开发行为进行监控。

评审质量保证体系：

- 系统承建单位按合同规定日期提交《系统软件质量保证计划》，对自身的质量保证管理体系进行说明。
- 质量监理组组织监理工程师根据合同及有关标准审查《系统软件质量保证计划》。
- 质量监理组提出审查意见。
- 必要时，总监理工程师组织专家进行评审，提出评审意见。
- 监理单位与业主和承建单位共同探讨，提出建议。
- 承建单位根据评审意见和建议完善自身的质量保证体系，并再次提交监理单位。
- 监理单位再次审查，并向业主提交最终评审意见，业主根据评审意见对承建单位工作做出整改决定。

监控开发过程：

- 以《系统软件质量保证计划》为依据，检查开发方是否按照计划正常进行日常开发行为的质量保证。
- 按照需求说明书、设计说明书及有关国家标准抽检开发过程的不同阶段的开发工作，以确定开发方是否按照设计说明书和有关国家标准实施开发工作。
- 以抽查的方式监控开发方的开发行为，监理单位的监理行为必须在不影响开发方的日常开发的前提下进行，开方人员也应该对监理单位的监理行为予以配合。
- 监理工程师把上述监理工作予以记录，形成监理记录，并对问题或隐患提出监理意见。
- 总监理工程师对监理工程师的原始监理资料和监理意见进行审查，并根据情况确定专项监理任务进行专项监理，并向业主提交专项监理报告。业主根据监理报告对承建单位工作做出整改决定。

参见教材第一篇"质量控制手段"章节的内容：质量控制的手段主要有评审、测试、旁站、抽查四种方式。

【问题 4】

参见教材第三篇"开发质量控制"章节的内容：以抽查的方式监控开发方的开发行为，监理单位的监理行为必须在不影响开发方的日常开发的前提下进行，开发人员也应该对监理单位的监理行为予以配合。

因此，针对事件 4，监理的做法不恰当。

试题一解答要点

【问题 1】

作为监理工程师为了准确判断交易模块的性能是否合格，应当在有承建单位在场的情况下组织自身检测（测试）（或由权威性的第三方测试机构），或是承建单位在监理机构的监督下，按照设计要求对交易模块进行性能测试，取得性能的数据，进行分析鉴定。

【问题 2】

（1）应承担工程质量责任，承担返工处理的一切有关费用和工期损失责任。

（2）监理的错误是：未能认真、严格地对承建单位的测试过程进行监督、控制。

【问题 3】

（1）监理过程包含两个方面，对承建单位的质量保证管理体系进行评审，对承建单位的开发过程和开发行为进行监控。

（2）可以采用评审、测试、旁站、抽查的方式进行质量控制。

【问题 4】

不恰当。正确的做法是：以抽查的方式监控承建单位的开发行为，监理机构的监理行为必须在不影响开发方的日常开发的前提下进行，承建单位人员也应该对监理机构的监理行为予以配合。

试题二（15 分）

阅读下列说明，回答问题 1 至问题 3，将解答填入答题纸的对应栏内。

【说明】

某市级政府部门拟采购便携式笔记本，采购预算 30 万元；专业定制的数据采集设备，预算 90 万元；软件应用系统，开发预算 110 万元。现就上述内容的招标方式向监理单位进行咨询。

【事件 1】监理工程师查询当地财政采购政策后发现：当地发布的公开招标数额标准为单项或批量采购金额一次性达到 100 万元以上（含 100 万元）；公开的政府采购目录中包含便携式笔记本电脑；为规范采购行为，提高采购效率，特殊采购项目可参考《政府采购非招标采购方式管理办法》执行。

【事件 2】软件应用系统项目开标当天，无任何一家单位前来参与，导致该项目流标。

【问题 1】（6 分）

根据事件 1，请给出题目说明中三项采购项目适用的采购方式并说明理由。

【问题 2】（5 分）

根据事件 2，请问是否可变更采购方式。如可以，请说明变更后的采购方式及原因；如不可以，请说明理由并给出下一步工作内容。

【问题 3】（4 分）

请简述招标阶段监理工作重点。

试题二分析

【问题 1】

题目中已经部分给出了可以参照的标准，"当地发布的公开招标数额标准为单项或批量采购金额一次性达到 100 万元以上（含 100 万元）；公开的政府采购目录中包含便携式笔记本电脑；为规范采购行为，提高采购效率，特殊采购项目可参考《政府采购非招标采购方式管理办法》执行。"首先按照给出的标准进行比较，看看哪项采购项目适用。

（1）便携式笔记本，采购预算 30 万元＜100 万元，并在政府采购目录中，可以采用协议供货或集中采购方式。

（2）专业定制的数据采集设备，虽然采购预算 90 万元＜100 万元，但是不在政府采购目录中，因此不能采用协议供货或集中采购方式。必须寻找别的方式。

财政部部令第 74 号《政府采购非招标采购方式管理办法》第三条　采购人、采购代理机构采购以下货物、工程和服务之一的，可以采用竞争性谈判、单一来源采购方式采购；采购货物的，还可以采用询价采购方式：

（一）依法制定的集中采购目录以内，且未达到公开招标数额标准的货物、服务；

（二）依法制定的集中采购目录以外、采购限额标准以上，且未达到公开招标数额标准的货物、服务；

（三）达到公开招标数额标准、经批准采用非公开招标方式的货物、服务；

（四）按照招标投标法及其实施条例必须进行招标的工程建设项目以外的政府采购工程。

因此，专业定制的数据采集设备可以采用竞争性谈判、单一来源采购方式。

（3）软件应用系统，开发预算 110 万元＞100 万元，应该采用公考招标方式进行采购。

【问题 2】

财政部 74 号令《政府采购非招标采购方式管理办法》第二十七条　符合下列情形之一的采购项目，可以采用竞争性谈判方式采购：

（一）招标后没有供应商投标或者没有合格标的，或者重新招标未能成立的；

（二）技术复杂或者性质特殊，不能确定详细规格或者具体要求的；

（三）非采购人所能预见的原因或者非采购人拖延造成采用招标所需时间不能满足用户紧急需要的；

（四）因艺术品采购、专利、专有技术或者服务的时间、数量事先不能确定等原因不能事先计算出价格总额的。

公开招标的货物、服务采购项目，招标过程中提交投标文件或者经评审实质性响应招标文件要求的供应商只有两家时，采购人、采购代理机构按照本办法第四条经本级财政部门批准后可以与该两家供应商进行竞争性谈判采购，采购人、采购代理机构应当根据招标文件中的采购需求编制谈判文件，成立谈判小组，由谈判小组对谈判文件进行确认。符合本款情形的，本办法第三十三条、第三十五条中规定的供应商最低数量可以为两家。

第四条　达到公开招标数额标准的货物、服务采购项目，拟采用非招标采购方式的，采购人应当在采购活动开始前，报经主管预算单位同意后，向设区的市、自治州以上人民政府财政部门申请批准。

因此，可以变更。变更采购方式为竞争性谈判。

【问题 3】

参见教材第一篇"招投标过程的质量控制"章节内容：

信息工程的招标一般由建设单位、监理单位、招标公司、专家、纪检或者公证部门参加，监理单位在招投标阶段质量控制的注意要点有：

- 协助建设单位提出工程需求方案，确定工程的整体质量目标。
- 参与标书的编制，并对工程的技术和质量、验收准则、投标单位资格等可能对工程质量有影响的因素明确提出要求。
- 协助招标公司和建设单位制定评标的评定标准。
- 对项目的招标文件进行审核，对招标书涉及的商务内容和技术内容进行确认。
- 监理在协助评标时，应对投标单位标书中的质量控制计划进行审查，提出监理意见。
- 对招标过程进行监控，如招标过程是否存在不公正的现象等问题。
- 协助建设单位与中标单位洽商并签订工程合同，在合同中要对工程质量目标提出明确的要求。

结合工作的实际情况，梳理出几条作为答案即可。

试题二解答要点

【问题 1】

（1）便携式笔记本电脑：采用协议供货或集中采购方式，便携式笔记本电脑在当地政府公开的政府采购目录中，因其金额较小，属规定限额内，故采用协议供货或集中采购方式。

（2）专业定制的数据采集设备：采用竞争性谈判（或单一来源）方式，根据《政府采购非招标采购方式管理办法》，依法制定的集中采购目录以外、采购限额标准以上，且未达到公开招标数额标准的货物、服务，可以采用竞争性谈判、单一来源采购方式采购。

（3）软件应用系统：采用公开招标，因软件开发已达到公开招标限额。

【问题 2】

可以变更。

变更采购方式为竞争性谈判。

原因：满足竞争性谈判的适用条件（依据 2013 年底《政府采购非招标采购方式管理办法》），招标后没有供应商投标或者没有合格标的。

【问题 3】

（1）协助客户编写招标文件及评标办法。

（2）协助客户审查投标人资质（资格预审，如有）。

（3）协助客户对招标期间的质疑进行澄清。

（4）协助客户组织现场踏勘或召开标前会。

（5）监督开标过程。

（6）参与合同谈判。

试题三（15 分）

阅读下列说明，回答问题 1 至问题 3，将解答填入答题纸的对应栏内。

【说明】

某政府部门拟对网络进行升级改造，建设单位通过招标选择了一具有相应资质的监理单位承担项目监理工作，现计划通过公开招标方式选择承建单位，监理单位协助建设单位对招标过程进行监理。

【事件 1】 为了做好项目招标阶段的监理工作，总监理工程师召集监理工程师收集、学习项目招标有关的法律法规。

【事件 2】 在项目公开招标中，有 A、B、C、D、E、F、G、H 等承建单位投标。评标时发现，B 承建单位投标报价明显低于其他投标单位报价且未能合理说明理由；D 承建单位投标报价大写金额小于小写金额；F 承建单位投标文件提供的检验标准和方法不符合招标文件的要求；H 承建单位投标文件中某分项工程的报价有个别漏项；其他承建单位的投标文件均符合招标文件要求。招标最终确定 G 承建单位中标并与建设单位签订了实施合同。

【事件 3】 项目启动后，进入了实施设计阶段，该阶段时间紧、任务繁重，为保证设计人员将精力投入到技术方案设计中，监理抽调资深的监理工程师帮助承建单位编写了项目总进度计划并及时对技术方案中的信息安全保障措施进行了审核。

【问题 1】（2 分）

针对事件 1，请指出应重点学习的国家法律有哪些。

【问题 2】（8 分）

针对事件 2，判别 B、D、F、H 四家承建单位的投标是否为有效标?说明理由。

【问题 3】（5 分）

针对事件 3 中的信息，请回答：

（1）监理的做法正确吗？请给出理由。

（2）制定总体进度计划时，工期依据的是哪份文件？

试题三分析

【问题 1】

与招标投标相关的法律法规有很多，最重要的就是《中华人民共和国招标投标法》、《中华人民共和国政府采购法》。除此之外还有：政府采购货物和服务招标投标管理办法、工程建设项目招标范围和规模标准规定、工程建设项目货物招标投标办法、工程项目施工招标投标办法、机电产品国际招标投标实施办法、政府采购信息公告管理办法 、政府采购非招标采购方式管理办法等等。

【问题 2】

这个问题涉及标书是否有效、是否存在偏差以及偏差的处理。要根据《评标委员会和评标方法暂行规定》中的相关条款来回答。

第 25 条：投标文件提供的检验标准和方法不符合招标文件的要求，属于重大偏差，为未能对招标文件作出实质性响应，按废标处理。所以，F 的投标无效。

第 21 条：在评标过程中，评标委员会发现投标人的报价明显低于其他投标报价或者在设有标底时明显低于标底，使得其投标报价可能低于其个别成本的，应当要求该投标人作出书面说明并提供相关证明材料。投标人不能合理说明或者不能提供相关证明材料的，由评标委员会认定该投标人以低于成本报价竞标，其投标应作废标处理。从这一条看，B 单位的投标无效。

第 19 条：评标委员会可以书面方式要求投标人对投标文件中有明显文字和计算错误的内容作必要的澄清、说明或者补正。澄清、说明或者补正应以书面方式进行并不得超出投标文件的范围或者改变投标文件的实质性内容。投标文件中的大写金额和小写金额不一致的，以大写金额为准。从这一点来看，D 单位的投标有效。

第 26 条：细微偏差是指投标文件在实质上响应招标文件要求，但在个别地方存在漏项或者提供了不完整的技术信息和数据等情况，并且补正这些遗漏或者不完整不会对其他投标人造成不公平的结果。细微偏差不影响投标文件的有效性。显然，H 单位的标书属于这种情况，因此 H 单位的标书有效。

【问题 3】

很显然，编制总体进度计划是承建单位的事情，是不可以由建设单位或者监理单位来替代的，监理抽调资深的监理工程师帮助承建单位编写了项目总进度计划。

实施合同中一定有实施工期方面的条款，而且这个条款一定是符合招标文件要求和投标文件相应的。

试题三解答要点

【问题 1】

《中华人民共和国招标投标法》《中华人民共和国政府采购法》。

【问题 2】

B 的投标不是有效标，低于成本。

D 的投标是有效标，无重大偏差。

F 的投标不是有效标，根据有关法律，技术规格和技术标准有重大偏差的标书应废标。

H 的投标是有效标，无实质性偏差。

【问题 3】

（1）监理的做法不正确。编写总体进度计划是承建单位的工作，监理的工作只能是审核总体进度计划。

（2）依据的文件是实施合同。

试题四（15 分）

阅读下列说明，回答问题 1 至问题 3，将解答填入答题纸的对应栏内。

【说明】

某行业协会组织开发了一套信息系统，准备完成系统终验后即在地方协会部署，为保证部署效果，招入第三方监理机构和测试机构对系统最终验收工作提供咨询和服务。

【事件 1】协会要求第三方测试机构测试通过后，由监理机构针对第三方测试给出监理意见。

【事件 2】协会要求监理机构开展地方协会部署过程的监理工作，并要求监理机构出具相关监理方案。

【事件 3】协会要求监理机构提供验收工作的咨询意见，协助编制验收工作方案。

【问题 1】（3 分）

针对事件 1，请指出监理机构的监理意见主要包括哪些内容。

【问题 2】（6 分）

针对事件 2，如果你作为该项目的总监，你认为本项目监理工作开展的主要难点是什么，最妥当的解决办法包括哪些？

【问题 3】（6 分）

在事件 3 中，请给出一般信息系统验收的工作步骤。

试题四分析

【问题 1】

参见教材第一篇：

对工程质量有重大影响的软硬件，应审核承建单位提供的技术性能报告或者权威的第三方测试报告，凡不符合质量要求的设备及配件、系统集成成果、网络接入产品、计算机整机与配件等不能使用。

在软件开发项目中，在重要的里程碑阶段或者验收阶段，一般要请专业的第三方测试机构对项目进行全面的测试，监理单位的主要工作包括：

- 协助建设单位选择权威的第三方测试机构，一般要审查第三方测试机构的资质、测试经验以及承担该项目测试工程师情况。
- 对第三方测试机构提交的测试计划进行确认。
- 协调承建单位、建设单位以及第三方测试机构的工作关系，并为第三方测试机构的工作提供必要的帮助。
- 对测试问题和测试结果进行评估。

【问题 2】

从这个题目提干给出的情况来看，这个项目的主要难点在于系统要在地方协会部署，实施的范围广，各地情况也有差异。因此，做好试点是解决这个难点的办法之一，除此之外，制定工作标准程序；完善工作流程；全面推广结合监理巡检的方式都是解决这个难点的方式。

【问题 3】

教材第三篇：验收工作步骤如下：

（1）提出验收申请；

（2）制定验收计划；

（3）成立验收委员会；

（4）进行验收测试和配置审计；

（5）进行验收评审；

（6）形成验收报告；

（7）移交产品。

试题四解答要点

【问题 1】

（1）测试手段和流程。

（2）测试结果与预期指标（合同指标）进行分析比较。

（3）第三方测试机构的资质。

【问题 2】

最大的难点是：多节点实施的监理工作。

最妥当的解决办法是：制定工作标准程序；进行试点验证；完善工作流程；全面推广结合监理巡检的方式解决该问题。

【问题 3】

（1）提出验收申请。

（2）制定验收计划。

（3）成立验收委员会。

（4）进行验收测试和配置审核。

（5）进行验收评审。

（6）形成验收报告。

（7）移交产品。

试题五（10 分）

阅读下列说明，回答问题 1 至问题 3，将解答填入答题纸的对应栏内。

【说明】

某部门建设云计算数据中心，该数据中心作为部门信息系统的运行中心、灾备中心，承载着部门核心业务运营、信息资源服务、关键业务计算、数据存储和备份，以及确保业务连续性等重要任务。为做到心中有数，建设单位就数据中心的性能测试以及信息安全等方面的问题向监理做了一些询问。

【问题 1】（4 分）

在（1）～（4）中填写恰当内容（从候选答案中选择一个正确选项，将该选项编号填入答题纸对应栏内）。

在云计算数据中心的测试中，网络测试常见的关键性能指标包括 (1) 、 (2) 、 (3) 和 (4) 四个部分。

（1）～（4）供选择的答案：

A. 衰减串扰比（ACR）　　B. 新建速率（CPS）　　C. 响应时间（ResponseTime）

D. 吞吐量（GoodPut）　　E. 近端串扰（NEXT）　F. 并发数（CC）

【问题 2】（2 分）

在（1）～（2）中填写恰当内容（从候选答案中选择一个正确选项，将该选项编号填入答题纸对应栏内）。

我国制定实行的信息安全等级分为五级，它们是：第一级，用户自主保护级；第二级， (1) ；第三级，安全标记保护级；第四级，结构化保护级；第五级， (2) 。

（1）～（2）供选择的答案：

A. 用户身份保护级　　　　B. 系统审计保护级

C. 系统性保护级　　　　　D. 访问验证保护级

【问题 3】（4 分）

在（1）～（2）中填写恰当内容（从候选答案中选择一个正确选项，将该选项编号填入答题纸对应栏内）。

在进行云数据平台负载压力测试时，针对某个业务高峰期进行的模拟测试，我们称之为 (1) ；针对多个用户同时在线数据的测试，我们称之为 (2) 。

（1）～（2）供选择的答案：

A. 并发测试　　B. 大数据量测试　　C. 边界值分析测试　　D. 疲劳强度测试

试题五分析

【问题 1】

采用排除法，衰减串扰比（ACR）和近端串扰（NEXT）都是线缆的测试指标，而题目中给出的是"云计算数据中心的测试中，网络测试常见的关键性能指标"，不会进行线缆方面的测试，这两个指标不再测试范围之内。选择 B 、C 、D 、F 正确。

【问题 2】

信息安全等级保护是对信息和信息载体按照重要性等级分级别进行保护的一种工作，在中国、美国等很多国家都存在的一种信息安全领域的工作。在中国，信息安全等级保护广义上为涉及该工作的标准、产品、系统、信息等均依据等级保护思想的安全工作；狭义上称为的一般指信息系统安全等级保护，指对国家安全、法人和其他组织及公民的专有信息以及公开信息和存储、传输、处理这些信息的信息系统分等级实行安全保护，对信息系统中使用的信息安全产品实行按等级管理，对信息系统中发生的信息安全事件分等级响应、处置的综合性工作。

《信息安全等级保护信息安全等级保护管理办法》规定，国家信息安全等级保护坚持自主定级、自主保护的原则。信息系统的安全保护等级应当根据信息系统在国家安全、经济建设、社会生活中的重要程度，信息系统遭到破坏后对国家安全、社会秩序、公共利益以及公民、法人和其他组织的合法权益的危害程度等因素确定。

信息系统的安全保护等级分为以下五级：

第一级，信息系统受到破坏后，会对公民、法人和其他组织的合法权益造成损害，但不损害国家安全、社会秩序和公共利益。

第二级，信息系统受到破坏后，会对公民、法人和其他组织的合法权益产生严重损害，或者对社会秩序和公共利益造成损害，但不损害国家安全。

第三级，信息系统受到破坏后，会对社会秩序和公共利益造成严重损害，或者对国家安全造成损害。

第四级，信息系统受到破坏后，会对社会秩序和公共利益造成特别严重损害，或者对国家安全造成严重损害。

第五级，信息系统受到破坏后，会对国家安全造成特别严重损害。

【问题 3】

第一个填空中，要么选择疲劳强度测试，要么选择疲劳强度测试作为答案，那么什么是疲劳强度测试和大数据测试呢？

疲劳强度测试：主要特点是长时间对目标测试系统加压，目的是测试系统的稳定性，持续时间一般在 1 小时以上；疲劳强度测试属于用户并发测试的延续，因此核心内容仍然是核心模块用户并发和组合模块用户并发，在编写测试用例时需要编写不同参数或者负载条件下的多个测试用例，可以参考用户并发性能测试用例的设计内容，通常修改相应的参数就可实现所需的测试场景。疲劳强度测试用例如下。

　　大数据量测试：主要针对对数据库有特殊要求的系统进行的测试，如电信业务系统的手机短信业务；可以分为实时大数据量，主要目的是测试用户较多或者某些业务产生较大数据量时，系统能否稳定运行；极限状态下的测试，测试系统使用一段时间即系统累计一点量的数据时能否正常的运行业务；前面两种的结合，测试系统已经累计了较大数据量时，一些实时产生较大数据量的模块能否稳定工作；如下大数量测试用例：

　　在本题的第一个填空中，可以排除大数据测试，选择 D。

　　第二个填空中，题目中给出了描述"针对多个用户同时在线数据的测试"，那一定是兵法测试，主要指当测试多用户并发访问同一个应用、模块、数据时是否产生隐藏的并发问题，如内存泄漏、线程锁、资源争用问题，几乎所有的性能测试都会涉及并发测试。选择 A 正确。

试题五解答要点

【问题1】

　　（1）B　　　　（2）C　　　　（3）D　　　　（4）F

【问题2】

　　（1）B　　　　（2）D

【问题3】

　　（1）D　　　　（2）A

第11章　2014下半年信息系统监理师上午试题分析与解答

试题（1）、（2）

　　螺旋模型是一种演进式的软件过程模型，结合了原型开发方法的系统性和瀑布模型的可控性特点。它有两个显著特点，一是采用__(1)__方式逐步加深系统定义和实现的深度，降低风险；二是确定一系列__(2)__，确保项目开发过程中的相关利益者都支持可行的和令人满意的系统解决方案。

　　（1）A．逐步交付　　　　B．顺序　　　　　C．循环　　　　D．增量
　　（2）A．实现方案　　　　B．设计方案　　　C．关键点　　　D．里程碑

试题（1）、（2）分析

　　螺旋模型是一种演进式的软件过程模型，结合了原型开发方法的系统性和瀑布模型可控性特点。它有两个显著特点，一是采用循环的方式逐步加深系统定义和实现的深度，降低风险；二是确定一系列里程碑，确保项目开发过程中的相关利益者都支持可行的和令人满意的系统解决方案。

参考答案

　　（1）C　　（2）D

试题（3）

　　软件生存周期一般划分为六个阶段，包括软件项目计划、__(3)__、软件设计、程序编码、软件测试以及运行维护。

　　（3）A．可行性分析　　　　　　　　B．计划验证
　　　　　C．需求分析和定义　　　　　　D．风险分析和定义

试题（3）分析

　　正如同任何事物一样，软件也有一个孕育、诞生、成长、成熟、衰亡的生存过程。我们称其为计算机软件的生存周期。根据这一思想，把上述基本的过程活动进一步展开，可以得到软件生存周期的六个阶段：软件项目计划、软件需求分析和定义、软件设计、程序编码、软件测试以及运行维护。

参考答案

　　（3）C

试题（4）

　　在计算机体系中，存储系统是分层的。存储系统中处理速度从快到慢依次为__(4)__。

　　（4）A．寄存器、Cache、外存、内存　　　B．Cache、寄存器、内存、外存

    C．Cache、内存、寄存器、外存　　　D．寄存器、Cache、内存、外存

试题（4）分析

在计算机体系中，存储系统是分层的，从快到慢层次为寄存器、Cache、内存（主存）、外存（包括磁盘、U 盘、光盘等）。

参考答案

（4）D

试题（5）

云计算通过__（5）__技术形成可管理的弹性资源池。

（5）A．虚拟化　　　B．云存储　　　C．面向文档的数据库　　　D．高速计算

试题（5）分析

云计算作为最近几年的热门技术，融合了以虚拟化、标准化和服务管理自动化为代表的大量革新技术。它就像一个虚拟化的资源池，包含大量的、可以配置的、容易扩展的大量资源，并且这些资源可以按需分配。其中，虚拟化正是云计算的核心技术。

参考答案

（5）A

试题（6）

下列不属于路由选择协议的是__（6）__。

（6）A．RIP　　　　B．ICMP　　　C．BGP　　　　D．OSPF

试题（6）分析

路由选择协议主要是运行在路由器上的协议，主要用来进行路径选择。

路由选择协议包括域内协议和域间协议。具体包括：

地址解析协议（ARP）是一个 Internet（TCP/IP）协议，它为内部路由器传递数据报提供了一种方法。

路由选择信息协议（RIP）是一种距离向量路由选择协议。

优先开放最短路径（OSPF）是一种链路状态路由选择协议，它优于 RIP。OSPF 是 Internet 网中最常用的内部网关协议，但 OSI IS-IS 协议也用于 Internet。

周边网关协议（BGP）提供有关相邻点可达性信息。BGP 可以减低带宽需求，这是因为路由选择信息是增量交换的，而不是在路由器间发送路由选择数据库信息。BGP 也提供了基于策略的算法，使网络管理者对路由选择有较多的控制权，例如对某些信息传输实行优化的能力。

ICMP 是（Internet Control Message Protocol）Internet 控制报文协议。它是 TCP/IP 协议族的一个子协议，用于在 IP 主机和路由器之间传递控制消息。

参考答案

（6）B

试题（7）

以下关于 OSI 参考模型的叙述中，(7) 是不正确的。

(7) A. 不同系统同等层之间按相应的协议进行通信，同一系统不同层之间通过接口进行通信

　　 B. 只有最底层物理层完成物理数据传送，其他同等层之间的通信称为逻辑通信

　　 C. 用户通过最上层的应用层获得服务

　　 D. 数据总是由物理层传输到应用层

试题（7）分析

OSI 参考模型中不同层完成不同的功能，各层相互配合通过标准的接口进行通信。

第 7 层应用层：OSI 中的最高层。为特定类型的网络应用提供了访问 OSI 环境的手段。应用层确定进程之间通信的性质，以满足用户的需要。应用层不仅要提供应用进程所需要的信息交换和远程操作，而且还要作为应用进程的用户代理，来完成一些为进行信息交换所必需的功能。它包括：文件传送访问和管理 FTAM、虚拟终端 VT、事务处理 TP、远程数据库访问 RDA、制造报文规范 MMS、目录服务 DS 等协议。应用层能与应用程序界面沟通，以达到展示给用户的目的。 在此常见的协议有：HTTP、HTTPS、FTP、TELNET、SSH、SMTP、POP3 等。

第 6 层表示层：主要用于处理两个通信系统中交换信息的表示方式，为上层用户解决用户信息的语法问题。它包括数据格式交换、数据加密与解密、数据压缩与终端类型的转换。

第 5 层会话层：在两个节点之间建立端连接，为端系统的应用程序之间提供了对话控制机制。此服务包括建立连接是以全双工还是以半双工的方式进行设置，尽管可以在层 4 中处理双工方式；会话层管理登入和注销过程。它具体管理两个用户和进程之间的对话。如果在某一时刻只允许一个用户执行一项特定的操作，会话层协议就会管理这些操作，如阻止两个用户同时更新数据库中的同一组数据。

第 4 层传输层：为会话层用户提供一个端到端的可靠、透明和优化的数据传输服务机制。包括全双工或半双工、流控制和错误恢复服务。传输层把消息分成若干个分组，并在接收端对它们进行重组，不同的分组可以通过不同的连接传送到主机，这样既能获得较高的带宽，又不影响会话层。在建立连接时传输层可以请求服务质量，该服务质量指定可接受的误码率、延迟量、安全性等参数，还可以实现基于端到端的流量控制功能。

第 3 层网络层：本层通过寻址来建立两个节点之间的连接，为源端的运输层送来的分组，选择合适的路由和交换节点，正确无误地按照地址传送给目的端的运输层。它包括通过互连网络来路由和中继数据。除了选择路由之外，网络层还负责建立和维护连接，控制网络上的拥塞以及在必要的时候生成计费信息。常用设备有交换机。

第 2 层数据链路层：在此层将数据分帧，并处理流控制。屏蔽物理层，为网络层提

供一个数据链路的连接，在一条有可能出差错的物理连接上，进行几乎无差错的数据传输（差错控制）。本层指定拓扑结构并提供硬件寻址。常用设备有网卡、网桥、交换机。

第 1 层物理层：处于 OSI 参考模型的最底层。物理层的主要功能是利用物理传输介质为数据链路层提供物理连接，以便透明的传送比特流。常用设备有（各种物理设备）集线器、中继器、调制解调器、网线、双绞线、同轴电缆。

数据发送时，从第七层传到第一层，接收数据则相反。因此答案 D 错误。

参考答案

（7）D

试题（8）

在网络协议中，UDP 协议位于 OSI 模型的 （8） 。

（8）A. 数据链路层　　　　B. 传输层　　　　C. 会话层　　　　D. 表示层

试题（8）分析

UDP 是 User Datagram Protocol 的简称， 中文名是用户数据报协议，是 OSI（Open System Interconnection，开放式系统互联） 参考模型中一种无连接的传输层协议，提供面向事务的简单不可靠信息传送服务，IETF RFC 768 是 UDP 的正式规范。UDP 在 IP 报文的协议号是 17。

参考答案

（8）B

试题（9）

为了提高模块的独立性，模块之间最好是 （9） 。

（9）A. 控制耦合　　　　B. 公共耦合　　　C. 内容耦合　　　D. 数据耦合

试题（9）分析

耦合性也叫块间联系，指软件系统结构中各模块间相互联系紧密程度的一种度量。模块之间联系越紧密，其耦合性就越强，模块的独立性则越差，模块间耦合的高低取决于模块间接口的复杂性，调用的方式以及传递的信息。

如果一个模块访问另一个模块时，彼此之间是通过数据参数（不是控制参数、公共数据结构或外部变量）来交换输入、输出信息的，则称这种耦合为数据耦合。由于限制了只通过参数表传递数据，按数据耦合开发的程序界面简单，安全可靠。因此，数据耦合是松散的耦合，模块之间的独立性比较强。在软件程序结构中至少必须有这类耦合。

参考答案

（9）D

试题（10）

IPv6 将 32 位地址空间扩展到 （10） 位。

（10）A. 64　　　　　B. 128　　　　C. 256　　　　D. 1024

试题（10）分析

IPv6 是 IETF（Internet Engineering Task Force 译：互联网工程任务组）设计的用于替代现行版本 IP 协议-IPv4-的下一代 IP 协议，它由 128 位二进制数码表示。全球因特网所采用的协议组是 TCP/IP 协议组。IP 是 TCP/IP 协议中网络层的协议，是 TCP/IP 协议组的核心协议。

参考答案

（10）B

试题（11）

在取得相应权限后，云用户通过 (11) 可以选择或定制服务列表，也可以对已有服务进行退订的操作。

（11）A. 云用户端　　　B. 服务目录　　　C. 管理系统和部署工具　　　D. 监控端

试题（11）分析

服务目录的功能是：云用户在取得相应权限（付费或其他限制）后可以选择或定制服务列表。

参考答案

（11）B

试题（12）

(12) 不属于移动计算的特点。

（12）A. 移动性　　B. 网络条件多样性　　C. 网络持续连接性　　D. 便利性

试题（12）分析

与固定网络上的分布计算相比，移动计算具有以下一些主要特点：

（1）移动性：移动计算机在移动过程中可以通过所在无线单元的 MSS 与固定网络的节点或其他移动计算机连接。

（2）网络条件多样性：移动计算机在移动过程中所使用的网络一般是变化的。这些网络既可以是高带宽的固定网络，也可以是低带宽的无线广域网，甚至处于断接状态。

（3）频繁断接性：由于受电源、无线通信费用、网络条件等因素的限制，移动计算机一般不会采用持续连网的工作方式，而是主动或被动地连接、断接。

（4）可靠性低：这与无线网络本身的可靠性及移动计算环境的易受干扰和不安全等因素有关。

参考答案

（12）C

试题（13）

常用的网络接入技术不包括 (13) 。

（13）A. Modem　　　　B. ADSL　　　　C. MPLS　　　　D. HDSL

试题（13）分析

常用的接入技术主要有:电话线调制解调器（Modem）、电缆调制解调器（Cable Modem）、高速数字用户环路（HDSL），非对称数字用户环路（ADSL）、超高速数字用户环路（VDSL）和无线接入等。MPLS（Multi-Protocol Label Switching，多协议标签交换技术）是一种广域网络传输技术。

参考答案

（13）C

试题（14）

下关于互联网中 IP 地址的叙述中，(14)是不正确的。

（14）A．在同一个局域网上的主机或路由器的 IP 地址的网络号必须相同

　　　　B．用网桥互连的网段仍然是一个局域网，只能有一个网络号

　　　　C．路由器总是具有两个或两个以上的 IP 地址

　　　　D．当两个路由器直接相连时，在连线两端的接口处，必须指明 IP 地址

试题（14）分析

两个路由器直接相连的接口处，可指明也可不指明 IP 地址。如指明 IP 地址，则这一段连线就构成了一种只包含一段线路的特殊"网络"。现在常不指明 IP 地址。

参考答案

（14）D

试题（15）

在用户主机上 ping 网关地址，发现丢包严重。以下引起丢包的原因中，不可能的是 (15)。

（15）A．连接用户电脑的网线有问题

　　　　B．用户主机未配置网关地址

　　　　C．网段内有用户主机感染病毒，导致交换机负荷过重

　　　　D．存在网络环路，引起广播风暴，导致交换机负荷过重

试题（15）分析

丢包的原因为以下几种：物理线路故障、设备故障、网络拥塞、路由错误。对应 A、C、D 选项，产生了丢包现象，说明 Ping 网关畅通，用户主机为配置网关地址不影响 Ping 网关畅通与否。

参考答案

（15）B

试题（16）

在机房工程中，机房环境应满足 (16)。

（16）A．地板载重量须大于 500kg/m^2 　　　　B．地板表面电阻大于 $0.1\text{M}\Omega$

　　　　C．高架地板对天花板的距离为 2m 　　　　D．机柜前后左右预留 70cm

试题（16）分析

地板表面电阻应大于 0.5 MΩ，若使用高架地板，其对天花板距离应为 2.4m；机柜的前后左右至少各留 75cm，建议值为 90cm。

参考答案

（16）A

试题（17）

以下关于综合布线监理的叙述中，_(17)_ 是不正确的。

（17）A．按照国家关于综合布线的相关施工标准的规定审查承建方人员施工是否规范

B．到场的设备、缆线等的数量、型号、规格是否与合同中的清单一致

C．为保证实施质量和进度，在实施的监理中采用评审和测试手段即可

D．对违反 GB/T 50312—2000《建筑与建筑群综合布线工程施工及验收规范》的做法应及时纠正

试题（17）分析

评审和测试只是综合布线监理手段的一部分，综合布线还应实施针对关键部位的旁站等有效手段，因此 C 选项不正确。

参考答案

（17）C

试题（18）

以下关于管道安装隐蔽工程的叙述中，_(18)_ 是不正确的。

（18）A．暗管管口应光滑，管口伸出部位应为 25～50mm

B．电话电缆管路长度大于 20m 时，导线应在接线盒内固定一次

C．钢管煨弯管径 20mm 以下的可采用液压煨管器

D．暗管外径大于 50mm 时，转变的曲率半径不应小于 10 倍

试题（18）分析

一般管径为 20mm 及其以下时，用手扳煨管器；管径为 25mm 及其以上时，使用液压煨管器。因此选项 C 不正确。

参考答案

（18）C

试题（19）

非屏蔽双绞线电缆用色标来区分不同的线，计算机网络系统中常用的 4 对电缆有四种本色，它们是_(19)_。

（19）A．蓝色、橙色、绿色和紫色　　　　B．蓝色、红色、绿色和棕色

C．蓝色、橙色、绿色和棕色　　　　D．白色、橙色、绿色和棕色

试题（19）分析

计算机网络系统中常用的 4 对电缆的四种本色应是蓝色、橙色、绿色和棕色。因此正确答案是 C。

参考答案

（19）C

试题（20）

垂直干线子系统的设计范围包括 __(20)__ 。

（20）A．管理间与设备间之间的电缆

     B．信息插座与管理间配线架之间的连接电缆

     C．设备间与网络引入口之间的连接电缆

     D．主设备间与计算机主机房之间的连接电缆

试题（20）分析

垂直干线子系统也称干线子系统，它是整个建筑物综合布线系统的一部分。它提供建筑物的干线电缆，负责连接管理子系统和设备间子系统，一般使用光缆或选用大对数的非屏蔽双绞线。

参考答案

（20）A

试题（21）

计算机网络系统中，入侵检测一般分为 3 个步骤，依次为 __(21)__ 。

① 数据分析   ② 响应   ③ 信息收集

（21）A．③①②   B．②③①   C．③②①   D．②①③

试题（21）分析

入侵检测一般分为三个步骤，分别为：信息收集、数据分析和响应。

参考答案

（21）A

试题（22）

__(22)__ 不是防火墙的核心技术。

（22）A．（静态/动态）包过滤技术   B．NAT 技术

     C．应用代理技术   D．日志审计

试题（22）分析

无论防火墙在网络中如何部署，也无论防火墙性能差异如何巨大，纵观防火墙发展的历史，其核心技术都经历了包过滤、应用代理和状态监测三个阶段。

防火墙本身的主要功能除了对网络访问进行有效控制以外，还有一个很重要的功能就是对网络上的访问进行记录和审计，防火墙日志审计服务器就是完成这一功能的主要工具。

参考答案

（22）D

试题（23）

（23）　不是专业监理工程师的职责。

（23）A．负责编制本专业监理实施方案　　　B．负责本专业监理工作量核定

C．复核并签署原始凭证　　　　　　D．负责本专业监理资料的整理

试题（23）分析

信息系统监理师按照总监理工程师、总监代表、专家、专业监理工程师、监理员等不同的角色，具有不同的工作职责。其中专业监理工程师的职责包括：

（1）负责编制监理规划中本专业部分以及本专业监理实施方案；

（2）按专业分工并配合其他专业对工程进行抽检、监理测试或确认见证数据，负责本专业的测试审核、单元工程验收，对本专业的子系统工程验收提出验收意见；

（3）负责审核系统实施方案中的本专业部分；

（4）负责审核承建单位提交的涉及本专业的计划、方案、申请、变更，并向总监理工程师提出报告；

（5）负责核查本专业投入软、硬件设备和工具的原始凭证、检测报告等质量证明文件及其实物的质量情况，根据实际情况有必要时对上述进行检验；

（6）负责本专业工程量的核定，审核工程量的数据和原始凭证；

（7）负责本专业监理资料的收集、汇总及整理，参与编写监理日志、监理月报。

根据上述描述，A、B、D3 个选项都是专业监理工程师的职责，选项 C 是监理员的职责。因此正确答案是 C。

参考答案

（23）C

试题（24）

监理工程师维护业主的利益主要表现在　（24）　。

（24）A．代表业主索赔　　　　　　　　　B．提高工程质量

C．在合同纠纷中为业主辩护　　　D．按合同要求监理工程项目

试题（24）分析

监理工程师作为独立的第三方，需要遵从"守法、公平、公正、独立"的原则办事。选项 A、C 明显是丧失原则的表现，选项 B 提高工程质量的主要责任方是承建单位，监理单位是监督方，不承担这个责任。因此正确答案是 D。

参考答案

（24）D

试题（25）

某监理工程师认为承建单位设计方案有较大问题，于是私下找外单位资深专业人士

就该设计方案进行讨论。该行为违反的监理行为准则是 (25) 。

(25) A. 公正　　　　B. 独立　　　　C. 科学　　　　D. 保密

试题 (25) 分析

信息系统工程是高新技术领域的工程，在工程设计和实施中会涉及大量的技术、商业、经济等秘密，监理单位有义务对其在工作范围内接触的信息保守秘密。因此选项 D 为正确答案。

参考答案

(25) D

试题 (26)

若有一个计算类型的程序，它的输入量只有一个 X，其范围是[-1.0，1.0]，现从输入的角度考虑一组测试用例：-1.001，-1.0，1.0，1.001。设计这组测试用例的方法是 (26) 。

(26) A. 条件覆盖法　　B. 等价分类法　　C. 边界值分析法　　D. 错误推测法

试题 (26) 分析

黑盒测试也称功能测试，它是通过测试来检测每个功能是否都能正常使用。在测试中，把程序看作一个不能打开的黑盒子，在完全不考虑程序内部结构和内部特性的情况下，在程序接口进行测试，它只检查程序功能是否按照需求规格说明书的规定正常使用，程序是否能适当地接收输入数据而产生正确的输出信息。黑盒测试着眼于程序外部结构，不考虑内部逻辑结构，主要针对软件界面和软件功能进行测试。

常用的黑盒测试用例设计方法包括等价类划分法、边界值分析法、错误推测法、因果图法等。

等价类划分的办法是把程序的输入域划分成若干部分（子集），然后从每个部分中选取少数代表性数据作为测试用例。每一类的代表性数据在测试中的作用等价于这一类中的其他值。

边界值分析是通过选择等价类边界的测试用例。边界值分析法不仅重视输入条件边界，而且也必须考虑输出域边界。

错误推测法是基于经验和直觉推测程序中所有可能存在的各种错误，从而有针对性的设计测试用例的方法。

因果图方法主要将测试发生的可能条件进行组合，考虑产生多个动作的形式来设计测试用例，最终生成的就是判定表。它适合于检查程序输入条件的各种组合情况。

根据题目的描述，考虑了输入域的边界，也考虑了输出域的边界。因此正确选项是 C。

参考答案

(26) C

试题 (27)

影响计算机信息安全的因素很多，主要包括 (27) 。

（27）A．自然环境、人为失误、人为恶意破坏、软件设计不完善

　　　　B．硬件故障、软件故障、系统故障、人为破坏

　　　　C．局域网故障、广域网故障、通信网故障、Internet 故障

　　　　D．防火墙故障、入侵检测系统故障、病毒攻击、木马入侵

试题（27）分析

　　信息系统安全的总体目标是物理安全、信息基础设备安全、网络安全、数据安全、信息内容安全与公共信息安全的总和，最终目标是确保信息的可用性、保密性和完整性。确保信息系统工程的主体，不仅是用户，还包括组织、社会和国家对于信息资源的控制。

　　影响信息安全的因素很多，主要包括自然环境、人为失误、人为恶意破坏、软件设计不完善等方面。选项 A 为正确选项。其他 3 个选项均为信息安全因素某一方面的集中体现，不能代表整体因素。

参考答案

　　（27）A

试题（28）

　　以下关于软件质量保证的叙述中，　（28）　是不正确的。

（28）A．质量保证活动贯穿于软件工程始终

　　　　B．质量保证活动目的是尽量预防错误，防患于未然

　　　　C．质量保证小组记录所有不符合质量要求的情况

　　　　D．质量保证应由程序员承担主要责任

试题（28）分析

　　软件质量保证活动贯穿于整个软件工程始终，其目的是通过对工程过程和阶段工作产品的审查和审核，尽量预防错误，及早地发现和纠正错误，防患于未然。质量保证由软件工程师、项目管理者、客户、销售人员和质量保证小组人员等组成。而质量保证小组成员需要记录所有的质量不符合部分，并报告给高级管理者。跟踪不符合部分，直到问题得到解决。因此正确答案是 D。

参考答案

　　（28）D

试题（29）

　　软件配置管理项都必须做到"文实相符、文文一致"，以满足"有效性""可见性"和"　（29）　"要求。

（29）A．安全性　　　　B．可控性　　　　C．保密性　　　　D．正确性

试题（29）分析

　　软件配置管理项是该软件的真正实质性材料，因此必须保持正确性、完备性和可追踪性。任何软件配置管理项都必须做到"文实相符、文文一致"，以满足"有效性""可见性"和"可控性"要求。因此正确答案是 B。

参考答案

（29）B

试题（30）

以下关于软件测试技术中静态分析方法的叙述中，__(30)__是正确的。

（30）A. 程序设计语言不同，但使用的静态分析工具是相同的

   B. 静态分析主要包括控制流分析、数据流分析、接口分析和表达式分析等

   C. 静态分析是按照程序内部逻辑结构设计并执行测试用例的方法

   D. 静态分析只能由人工完成

试题（30）分析

虽然软件测试技术在不断地发展，但传统的分类方法仍然适用。按使用的测试技术不同可以将测试分为静态测试和动态测试。进一步地可以将静态测试分成静态分析和代码审查，将动态测试分成白盒测试和黑盒测试。

代码审查（包括代码评审和走查）主要依靠有经验的程序设计人员根据软件设计文档，通过阅读程序，发现软件错误和缺陷。代码审查一般按代码审查单阅读程序，查找错误。代码审查的内容包括：检查代码和设计的一致性；检查代码的标准性、可读性；检查代码逻辑表达的正确性和完整性；检查代码结构的合理性等。代码审查虽然在发现程序错误上有一定的局限性，但它不需要专门的测试工具和设备，且有一旦发现错误就能定位错误和一次发现一批错误等优点。

静态分析主要对程序进行控制流分析、数据流分析、接口分析和表达式分析等。静态分析一般由计算机辅助完成。静态分析的对象是计算机程序，程序设计语言不同，相应的静态分析工具也就不同。目前具备静态分析功能的软件测试工具有很多，如 Purify，Macabe 等。

白盒测试是一种按照程序内部的逻辑结构和编码结构设计并执行测试用例的测试方法。采用这种测试方法，测试者需要掌握被测程序的内部结构。白盒测试通常根据覆盖准则设计测试用例，使程序中的每个语句、每个条件分支、每个控制路径都在程序测试中受到检验。白盒测试需要运行程序，并能在运行过程中跟踪程序的执行路径。软件人员使用白盒测试方法，主要想对程序模块进行如下的检查：

- 对程序模块的所有独立的执行路径至少测试一次；
- 对所有的逻辑判定，取"真"与取"假"的两种情况都能至少测试一次；
- 在循环的边界和运行界限内执行循环体；
- 测试内部数据结构的有效性等。

黑盒测试是一种从软件需求出发，根据软件需求规格说明设计测试用例，并按照测试用例的要求运行被测程序的测试方法。它较少关心程序内部的实现过程，侧重于程序的执行结果，将被测程序看成是不可见的黑盒子，因此被称为黑盒测试。黑盒测试着重于验证软件功能和性能的正确性，它的典型测试项目包括功能测试、性能测试、边界测

试、余量测试和强度测试等。黑盒测试主要是为了发现以下几类错误：

- 是否有不正确或遗漏了的功能？
- 在接口上，输入能否正确地接受？能否输出正确的结果？
- 是否有数据结构错误或者外部信息（例如数据文件）访问错误？
- 性能上是否能够满足要求？
- 是否有初始化或终止性错误？

因此正确答案是 B。

参考答案

（30）B

试题（31）

在局域网网络性能评价中，最核心的评价指标不包括__(31)__。

（31）A. 响应时间　　　B. 数据量　　　C. 吞吐率　　　D. 资源利用率

试题（31）分析

局域网（Local Area Network，LAN）是指在某一区域内由多台计算机互联成的计算机组。局域网可以实现文件管理、应用软件共享、打印机共享、工作组内的日程安排、电子邮件和传真通信服务等功能。

局域网一般为一个部门或单位所有，建网、维护以及扩展等较容易，系统灵活性高。其主要特点是：

1. 覆盖的地理范围较小，只在一个相对独立的局部范围内联，如一座或集中的建筑群内。

2. 使用专门铺设的传输介质进行联网，数据传输速率高（10Mb/s～10Gb/s）。

3. 通信延迟时间短，可靠性较高。

4. 局域网可以支持多种传输介质。

为了测试网络的性能，一般需要针对网络的响应时间、吞吐率和资源利用率进行测试。选项 B 的数据量只是描述测试指标的内容，非核心评价指标。因此正确答案是 B。

参考答案

（31）B

试题（32）

软件系统测试计划需要在__(32)__阶段编制。

（32）A. 需求分析　　　B. 概要设计　　　C. 详细设计　　　D. 编码阶段

试题（32）分析

软件测试模型主要包括 V 模型、W 模型和 H 模型。各自具有不同的使用特点：其中 V 模型是软件开发瀑布模型的变种，主要反映测试活动与分析和设计的关系。如下图所示：

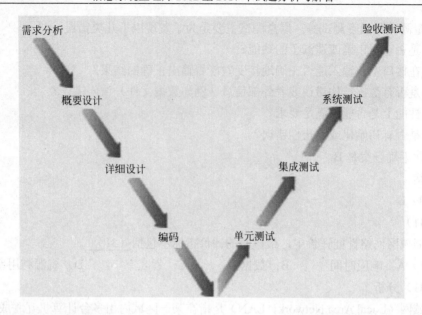

W 模型强调的是测试伴随着整个软件开发周期，而且测试的对象不仅仅是程序，需求、功能和设计同样要测试。在 V 模型的基础上，增加开发阶段的同步测试，形成 W 模型。测试与开发同步进行，有利用尽早的发现问题，如下图所示。

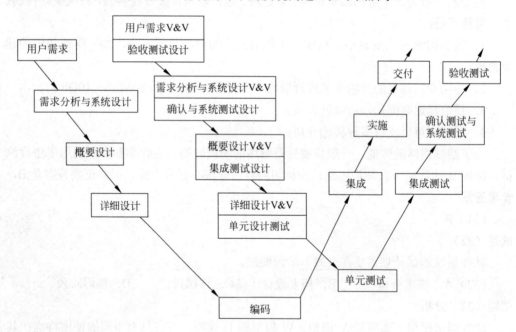

H 模型中，软件测试过程活动完全独立，贯穿于整个产品的周期与其他流程并发地进行，某个测试点准备就绪时，就可以从测试准备阶段进行到测试执行阶段。软件测试

可以尽早的进行，并且可以根据被测物的不同而分层次进行。

从上述描述可以看出，题目说明的阶段在需求分析与系统设计阶段编制系统测试计划。正确答案是 A。

参考答案

（32）A

试题（33）

UML 提供了 4 种结构图用于对系统的静态方面进行可视化、详述、构造和文档化。(33) 不属于这类视图。

（33）A．对象图　　　　B．类图　　　　C．协作图　　　　D．组件图

试题（33）分析

UML 是一种可视化的建模语言，结合了 Booch、Objectory 和 OMT 方法，同时吸收了其他大量方法学的思想，提供了一种表示的标准。1997 年 OMG 采纳 UML 作为软件建模语言的标准，可以应用于不同的软件开发过程。

下面介绍 UML 涉及的一些基本概念。

1．视图（Views）

UML 用模型来描述系统的静态结构和动态行为。为了捕捉要构建的软件系统的所有决策信息，需要从团队中不同参与者的角度出发，为系统的体系结构建模，形成不同的系统视图。要描述一个软件系统，下面的五种视图尤为重要。

1）用例视图（Use case view）

用例视图定义系统的外部行为，是最终用户、分析人员和测试人员所关注的。用例视图定义了系统的需求，是描述系统设计和构建的其他视图的基础，即用例驱动。用例视图也称为用户模型视图。

2）逻辑视图（Logic view）

逻辑视图描述逻辑结构，该逻辑结构支持用例视图描述的功能，它描述了问题空间中的概念以及实现系统功能的机制，如类、包、子系统等，因而是编程人员最关心的。逻辑视图又称做结构模型视图或静态视图。

3）实现视图（Implementation view）

实现描述用于组建系统的物理组件，如可执行文件、代码库和数据库等系统程序员所看到的软件产物，是和配置管理以及系统集成相关的信息。实现视图又称为组件视图（Component view）。

4）过程视图（Process view）

过程视图描述将系统分解为过程和任务，以及这些并发元素之间的通信与同步。过程视图对于系统集成人员特别重要，因为他们需要考虑系统的性能和吞吐量等。过程视图也称为并发视图、动态视图或者协作视图等。

5）部署视图（Deployment view）

描述系统的物理网络布局，是系统工程师和网络工程师所感兴趣的，又称做物理视图。

2. 图（Diagrams）

每个视图都由一个或者多个图组成，一个图是系统体系结构在某个侧面的表示，所有的图在一起组成系统的完整视图。UML 提供了九种不同的图，分为静态图和动态图两大类。静态图包括用例图、类图、对象图、组件图和配置图；动态图包括序列图、状态图、协作图和活动图。

1）用例图（Use case diagram）

用例图描述系统的功能，由系统、用例和角色（Actor）三种元素组成。图中显示若干角色以及这些角色和系统提供的用例之间的连接关系。用例是系统对外提供的功能的描述，是角色和系统在一次交互过程中执行的相关事务的序列。角色是与系统、子系统或类交互的外部人员、进程或事物。

用例之间存在扩展、使用和组合三种关系。角色之间可以用通用化关系将某些角色的共同行为抽象为通用行为。在 UML 中，用例图是用例视图的重要组成部分。

2）类图（Class diagram）

类图用来表示系统中的类以及类与类之间的关系，描述系统的静态结构，用于逻辑视图中。类是对象的抽象描述。所谓对象就是可以控制和操作的实体，类是具有共同的结构、行为、关系、语义的一组对象的抽象。类的行为和结构特征分别通过操作和属性表示。

类与类之间有多种关系，如关联、依赖、通用化、聚合等。关系提供了对象之间的通信方式。关联关系用于描述类与类之间的连接，通常是双向的。通用化又称继承，是通用元素和具体元素之间的一种分类关系，具体元素完全拥有通用元素的信息，并且还可以附加其他信息。聚合关系具有较强的耦合性，描述整体与部分的关系。依赖关系描述两个模型元素之间语义上的连接关系，其中一个元素是独立的，另一个元素依赖于独立的模型元素，独立元素的变化将影响到依赖元素。

3）对象图（Object diagram）

对象图是类图的示例，类图表示类以及类与类之间的关系，对象图则表示在某一时刻这些类的具体实例以及这些实例之间的具体连接关系，可以帮助人们理解比较复杂的类图。对象图也可以用于显示类图中的对象在某一点的连接关系。对象图常用于用例视图和逻辑视图中。

4）状态图（State diagram）

状态图主要用来描述对象、子系统、系统的生命周期。通过状态图可以了解一个对象可能具有的所有状态、导致对象状态改变的事件，以及状态转移引发的动作。状态是对象操作的前一次活动的结果，通常由对象的属性值来决定。事件指的是发生的且引起某些动作执行的事情。状态的变化称作转移,与转移相连的动作指明状态转移时应该做的事情。状态图是对类描述的事物的补充说明,用在逻辑视图中描述类的行为。

5)序列图(Sequence diagram)

面向对象系统中对象之间的交互表现为消息的发送和接收。序列图反映若干个对象之间的动态协作关系,即随着时间的流逝,消息是如何在对象之间发送和接收的。序列图表现为二维的形式,其中的纵坐标轴显示时间,横坐标轴显示对象。序列图中重点反映对象之间发送消息的先后次序,常用在逻辑视图中。

6)协作图(Collaboration diagram)

协作图主要描述协作对象之间的交互和链接。协作图和序列图同样反映对象间的动态协作,也可以表达消息序列,但重点描述交换消息的对象之间的关系,强调的是空间关系而非时间顺序。

7)活动图(Activity diagram)

活动图显示动作及其结果,着重描述操作实现中所完成的工作以及用例实例或对象中的活动。活动图中反映了一个连续的活动流,常用于描述一个操作执行过程中所完成的工作。活动图也有其他的用途,如显示如何执行一组相关的动作,以及这些动作如何影响它们周围的对象,说明一次商务活动中的人员、工作流、组织和对象是如何工作的等。

8)组件图(Component diagram)

组件图用来反映代码的物理结构。组件可以是源代码、二进制文件或可执行文件,包含逻辑类的实现信息,实现视图由组件图构成。

9)配置图(Deployment diagram)

配置图用来显示系统中软件和硬件的物理架构。图中通常显示实际的计算机和设备及它们之间的关系。配置图用来构成配置视图,描述系统的实际物理结构。

根据上述描述,该题正确答案是 C。

参考答案

(33)C

试题(34)

(34)　不是面向对象开发方法的优点。

(34)A. 对需求变化的适应性好　　　　B. 支持软件复用

　　　C. 可维护性好　　　　　　　　D. 程序处理效率高

试题(34)分析

面向对象的软件开发方法 OMT(Object Modelling Technique)。这是一种自底向上和自顶向下相结合的方法,而且它以对象建模为基础,从而不仅考虑了输入、输出数据结构,实际上也包含了所有对象的数据结构,所以 OMT 彻底实现了 PAM 没有完全实现的目标。不仅如此,OMT 技术在需求分析、可维护性和可靠性这三个软件开发的关键环节和质量指标上有了实质性的突破，彻底地解决了在这些方面存在的严重问题，从而宣告了软件危机末日的来临。

1. 自底向上的归纳

OMT 的第一步是从问题的陈述入手，构造系统模型。从真实系统导出类的体系，即对象模型包括类的属性，与子类、父类的继承关系，以及类之间的关联。类是具有相似属性和行为的一组具体实例（客观对象）的抽象，父类是若干子类的归纳。因此这是一种自底向上的归纳过程。在自底向上的归纳过程中，为使子类能更合理地继承父类的属性和行为，可能需要自顶向下修改，从而使整个类体系更加合理。由于这种类体系的构造是从具体到抽象，再从抽象到具体，符合人类的思维规律，因此能更快、更方便地完成任务。这与自顶向下的 Yourdon 方法构成鲜明的对照。在 Yourdon 方法中构造系统模型是最困难的一步，因为自顶向下的"顶"是一个空中楼阁，缺乏坚实的基础，而且功能分解有相当大的任意性，因此需要开发人员有丰富的软件开发经验。而在 OMT 中这一工作可由一般开发人员较快地完成。在对象模型建立后，很容易在这一基础上再导出动态模型和功能模型。这三个模型一起构成要求解的系统模型。

2. 自顶向下的分解

系统模型建立后的工作就是分解。与 Yourdon 方法按功能分解不同，在 OMT 中通常按服务（service）来分解。服务是具有共同目标的相关功能的集合，如 I/O 处理、图形处理等。这一步的分解通常很明确，而这些子系统的进一步分解因有较具体的系统模型为依据，也相对容易。所以 OMT 也具有自顶向下方法的优点，即能有效地控制模块的复杂性，同时避免了 Yourdon 方法中功能分解的困难和不确定性。

3. OMT 的基础是对象模型

每个对象类由数据结构（属性）和操作（行为）组成，有关的所有数据结构（包括输入、输出数据结构）都成了软件开发的依据。因此 Jackson 方法和 PAM 中输入、输出数据结构与整个系统之间的鸿沟在 OMT 中不再存在。OMT 不仅具有 Jackson 方法和 PAM 的优点，而且可以应用于大型系统。更重要的是，在 Jackson 方法和 PAM 方法中，当它们出发点的输入、输出数据结构（即系统的边界）发生变化时，整个软件必须推倒重来。但在 OMT 中系统边界的改变只是增加或减少一些对象而已，整个系统改动极小。

1）需求分析彻底

需求分析不彻底是软件失败的主要原因之一。即使在目前，这一危险依然存在。传统的软件开发方法在开发过程中不允许由于用户的需求发生变化，而导致出现种种问题。正是这一原因，人们提出了原型化方法，推出探索原型、实验原型和进化原型，积极鼓励用户改进需求。在每次改进需求后又形成新的进化原型供用户试用，直到用户基本满意，大大提高了软件的成功率。但是它要求软件开发人员能迅速生成这些原型，这就要求有自动生成代码的工具的支持。OMT 彻底解决了这一问题。因为需求分析过程已与系统模型的形成过程一致，开发人员与用户的讨论是从用户熟悉的具体实例（实体）开始的。开发人员必须搞清现实系统才能导出系统模型，这就使用户与开发人员之间有了共同的语言，避免了传统需求分析中可能产生的种种问题。

2）可维护性大大改善

在 OMT 之前的软件开发方法都是基于功能分解的。尽管软件工程学在可维护方面做出了极大的努力，使软件的可维护性有较大的改进。但从本质上讲，基于功能分解的软件是不易维护的。因为功能一旦有变化都会使开发的软件系统产生较大的变化，甚至推倒重来。更严重的是，在这种软件系统中，修改是困难的。因为由于种种原因，即使是微小的修改也可能引入新的错误，所以传统开发方法很可能会引起软件成本增长失控、软件质量得不到保证等一系列严重问题。正是 OMT 才使软件的可维护性有了质的改善。

OMT 的基础是目标系统的对象模型，而不是功能的分解。功能是对象的使用，它依赖于应用的细节，并在开发过程中不断变化。由于对象是客观存在的，因此当需求变化时对象的性质要比对象的使用更为稳定，从而使建立在对象结构上的软件系统也更为稳定。

更重要的是 OMT 彻底解决了软件的可维护性。在 OO 语言中，子类不仅可以继承父类的属性和行为，而且也可以重载父类的某个行为（虚函数）。利用这一特点，我们可以方便地进行功能修改，引入某类的一个子类，对要修改的一些行为（即虚函数或虚方法）进行重载，也就是对它们重新定义。由于不再在原来的程序模块中引入修改，所以彻底解决了软件的可修改性，从而也彻底解决了软件的可维护性。OO 技术还提高了软件的可靠性和健壮性。根据上述描述，正确答案选择 D。

参考答案

（34）D

试题（35）

软件需求规格说明的内容不应包括　（35）　。

（35）A．主要功能　　　　　　　　　B．算法的详细描述

　　　　C．用户界面及运行环境　　　　D．软件的性能

试题（35）分析

软件需求说明书的编制是为了使用户和软件开发者双方对该软件的初始规定有一个共同的理解，使之成为整个开发工作的基础。包含硬件、功能、性能、输入输出、接口界面、警示信息、保密安全、数据与数据库、文档和法规的要求。

它的作用在于便于用户、开发人员进行理解和交流，反映出用户问题的结构，可以作为软件开发工作的基础和依据，并作为确认测试和验收的依据。因此软件需求规格说明不涉及具体的软件架构和算法。所以选择 B。

参考答案

（35）B

试题（36）

项目质量管理的构成不包括　(36)　。

(36) A．质量计划编制　　B．质量保证　　C．质量认证　　D．质量控制

试题（36）分析

项目质量管理的主要目的是确保项目满足建设单位的应用需求和期望。当然，项目承建单位首先要全力以赴地使信息系统满足在合同或相关标准中的，明确表达了的建设单位需求和期望，还应站在使用者的角度仔细揣摩未写在书面说明中的隐含需求。项目质量管理的构成包括质量计划编制、质量保证和质量控制三方面构成。

质量计划编制包括：

综合合同中或标准中的相关条款，形成本项目的质量标准；

确认在项目的实施过程中达到项目质量标准的主要方法及组织落实；

必要时可供采取的纠正措施。

信息系统项目的质量范围主要包括：

系统功能和特色、系统界面和输出、系统性能、系统可靠性、系统可维护性等。

质量保证：

质量保证是指为实现质量计划和不断改进质量所开展的所有活动。

承建单位投入到该项目的全体人员在质量保证中的活动起决定性作用。包括质量保证体系的执行与完善、系统设计、软件开发、外购和外包等环节的质量保证，项目经理与所在单位质保体系负责人之配合，项目经理与建设单位相关负责人之配合等。

监理单位在质量保证的主要作用是对承建单位的上述质量计划编制和质量保证活动进行审查，通常采用质量审计的方法、技术和工具；监理单位在质量管理中的另一个职能是在质量控制中发挥主导作用。

质量控制：

质量控制是指信息系统工程实施过程中在对信息系统质量有重要影响的关键时段进行质量检查、确认、决策及采取相应措施。具体包括：

1）检查

通过测试等方法检查该阶段实施过程及其结果的质量状况。

2）确认

在对质量状况进行分析的基础上，分别对成绩、事故及事故预兆进行确认。

3）决策

处理事故，例如决定是否返工，是否需要组织专门的小组负责解决和纠正质量问题。

4）采取措施

通过采取适当措施之后使不合格项达到预定要求；

采取过程调整等预防措施以防止进一步质量问题的发生。

因此正确答案是 C。

参考答案

（36）C

试题（37）

在信息系统项目管理过程中，项目的管理主体是 (37) 。

（37）A．建设单位　　　B．设计单位　　　C．监理单位　　　D．承建单位

试题（37）分析

信息系统项目的实施涉及主建方、承建单位、监理单位三方，而三方都需要采用项目管理的方法（简称"三方一法"）以完成其在项目实施中所肩负的责任。

下图是描述这"三方一法"之关系的框架。

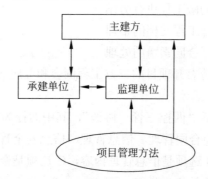

根据"三方一法"的关系，项目管理的主要实施单位是承建单位，但管理的主要责任方是建设单位。选择 A。

参考答案

（37）A

试题（38）

监理工程师审查总包单位提交的分包单位资质资料，主要是审查 (38) 。

（38）A．分包合同是否合规　　　　　B．分包协议草案

　　　　C．分包单位是否具有相应能力　D．分包单位情况是否属实

试题（38）分析

分包单位一般不与甲方和监理单位直接产生联系。主要由总包单位承担分包单位的工作职责和能力要求。监理单位一般审核分包单位的合同是否有效，协议是否合理，分包单位资质，业绩等是否符合要求等等。因此选择 C。

参考答案

（38）C

试题（39）

在现场监理工作中，监理不具有的权利是 (39) 。

（39）A．分包单位否决权　　　　　　　　B．承建单位工作量签认权

　　　　C．支付申请确认权　　　　　　　　D．施工组织计划确定权

试题（39）分析

监理单位独立行使监理权利。其中很重要的原则是监理只有建议权没有决策权，从以上各选项看，只有选项 D 是决策权的体现，其他几项均是监理单位可以正常行使的权利。选项 C 即监理开具支付证书的正常工作要求。正确答案是 D。

参考答案

（39）D

试题（40）

在"四控，三管，一协调"的监理内容中，　(40)　活动属于"四控"的内容。

（40）A．监理单位对隐蔽工程进行旁站

　　　　B．监理单位进行工程文档的整理

　　　　C．监理单位进行合同索赔的处理

　　　　D．监理单位主持召开项目的三方工程例会和专题会议

试题（40）分析

监理现场工作内容包括"四控三管一协调"，其中四控为质量控制、进度控制、投资控制、变更控制；三管为合同管理、信息管理、信息安全管理；一协调为组织协调。A 选项是质量控制内容，B 选项是信息管理内容，C 选项是合同管理内容，D 选项是组织协调内容。因此正确答案是 A。

参考答案

（40）A

试题（41）

当隐蔽工程列为质量控制点时，监理工程师应按规定到场监督检查。除见证施工过程外还需见证　(41)　。

（41）A．实施环境状况　　　　　　　　　B．实施作业条件

　　　　C．劳动组织及工种配合状况　　　　D．隐蔽部位的覆盖过程

试题（41）分析

隐蔽工程一般属于监理现场旁站工作的重点内容。具体包括见证整体施工的过程，同时还需要全程见证隐蔽部位的覆盖过程。因此选择 D。

参考答案

（41）D

试题（42）

一般来说，可作为信息系统建设合同组成部分的材料不包括　(42)　。

（42）A．投标文件　　B．招标文件　　C．履约保证金　　D．实施方案

试题（42）分析

信息系统建设合同是工程实施的依据性文件。作为该文件的组成部分一般还包括招标文件、投标文件、项目实施方案等内容。履约保证金一般在合同验收后作为运维过程的有效保障，由合同乙方提供的担保性内容，因此不属于合同的组成部分。

所以选择 C。

参考答案

（42）C

试题（43）

以下关于建设工程投资、进度、质量三大目标之间基本关系的说法中，表达目标之间统一关系的是　(43)　。

　　（43）A．缩短工期，可能增加工程投资

　　　　　B．减少投资，可能要降低功能和质量要求

　　　　　C．提高功能和质量要求，可能延长工期

　　　　　D．提高功能和质量要求，可能降低运行费用和维修费用

试题（43）分析

质量控制、投资控制、进度控制是进行建设项目管理的三大重要控制目标，这三个管理目标之间有着相互依存和相互制约的关系。我们进行工程项目管理的最终目标是：以较少的投资，在预定的工期内，完成符合建筑工程施工工序质量指标的建设项目。然而，单纯的过高的质量要求会造成投资的加大和进度的延长；相反对质量要求过低，将会导致质量事故剧增，严重的也会拖延工期，造成投资费用增加，且对整个项目的产出质量造成严重后果。这就要求我们从实际情况出发，针对建设项目的类别和建设规模，确定出符合实际需要的质量标准。

从题目描述看，A、B、C 三个选项都是阐述三个目标之间的制约和矛盾的关系，只有 D 是表达目标之间统一关系的内容。所以，选择 D。

参考答案

（43）D

试题（44）

工程监理实施的步骤有：①编制监理规划；②参与验收，签署监理意见；③编制监理实施细则；④任命总监成立项目监理机构；⑤开展监理工作；⑥向建设单位提交监理档案资料；⑦监理工作总结。其正确顺序为　(44)　。

　　（44）A．②③①⑥⑦④⑤　　　　　B．①②③④⑤⑥⑦

　　　　　C．④①③⑤②⑥⑦　　　　　D．④①⑤③②⑦⑥

试题（44）分析

信息系统工程监理单位在签订监理合同之后，按照合同要求成立监理机构并任命总监人员，然后在项目总监的主持和组织下，编制项目监理规划。根据监理规划，各专业

监理工程师编制专业的监理细则；监理工程师按照监理细则开展具体的监理工作；待项目完成合同任务后，监理参与验收工作，并签署相关监理意见；随后移交监理档案资料，最后进行监理工作的总结。

根据题目描述，只有选项 C 符合要求。

参考答案

（44）C

试题（45）

作为建设单位考核监理单位对监理工作的执行情况的依据和基础性文件是 (45) 。

（45）A．监理规划　　　B．监理投标文件　　　C．监理细则　　　D．监理大纲

试题（45）分析

监理规划是将委托合同规定的责任和任务具体化，并在此基础上制定实现监理任务的措施。监理单位向建设单位提交监理规划，作为监理单位对监理项目的行动指南，也可以作为建设单位考核监理单位对监理委托合同实际执行情况的重要依据。正确答案是 A。

参考答案

（45）A

试题（46）

从承建单位的角度看，监理实施细则的作用不包括 (46) 。

（46）A．起到工作联系单的作用　　　　　　　B．起到提醒的作用

　　　 C．起到专业指导作用　　　　　　　　　D．起到消除怀疑的作用

试题（46）分析

监理单位把监理实施细则提供给承建单位，能起工作联系单或通知书的作用。因为除了强制性要求的验收内容外，承建单位不清楚还有哪些工序监理项目组必须进行检查。而细则中通过质量控制点设置的安排，可告诉承建单位在相应的质量控制点到来前必须通知监理项目组，避免承建单位遗忘通知监理单位，从而也就避免由此引发的纠纷。

监理单位把监理实施细则提供给承建单位，能为承建单位起到提醒与警示的作用。主要是提醒承建单位注意质量通病，使之为预防通病出现应采取相应的措施，同时提醒承建单位对工程过程中可能出现的问题采取相应的应急措施。

所以选择 D。

参考答案

（46）D

试题（47）

监理单位应对承建单位提供的各类设计、实施方案进行审查并采取监理措施，对此进行的质量控制重点不包括 (47) 。

（47）A．关键部位的测试方案　　　　　　　　B．质量保证计划

　　C．总体设计方案　　　　　　　　D．技术性能报告

试题（47）分析

　　在信息系统工程设计阶段的质量控制重点包括：

　　了解建设单位建设需求和对信息系统安全性的要求，协助建设单位制定项目质量目标规划和安全目标规划。

　　对各种设计文件，提出设计质量标准。

　　进行设计过程跟踪，及时发现质量问题，并及时与承建单位协调解决。

　　审查阶段性设计成果，并提出监理意见。

　　审查承建单位提交的总体设计方案。

　　审查承建单位对关键部位的测试方案，如主机网络系统软硬件测试方案，应用软件开发的模块功能测试方法等。

　　协助承建单位建立、完善针对该信息工程建设的质量保证体系，包括完善计量及质量检测技术和手段。

　　协助总承建单位完善现场质量管理制度，包括现场会议制度、现场质量检验制度、质量统计报表制度和质量事故报告及处理制度等。

　　组织设计文件及设计方案交底会，熟悉项目设计、实施及开发过程，根据有关设计规范，实施验收及软件工程验收等规范、规程或标准，对有的工程部位下达质量要求标准。

　　对工程质量有重大影响的软硬件，应审核承建单位提供的技术性能报告或者权威的第三方测试报告，凡不符合质量要求的设备及配件、系统集成成果、网络接入产品、计算机整机与配件等不能使用。

参考答案

　　（47）D

试题（48）

　　监理质量控制的手段主要包括　(48)　。

　　① 审核有关技术和里程碑报告　　②直接进行现场质量检验

　　③ 进行必要的测试　　④严格控制施工设备的质量　　⑤全面控制实施过程

　　（48）A．①②③④⑤　　　B．①②③　　　C．②③④　　　D．②③⑤

试题（48）分析

　　参见教材第一编"质量控制手段"一节的内容，监理的质量控制手段主要有四个，即：评审、测试、抽查、旁站。题目中，①"审核有关技术和里程碑报告"起着评审的作用；②"直接进行现场质量检验"显然是使用抽测的手段进行质量控制，③"进行必要的测试"是利用测试手段进行质量控制；④"严格控制施工设备的质量"是承建单位的工作，监理方也做不了此工作；⑤"全面控制实施过程"是说明要怎样做该项目的监理工作，不是质量控制的手段。因此，本题选择答案 B 正确。

参考答案

（48）B

试题（49）

以下关于验收和验收中出现质量问题处理方法的叙述中，__(49)__ 是不正确的。

（49）A. 第三方测试机构应经监理机构同意

　　　 B. 验收中发现的质量问题需要承建单位进行确认

　　　 C. 对验收中发现质量问题的，必要时应组织重新验收

　　　 D. 应督促建设单位根据整改要求提出整改方案

试题（49）分析

监理方应督促承建单位根据整改要求提出整改方案，并监督整改过程，而不是建设单位。因此选项 D 错误。

参考答案

（49）D

试题（50）～（52）

某工程网络计划如下图所示（时间单位：天），该工程的工期为 __(50)__ 天，工作 D 的自由时差是 __(51)__ 天。如因建设单位原因，原定任务 D 由 2 天延长至 5 天，则建设单位应当弥补承建单位工期 __(52)__ 天。

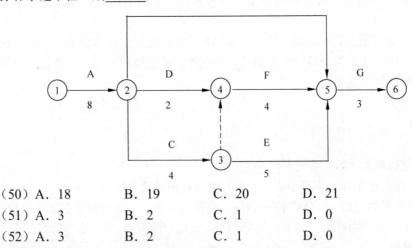

（50）A. 18　　　　B. 19　　　　C. 20　　　　D. 21

（51）A. 3　　　　B. 2　　　　C. 1　　　　D. 0

（52）A. 3　　　　B. 2　　　　C. 1　　　　D. 0

试题（50）～（52）分析

根据上图，可知该工程关键路径为 A-C-E-G，因此总工期为 20 天。

自由时差是指一项工作在不影响其紧后工作最早开始时间的条件下，本工作可以利用的机动时间，用紧后工作的最早开始时间与该工作的最早完成时间之差表示。工作 F 的最早开始时间为 12，D 的最早完成时间是 10，因此工作 D 的自由时差是 2。

若任务 D 延长至 5 天，关键路径变为 A-D-F-G，工期依旧为 20 天。因此弥补工期 0 天。

参考答案

（50）C　　（51）B　　　（52）D

试题（53）

某项目采用挣值法进行综合分析后得到：ACWP>BCWS>BCWP，则项目 (53) 。

（53）A．费用超支　　　B．进度延误　　　C．进度提前　　　D．投入落后

试题（53）分析

费用偏差 CV=BCWP-ACWP，为负表示费用超支，为正表示费用节余；SV=BCWP-BCWS，为负表示进度延误，为正表示进度提前。

参考答案

（53）C

试题（54）

监理工程师控制建设工程进度的组织措施是指 (54) 。

（54）A．落实监理单位进度控制的人员　　　B．编制进度控制工作细则

　　　C．及时办理工程进度款支付手续　　　D．建立工程进度报告制度

试题（54）分析

在实施进度控制时，可以采用以下基本措施：

组织措施。落实监理单位进度控制的人员组成，具体控制任务和管理职责分工。

技术措施。确定合理定额，进行进度预测分析和进度统计。

合同措施。合同期与进度协调。

信息管理措施。实行计算机进度动态比较，提供比较报告。

参考答案

（54）A

试题（55）

某工程，拟完工程计划投资和已完工程计划投资的比较如下图所示。图中Δ表示 t 时刻的 (55) 。

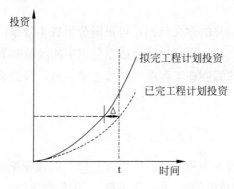

（55）A．投资节约额　　　B．投资超支额　　　C．进度滞后量　　　D．进度超前量

试题（55）分析

根据图示，t 时刻Δ值的进度偏差 SV 小于零，表明进度滞后。

参考答案

（55）C

试题（56）

信息化工程监理中，投资控制的目的是确保__(56)__。

（56）A. 结算价等于合同价

B. 预算价不超过投资估算价

C. 实际投资不超过计划投资，实现投资目标

D. 在投资目标分解的各个层次上，实际投资均不超过计划投资

试题（56）分析

信息工程项目的投资控制主要是在批准的预算条件下确保项目保质按期完成。即指在项目投资的形成过程中，对项目所消耗的人力资源、物质资源和费用开支，进行指导、监督、调节和限制，及时纠正即将发生和已经发生的偏差，把各项项目费用控制在计划投资的范围之内，保证投资目标的实现。信息工程项目投资控制的目的，在于降低项目成本，提高经济效益。

参考答案

（56）C

试题（57）

以下关于信息系统工程竣工结算意义的叙述中，__(57)__是不正确的。

（57）A. 为竣工图的编制提供依据资料

B. 可正确分析成本效果

C. 可分析工程建设计划执行情况

D. 可分析总结项目成本使用中的经验和教训

试题（57）分析

信息系统工程竣工结算的意义包括：可正确分析成本效果；可分析工程建设计划和设计预算实际执行情况；可分析总结项目成本使用中的经验和教训；为修订预界定额提供依据资料。而竣工图的编制在工程军工结算之前完成，因此选项 A 不正确。

参考答案

（57）A

试题（58）

在项目实施过程中发生工程变更，应经过__(58)__的代表鉴认。

①建设单位　②承建单位　③分包单位　④监理单位　⑤设计单位

（58）A.①②④⑤　　　　B.①④⑤　　　C.①③④　　　D.①②④

试题（58）分析

任何变更都要得到三方（承建方、监理方、业主方）书面的确认，并且要在接到变更通知单之后才能进行，严禁擅自变更，在任何一方或者两方同意下做出变更而造成的损失应该由变更方承担。

变更控制流程如下：

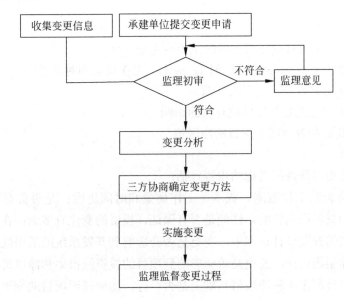

所以选项 D 正确。

参考答案

（58）D

试题（59）

监理工程师在遇到项目变更情况时，正确的变更控制程序是 (59) 。

（59）A. 工程变更建议书应在预计可能变更的时间之前 14 天提出。在特殊情况下，工程变更可不受时间的限制

　　　B. 承建单位应先向建设单位提出变更要求或建议，建设单位再要求监理工程师进行变更初审

　　　C. 监理机构在进行变更的初审时，应首先明确界定变更的合理性和必要性

　　　D. 最优的变更方案由监理机构分析和评估后进行确定

试题（59）分析

变更申请单位向监理工程师提出变更要求或建议，提交书面工程变更建议书。工程变更建议书应在预计可能变更的时间 14 天之前提出。在特殊情况下，工程变更可不

受时间的限制。

项目监理机构应了解实际情况和收集与项目变更有关的资料，首先明确界定项目变更的目标，再根据收集的变更信息判断变更的合理性和必要性。

三方进行协商和讨论，根据变更分析的结果，确定最优变更方案。

所以选项 A 正确。

参考答案

（59）A

试题（60）

监理工程师评价项目变更合理性时主要应考虑 (60) 。

（60）A. 变更是否会影响工作范围、成本、工作质量和时间进度

　　　　B. 变更是否会损害个人利益

　　　　C. 变更是否对监理单位有负面影响

　　　　D. 变更是否会影响项目的净现值

试题（60）分析

评价项目变更合理性应考虑的内容包括：

变更是否会影响工作范围、成本、工作质量和时间进度；是否会对项目准备选用的设备或消耗的材料产生影响，性能是否有保证，投资的变化有多大；在信息网络系统或信息应用系统的开发设计过程中，变更是否会影响到开发系统的适用性和功能，是否影响系统的整体架构设计；变更是否会影响到项目的投资回报率和净现值？如果是，那么项目在新的投资回报率和净现值基础上是否可行；如何证明项目的变更是合理的，是会产生良性效果的，必要时要有论证。所以选项 A 正确。

参考答案

（60）A

试题（61）

合理的质量是指 (61) 。

（61）A. 在满足业主所需功能和使用价值的前提下，所付出的费用最少

　　　　B. 在一定投资限额下，能达到业主所需要的最佳功能和质量水平

　　　　C. 在一定进度内，达到业主所需要的质量水平

　　　　D. 工程质量竣工后，验收合格

试题（61）分析

质量是指产品、服务或过程满足规定或潜在要求（或需求）的特征和特征的总和。对信息工程项目而言，最终产品就是建成投入使用的信息工程项目，质量要求就是对整个信息工程项目和他的实施过程所提出的"满足规定或潜在要求（或需求）的特征和特征的总和"，即要达到的信息工程项目质量目标。

进度，质量，投资是项目的三个关键因素，彼此关联。仅考虑任何一个因素，都不是合理的质量。合理的质量不仅要满足所需的功能和使用价值，还应满足其潜在的需求。工程质量竣工验收合格，忽略了质量是全过程的形成以及投资额。所以答案 B 正确。

参考答案

（61）B

试题（62）

信息系统工程项目索赔具有较多特征。以下叙述中，__（62）__是不正确的。

（62）A．索赔是合同管理的重要环节

　　　　B．索赔有利于建设单位、承建单位双方自身素质和管理水平的提高

　　　　C．索赔是合同双方利益的体现

　　　　D．索赔是确保项目收益的重要手段

试题（62）分析

索赔是在信息系统工程合同履行中，当事人一方由于另一方未履行合同所规定的义务而遭受损失时，向另一方提出赔偿要求的行为。其特征包括：

索赔是合同管理的重要环节，索赔和合同管理有直接的联系，合同是索赔的索赔依据。

索赔有利于业主方、承建方双方自身素质和管理水平的提高。

索赔直接关系到业主方和承建方的双方利益，索赔和处理索赔的过程实质上是双方管理水平的综合体现。作为业主方为使项目顺利进行，如期完成，早日投产取得收益，就必须加强自身管理，做好资金、技术等各项有关工作，保证项目中各项问题及时解决。作为承建方要实现合同目标，取得索赔，争取自己应得利益，就必须加强各项基础管理工作，对项目的质量、进度、变更等进行更严格、更细致的管理，进而推动行业管理的加强与提高。

索赔是合同双方利益的体现。

索赔是一种风险费用的转移或再分配。如果承建方利用索赔的方法使自己尽可能的损失得到补偿，就会降低项目报价中的风险费用，从而使业主方得到相对较低的报价，当项目实施中发生这种费用时可以按实际支出给予补偿，也使项目造价更趋于合理。作为承建方，要取得索赔，保证自己应得的利益，就必须做到自己不违约，全力保证项目质量和进度，实现合同目标。同样，作为业主方，要通过索赔的处理和解决，保证项目顺利进行，使项目项目按期完工，早日投产取得经济收益。

索赔是挽回成本损失的重要手段。所以应选择答案 D。

参考答案

（62）D

试题（63）

甲、乙合作开发了一套数据管理平台。丙公司欲在自己准备承担的经济决策支持系统项目中使用该平台，甲以丙公司没有名气为由拒绝；乙独自与丙公司签订合同，以伍拾万元的价格将该数据管理平台作为产品许可丙公司使用。__(63)__ 说法是不正确的。

（63）A. 该数据管理平台的著作权由甲乙共同拥有

　　　　B. 该数据管理平台的著作权不可转让

　　　　C. 乙未征得甲同意而与丙公司签订的许可合同无效

　　　　D. 如甲同意，乙获得的伍拾万元报酬合理分成给甲

试题（63）分析

著作权法第十三条：两人以上合作创作的作品，著作权由合作作者共同享有。根据我国著作权法第二十五条的规定：著作权的转让应当订立书面合同。著作权许可使用是著作权人授权他人以一定的方式，在一定的时期和一定的地域范围内商业性使用其作品并收取报酬的行为。由于甲乙共同拥有著作权，合同应征得甲乙同意，并与丙签订。甲乙双方授权许可的报酬，甲乙方合理分配。

所以答案应选 B。

参考答案

（63）B

试题（64）

为了系统地、完整地构建信息系统的安全体系框架，信息系统安全体系应当由 __(64)__ 共同构建。

（64）A. 技术体系、组织机构体系和管理体系

　　　　B. 硬件、软件、安全产品和管理制度

　　　　C. 技术框架、产品、管理制度和标准

　　　　D. 用户需求、建设内容、运维管理

试题（64）分析

从信息安全管理目标来看，其中的网络安全、数据安全、信息内容安全等可通过开放系统互连安全体系的安全服务、安全机制及其管理实现，但所获得的这些安全特性只解决了与通信和互连有关的安全问题，而涉及与信息系统工程的构成组件及其运行环境安全有关的其他安全问题（如物理安全、系统安全等）还需从技术措施和管理措施两方面结合起来。为了系统地、完整地构建信息系统的安全体系框架，信息系统安全体系应当由技术体系、组织机构体系和管理体系共同构建。

管理制度和标准是管理体系的一部分，组织机构体系是信息系统的组织保障系统。由机构、岗位和人事三个模块构成，一个机构设置分为：决策层、管理层和执行层。所以答案应选 A。

参考答案

（64）A

试题（65）

信息网络的物理安全要从 (65) 两个角度来考虑。

（65）A．软件安全和设备安全　　　B．环境安全和设备安全

　　　　C．环境安全和软件安全　　　D．软件安全和硬件安全

试题（65）分析

物理安全技术运用于物理保障环境（含系统组件的物理环境）。物理安全包括：设备、设施、环境、介质。所以答案 B 正确。

参考答案

（65）B

试题（66）

(66) 是总监理工程师应履行的职责。

（66）A．签署工程计量原始凭证　　　B．编制各专业的监理实施细则

　　　　C．负责合同争议调解　　　　　D．负责各专业监理资料的收集、汇总及整理

试题（66）分析

总监理工程师应履行的职责：

对信息工程监理合同的实施负全面责任；负责管理监理项目部的日常工作，并定期向监理单位报告；确定监理项目部人员的分工；检查和监督监理人员的工作，根据工程项目的进展情况可进行人员的调配，对不称职的人员进行调换；主持编写工程项目监理规划及审批监理实施方案；主持编写并签发监理月报、监理工作阶段报告、专题报告和项目监理工作总结；主持编写工程质量评估报告；组织整理工程项目的监理资料；主持监理工作会议，签发监理项目部重要文件和指令；审定承建单位的开工报告、系统实施方案、系统测试方案和进度计划；审查承建单位竣工申请，组织监理人员进行竣工预验收，参与工程项目的竣工验收、签署竣工验收文件；审核签认系统工程和单元工程的质量验收记录；主持审查和处理工程变更；审批承建单位的重要申请和签署工程费用支付证书；参与工程质量事故的调查；调解业主单位和承建单位的合同争议，处理索赔，审批工程延期；负责指定专人记录工程项目监理日志。所以答案 C 正确。

参考答案

（66）C

试题（67）

承建、监理单位应当在 (67)，将各自形成的有关工程档案向建设单位归档。

（67）A．工程初步验收前　　　B．工程初步验收后

　　　　C．工程竣工验收前　　　D．工程竣工验收后

试题（67）分析

按照《国家电子政务工程建设项目管理暂行办法》初步验收，项目建设单位对项目的工程、技术、财务和档案等进行验收，形成初步验收报告。根据《国家电子政务工程建设项目档案管理暂行办法》电子政务项目文件材料的收集、整理、归档应与项目建设进程同步实施，工程竣工验收后，由建设单位向档案部门移交档案。因此答案 A 正确。

参考答案

（67）A

试题（68）

工程验收监理报告必须包含　(68)　。

①工程背景　　②工程竣工准备工作综述　　③验收测试方案与规范

④测试结果与分析　　⑤验收测试结论

(68) A. ①②③④⑤　　　B. ①②④⑤　　　C. ①②③⑤　　　D. ②③④⑤

试题（68）分析

工程监理验收报告的主体应该是验收测试结论与分析，必须包含以下几个要素：

● 工程竣工准备工作综述

评估集成商准备的技术资料、文档、基础数据等是否准确、齐全，其他竣工准备工作是否完备。

● 验收测试方案与规范

组织三方确定验收测试方案、测试案例、测试工具的使用等。

● 测试结果与分析

依照验收测试方案实施测试得到的测试结果描述，包括业务测试和性能测试。对原始测试结果必要的技术分析，包括各种分析图表、文字说明等。

● 验收测试结论

根据测试结果分析对各项指标是否达到工程设计要求做综合性说明，对工程中存在或可能存在的问题进行分析和归纳，以及确定的需要返工修改的部分，对返工修改的部分回归测试的情况。

所以答案选 D。

参考答案

（68）D

试题（69）

在委托监理的信息工程项目中，监理单位与承建单位不得有隶属关系和其他利害关系，这个要求反映了信息工程监理的　(69)　。

（69）A．服务性　　　　　B．科学性　　　　　C．独立性　　　　　D．公正性

试题（69）分析

《信息系统工程监理暂行规定》中，第十八条详细规定了监理单位的权利与义务：

- 应按照"守法、公平、公正、独立"的原则，开展信息系统工程监理工作，维护业主单位与承建单位的合法权益；
- 按照监理合同取得监理收入；
- 不承建信息系统工程；
- 不得与被监理项目的承建单位存在隶属关系和利益关系，不得作为其投资者或合伙经营者；
- 不得以任何形式侵害业主单位和承建单位的知识产权；
- 在监理过程中因违犯国家法律、法规，造成重大质量、安全事故的，应承担相应的经济责任和法律责任。

从以上的条款可以看出，一个信息系统工程监理单位的行为应该遵循以下准则：

1．守法

这是任何一个具有民事行为能力的单位或个人最起码的行为准则，对于监理单位守法就是依法经营，其行为应遵守国家和相应地区的所有法律法规。

2．公正

主要是指监理单位在处理业主单位与承建单位之间的矛盾和纠纷时，要做到"一碗水端平"，是谁的责任，就由谁承担；该维护谁的权益，就维护谁的利益，决不能因为监理单位受业主单位的委托，就偏袒业主单位。

3．独立

这是信息系统工程监理有别于其他监理的一个特点，监理单位不能参与除监理以外的与本项目有关的业务，而且监理单位不得从事任何的具体的信息系统工程业务。也就是说，监理单位应该是完全独立于其他双方的第三方机构。

4．科学

信息系统工程是代表高科技的工程，监理的业务活动要依据科学的方案，运用科学的手段，采取科学的方法，进行科学的总结。

5．保密

信息系统工程是高新技术领域的工程，在工程设计和实施中会涉及大量的技术、商业、经济等秘密，监理单位有业务对其在工作范围内接触的上述信息保守秘密。

所以答案选 C

参考答案

（69）C

试题（70）

工程建设过程中，按照计划应于 2014 年 7 月 23 日完成到货验收，但乙方并未按时

到货，乙方恳请监理单位暂且不向甲方汇报此事，而监理公司出具了专题监理报告向甲方说明了此事。这体现了监理的 （70） 原则。

（70）A. 公平　　　　　　B. 科学　　　　　C. 诚信　　　　　D. 独立

试题（70）分析

监理工程师的职业道德要求：维护国家的荣誉和利益，按照"守法、诚信、公正、科学"的准则执业。诚信就是忠诚老实、为人做事守信用，诚信是做人的基本品德。

所谓科学的原则，就是在监理实践中，要依据科学的方案（如监理规划），运用科学的手段（如测试设备或测试工具软件），采取科学的办法（如收集数据），并在项目结束后，进行科学的总结（如信息归纳整理）。监理要用科学的思维、科学的方法对核心问题有预先控制措施上的认识，凡事要有证据，处理业务一定要有可靠的依据和凭证，判断问题时尽量用数据说服业主方或承建方，必要时，一定以书面材料（如专题监理报告）说明立场和观点。

公平是指坚持正确观点，实事求是。独立是指监理单位应该是完全独立于其他双方的第三方机构。所以答案选 C。

参考答案

（70）C

试题（71）

Most of the host operating system provides a way to automated configure the IP information needed by a host.Automated configuration methods,such as （71）,are required to solve the problem.

（71）A. IPSec　　　　B. DHCP　　　　C. PPT　　　　D. SOAP

试题（71）分析

本题考查给计算机自动设置 IP 地址的方法。

IPSec：IP 层协议安全结构。IPSec 在 IP 层提供安全服务，它使系统能按需选择安全协议，决定服务所使用的算法及放置需求服务所需密钥到相应位置。

DHCP：在一个使用 TCP/IP 协议的网络中，每一台计算机都必须至少有一个 IP 地址，才能与其他计算机连接通信。为了便于统一规划和管理网络中的 IP 地址，DHCP（Dynamic Host Configure Protocol，动态主机配置协议）应运而生了。这种网络服务有利于对校园网络中的客户机 IP 地址进行有效管理，而不需要一个一个手动指定 IP 地址。

PPT 是 PowerPoint 的简称，是微软公司出品的 Office 软件系列软件之一。

SOAP，简单对象访问协议。是一种轻量的、简单的、基于 XML 的协议，是交换数据的一种协议规范，是一种轻量的、简单的、基于 XML（标准通用标记语言下的一个子集）的协议，它被设计成在 WEB 上交换结构化的和固化的信息。SOAP 可以和现存的许多因特网协议和格式结合使用，包括超文本传输协议（HTTP），简单邮件传输协议（SMTP），多用途网际邮件扩充协议（MIME）。它还支持从消息系统到远程过程调用（RPC）等大量的应用程序。所以答案选 B。

参考答案

（71）B

试题（72）

Which factors must be most considered when developing acceptance criteria　（72）　.

（72）A．Match with requirements　　　B．User availability

　　　　C．Ability to benchmark system　　D．Schedule of system delivery

试题（72）分析

本题考查验收的标准。

满足用户需求，基准系统的能力，用户可用性，预计交付时间。满足用户需求，是最重要的因素。所以答案选 A。

参考答案

（72）A

试题（73）

Many useful tools and techniques are used in developing schedule.　（73）　is a schedule network analysis technique that modifies the project schedule to account for limited resource.

（73）A．PERT　　　　　　　　　　B．Resource levelling

　　　　C．Schedule compression　　　D．Critical chain method

试题（73）分析

本题考查制定项目计划时有限资源的安排技术、计划评审技术、资源平衡法、进度压缩、关键路径法。

资源平衡是一种进度网络分析技术，用于已经利用关键路线法分析过的进度模型。资源平衡使用场景一般如下：处理时间安排需要满足规定交工日期的计划活动；处理只有在某些时间动用或只能动用有限数量的必要的共用或关键资源数量；处理在项目工作具体时间段内按照某种水平均匀地使用选定资源；资源平衡核心在于将稀缺资源首先用到关键路线的关键活动。此外，可以考虑加班和提高资源的生产率。所以答案选 B。

参考答案

（73）B

试题（74）

In all projects, needs must be tempered by schedule, cost and resource constraints.Project success depends primarily on　（74）　.

（74）A．the quality of the schedule and cost control analysis

　　　　B．customer satisfaction

　　　　C．customer compromise in defining its needs

　　　　D．exceeding customer requirements through gold-plating

试题（74）分析

所有项目中，客户的要求必须根据进度表、成本和有限的资源进行修改。项目的成功主要取决于：

    A．进度表和成本控制分析的优劣

    B．客户满意程度

    C．客户在确定要求时的折衷态度

    D．通过漂亮的外包装超额满足客户的要求

所以答案选 B。

参考答案

（74）B

试题（75）

  （75）is one of the quality planning outputs.

  （75）A．Scope base line   B．Cost of quality

             C．Product specification   D．Quality checklist

试题（75）分析

质量计划的输出，是形成质量检查表，不是范围基线，也不是质量成本和产品说明。

所以选择答案 D。

参考答案

（75）D

第12章 2014下半年信息系统监理师下午试题分析与解答

试题一（20分）

阅读下列说明，回答问题1至问题4，将解答填入答题纸的对应栏内。

【说明】

某企业信息系统工程项目，包含综合布线工程、网络工程、主机系统工程、企业业务软件开发工程等4个子项目。建设单位甲通过公开招标方式确定承建单位，某知名集团公司丁的全资子公司乙经过竞标，赢得工程合同。建设单位甲委托监理公司丙承担项目的监理工作，在项目实施过程中发生了如下事件：

[事件1] 工程正式开工之前，乙方项目经理对综合布线工程、网络工程、主机系统工程等子项目制订了详细的实施计划，由于工期较紧，计划安排综合布线工程与网络工程、主机系统工程并行实施，同时完成安装工作并进行加电联调达到要求后，报监理方签字认可。

[事件2] 在项目业务软件开发实施过程中，由于乙方未按要求投入所需的主要技术人员等原因，导致项目进度滞后，甲、丙方多次要求乙方尽快补齐所缺人员。迫于甲、丙方的一再督促，乙方在甲、丙方不知情的情况下，从母公司丁抽调多名资深技术人员加入到本项目的现场开发工作中，丙方在巡查中发现后，向乙发出停工令，要求新加入人员所承担的工作暂时停工，乙方认为监理方的做法错误并影响了工程进度，并应该补偿由此造成的工期损失。

[事件3] 为了确保项目质量，及时发现问题，项目总体设计方案完成后，进入评审过程。甲、丙方对此非常重视，聘请了数位资深业务专家和信息化专家参加评审会。评审会由信息化专家主持，对总体设计方案进行讨论，得出了评审结论。会后，参会的几位监理工程师经过讨论，形成最终的监理意见。

[事件4] 在专题监理会议上，甲方现场负责人发言指出：由于甲方业务及其流程发生变化，要求正在实施的应用软件功能做相应的变更。会后，乙方经过缜密的研究认为功能有增有减，总的工作量与原来差别不大，同意了甲方的变更要求并付诸实施。

【问题1】（4分）

作为监理工程师你认为事件1中的安排合适吗？请说明理由。

【问题2】（8分）

在事件2中，作为监理工程师，请回答：

（1）监理方的做法是错误的吗？请说出理由。

（2）乙方抽调人员的资质有问题吗？请说出理由。

（3）应该给乙方相应的工期补偿吗？

【问题 3】（4 分）

请指出事件 3 中评审过程中存在的错误做法。

【问题 4】（4 分）

请指出事件 4 中应用软件变更中存在的错误做法。

试题一分析

本题考查企业信息化项目的质量控制、进度控制、变更控制等方面的理论和应用。考生应结合案例的背景，综合运用理论知识和实践经验回答问题。

【问题 1】

按照《信息系统监理规范总则》（GB/T 19668.1）中关于质量控制的要求，相关实施任务完成后，需要监理单位的检查和确认。因此根据题目描述，项目涉及到基础环境建设和网络、主机等系统集成类工程。其中综合布线工作属于其他工作的前置工作，且相关工作质量必须要经过监理单位的检查测试并认可后，才可以和其他网络、主机等系统进行加电联调。显然事件 1 中乙方项目经理的安排是不合适的。

【问题 2】

按照《信息系统监理规范总则》（GB/T 19668.1）中关于质量控制的要求，乙方入场前需要报告监理并提出相关开工申请，经监理审查同意后，出具开工令方可实施。其中，审查的要点之一就是乙方的组织结构和人员资质证明文件。而根据题目描述的情况，乙方在未经各方同意的情况下，私自抽调人员参与实施，是错误的行为。监理在巡场过程中发现该问题，由总监理工程师发出停工令是正确的。

根据招投标法相关规定，实施人员必须是乙方自有的员工。根据题目描述，抽调的人员并非自身员工，两者之间不存在隶属关系。这样的做法对项目从信息保密性、管理规范性、技术合理性等方面都是有危害的。

按照《信息系统监理规范总则》（GB/T 19668.1）中关于进度控制的要求，由于该工期的延误是由于乙方的原因造成的，因此不予补偿。乙方还应该采取措施保证总工期符合要求。

【问题 3】

里程碑节点完成后，需要对里程碑成果进行专家评审。按照评审的议程，一般应由总监理工程师主持，由专家组进行评审。

形成评审结论后，监理单位也需要形成监理意见。但应由总监理工程师组织讨论，并形成最终监理意见。

【问题 4】

按照《信息系统监理规范总则》（GB/T 19668.1）中关于变更控制的要求，按照变更控制的程序，需要提出变更申请，并经三方认可后，方可进行变更，且监理单位需要对变更结果进行评估。根据题目描述，变更比较随意，没有履行书面的变更申请手续。另外，没有经过监理的认可也是不对的。

试题一参考答案

【问题 1】（4 分）

不合适（2 分）。理由是：综合布线工程实施完成后，未经监理工程师检查（或测试、认可）（1 分），不得与整个计算机网络系统连接通电（1 分）（说出类似的意思就可以给分）。

【问题 2】（8 分）

（1）监理的做法是正确的（1 分）。理由是：未经资质审查的人员进入现场实施、开发，总监理工程师可以下达停工令（2 分）。

（2）有问题（1 分）。理由是：招标投标法律相关规定（1 分），项目实施人员必须是乙方自己的人员（2 分，说出这层意思就给分）。

（3）由于是乙方自己的问题造成的，因此不给工期补偿（1 分，答出不给工期补偿就给分）。

【问题 3】（4 分）

（1）评审会应该由总监理工程师主持（2 分，说出总监理工程师组织等意思都可以给分）。

（2）应该由总监理工程师组织监理工程师进行讨论后形成监理意见（2 分）。

【问题 4】（4 分）

变更申请应该以书面形式提出（2 分）。变更实施前，应得到三方认可（或者说还应该得到监理方的认可等，意思相同的说法都可以给分）（2 分）。

试题二（15 分）

【说明】

某单位拟通过公开招标方式采购一家集成单位承担网络改造工程，开标现场共有 3 家单位前来投标。

事件 1：招标人组建了总人数为 5 人的评标委员会，其中招标人代表 1 人，招标代理机构代表 1 人，法律顾问 1 人，网络专家 2 人，开标后，评标委员会对投标文件的密封情况进行了检查。评标过程中，由于 3 家单位均没有同行业类似业绩，原该部分评分项没有实际意义，评标委员会建议修改对应评分项，按照公司相同规模进行打分，期间，法律顾问突发低血糖晕倒后送医就诊，只得由评标委员会组长组织其他人完成了评标，并由组长代法律顾问签署评标报告。

事件 2：　A 公司报价 70 万，B 公司 95 万，C 公司 75 万。评标价格得分采用算术均价最高分，每上浮 1.25%扣 5 分，下浮 1.25%扣 3 分。

【问题 1】

请指出事件 1 所描述的评标过程中存在的问题有哪些并说明原因。

【问题 2】

请空白位置填写对应得分，并按总分由高到低顺序排名。

评分项	权重	说明	A 公司	B 公司	C 公司
商务得分	30%	百分制	80	80	90
技术得分	40%	百分制	80	85	85
报价得分	30%	百分制			
总分	——	百分制			

得分排名：

【问题 3】

采用公开招标时，对于有资格预审的招标项目，监理方应协助业主对投标单位的资质进行评审，评审应主要依据哪些方面。

试题二分析

本题考查项目招投标采购等相关理论与应用。考生应结合案例的背景，综合运用理论知识和实践经验回答问题。

【问题 1】

1. 本案中招标人和招标代理机构各派 1 人参加评标，所占比例超过了总人数的 1/3（招标代理机构派代表参加评标，在性质上属于招标人代表），违反了招标投标法第三十七条，即评标委员会由招标人代表和有关技术、经济方面的专家组成，人员为 5 人以上的单数，其中招标人代表不能超过 1/3，技术、经济方面的专家不能少于 2/3。

2. 根据招标投标法第三十六条，对投标文件的密封情况进行检查的职责属于招标人，不属于评标委员会。

3. 评标委员会修改评分项的做法属于越权，违法了招标投标法规定的评标原则，即按照招标文件中的评标标准和方法，对投标文件进行系统的评审和比较，评标时不能采用招标文件中没有规定的标准和方法。

4. 法律顾问在评审过程中突发急病，应更换一位满足要求的成员替换其评标才能完成整个评标工作。本案由剩下的 4 位成员完成了评标，不符合招标投标法第三十七条对评标委员会组成的规定。而由评标委员会组长代替法律顾问平标报告上签字的做法，违反了招标投标法第四十四条评标委员会成员对评标结果承担个人责任，以及《招标投标法》第四十八条由更换的评标委员会成员重新进行评审的规定。

【问题 2】（7 分）

价格分计算：

评标价格均价=(70+95+75)/3=80

A 公司：报价 70<80，差额百分比 =(80-70)/80 *100%=12.5%，扣分 =12.5%/1.25%*3=30，报价得 70 分；

B 公司：报价 95>80，差额百分比=(95-80)/80 *100%=18.75%，扣分=18.75%/1.25%*5

=15*5=75,报价得 25 分；

C 公司：报价 75<80，差额百分比=(80-75)/80 *100%=6.25%；扣分=6.25%/1.25*3=15，报价得 85 分。

总分计算：

A 公司：80*30%+80*40%+70*30%=24+32+21=77

B 公司：80*30%+85*40%+25*30%=24+34+7.5=65.5

C 公司：90*30%+85*40%+85*30%=27+34+25.5=86.5

评分项	权重	说明	A 公司	B 公司	C 公司
商务得分	30%	百分制	80	80	90
技术得分	40%	百分制	80	85	85
报价得分	30%	百分制	70	25	85
总分	——	百分制	77	65.5	86.5

得分排名：C 公司-->A 公司-->B 公司

【问题 3】

采用公开招标时，监理方应协助业主对投标单位的资质进行评审，根据《信息系统监理师教程》，其评审依据包括：企业资质（包括但不限于：计算机信息系统集成资质、建筑智能化系统集成专项工程设计资质、安全消防工程等资质）、质量管理体系（是否通过相关认证或评估）、相关项目的实施经验（是否从事过与本项目相关或相似的开发工作、是否有相关领域的成功经验）、公司实力（注册资本、技术实力、企业发展情况、核心领导层背景及稳定度等）四个方面。

试题二参考答案

【问题 1】（4 分）

1. 所占比例超过了总人数的1/3（招标代理机构派代表参加评标，在性质上属于招标人代表），违反了《招标投标法》第三十七条。（1 分）

2. 对投标文件的密封情况进行检查的职责属于招标人，不属于评标委员会。（1 分）

3. 评标委员会修改评分项的做法属于越权，违法了《招标投标法》规定的评标原则。（1 分）

4. 法律顾问在评审过程中突发急病，应更换一位满足条件的成员替换其评标才能完成整个评标工作。由评标委员会组长代替法律顾问平标报告上签字的做法，违反了《招标投标法》。（1 分）

【问题 2】（7 分）

评分项	权重	说明	A 公司	B 公司	C 公司
商务得分	30%	百分制	80	80	90
技术得分	40%	百分制	80	85	85

续表

评分项	权重	说明	A 公司	B 公司	C 公司
报价得分	30%	百分制	70	25	85
总分	——	百分制	77	65.5	86.5

（每空 1 分，共 6 分）

总分排名（由高到低）：C 公司、A 公司、B 公司。（1 分）

【问题 3】（4 分）

企业资质（1 分）（包括但不限于：计算机信息系统集成资质、建筑智能化系统集成专项工程设计资质、安全消防工程等资质）、质量管理体系（1 分）（是否通过相关认证或评估）、相关项目的实施经验（1 分）（是否从事过与本项目相关或相似的开发工作、是否有相关领域的成功经验）、公司实力（1 分）（注册资本、技术实力、企业发展情况、核心领导层背景及稳定度等）四个方面。

试题三（15 分）

阅读下列说明，回答问题 1 至问题 2，将解答填入答题纸的对应栏内。

【说明】

某国家级大型信息系统工程建设项目，使用中央财政投资，在完成编写项目建议书、可行性研究报告、初步设计方案后获得批准。建设单位通过公开招标方式选定某监理单位承担整个项目全过程监理工作。在项目执行过程中发生了以下几个事件：

[事件 1] 在某次到货过程中，现场监理工程师发现所到设备与合同清单品牌不符，经咨询，承建单位解释该批产品为 OEM 产品。现场监理工程师认为不符合要求，因此拒绝在到货验收清单上签字。

[事件 2] 由于新增项目涉及部分新业务，建设单位经过市场调研后，认为市场可以开展此项业务的单位不多，因此直接将其中某一个预算金额为 200 万元的新增单项以单一来源的方式采购。

【问题 1】（9 分）

（1）在事件 1 中，现场监理工程师的做法是否合理？请说明理由。

（2）请说明监理后续需要开展哪些工作才能符合现场到货要求？

【问题 2】（6 分）

（1）在事件 2 中，建设单位直接采用单一来源方式采购是否恰当？请说明理由。

（2）如确需采用单一来源方式，需要履行的审批手续是哪些？

试题三分析

本题考查电子政务工程的项目管理以及政府采购法的理论与应用。考生应结合案例的背景，综合运用理论知识和实践经验回答问题。

【问题 1】

根据题目描述，首先需要知道 OEM 的概念和常用工作程序。

（1）OEM 是当前比较流行的制造方式。即品牌生产者不直接生产产品，而是利用合同订购的方式委托其他厂家生产，之后将所订产品贴上自己的品牌商标对外销售。因此 OEM 产品称之为贴牌产品。

（2）相关程序是品牌厂商向厂家下订单，并签署相关协议，待出厂后即可以该品牌的产品向客户供货。

从题目阐述的背景看，到货的产品与合同配置的品牌不一致，作为现场监理工程师有权要求供应商退换货或者提供澄清文件，并在情况未核实前不予在到货验收单上签字。因此监理的做法是合理的。

当现场监理工程师对货物提出质疑时，按照到货验收要求，相关供货商必须提供有力的证据证明所供设备的合法性。因此供货商需要提供与厂家签订的 OEM 协议证明产品合法，同时按照到货验收要求，提供原厂合格证明文件等随机附件。另外，涉及第三方品牌产品的，必须确保用户使用权限不侵犯第三方知识产权。

【问题 2】

根据政府采购法中关于单一来源条件"（一）只能从唯一供应商处采购的；（二）发生了不可预见的紧急情况不能从其他供应商处采购的；（三）必须保证原有采购项目一致性或者服务配套的要求，需要继续从原供应商处添购，且添购资金总额不超过原合同采购金额百分之十的。"的要求建设单位无法证明市场只有唯一一家可以满足需求，因此不能采用单一来源的方式。

如果确需采用单一来源，则按照财政部关于印发《政府采购进口产品管理办法》的通知（财库〔2007〕119 号）相关文件要求，必须先进行专家论证，再履行报批手续后才能进行。

试题三参考答案

【问题 1】（9 分）

（1）合理。（2 分）

因为设备是贴牌（OEM）产品（2 分），不符合合同清单要求（1 分）。

（2）后续需要开展的工作包括：

（a）责成承建单位提供 OEM 合同或协议，以证明设备的合法性；

（b）责成承建单位提供原厂设备证明；

（c）建设单位、承建单位、监理单位三方签署备忘录，确定合同清单的品牌要求；

（d）责成承建单位提供承诺函，保证所提供的设备品牌型号不侵犯第三方知识产权。

（每项 2 分，最多得 4 分）

【问题 2】（6 分）

（1）不恰当。（2 分）

因为不符合政府采购法相关单一来源中"（一）只能从唯一供应商处采购的；（二）发生了不可预见的紧急情况不能从其他供应商处采购的；（三）必须保证原有采购项目一

致性或者服务配套的要求，需要继续从原供应商处添购，且添购资金总额不超过原合同采购金额百分之十的。"等任一条件的要求。（2 分）

（2）需要履行的审批手续包括：

（a）召集专家进行单一来源采购论证；

（b）整理材料上报财政部或项目主管部门审批。

（每项 2 分，最多得 2 分）

试题四（15 分）

阅读下列说明，回答问题 1 至问题 3，将解答填入答题纸的对应栏内。

【说明】

在某省重点大型电子政务工程项目建设中，建设单位甲与承建单位乙签订了实施合同，工期为 18 个月。合同规定，项目完成后首先进行各子项内部验收，再按照《国家电子政务工程建设项目管理暂行办法》的相关规定进行项目验收，并委托某监理公司丙承担项目全过程的监理任务。建设过程中发生如下事件：

[事件 1] 承建单位根据项目建设需要制定了周密的实施计划，部分节点是：项目实施后第 8 个月完成主机等设备的安装调试工作和子项内部验收，第 9 个月完成软件的开发和子项内部验收，第 10 个月开始进行试运行，第 14 个月完成信息安全风险评估，第 15 个月完成项目初步验收。

[事件 2] 承建单位项目经理在安排软件测试任务的动员会上讲：软件测试环节是软件系统质量形成的主要环节，各开发小组，特别是测试小组，应重视软件集成测试工作。因此，项目经理安排给测试组进行测试的时间非常充足，测试周期占整个软件系统开发周期的 40%，约 15 周。在软件系统测试的过程中，项目经理安排了详细的测试跟踪计划，统计每周所发现软件系统故障数量，以及所解决的软件故障。根据每周集成测试的结果分析，软件系统故障随时间的推移呈明显的下降趋势，第 1 周发现约 100 个故障，第 2 周发现约 90 个故障，第 3 周发现 50 个故障……第 10 周发现 2 个故障，第 11 周发现 1 个故障，第 12 和第 13 周发现 0 个故障，因此项目经理认为应用软件达到了内部验收的条件。

[事件 3] 项目初步验收完成后，建设单位要求监理机构协助整理提交竣工验收申请报告时所需的、作为附件一并上交的其他文件。

【问题 1】（4 分）

针对事件 1，如果你作为该项目的监理工程师，你认为承建单位项目经理做的项目计划可行吗？说出理由。

【问题 2】（6 分）

针对事件 2，作为监理工程师，请指出：

（1）"软件测试环节是软件系统质量形成的主要环节"说法妥当吗？说出理由。

（2）"第 12 和第 13 周发现 0 个故障，因此项目经理认为应用软件达到了内部验收的条件"说法妥当吗？说出理由。

【问题 3】（5 分）

请给出事件 3 中提交竣工验收申请报告时所需的、作为附件一并上交的文件清单。

试题四分析

本题首先给出实际案例 3 个事件的背景，考察的知识点是国家电子政务工程建设管理的政策法规以及软件工程的理论基础。其中事件 1 和事件 3 的案例背景是项目验收过程中需要依据的政策法规，即《国家电子政务工程建设项目管理暂行办法》中关于电子政务工程项目验收管理的要求；事件 2 的案例背景是软件工程的理论知识实践应用。3 个事件总体要求考生能综合运用政策法规、理论知识和结合实践运用。

【问题 1】

项目经理安排的工期符合要求。因为按照事件 1 中的描述，"第 9 个月完成软件的开发和子项内部验收，第 14 个月完成信息安全风险评估，第 15 个月完成初步验收。"信息安全风险评估和初步验收是在软件开发任务完成的半年内组织完成的。依据《国家电子政务工程建设项目管理暂行办法》第三十一条规定：项目建设单位应在完成项目建设任务后的半年内，组织完成建设项目的信息安全风险评估和初步验收工作。

【问题 2】

一问的答案是不妥当。因为，依据软件工程理论，软件过程是一系列的活动和步骤组成。软件质量形成于过程中。软件开发过程包括：系统需求分析，系统结构设计，软件需求分析、结构设计、详细设计、编码、集成、测试。软件测试只是质量保证的一个环节，忽视其他环节软件的质量将无法保证。

二问的答案是不妥当。因为，依据软件工程理论，内部测试合格不能说明满足验收条件。确认测试是验证被测软件是否满足需求规格说明书列出的需求。任务是验证软件的功能和性能及其他特性是否与用户的要求一致。对软件的功能和性能要求在软件需求规格说明书中已经明确规定，它包含的信息就是软件确认测试的基础。

【问题 3】

答案是"项目建设总结、初步验收报告、财务报告、审计报告和信息安全风险评估报告。"因为，依据《国家电子政务工程建设项目管理暂行办法》中第三十一条规定：初步验收合格后，项目建设单位应向项目审批部门提交竣工验收申请报告，并将项目建设总结、初步验收报告、财务报告、审计报告和信息安全风险评估报告等文件作为附件一并上报。项目审批部门应适时组织竣工验收。

试题四参考答案

【问题 1】（4 分）

可行（1 分）。理由是：符合项目建设单位应在完成项目建设任务后的半年内（1 分），

组织完成建设项目的信息安全风险评估和初步验收工作（2 分）。（说出符合工期要求等给 1 分）

【问题 2】（6 分）

（1）不妥当（1 分）。理由是：软件测试是保证软件质量的重要工作内容之一，但软件测试环节却不是软件质量的形成环节（1 分），测试只能检查软件中所存在的缺陷，发现问题。软件质量是在需求分析、设计、编码、测试、文档编制等软件生产的全过程中形成的（1 分）。

（2）不妥当（1 分）。理由是：应该在确认测试（或者验收测试）完成后，才有可能具备提请内部验收的条件。（2 分，说出类似的意思就可以得分）

【问题 3】（5 分）

项目建设总结、初步验收报告、财务报告、审计报告、信息安全风险评估报告。

（每个 1 分，共 5 分）

试题五（10 分）

阅读下列说明，回答问题 1 至问题 3，将解答填入答题纸的对应栏内。

【说明】

某网络项目建设包含综合布线，网络设备采购等内容。综合布线已通过单项验收，现承建方在进行交换机的配置。

【问题 1】

监理在旁站过程中，发现板卡上的 LED 指示灯为红色，现场实施工程师执行 show module 时，输出结果为 other，此时可初步判断＿＿＿＿＿发生了故障。

　　A．线卡　　　　　B．背板　　　　　　　C．端口　　　　　　　D．配置

【问题 2】

判断交换机引擎插板（或称为管理插板）故障的主要措施，包括＿＿＿＿＿（3 分）

a．连接至该交换机的各个接入交换机之间彼此是否无法通信

b．使用 Show interface interface_id 命令，判断交换机管理模块是否正常

c．直接连接至该交换机的服务器之间彼此是否无法通信

d．将 SPF 模块插入另外一个正常插槽进行测试

e．重新启动交换机后，是否也无法登录至交换机管理

f．检查同一 UPS 供电的其他网络设备是否正常工作

【问题 3】（5 分）

判断下列关于服务器故障排除原则是否正确：

（1）在对计算机故障进行检查判断时，遇到未知计算机故障时应该首先考虑打开主机箱对硬件进行检测，如果不能解决问题，则检查是否是由软件引起的，最终达到排除故障的目的。（　　　）

（2）先检查键盘、鼠标、显示器、切换器、磁盘阵列等外部设备，查看电源的连接、各种连线是否链接得当，排除这些方面的原因后，再来检查主机。（　　　）

（3）首先检查电源部分，如是否有电压通到主机，工作电压是否正常、稳定，主机电源功率是否能负载各部件的正常运行，然后再检查各个部件。（　　　）

（4）遇到故障时，应首先考虑引起故障的特殊因素，如不能解决问题，再检查电源线、数据线是否松动，把它们重新插接。（　　　）

（5）在排除故障时，先排除简单而易修理的故障，再去排除困难的不好解决的故障。（　　　）

试题五分析

本题考查数据库测试等相关理论与应用。考生应结合案例的背景，综合运用理论知识和实践经验回答问题。

【问题 1】

线卡故障主要表现如下：

➢ 部分网络间的通信失败，不能连接至核心网络。

➢ 线卡 LED 指示灯全部熄灭、全部点亮或全部狂闪。

➢ 板卡上的 LED 指示灯显示为琥珀色或红色，或者执行 show module 命令时，输出状态为以下几种状态中的一种：

◆ Other

◆ Faulty

◆ Err-disable

◆ Power-deny

◆ Power-bad

【问题 2】

b 是检测端口故障；d 是检测 SFP 故障 f 是检测电源故障。

【问题 3】

（1）在对计算机故障进行检查判断时，一般应遵循先软后硬的原则，即遇到未知计算机故障时应该首先考虑是否是由软件引起的，如果不能解决问题再打开主机箱对硬件进行检测，最终达到排除故障的目的。

（2）先检查键盘、鼠标、显示器、切换器、磁盘阵列等外部设备，查看电源的连接，各种连线是否链接得当，排除这些方面的原因后，再来检查主机。

（3）首先检查电源部分，如是否有电压通到主机，工作电压是否正常、稳定，主机电源功率是否能负载各部件的正常运行，然后再检查各个部件。

（4）遇到故障时，应首先考虑最可能引起故障的原因，比如硬盘不能正常工作，应先检查电源线、数据线是否松动，把它们重新插接，如不能解决问题，再考虑其他较复杂的原因。

（5）在排除故障时，先排除简单而易修理的故障，再去排除困难的不好解决的故障。

试题五参考答案

【问题 1】（2 分）

A

【问题 2】（3 分）

A、C、E　　（每选对一个得 1 分，共 3 分，选项超过 3 个该题得 0 分）

【问题 3】（5 分）

（1）×　　　（2）√　　　（3）√　　　（4）×　　　（5）√

（每个 1 分，共 5 分）

第13章 2015上半年信息系统监理师上午试题分析与解答

试题（1）

　　微信是移动即时沟通工具之一，其发现功能模块下的扫一扫功能主要应用了智能标签 (1) 技术。

　　(1) A．NFC　　　　　　B．RFID　　　　　　C．二维码　　　　　D．条形码

试题（1）分析

　　目前市场上的智能标签技术主要集中在上述四个选项当中，但使用过微信的人应该知道微信扫一扫应用的是二维码技术。

　　NFC 是指近距离无线通信，是一种短距离的高频无线通信技术，允许电子设备之间进行非接触式点对点数据传输（在 10 厘米内）交换数据。而微信的扫一扫并不是电子设备之间的点对点传输，所以 A 选项错误。

　　RFID 射频识别技术是一种无线通信技术，可以通过无线电信号识别特定目标并读写相关数据，而无须识别系统与特定目标之间建立机械或者光学接触。从概念上来讲，RFID 类似于条码扫描，对于条码技术而言，它是将已编码的条形码附着于目标物并使用专用的扫描读写器利用光信号将信息由条形磁传送到扫描读写器；而 RFID 则使用专用的 RFID 读写器及专门的可附着于目标物的 RFID 标签，利用频率信号将信息由 RFID 标签传送至 RFID 读写器。很明显微信不具备专用的扫描读写器，所以 B 选项错误。

　　二维条码/二维码（2-Dimensional Bar Code）是用某种特定的几何图形按一定规律在平面（二维方向上）分布的黑白相间的图形记录数据符号信息的；在代码编制上巧妙地利用构成计算机内部逻辑基础的"0""1"比特流的概念，使用若干个与二进制相对应的几何形体来表示文字数值信息，通过图像输入设备或光电扫描设备自动识读以实现信息自动处理；它具有条码技术的一些共性：每种码制有其特定的字符集；每个字符占有一定的宽度；具有一定的校验功能等。同时还具有对不同行的信息自动识别功能及处理图形旋转变化点。微信上使用的正是这种二维码技术。

　　条形码技术是在计算机和信息技术基础上产生和发展起来的融编码、识别、数据采集、自动录入和快速处理等功能于一体的新兴信息技术。

参考答案

　　(1) C

试题（2）

　　风险小、安全可靠，但人力和设备消耗较大的新、旧信息系统切换方式是 (2) 。

　　(2) A．直接切换　　　　　　　　　　B．并行切换

　　　　C. 试点后直接切换　　　　　　　　D. 逐步切换

试题（2）分析

　　直接切换是在指定时刻，旧的信息系统停止使用，同时新的信息系统立即开始运行，没有过渡阶段。这种方案的优点是转换简便，节约人力、物力、时间。但是，这种方案是四种切换方案中风险最大的。而 C 选项试点后直接切换与 A 类似。

　　逐步切换是指分阶段、分系统的逐步实现新旧系统的交替。这样做既可避免直接方式的风险，又可避免并行运行的双倍代价，但这种逐步转换对系统的设计和实现都有一定的要求，否则是无法实现这种逐步转换的，同时，这种方式接口多，数据的保存也总是被分为两部分。

　　并行切换是在一段时间内，新、旧系统各自独立运行，完成相应的工作，并可以在两个系统间比对、审核，以发现新系统问题进行纠正，直到新系统运行平稳了，再抛弃旧系统。并行切换的优点是转换安全，系统运行的可靠性最高，切换风险最小。但是该方式需要投入双倍的人力、设备，转换费用相应增加。

参考答案

　　（2）B

试题（3）

　　当计算机主频确定后，影响其运算速度的主要指标是 (3) 。

　　（3）A. 存取节拍　　　　B. 字长　　　　C. 内存容量　　　　D. 总线宽度

试题（3）分析

　　字长在计算机中，作为一个整体被传送和运算的一串二进制代码叫作一个计算机字，简称字。一个字所含的二进制位数称为字长。字长与计算机的速度相关，字长是指微处理器内部的寄存器、运算器、内部数据总线等部件之间传输数据的宽度（位数），字节是计算机存储容量的基本单位，一个字节等于 8bit。字长一般是字节的整数倍，如 8bit、16bit、32bit、64bit 等。字长越长，运算精度就越高，功能越强，支持的主存容量就越大。可见，字长越长表明计算机技术和器件越完善、越发达，所以同一类机器，字长较长的，其性能速度就更优越。

参考答案

　　（3）B

试题（4）

　　计算机网络数据交换技术中， (4) 不属于分组交换技术。

　　（4）A. 线路交换　　　B. 数据报　　　　C. 信元交换　　　　D. 虚电路

试题（4）分析

　　在通信过程中，通信双方以分组为单位、使用存储-转发机制实现数据交互的通信方式，被称为分组交换（Packet Switching，PS）。分组交换也称为包交换，它将用户通信的数据划分成多个更小的等长数据段，在每个数据段的前面加上必要的控制信息作为数据段的首部，每个带有首部的数据段就构成了一个分组。所以数据报、信元交换和虚电路都属于分组交换技术。

而线路交换技术是采用面向连接的方式，在双方进行通信之前，需要为通信双方分配一条具有固定带宽的通信电路，通信双方在通信过程中将一直占用所分配的资源，直到通信结束，并且在电路的建立和释放过程中都需要利用相关的信令协议。

参考答案

（4）A

试题（5）

OSI 七层模型中的　(5)　为上层协议提供端到端的可靠和透明的数据传输服务，包括处理差错控制和流量控制等。

（5）A．表示层　　B．会话层　　　　C．应用层　　　　D．传输层

试题（5）分析

开放系统互连参考模型（Open System Interconnect，OSI）是国际标准化组织（ISO）和国际电报电话咨询委员会（CCITT）联合制定的开放系统互连参考模型，为开放式互连信息系统提供了一种功能结构的框架。它从低到高分别是：物理层、数据链路层、网络层、传输层、会话层、表示层和应用层。

① 物理层：提供为建立、维护和拆除物理链路所需要的机械的、电气的、功能的和规程的特性；有关的物理链路上传输非结构的位流以及故障检测指示。

② 数据链路层：在网络层实体间提供数据发送和接收的功能和过程；提供数据链路的流控。

③ 网络层：控制分组传送系统的操作、路由选择、用户控制、网络互连等功能，它的作用是将具体的物理传送对高层透明。

④ 传输层：提供建立、维护和拆除传送连接的功能；选择网络层提供最合适的服务；在系统之间提供可靠的透明的数据传送，提供端到端的错误恢复和流量控制。

⑤ 会话层：提供两进程之间建立、维护和结束会话连接的功能；提供交互会话的管理功能，如三种数据流方向的控制，即一路交互、两路交替和两路同时会话模式。

⑥ 表示层：代表应用进程协商数据表示；完成数据转换、格式化和文本压缩。

⑦ 应用层：提供 OSI 用户服务，例如事务处理程序、文件传送协议和网络管理等。

参考答案

（5）D

试题（6）

匿名 FTP 是　(6)　。

（6）A．Internet 中一种匿名信的名称

　　B．在 Internet 上没有主机地址的 FTP

　　C．允许用户免费登录并下载文件的 FTP

D. 用户之间能够进行传送文件的 FTP

试题（6）分析

使用 FTP 时必须首先登录，在远程主机上获得相应的权限以后，方可上传或下载文件。匿名 FTP 是这样一种机制：用户可通过它连接到远程主机上，并从其下载文件，而无须成为其注册用户。系统管理员建立了一个特殊的用户 ID，名为 anonymous，Internet 上的任何人在任何地方都可使用该用户 ID。所以匿名 FTP 是准许用户免费登录并下载文件的。

参考答案

（6）C

试题（7）

VLAN 网的帧结构　(7)　。

（7）A. 与以太网帧结构完全相同

　　 B. 与以太网帧结构完全不同

　　 C. 与以太网帧结构不兼容

　　 D. 在以太网帧结构中增加 4 个 VLAN 标记

试题（7）分析

VLAN（802.1Q）标签在以太网帧中占 4 个字节，即带 VLAN 标记的数据帧比普通的以太网帧多 4 个字节，包含 2 个字节的标签协议标识（TPID）和 2 个字节的标签控制信息（TCI）。

① TPID（Tag Protocol Identifier）是 IEEE 定义的类型，表明这是一个加了 802.1Q 标签的帧，此 2 个字节固定为 0x8100。

② TCI 包含下面的一些元素： Priority：这 3 位指明帧的优先级。一共有 8 种优先级，0～7。IEEE 802.1Q 标准使用这三位信息。 CFI（Canonical Format Indicator）：CFI 值为 0 说明是规范格式，1 为非规范格式。它被用在令牌环/源路由 FDDI 介质访问方法中来指示封装帧中所带地址的比特次序信息。VLAN ID（VLAN Identified）：这是一个 12 位的域，指明 VLAN 的 ID，一共 4096 个，每个支持 802.1Q 协议的交换机发送出来的数据包都会包含这个域，以指明自己属于哪一个 VLAN。

参考答案

（7）D

试题（8）

以下关于中继器的叙述中，不正确的是　(8)　。

（8）A. 中继器是工作于物理层的网络连接设备

　　 B. 利用中继器的放大再生功能，可以无限延长网络距离

　　 C. 一般情况下，中继器两端连接的是相同的传输介质

　　 D. 中继器的主要功能是通过重新发送或者转发数据信号，来扩大网络的范围

试题（8）分析

中继器（Repeater）是网络物理层上面的连接设备。适用于完全相同的两类网络的互连，主要功能是通过对数据信号的重新发送或者转发，来扩大网络传输的距离。中继器是对信号进行再生和还原的网络设备：OSI 模型的物理层设备。中继器是局域网环境下用来延长网络距离的最简单最廉价的网络互联设备，操作在 OSI 的物理层，中继器对在线路上的信号具有放大再生的功能，用于扩展局域网网段的长度（仅用于连接相同的局域网网段）。中继器（Repeater，RP）是连接网络线路的一种装置，常用于两个网络节点之间物理信号的双向转发工作。中继器主要完成物理层的功能，负责在两个节点的物理层上按位传递信息，完成信号的复制、调整和放大功能，以此来延长网络的长度。由于存在损耗，在线路上传输的信号功率会逐渐衰减，衰减到一定程度时将造成信号失真，因此会导致接收错误。中继器就是为解决这一问题而设计的。

从理论上讲中继器的使用是无限的，网络也因此可以无限延长。事实上这是不可能的，因为网络标准中都对信号的延迟范围作了具体的规定，中继器只能在此规定范围内进行有效的工作，否则会引起网络故障。

参考答案

（8）B

试题（9）

以下关于 VPN 的叙述中，不正确的是　(9)　。

（9）A．通常情况下，VPN 网关采取双网卡结构，外网卡使用公网 IP 接入 Internet

　　　B．VPN 属于远程访问技术，简单地说就是利用公用网络架设专用网络

　　　C．VPN 称为虚拟专用网络，实质上就是利用加密技术在公网上封装出一个数据通信隧道

　　　D．隧道两端的 VPN 网关只要有一端知道 VPN 目标地址和与此对应的远端 VPN 网关地址，即可进行 VPN 通信

试题（9）分析

根据 VPN 的工作原理：

① 通常情况下，VPN 网关采取双网卡结构，外网卡使用公网 IP 接入 Internet。

② 网络一（假定为公网 Internet）的终端 A 访问网络二（假定为公司内网）的终端 B，其发出的访问数据包的目标地址为终端 B 的内部 IP 地址。

③ 网络二的 VPN 网关在接收到终端 A 发出的访问数据包时对其目标地址进行检查，如果目标地址属于网络二的地址，则将该数据包进行封装，封装的方式根据所采用的 VPN 技术不同而不同，同时 VPN 网关会构造一个新 VPN 数据包，并将封装后的原数据包作为 VPN 数据包的负载，VPN 数据包的目标地址为网络二的 VPN 网关的外部地址。

④ 网络二的 VPN 网关将 VPN 数据包发送到 Internet，由于 VPN 数据包的目标地址

是网络一的 VPN 网关的外部地址，所以该数据包将被 Internet 中的路由正确地发送到网络二的 VPN 网关。

⑤ 网络二的 VPN 网关对接收到的数据包进行检查，如果发现该数据包是从网络一的 VPN 网关发出的，即可判定该数据包为 VPN 数据包，并对该数据包进行解包处理。解包的过程主要是先将 VPN 数据包的包头剥离，再将数据包反向处理还原成原始的数据包。

⑥ 网络二的 VPN 网关将还原后的原始数据包发送至目标终端 B，由于原始数据包的目标地址是终端 B 的 IP，所以该数据包能够被正确地发送到终端 B。在终端 B 看来，它收到的数据包就和从终端 A 直接发过来的一样。

所以隧道两端的 VPN 网关必须互相知道对方 VPN 目标地址和与此对应的远端 VPN 网关地址。

参考答案

（9）D

试题（10）

OPNET 能够准确分析网络的性能和行为，主要用于网络仿真。利用该工具不能得到 (10) 测试指标。

（10）A．网络吞吐量　　B．近端串扰　　C．延迟抖动　　D．链路利用率

试题（10）分析

OPNET 是一个网络仿真技术软件包，它能够准确地分析复杂网络的性能和行为，在网络模型中的任意位置都可以插入标准的或用户指定的探头，以采集数据和进行统计。通过探头得到的仿真输出可以以图形化显示、数字方式观察或者输出到第三方的软件包去。网络仿真能够验证实际方案或比较多个不同的设计方案。在网络规划设计过程中经常出现多个不同的设计方案，它们往往是各有优缺点，很难做出正确的选择，因此如何进行科学的比较和取舍往往是网络设计者们感到头疼的事。网络仿真能够通过为不同的设计方案建立模型，进行模拟，获取定量的网络性能预测数据，为方案的验证和比较提供可靠的依据。这里所指的设计方案可以是网络拓扑结构、路由设计、业务配置等等。

而近端串扰（Near End Cross-Talk（NEXT））是指在 UTP 电缆链路中一对线与另一对线之间因信号耦合效应而产生的串扰，是物理层面的问题，不属于网络性能和行为。

参考答案

（10）B

试题（11）

虚拟化资源是指一些可以实现一定操作具有一定功能，但其本身是 (11) 的资源，如计算池、存储池等，通过软件技术可实现相关的虚拟化功能包括虚拟环境、虚拟系统、虚拟平台。

（11）A．虚拟　　　　B．真实　　　C．物理　　　　D．实体

试题（11）分析

虚拟化是指通过虚拟化技术将一台计算机虚拟为多台逻辑计算机。在一台计算机上同时运行多个逻辑计算机，每个逻辑计算机可运行不同的操作系统，并且应用程序都可以在相互独立的空间内运行而互不影响，从而显著提高计算机的工作效率。虚拟化使用软件的方法重新定义划分 IT 资源，可以实现 IT 资源的动态分配、灵活调度、跨域共享，提高 IT 资源利用率，使 IT 资源能够真正成为社会基础设施，服务于各行各业中灵活多变的应用需求。

参考答案

（11）A

试题（12）

（12）是指用户可通过 Internet 获取软件服务资源。

（12）A. SaaS　　　　B. PaaS　　　　C. IaaS　　　　D. HaaS

试题（12）分析

SaaS 是 Software-as-a-Service（软件即服务）的简称，随着互联网技术的发展和应用软件的成熟，在 21 世纪开始兴起的一种完全创新的软件应用模式。它与"on-Demand Software"（按需软件），the Application Service Provider（ASP，应用服务提供商），Hosted Software（托管软件）所具有相似的含义。它是一种通过 Internet 提供软件的模式，厂商将应用软件统一部署在自己的服务器上，客户可以根据自己实际需求，通过互联网向厂商定购所需的应用软件服务，按定购的服务多少和时间长短向厂商支付费用，并通过互联网获得厂商提供的服务。

PaaS（Platform-as-a-Service：平台即服务）全称：（Platform as a service）中文：平台即服务所谓 PaaS 实际上是指将软件研发的平台（计世资讯定义为业务基础平台）作为一种服务，以 SaaS 的模式提交给用户。因此，PaaS 也是 SaaS 模式的一种应用。但是，PaaS 的出现可以加快 SaaS 的发展，尤其是加快 SaaS 应用的开发速度。

提供给消费者的服务是对所有计算基础设施的利用，包括处理 CPU、内存、存储、网络和其他基本的计算资源，用户能够部署和运行任意软件，包括操作系统和应用程序。消费者不管理或控制任何云计算基础设施，但能控制操作系统的选择、存储空间、部署的应用，也有可能获得有限制的网络组件（例如路由器、防火墙、负载均衡器等）的控制。

HaaS（Hardware-as-a-Service）的意思是硬件即服务。HaaS 概念的出现源于云计算，现在被称作基础架构即服务（IaaS）或基础架构云，使用 IaaS，各企业可通过 Web 将更多的基础架构容量作为服务提供。通过 Web 分配更多的存储或处理容量，当然要比供应商在基础环境中引入和安装新硬件要快得多。HaaS 还具有另外一层含义是针对嵌入式设备而言的，目的在于建立通过互联网（Web）进行嵌入式设备统一管理服务的模式。

参考答案

（12）A

试题（13）

以下关于网络接入技术的叙述中，不正确的是 (13) 。

（13）A．调制解调器能把计算机的数字信号转换成模拟信号

　　　 B．网络接入技术包含无线接入技术

　　　 C．有线电视网络上安装的一般是电缆调制解调器

　　　 D．VDSL 是非对称数字用户环路的简写

试题（13）分析

网络接入技术包括光纤接入、同轴电缆接入、铜线接入和无线接入。

调制解调器是一种计算机硬件，它能把计算机的数字信号翻译成可沿普通电话线传送的模拟信号，而这些模拟信号又可被线路另一端的另一个调制解调器接收，并译成计算机或其他终端可以识别的计算机语言或信号。

VDSL 是一种非对称 DSL 技术，全称 Very High Speed Digital Subscriber Line（超高速数字用户线路）。和 ADSL 技术一样，VDSL 也使用双绞线进行语音和数据的传输。VDSL 是利用现有电话线上安装 VDSL，只需在用户侧安装一台 VDSL Modem。最重要的是，无须为宽带上网而重新布设或变动线路。VDSL 技术采用频分复用原理，数据信号和电话音频信号使用不同的频段，互不干扰，上网的同时可以拨打或接听电话。

A、B、C 都是网络接入技术的一种或延伸，而 D 不是。

因此，本问题的答案是 D。

参考答案

（13）D

试题（14）

电缆传输信道测试不包括 (14) 检测。

（14）A．频谱带宽　　　 B．电缆走向　　　 C．误码率　　　 D．传输速率

试题（14）分析

电缆传输信道测试是确认所安装的线缆、相关连接硬件及其工艺能否达到设计要求。只有使用能满足特定要求的测试仪器并按照相应的测试方法进行测试，所得结果才是有效的。因为电缆走向并不会影响测试结果，所以，该测试不包括在测试内容中。

参考答案

（14）B

试题（15）

某监理工程师在进行网络系统验收时测试了电缆 (15) ，这项测试属于电缆性能测试。

（15）A．有无开路短路　　　　　　　　　 B．信号衰减

　　　　C．连接是否正确　　　　　　　D．接地是否良好

试题（15）分析

　　电缆有无开路短路是属于电缆物理损坏情况，不属于电缆性能。连接是否正确和接地是否良好也都不是电缆的性能体现，只有电缆的性能衰减情况是反映电缆性能的。

参考答案

　　（15）B

试题（16）

　　综合布线工程实施过程中，监理工程师应当按照 (16) 审查承建单位人员施工是否符合要求。

　　（16）A．建设合同和承建单位的施工方案

　　　　　B．建设单位的施工要求

　　　　　C．监理单位的施工要求

　　　　　D．建设合同和国家相关施工标准

试题（16）分析

　　建设合同是项目建设的最重要依据，而国家相关施工标准是建设过程中施工的规范依据，所以这两项内容是综合布线工程实施过程中监理工程师的审查依据。

　　选项 A、B、C 中的各方施工方案或者要求，都没有足够的公信力。

参考答案

　　（16）D

试题（17）

　　综合布线的楼层配线间的正常湿度范围应为 (17) 。

　　（17）A．20%～90%　　B．40%～90%　　C．20%～80%　　D．40%～80%

试题（17）分析

　　按照《综合布线系统工程设计规范》（GB50311—2007），配线间的正常湿度范围为20%～80%，因此答案为 C。

参考答案

　　（17）C

试题（18）

　　在综合布线系统中，信息插座的安装位置距离地面的高度为 (18) cm。

　　（18）A．10　　　　　B．15　　　　　C．30　　　　　D．40

试题（18）分析

　　按照《综合布线系统工程设计规范》（GB50311—2007），信息插座安装高度为 30cm，因此答案为 C。

参考答案

　　（18）C

试题（19）

在综合布线系统的槽道设计中应对智能化建筑内部的各种管线的走向和位置进行分解，电缆槽道与屋内无保温层的热力管道（含管沟）平行或交叉时，最小净距为（19）m。

（19）A. 1.0　　　　　B. 0.5　　　　　C. 0.4　　　　　D. 0.3

试题（19）分析

按照《综合布线系统工程设计规范》（GB50311—2007），电缆槽道与屋内无保温层的热力管道（含管沟）平行或交叉时，最小净距为 1.0m，答案为 A。

参考答案

（19）A

试题（20）

综合布线系统的水平子系统的管线槽一般不采用（20）方式。

（20）A. 直接埋管线槽　　　　　　　　B. 架空线槽

　　　C. 地面线槽　　　　　　　　　　D. 先走线槽再分管

试题（20）分析

按照《综合布线系统工程设计规范》（GB50311—2007），综合布线系统的水平子系统的管线槽一般采用直接埋管线槽、地面线槽，并且先走线槽再分管的方式进行，一般水平子系统不能采用架构方式布线，因此答案为 B。

参考答案

（20）B

试题（21）

漏洞扫描技术包括 ping 扫描、端口扫描、OS 探测、脆弱点探测、防火墙扫描等，每种技术实现的目标和运用的原理各不相同。其中端口扫描、防火墙扫描工作在（21）。

（21）A. 传输层　　　B. 网络层　　　C. 应用层　　　D. 会话层

试题（21）分析

漏洞扫描是指基于漏洞数据库，通过扫描等手段对指定的远程或者本地计算机系统的安全脆弱性进行检测，发现可利用的漏洞的一种安全检测（渗透攻击）行为。

漏洞扫描技术是一类重要的网络安全技术。它和防火墙、入侵检测系统互相配合，能够有效提高网络的安全性。通过对网络的扫描，网络管理员能了解网络的安全设置和运行的应用服务，及时发现安全漏洞，客观评估网络风险等级。网络管理员能根据扫描的结果更正网络安全漏洞和系统中的错误设置，在黑客攻击前进行防范。

端口扫描可以发现远程主机开放的端口以及服务；防火墙扫描可以有效阻挡恶意行为。因此，将漏洞扫描的端口扫描和防火墙部署在网络的关键部位传输层的是必要的。

参考答案

（21）A

试题（22）

（22）　不属于防火墙的核心技术。

（22）A.（静态/动态）包过滤技术　　　B．NAT 技术

　　　C．应用代理技术　　　　　　　　D．日志审计

试题（22）分析

防火墙是一种高级访问控制设备，置于不同网络安全域之间，它通过相关的安全策略来控制（允许、拒绝、监视、记录）进出网络的访问行为。

防火墙主要有包过滤技术、应用代理技术、状态检测技术、安全内容检测技术等几种核心技术。

而 NAT 技术是一种组网技术，即网络地址转换（Network Address Translation）的简称，故它不是防火墙的核心技术。

参考答案

（22）B

试题（23）

（23）　是总监理工程师代表的职责。

（23）A．对本工程监理工作提供参考意见

　　　B．负责审核系统实施方案中的本专业部分

　　　C．负责本项目的日常监理工作和一般性监理文件的签发

　　　D．接受专业监理工程师的咨询

试题（23）分析

根据《信息化工程监理规范》（GB 19668.1—2005）中 2.7 角色定义和 4.4.2 监理人员职责等处的明确规定，总监理工程师代表是"经监理单位法定代表人同意，由总监理工程师书面授权，代表总监理工程师行使其部分职责和权力的监理工程师"，故总监理工程师代表的职责和权利受到限制。

也是根据 4.4.2.2 总监理工程师代表的职责 b）款之总监理工程师不得将 4 项工作委托给总监理工程师代表，以及 4.4.2.3 监理工程师职责等规定，选择 C 是最恰当的。

参考答案

（23）C

试题（24）

承担信息系统工程监理的监理单位与该信息系统工程的承建单位不得有隶属关系和其他利害关系，这个要求反映了监理的 (24) 。

（24）A．服务性　　　B．科学性　　　C．独立性　　　D．公正性

试题（24）分析

国家有关文件和行业标准要求信息化工程监理单位必须按照"公正、独立、自主"原则开展监理工作。

按照独立性的要求，监理单位应当严格地按照有关法律，法规、规章、工程建设文件、工程建设技术标准、建设工程委托监理合同和有关的建设工程合同等规定实施监理。在委托监理的工程中，与承建单位不得有隶属关系和其他利害关系；在开展工程监理的过程中，必须建立自己的组织，按照自己的计划、程序、流程、方法、手段，根据自己的判断，独立地开展工作。

根据上述相关文件精神要求，选择 C 是正确的。

参考答案

（24）C

试题（25）

监理工程师的工作对信息化工程项目的质量、进度、投资目标起到了 (25) 作用。

（25）A．监督　　　　B．监控与保证　　　　C．监控与促进　　　　D．保证

试题（25）分析

监理的工作既是监视和督察，也要起到促进工程建设按照预期的质量要求、进度工期和投资预算等工作目标完成各项建设任务的作用，从监理任务本身和所承担建设投资的角度，都是工程建设的非主体任务。

而承建单位承担了大多数的任务，也获取了工程建设的主要投资部分，是工程建设的主体和主要角色，对工程建设的成败起着至关重要的作用。

因此，对于"监督"而言，监理的作用弱了点；对于"保证"而言，监理的作用又强了些，也是不能够完成的。比较而言，选择 C 是正确的。

参考答案

（25）C

试题（26）

软件工程活动的需求过程包括的内容是：(26)。

（26）A．需求获取、需求规约和需求验证

　　　　B．需求计划、需求提问和需求分析

　　　　C．需求收集、需求分析和需求规格说明

　　　　D．需求计划、需求调研实施和需求文档编制

试题（26）分析

软件工程是一类工程。工程是将理论和知识应用于实践的科学。就软件工程而言，它借鉴了传统工程的原则和方法，以求高效地开发高质量软件。其中应用了计算机科学、数学和管理科学。计算机科学和数学用于构造模型与算法，工程科学用于制定规范、设计范型、评估成本及确定权衡，管理科学用于计划、资源、质量和成本的管理。软件工程涉及了软件工程的目标、软件工程原则和软件工程活动。

软件工程的需求过程包括需求获取、需求确认或规约、需求验证等工作内容，也是软件工程中的一个关键过程，通常称之为需求分析。需求分析就是在建立一个新的或改

变一个现有软件系统时，确立新的软件系统的目的、范围、定义和功能时所要完成的所有工作内容。只有在确定了这些需要后，软件设计才能够切实完成需求分析、理解和达成一致的认识，同时也才能寻求、确定新系统的解决方法。假如在需求分析时，分析者们未能正确地认识到顾客的需要的话，那么最后的软件实际上是不可能达到顾客的需要，或者无法在规定的时间里完成软件设计。

因此，从软件工程活动的需求过程重要性角度理解，选择 A 是最为恰当的。

参考答案

（26）A

试题（27）

软件质量包括软件产品的质量和软件产品的　（27）　。

（27）A. 过程质量　　　B. 工作质量　　　C. 管理质量　　　D. 文档质量

试题（27）分析

正如试题（26）分析的一样，软件工程是系统化、工程化的产品过程，软件工程产品是通过软件开发人员一系列的工作过程、工作内容创造出来的。这些工作过程、工作内容和工作人员的工作质量也会影响软件产品的质量，进而直接影响软件质量。

因此，选择 B 是正确的。

参考答案

（27）B

试题（28）

以下关于软件质量因素的叙述，正确的是：　（28）　。

（28）A. 正确性是第一重要的软件质量属性

　　　B. 安全性是指防止系统被非法入侵的能力，属于管理问题的范畴

　　　C. 兼容性是指软件不经修改或稍加修改就可以运行于不同软硬件环境（CPU、OS 和编译器）的能力

　　　D. 性能通常是指软件的运行速度

试题（28）分析

软件质量因素包括正确性、健壮性、可靠性、性能、易用性、清晰性、安全性、可扩展性、兼容性、可移植性等。其主要定义如下。

正确性是指软件按照需求正确执行任务的能力，描述软件在需求范围之内的行为。

健壮性是指在异常情况下，软件能够正常运行的能力，描述软件在需求范围之外的行为。它有两层含义：一是容错能力，二是恢复能力。

可靠性是指在一定的环境下，在给定的时间内，系统不发生故障的概率。

性能通常是指软件的"时间-空间"效率，而不仅是指软件的运行速度。性能优化的关键工作是找出限制性能的"瓶颈"可以通过优化数据结构、算法和代码来提高软件的性能。

易用性是指用户使用软件的容易程度。

清晰性意味着所有的工作成果易读、易理解，可以提高团队开发效率，降低维护代价。

安全性是指防止系统被非法入侵的能力，既属于技术问题又属于管理问题。

可扩展性反映软件适应"变化"的能力。

兼容性是指两个或两个以上的软件相互交换信息的能力。

可移植性是指软件运行于不同软硬件环境的能力。

通过上述分析及定义，正确性无疑是第一重要的软件质量属性。

因此，选择 A 是正确的。

参考答案

（28）A

试题（29）

版本管理是对系统不同版本进行 (29) 的过程。

（29）A．标识与跟踪　　B．标识变更　　　　C．发布变更　　　　D．控制变更

试题（29）分析

版本管理是软件配置管理的基础，它管理并保护开发者的软件资源。

版本管理的主要功能如下。

① 集中管理档案，安全授权机制：档案集中地存放在服务器上，经系统管理员授权给各个用户。用户通过 check in 和 check out 的方式访问服务器上的文件，未经授权的用户则无法访问服务器上的文件。

② 软件版本升级管理：每次登录时，在服务器上都会生成新的版本，任何版本都可以随时检测出编辑。

③ 加锁功能：在文件更新时保护文件，避免不同的用户更改同一文件时发生冲突。

④ 提供不同版本源程序的比较。

因此，选择 A 是正确的。

参考答案

（29）A

试题（30）、（31）

为验证某程序的模块 A 是否正确实现了规定的功能，需要进行 (30) ；为验证模块 A 能否与其他模块按照规定方式正确工作，需要进行 (31) 。

（30）A．单元测试　　B．集成测试　　　　C．确认测试　　　　D．系统测试

（31）A．单元测试　　B．集成测试　　　　C．确认测试　　　　D．系统测试

试题（30）、（31）分析

软件测试是检查软件产品质量的重要过程之一，不同的工作过程通过不同的测试方法验证软件产品不同的功能和性能实现。

　　单元测试是指对软件中的最小可测试单元进行检查和验证。单元测试也称模块测试，它是开发者编写的一小段代码，用于检验被测代码的一个很小的、很明确的功能是否正确。通常而言，一个单元测试是用于判断某个特定条件（或者场景）下某个特定函数的行为。

　　集成测试也叫作组装测试或联合测试。在单元测试的基础上，将所有模块按照设计要求（如根据结构图）组装成为子系统或系统，进行集成测试。

　　确认测试又称有效性测试，是在模拟的环境下，运用黑盒测试的方法，验证被测软件是否满足需求规格说明书列出的需求。任务是验证软件的功能和性能及其他特性是否与用户的要求一致。确认测试的目的是向未来的用户表明系统能够像预定要求那样工作。

　　系统测试是将已经确认的软件、计算机硬件、外设、网络等其他元素结合在一起，进行信息系统的各种组装测试和确认测试，它是针对整个产品系统进行的测试。目的是验证系统是否满足了需求规格的定义，找出与需求规格不符或与之矛盾的地方，从而提出更加完善的方案。系统测试发现问题之后要经过调试找出错误原因和位置，然后进行改正。它是基于系统整体需求说明书的黑盒类测试，应覆盖系统所有联合的部件。对象不仅仅包括需要测试的软件，还要包含软件所依赖的硬件、外设甚至包括某些数据、某些支持软件及其接口等。

　　了解并掌握软件在不同阶段应用不同的测试方法，有助于监理工程师适时准确了解、分析和判断软件质量。

　　针对试题所问，选择必要的测试方法即可，（30）题为 A，（31）题为 B。

参考答案

　　（30）A　　（31）B

试题（32）

　　在软件测试计划、软件测试说明和软件测试记录的基础上，对测试结果进行 (32) ，形成软件测试报告。

　　（32）A. 统计、分析和评估　　　　　B. 归纳、整理和分析
　　　　　C. 统计、整理和分析　　　　　D. 归纳、整理并提出评价意见

试题（32）分析

　　软件测试报告是测试阶段最后的文档产出物，是把测试的过程和结果经统计后，基于测试中的数据采集，以及对最终的测试结果分析基础上形成文档，既要对发现的问题和缺陷进行分析，也要包含对产品质量和测试过程的评价和评估意见，为纠正软件存在的质量问题提供依据，同时为软件验收和交付打下基础，包含了足够的信息。

　　因此，选择 A 是最为恰当的。

参考答案

　　（32）A

试题（33）

使用 UML 进行关系数据库的 (33) 时，需要设计出表达持久数据的实体类及其联系，并把它们映射成为关系数据库表（Table）、视图（View）等。

（33）A. 业务 Use Case 模型设计　　　　B. 逻辑数据模型设计

　　　　C. 物理数据模型设计　　　　　　D. 物理实现设计

试题（33）分析

UML 是一种通用的建模语言，其表达能力相当强，不仅可以用于软件系统的建模，而且可用于业务建模以及其他非软件系统建模。UML 综合了各种面向对象方法与表示法的优点，在提出之日起就受到了广泛的重视并得到了工业界的支持。

UML 由视图（View）、图（Diagram）、模型元素（Model Element）和通用机制（General Mechanism）等几个部分组成。

① 视图（View）：表达系统的某一方面的特征的 UML 建模元素的子集，由多个图构成，是在某一个抽象层上对系统的抽象表示。

② 图（Diagram）：模型元素集的图形表示，通常是由弧（关系）和顶点（其他模型元素）相互连接构成的。

③ 模型元素（Model Element）：代表面向对象中的类、对象、消息和关系等概念，是构成图的最基本的常用概念。

④ 通用机制（General Mechanism）：用于表示其他信息，例如注释、模型元素的语义等。另外，UML 还提供扩展机制，使 UML 语言能够适应一个特殊的方法（或过程），或扩充至一个组织或用户。

更多的 UML 设计知识需要通过适当的学习和熟悉去掌握、运用。而监理工程师了解必要的知识，将有助于识别和判定软件设计适当的方法，进而了解和分析项目质量、控制进度，进而作出正确的投资预算预判。

本题选择 B 是正确的。

参考答案

（33）B

试题（34）

(34) 是从用户使用系统的角度描述系统功能的图形表达方法。

（34）A. 类图　　　　B. 对象图　　　　C. 序列图　　　　D. 用例图

试题（34）分析

首先了解几个基本概念。

类图（Class diagram）显示了模型的静态结构，特别是模型中存在的类、类的内部结构以及它们与其他类的关系等。类图是由许多（静态）说明性的模型元素（例如类、包和它们之间的关系，这些元素和它们的内容互相连接）组成。类图可以组织在（并且属于）包中，仅显示特定包中的相关内容。类图是最常用的UML 图，显示出类、接口以及它们之间的静态结构和关系；它用于描述系统的结构化设计。类图不显示暂时性信息。

对象图（Object Diagram）是显示了一组对象和它们之间的关系。使用对象图来说明数据结构，类图中的类或组件等的实例的静态快照。对象图和类图一样反映系统的静态过程，但它是从实际的或原型化的情景来表达的。对象图显示某时刻对象和对象之间的关系。一个对象图可看成一个类图的特殊用例，实例和类可在其中显示。对象也和合作图相联系，合作图显示处于语境中的对象原型（类元角色）。对象图是类图的实例，几乎使用与类图完全相同的标识。它们的不同点在于对象图显示类的多个对象实例，而不是实际的类。一个对象图是类图的一个实例。由于对象存在生命周期，因此对象图只能在系统某一时间段存在。

序列图主要用于按照交互发生的一系列顺序，显示对象之间的这些交互。很像类图，开发者一般认为序列图只对他们有意义。然而，一个组织的业务人员会发现，序列图显示不同的业务对象如何交互，对于交流当前业务如何进行很有用。除记录组织的当前事件外，一个业务级的序列图能被当作一个需求文件使用，为实现一个未来系统传递需求。在项目的需求阶段，分析师能通过提供一个更加正式层次的表达，把用例带入下一层次。那种情况下，用例常常被细化为一个或者更多的序列图。序列图的主要用途之一，是把用例表达的需求转化为进一步、更加正式层次的精细表达。用例常常被细化为一个或者更多的序列图。序列图除了在设计新系统方面的用途外，它们还能用来记录一个存在系统（称它为"遗产"）的对象现在如何交互。

用例图是指由参与者（Actor）、用例（Use Case）以及它们之间的关系构成的用于描述系统功能的静态视图。用例图（User Case）是被称为参与者的外部用户所能观察到的系统功能的模型图，呈现了一些参与者和一些用例，以及它们之间的关系，主要用于对系统、子系统或类的功能行为进行建模。

因此，该试题的答案应该为 D。

参考答案

（34）D

试题（35）

软件设计活动中，项目开发计划包括质量保证计划、配置管理计划、__(35)__ 和安装实施计划。

（35）A. 软件开发计划　　　　　　B. 用户培训计划

　　　　C. 软件试运行计划　　　　　D. 软件验收计划

试题（35）分析

应用软件的项目开发计划是一个软件项目进入系统实施启动阶段的标志性计划书，主要进行的工作包括：确定详细的项目实施范围、定义递交的工作成果、评估实施过程中主要的风险、制定项目实施的时间计划、成本和预算计划、人力资源计划等，由于软件产品最终要交付给用户使用，而正确地使用必须通过一定的培训，因此用户培训计划是重要的组成部分。

参考答案

（35）B

试题（36）

一个由 6 人组成的项目组，内部沟通的渠道为 （36） 条。

（36）A. 10　　　　B. 15　　　　C. 20　　　　D. 30

试题（36）分析

这是一道排列组合 C（6,2）=?算式过程，其算式和结果为：

$$C(6,2)=6!/（2!*4!）=（6*5）/2=15$$

参考答案

（36）B

试题（37）、（38）

《国家电子政务工程建设项目管理暂行办法》规定， （37） 和 （38） 未获批复前，原则上不予下达项目建设资金。

（37）A. 可研报告　　B. 项目建议书　　C. 初步设计　　D. 概要设计

（38）A. 投资预算　　B. 投资概算　　C. 投资规模　　D. 投资效益

试题（37）、（38）分析

《国家电子政务工程建设项目管理暂行办法》第二章申报和审批管理中有若干条的具体规定，试题分析摘录其中的两条作为分析意见参考。

第七条　电子政务项目原则上包括以下审批环节：项目建议书、可行性研究报告、初步设计方案和投资概算。对总投资在 3000 万元以下及特殊情况的，可简化为审批项目可行性研究报告（代项目建议书）、初步设计方案和投资概算。

第十三条　项目审批部门对电子政务项目的项目建议书、可行性研究报告、初步设计方案和投资概算的批复文件是项目建设的主要依据。批复中核定的建设内容、规模、标准、总投资概算和其他控制指标原则上应严格遵守。

因此，试题（37）答案为 C，试题（38）答案为 B。

参考答案

（37）C　　（38）B

试题（39）

信息系统工程监理活动是指具有相应资质等级的监理单位，受工程建设单位的委托，承担工程建设监理任务的项目管理工作。在监理活动中，监理要对承建单位履行 (39) 的行为进行监督和管理。

（39）A. 信息系统工程质量标准　　　　　B. 信息系统工程技术标准

　　　　C. 信息系统工程设计标准　　　　　D. 信息系统工程建设合同

试题（39）分析

监理单位开展监理工作的主要依据包括法律法规、行业标准和技术规范，具体到项目任务，建设合同是最为明确和细化的依据。监督、检查、敦促和评价承建单位是否完全履行建设合同的要求并开展建设行为是监理单位的核心工作。而其他三项工作任务可能都包含在合同执行的过程中和细节上，因此，本题的答案应为 D。

参考答案

（39）D

试题（40）

监理工程师维护业主的利益主要表现在 (40) 。

（40）A．代表业主反索赔　　　　　　B．提高工程质量

　　　 C．在合同纠纷中为业主辩护　　D．按合同要求监理工程项目

试题（40）分析

在试题（39）分析的基础上，监理单位接受业主单位的委托行使监理职责，维护业主单位的利益并在日常监理活动中体现出这一工作原则，首要的就是按照合同要求，监督、敦促、检查建设合同的执行是否到位。因此，试题（40）的答案选择 D 最为恰当。

参考答案

（40）D

试题（41）

信息系统工程合同确定的内容，不包括 (41) 。

（41）A．信息系统工程投资规模　　B．信息系统工程质量

　　　 C．信息系统工程建设任务　　D．信息系统工程工期

试题（41）分析

按照国家有关部门颁布工程建设管理程序的相关规定，信息系统投资规模是在初步设计和投资预算就已经明确了的。而建设合同是在工程实施建设阶段，将某一项具体的建设任务明确给某一家承建单位，按照预定的投资预算，明确建设质量要求和建设工期等签订建设合同。因此试题（41）的答案是 A 为正确的。

参考答案

（41）A

试题（42）

某部委经济决策支持系统项目竣工后，需要定期购买系统运行需要的最新数据，有关费用一般通过 (42) 解决。

（42）A．项目经费　　　　　　　　B．向政府财政部门申请资金

　　　 C．自有经费　　　　　　　　D．向信息主管部门申请资金

试题（42）分析

按照国家发改委、财政部等有关部门财务管理文件的规定，现行的信息系统工程建

设完成后的系统维护费用是在每年度向政府财政部分提出预算计划，提出申请资金使用的理由、用途和预算计划等。

因此，试题（42）的答案应为 B。

参考答案

（42）B

试题（43）

在信息系统工程项目实施过程中，因承建单位原因造成实际进度拖后，监理工程师确认承建单位修改后的实施进度计划，表示__(43)__。

（43）A. 排除承建单位应负的责任　　　　B. 批准合同工期延长

　　　　C. 实施进度计划满足合同工期要求　　D. 同意承建单位在合理状态下实施

试题（43）分析

显然答案 A 是错误的，答案 B 没有实施必要的变更过程也是错误的，而答案 C 更是逻辑错误，故答案 D 最为恰当。

但是，如何在合理状态下实施，需要承建单位提出明确的改进方案和新的计划后，经总监理工程师批准并协商业主单位同意后方能实施。监理工程师无权对此事件表达明确意见。

参考答案

（43）D

试题（44）

建立项目监理机构的基本程序是__(44)__。

（44）A. 任命总监理工程师，编制监理规划，制定工作流程

　　　　B. 签订监理合同，任命总监理工程师，确定监理机构目标，制定工作流程

　　　　C. 确定监理机构目标，确定监理工作内容，组织结构设计，制定工作流程和信息流程

　　　　D. 选择组织结构形式，确定管理层次与跨度，划分监理机构部门，制定考核标准

试题（44）分析

建立适合项目建设特点和实际情况的监理机构，是确保监理单位完成监理任务的必要。监理合同明确了监理任务，提出了对监理服务的工作要求；而总监理工程师负责制的监理机构和人员组成是服务的保障；服务有了机构，就要确定服务目标和任务，明确机构的组成、职责和权限，制定必要的工作流程和工作机制，以便于日后开展逐项监理工作。

按照这一工作思路，答案 B 是最为符合要求的。

参考答案

（44）B

试题（45）

由多家监理单位分别承担监理业务的信息化建设工程中，作为一名总监理工程师，应当承担　(45)　。

(45) A．建设单位代表分配的各项工作

　　　 B．整个建设工程的监理工作

　　　 C．所分管的那部分工程的指挥工作

　　　 D．监理合同范围内受委托的监理工作

试题（45）分析

监理任务是监理委托服务合同确定的，总监理工程师必须按照监理合同指挥、调度和分配监理机构内部人员行使监理职责，在监理合同明确议定的服务范围内完成必要的监理工作任务。

依照该思路，采用排除法确定答案。

显然答案 A 的说法是不合适的；答案 B 更不妥，监理范围超限；答案 C 的"指挥"不是监理的任务；只有答案 D 是正确的。

参考答案

(45) D

试题（46）

总监理工程师参与编制监理大纲有利于　(46)　。

(46) A．被业主认可　　　　　　　　B．承揽到监理业务

　　　 C．监理实施细则的编制　　　　D．监理规划的编制

试题（46）分析

按照监理大纲、监理规划和监理实施细则编制的所处阶段、文档内容和表述详细程度，监理大纲应该是在监理合同确定前的洽商或投标过程中产出的文档，该文档应该有监理企业的技术负责人召集必要的人员参与编制并审定。除答案 C 以外，其他的答案 A、B、D 都是可以的，但相对而言，从总监理工程师角色的职责角度，答案 D 更为恰当。

参考答案

(46) D

试题（47）

监理实施细则不仅用以指导监理工程师开展监理活动，也可以提供给承建单位，起到①的作用。通过设置质量控制点，提醒承建单位注意质量通病并采取预防措施或应急策略，并在必要的质量控制点对应的任务②通知监理，以便监理开展必要的监理活动。①和②分别是　(47)　。

(47) A．提醒与警示，实施前　　　　B．监理工作指令，实施时

　　　 C．监理作业指导书，实施前　　D．工作联系单或通知书，实施后

试题（47）分析

监理实施细则通常理解为指导监理机构人员开展对应专业监理工作任务的作业指导文件，是监理内部的文件之一。如果将监理实施细则报业主单位并送达承建单位，也有助于委托单位和被监理单位了解监理任务实施的要点，以及主要技术检查的关键项等信息，是一种信息公开，更加有利于各方协调，共同促进项目建设质量的提高。

对承建单位而言，提前了解监理实施要点，将有助于承建单位提前设置质量控制点等关键要素，是对承建单位的帮助、提醒，尤其是针对未来可能的监理检查点，更是警示。同时，也为承建单位更好地配合监理单位共同开展关键质量控制点的检查，节省时间、提高效率有了可靠的基础。

因此，试题（47）答案是 A 为正确的。

参考答案

（47）A

试题（48）

工程上使用的原材料、半成品和构配件，进场前必须有 (48) ，经监理工程师审查并确认其质量合格方可进场。

①出厂合格证　　②技术说明书　　③生产厂家标志

④生产厂出厂手续　　⑤检验或试验报告

（48）A. ①②③④⑤　　　B. ①③④⑤　　　C. ①②④　　　D. ①②⑤

试题（48）分析

为了有效控制进入施工现场的有关设备、材料质量，在设备、材料进场时，必须实施建设单位、承建单位（包括设备、材料的供货单位）和监理单位共同开展的设备、材料进场验收手续，检查设备材料的原产品包装，验证有关证明，实施必要的抽查等，并记录有关事项，签认相关手续。其中的产品出厂合格证、技术说明书或使用说明书、检验或试验报告等是必要的产品证明。生产厂家标志只能作为原厂证明，生产厂出场手续能够证明合格产品准予出厂，作为进场验收的辅助信息。

因此，最为恰当的答案是 D。

参考答案

（48）D

试题（49）

监理人员对工程 (49) 全过程的现场监理称为旁站。

（49）A. 特殊部位实施　　　　　　　　B. 重要环节或关键部位实施

　　　C. 易出现质量通病的部位实施　　　D. 工序实施

试题（49）分析

旁站监理从词义上解释，是指在项目施工过程中，监理人员在一旁守候、监督施工操作的做法。旁站是监理企业完成监理任务的重要职责之一，也是监理企业进行质量控制的一个重要手段。因此，为了杜绝不规范行为的发生，监理企业应将旁站作为质量控制的一个重要手段。

鉴于信息工程建设特点，对所有的建设任务全部采取旁站监理显然是不恰当的，也是没有必要的。因此对重要环节或关键部位实施全过程的现场旁站监理是信息工程监理的重要手段之一。故试题（49）的答案为 B。

参考答案

（49）B

试题（50）、（51）

在工程双代号网络计划中，某项工作的最早完成时间是指其（50）。网络计划的计算工期应等于其所有结束工作（51）。

（50）A. 完成节点的最迟时间与工作自由时差之差

　　　 B. 开始节点的最早时间与工作自由时差之和

　　　 C. 完成节点的最迟时间与工作总时差之差

　　　 D. 开始节点的最早时间与工作总时差之和

（51）A. 最早完成时间的最小值　　　　B. 最早完成时间的最大值

　　　 C. 最迟完成时间的最小值　　　　D. 最迟完成时间的最大值

试题（50）、（51）分析

在工程双代号网络计划中，某项工作的最早完成时间是指开始节点的最早时间与工作自由时差之差。

工期泛指完成任务所需要的时间，一般有以下三种：计算工期，根据网络计划时间参数计算出来的工期。要求工期，任务委托人所要求的工期。计划工期，根据要求工期和计算工期所确定的作为实施目标的工期。网络计划的计算工期应等于以网络计划终点节点为完成节点的工作的最早完成时间的最大值。计算工期等于以网络计划的终点节点为箭头节点的各个工作的最早完成时间的最大值。当网络计划终点节点的编号为 n 时，计算工期：

$Tc=\max\{EFi\text{-}n\}$。

参考答案

（50）C　　（51）B

试题（52）

（52）不是常用的质量管理工具。

（52）A. 关联图　　　B. 折线图　　　C. 因果图　　　D. 系统图

试题（52）分析

质量管理工具不断发展，分为老七种质量管理工具、新七种质量管理工具。老七种工具包括：分层法、排列图法、因果分析图法、调查表法、直方图法、散布图法、控制图法。新七种工具包括：关联图、KJ 法、系统图法、矩阵图法、矩阵数据分析法、PDPC

法、箭条图法。质量管理工具不包括折线图法。

参考答案

（52）B

试题（53）

信息系统工程的进度控制需要进行多方面的控制，需要考虑的因素很多。通常情况下可以通过二维图表的方法指导进度控制，若图表的纵向已经考虑了工程建设的各个阶段，那么横向应该重点考虑_（53）。

（53）A．工程建设各分项建设任务　　　B．工程建设投资

　　　C．工程建设人力资源　　　　　　D．工程建设各阶段成果

试题（53）分析

二维图表是利用二维直角坐标系中的直线、折线或曲线来表示完成一项工作量所需时间，或在一定时间内所完成工程量的一种进度计划表达方式。一般是纵向考虑项目阶段，横向考虑项目的各任务。其优点是：概括性强，效果直观。

参考答案

（53）A

试题（54）

（54）不是信息化工程进度计划编制的主要目的。

（54）A．协调资源　　　　　　　　　　B．减少变更的发生

　　　C．项目进度的正常进行　　　　　D．预测在不同时间段上所需的资金

试题（54）分析

信息化工程进度计划编制是为了有效控制项目进度，编制过程中，根据任务和进度，安排投入的资源和资金。

参考答案

（54）B

试题（55）

挣值法中，成本偏差的计算公式是：CV=_（55）。

（55）A．BCWP-ACWP　　　　　　　　B．BCWP-BCWS

　　　C．ACWP-BCWP　　　　　　　　D．BCWS-BCWP

试题（55）分析

挣值法的核心是将项目在任一时间的计划指标，完成状况和资源耗费综合度量。挣值法的价值在于将项目的进度和费用综合度量，从而能准确描述项目的进展状态。挣值法的另一个重要优点是可以预测项目可能发生的工期滞后量和费用超支量，从而及时采取纠正措施，为项目管理和控制提供了有效手段。

参数指标：

计划工作量的预算费用（BCWS），即（Budgeted Cost for Work Scheduled）。BCWS 是指项目实施过程中某阶段计划要求完成的工作量所需的预算费用。计算公式为：BCWS=计划工作量×预算定额。BCWS 主要是反映进度计划应当完成的工作量（用费用表示）。

已完成工作量的实际费用（ACWP），即（Actual Cost for Work Performed）。ACWP 是指项目实施过程中某阶段实际完成的工作量所消耗的费用。ACWP 主要是反映项目执行的实际消耗指标。

BCWS 是与时间相联系的，当考虑资金累计曲线时，是在项目预算 s 曲线（如下图所示）上的某一点的值。当考虑某一项作业或某一时间段时，例如某一月份，BCWS 是该作业或该月份包含作业的预算费用。

已完成工作量的实际费用（Actual Cost for Work Performed，ACWP），有的资料也称 AC（实际值）。

ACWP 是指项目实施过程中某阶段实际完成的工作量所消耗的工时（或费用）。ACWP 主要反映项目执行的实际消耗指标。

已完工作量的预算成本（BCWP），即（Budgeted Cost for Work Performed），或称挣值、盈值和挣得值。

BCWP 是指项目实施过程中某阶段按实际完成工作量及按预算定额计算出来的费用，即挣得值（Earned Value）。BCWP 的计算公式为：BCWP=已完工作量×预算定额。

BCWP 的实质内容是将已完成的工作量用预算费用来度量

评价指标：

费用偏差（Cost Variance，CV）：CV 是指检查期间 BCWP 与 ACWP 之间的差异，计算公式为 CV=BCWP-ACWP。当 CV 为负值时表示执行效果不佳，即实际消费费用超过预算值即超支。反之当 CV 为正值时表示实际消耗费用低于预算值，表示有节余或效率高。若 CV=0，表示项目按计划执行。

进度偏差（Schedule Variance，SV）：SV 是指检查日期 BCWP 与 BCWS 之间的差异。其计算公式为 SV=BCWP-BCWS。当 SV 为正值时表示进度提前，SV 为负值表示进度延误。若 SV=0，表明进度按计划执行。

费用执行指标（Cost Performed Index，CPI）：CPI 是指挣得值与实际费用值之比。CPI=BCWP/ACWP，当 CPI>1 表示低于预算，CPI<1 表示超出预算，CPI=1 表示实际费用与预算费用吻合。若 CPI=1，表明项目费用按计划进行。

进度执行指标（Schedule Performed Index，SPI）：SPI 是指项目挣得值与计划值之比，即 SPI=BCWP/BCWS，当 SPI>1 表示进度提前，SPI<1 表示进度延误，SPI=1 表示实际进度等于计划进度。

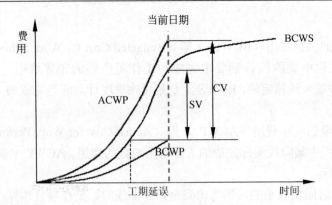

参考答案

（55）A

试题（56）

以下关于信息系统工程成本估算的方法和工具的叙述中，不正确的是 __(56)__ 。

（56）A．类比估计是花费较少、精确性较差的一种方法

　　　B．类比估计是专家判断的一种形式

　　　C．参数建模对大型项目适用，对小型项目不适用

　　　D．累加估计涉及单个工作的逐个估计，然后累加得到项目成本的总计

试题（56）分析

信息系统工程成本估算的方法和工具较多，其中常用的有：类比估计、参数建模、累加估计、自上而下估算、自下而上的估算等。参数建模可简单也可复杂，对大型项目适用，对小型项目也适用。

参考答案

（56）C

试题（57）

现场实施危险作业意外伤害保险费应列入项目 __(57)__ 中。

（57）A．直接费用　　　B．间接费用　　　C．风险费用　　　D．其他费用

试题（57）分析

工程直接费用是指与直接工程相关的支出，是工程支出的主要部分。它由直接工程费和措施费组成。直接工程费：指施工过程中耗费的构成工程实体的各项费用，包括人工费、材料费、施工机械使用费。其中，人工费包括：基本工资、工资补贴、福利费、劳动保障费。意外伤害保险费属于劳动保障费，因此也就属于直接费用。

参考答案

（57）A

试题（58）

项目实施中，监理方的变更控制应 __(58)__ 。

（58）A. 尽量使项目实施不发生变更　　B. 决定项目变更的范围

　　　　C. 确保变更的合理性和正确性　　D. 给出最优的变更方案

试题（58）分析

变更控制是信息系统工程监理工作中的一项重要内容，变更常伴随着建设合同价格的调整及实施进度的调整，是合同双方利益的焦点，因此，合理确定并及时处理好项目变更，既可以减少不必要的纠纷，保证合同的顺利实施，又有利于业主对工程造价的控制。监理方通过变更评估，使变更控制合理和正确。

参考答案

（58）C

试题（59）

项目变更控制是一个动态的过程，在这一过程中，监理工程师要记录这一变化过程，充分掌握信息，及时发现变更引起的超过估计的后果，以便及时控制和处理。这一过程属于变更控制程序中的 (59) 环节。

（59）A. 变更分析　　　　　　　　　B. 变更效果评估

　　　　C. 监控变更的实施　　　　　 D. 变更的初审

试题（59）分析

信息系统工程建设过程中，可能会出现很多种原因造成变更。而任何变更都要施加必要的控制与管理，并经过变更控制手续提出变更申请、分析审核变更影响，监督变更实施，确认变更效果，对整个变更过程加以记录、管理，施以必要的控制。

通常情况下，变更和控制的流程如下。

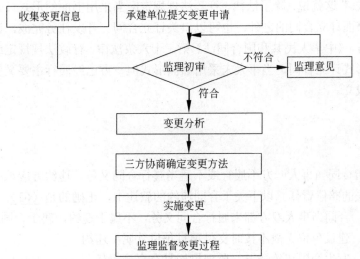

监理充分掌握信息，及时发现变更引起的超过估计的后果，以便及时控制和处理。这一过程属于监控变更的实施。

参考答案

（59）C

试题（60）

承建单位提出的项目合同变更，应编制变更文件，由 (60) 组织审查。

（60）A．监理工程师　　　　　　　B．总监理工程师代表

　　　　C．总监理工程师　　　　　　D．监理文档管理人员

试题（60）分析

组织审查变更是总监理工程师的职责之一，且不能委托其他人员行使此职责。

参考答案

（60）C

试题（61）

承建单位按甲乙双方口头协议实施建设单位委托的开发任务，双方一直没有签订书面合同。在开发任务完成后由于建设单位拖欠工程款而发生纠纷，此时应当认定 (61)。

（61）A．尚无合同关系

　　　　B．合同没有成立

　　　　C．合同已经成立

　　　　D．由于未签署书面合同，故发包人不承担责任

试题（61）分析

合同法第十条规定："当事人订立合同，有书面形式、口头形式和其他形式。法律、行政法规规定采用书面形式的，应当采用书面形式。当事人约定采用书面形式的，应当采用书面形式。"这就说，除了法律、行政法规规定应当采用书面的形式订立合同或者当事人约定要书面订立合同之外，也可以口头订立合同。开发任务完成，说明一方已经实际履行义务，《中华人民共和国合同法》第三十六条法律、行政法规规定或者当事人约定采用书面形式订立合同，当事人未采用书面形式但一方已经履行主要义务，对方接受的，该合同成立。

参考答案

（61）C

试题（62）

违约是指合同当事人一方不履行或不适当履行合同义务。违约方应承担由此给对方造成经济损失的赔偿责任。以下关于合同违约的叙述中，正确的是 (62)。

（62）A．合同当事人双方都未履行合同义务，不属于违约，属于合同自动终止

　　　　B．建设单位无故不按时支付项目预付款属于违约

　　　　C．发生合同违约情况，监理机构具有直接责任

　　　　D．监理单位在处理双方违约过程中，应坚持以保护建设方利益为出发点

试题（62）分析

合同法第一百二十条规定，"当事人双方都违反合同的，应当各自承担相应的责任。属于违约，不属于合同自动终止的范围。建设单位无故不按时支付项目预付款，属于未履行合同义务，属于违约。合同违约是指合同签订的双方未履行合同权利和义务，第三方不具有直接责任。监理单位在处理双方违约过程中，应客观公正。

参考答案

（62）B

试题（63）

甲公司在研发数据管理平台的过程中，乙公司提供了辅助活动。数据平台研发完成后，由公司丙负责在国内市场上销售。该软件产品的著作权应归属于 (63)。

（63）A．甲　　　　　B．甲和乙　　　　C．丙　　　　　　D．甲和丙

试题（63）分析

软件产品的著作权是指软件的开发者或者其他权利人依据有关著作权法律的规定，对于软件作品所享有的各项专有权利。按照著作权法规定，软件作品的著作权的创作者是甲公司。

参考答案

（63）A

试题（64）

信息系统安全体系不包括 (64)。

（64）A．资质体系　　B．技术体系　　　C．组织机构体系　　D．管理体系

试题（64）分析

信息系统安全体系包括技术体系、组织机构体系和管理体系，不包括资质体系。

参考答案

（64）A

试题（65）

对于物理环境安全，监理单位应注意的问题包括：(65)。

① 所有相关人员都必须进行相应的培训，明确个人工作职责；

② 制定严格的值班和考勤制度，安排人员定期检查各种设备的运行情况；

③ 在重要场所的进出口安装监视器，并对进出情况进行录像；

④ 可以随身携带、使用智能手机等智能设备。

（65）A．①②④　　　B．②③④　　　C．①②③　　　　D．①②③④

试题（65）分析

物理环境安全是指为信息的处理活动提供安全的环境和使用环境来控制人员的行为。对人员进行培训和明确职责分工是属于人员安全管理，进行监控录像属于安全防护

的技术手段。在数据中心和重要机房等场所，不可以随身携带、使用智能手机等智能设备。

参考答案

（65）C

试题（66）

在信息工程中，从监理的角度来讲，应根据不同的_(66)_决定收集不同的信息。

（66）A．委托单位　　　B．介入阶段　　　C．合同结构　　　D．监理费用

试题（66）分析

信息系统工程具有适时性特点，反映了信息系统工程信息具有突出的时间性特点。某一信息对某一目标是适用的，但随着项目进展，该信息的价值将逐步降低或完全丧失，监理信息管理的方法之一就是按项目的阶段收集、分析项目信息，这与项目信息适时性的特点是一致的。

参考答案

（66）B

试题（67）

工程监理总结报告属于_(67)_。

（67）A．监理实施类文档　　　　　　　B．总控类文档

　　　 C．监理回复（批复）类文件　　　D．监理内部文件

试题（67）分析

监理实施类文档（工程作业记录）主要包括：项目变更文档、进度监理文档、质量监理文档、质量回归监理文档、监理月报、监理日报、专题监理报告、验收报告、总结报告等。

参考答案

（67）A

试题（68）

监理机构应审核承建单位实施计划的合理性，审核后签署监理审核意见。实施计划无问题时，监理机构应在实施计划报审表签认。否则，监理机构应签发_(68)_，责令承建单位整改。

（68）A．监理日志　　　B．监理专题报告　　　C．监理通知单　　　D．备忘录

试题（68）分析

信息化工程监理规范 第一部分 总则（GB/T 19668.1—2005）6.2.1 工程设计阶段的质量控制规定，监理对设计方案内容审核后，签署监理审核意见。工程设计方案无问题时，监理机构应在工程设计方案报审表中签认；否则，监理机构应签发监理通知单，责令承建单位整改。

参考答案

（68）C

试题（69）

以下关于监理单位沟通协调方法的叙述中，正确的是 (69) 。

（69）A. 监理专题会议由总监理工程师主持，也可由授权的监理工程师主持

　　　 B. 监理专题会议定期召开，由建设方主持，监理单位汇报

　　　 C. 监理例会由总监理工程师主持，会议纪要由建设方签认后分发

　　　 D. 定期的监理月报不属于监理沟通协调的方法

试题（69）分析

在组织协调的监理方法中，关于监理专题会议是为解决专门问题而召开的会议，由总监理工程师或授权的监理工程师主持。

参考答案

（69）A

试题（70）

组织协调工作的目标是使项目各方充分协作，有效地执行承建合同。进行组织协调的监理方法主要有 (70) 。

① 监理通知　　② 监理会议　　③ 监理报告　　④ 监理指令

（70）A. ①②③④　　　　B. ①②　　C. ②③　　D. ②④

试题（70）分析

进行组织协调的监理方法主要有监理会议、监理报告和沟通。

参考答案

（70）C

试题（71）

Which of the following description is WRONG about Wi-Fi? (71) .

（71）A. Any standard Wi-Fi device will work anywhere in the world with global operative set of standards

　　　 B. Now most laptops are built with wireless network adapters inside

　　　 C. One can connect Wi-Fi devices in ad-hoc mode for client-to-client connections without a router

　　　 D. Communications between two devices need the involvement of an access point with Wi-Fi

试题（71）分析

关于 Wi-Fi 的描述，错误的是：

A. 任何标准 Wi-Fi 设备都可以在世界任何地方工作，采用全球通用的操作标准

B. 现在大多数笔记本电脑都用无线网络适配器

C．一个可以连接无线设备在特定模式端到端连接路由器

D．两个设备之间的通信需要使用 Wi-Fi 接入点的参与

参考答案

（71）D

试题（72）

Both TCP and UDP belong to　（72）　layer of the OSI mode.

（72）A．session　　　　B．transport　　　　C．network　　　　D．data link

试题（72）分析

TCP and UDP 都属于 OSI 网络模型中的传输层。因此答案为 B。

参考答案

（72）B

试题（73）

（73）　is the budgeted amount for the work actually completed on the schedule activity or WBS component during a given period.

（73）A．Planned value　　　　　　B．Actual cost

C．Earned value　　　　　　　D．Cost variance

试题（73）分析

在一个给定的时期，实际完成所计划的任务活动或 WB 分解的组件，预算的数值额是实际成本。

参考答案

（73）C

试题（74）

What does a CPI of 80% mean?　（74）．

（74）A．As of now we expect the total project cost of 80% more than planned

B．When the project is completed, we will have spent 80% more

C．Your project is only progressing at 80% of that planned

D．Your project is only getting 80 cents out of every RMB invested

试题（74）分析

80%的成本绩效指标是什么意思？

A．目前我们预计比原计划多出 80%的项目总成本

B．当项目完成后,我们会多花费 80%

C．项目进度是只在 80%的计划进度

D．项目只 80 分支出每人民币元。

所以答案是 D。

参考答案

（74）D

试题（75）

（75）　is the application of planned，systematic quality activities to ensure that the project will employ all processes to meet requirements.

（75）A．Quality assurance　　　　B．Quality planning

　　　　C．Quality control　　　　　D．Quality cost

试题（75）分析

质量保证是计划的应用于系统的质量活动，确保该项目将采用所有流程来满足需求。因此正确选项是 A。

参考答案

（75）A

第14章 2015上半年信息系统监理师下午试题分析与解答

试题一（20分）

阅读下列说明，回答问题1至问题4，将解答填入答题纸的对应栏内。

【说明】

针对电子商务软件开发建设项目，建设单位甲与承建单位乙签订了项目实施合同，与监理单位丙签订了项目监理合同。在项目实施过程中发生了如下事件。

【事件1】合同生效后，承建单位项目经理在短时间内即完成了项目计划的编制并提交监理工程师进行审核。由于承建单位提交的项目计划非常完善，因此顺利通过了监理工程师的评审，随即依据该计划开始项目实施。

【事件2】在设计过程中，由于建设单位要求提前完工，工期紧张，承建单位要求采取边做详细设计边进行编码的方式赶工，在征得建设单位同意的情况下，监理同意了承建单位的要求。

【事件3】在项目执行过程中，由于用户对某个功能操作方式不满意，要求程序员对已进入基线的程序进行少量修改，由于是用户要求的，因此项目经理默许了这项修改，并在修改了需求规格说明书以后通知了系统设计人员和监理工程师。

【事件4】由于种种原因，项目合同额较少，因此项目实施团队的人力资源有限。在此情况下，承建单位项目经理不可能获得足够的专职测试人员来完成所有的测试工作。

【问题1】（6分）

作为监理工程师你认为事件1中的做法妥当吗？如果妥当，请说明理由；如果不妥当，请给出正确做法。

【问题2】（3分）

针对事件2，请问监理工程师同意承建单位的赶工方式恰当吗？请说明理由。

【问题3】（6分）

针对事件3，作为监理工程师，请回答：

（1）承建单位项目经理的做法正确吗？请说明理由。

（2）站在监理的角度，针对此类问题进行控制的要点是什么？

【问题4】（5分）

针对事件4，作为监理工程师，你认为承建单位的项目经理应该采取哪些人员安排措施来保证测试工作的质量？

试题一分析

本题考查电子商务企业在项目研发过程中的质量控制的理论和应用。考生应结合案例的背景，综合运用理论知识和实践经验回答问题。

【问题 1】

按照《信息系统监理规范 第 5 部分，软件工程监理规范》（GB/T 19668.5—2007）中关于工程计划制定的监理，监理机构应促使业主单位和承建单位适时对工程计划及其相关文档进行评审，并及时取得各方对工程计划的书面批准和承诺。显然事件 1 中监理方做法是不合适的，不符合规范要求。

【问题 2】

依据软件工程规范，编码的进入条件之一就是软件详细设计说明已通过评审。所以，此做法不恰当。

【问题 3】

第一问，依据软件工程规范，对基线程序的修改要经过正式评估，审核和批准，不应该只是默许程序员的操作，且修改后的程序和文档要经过评审，所以项目经理的做法不正确。

第二问，监理工程师的具体做法应该是：严格控制并敦促承建单位依据需求规格说明书、软件配置文档等书面规程，对所有配置项/单元的更改实施初始准备，并在配置管理过程中完成记录、评审、批准等工作，监理配合项目经理等关键技术人员施以必要跟踪、检查。

【问题 4】

按照《信息系统监理规范总则》（GB/T19668.1）中关于变更控制的要求，监理应要求承建单位依据已经批准变更的书面规程，对变更进行初始准备、记录、评审、批准和跟踪。

参考答案

【问题 1】（6 分）

不妥当（1 分）。监理应确保软件项目计划通过正式的评审（2 分），在评审后得到技术修改（1 分）和批准（2 分，说出批准即可得 2 分），批准后的项目计划才能作为项目实施的依据（说出未经过审核（2 分）和批准（2 分），类似的意思都可以酌情给分）。

【问题 2】（3 分）

不恰当（1 分）。因为编码的进入条件之一就是软件详细设计说明已通过评审（2 分）（说出设计未做好会影响编码质量等类似意思都可以给分）。

【问题 3】（6 分）

（1）不正确（1 分）。理由是作为项目经理不应该默许程序员的操作（1 分），且修改后的程序和文档没有经过评审（1 分）。（如果回答变更不规范，得 1 分）。

（2）监理应控制承建单位依据书面规程（1 分），对所有配置项/单元的更改实施初始准备、记录、评审、批准和跟踪（2 分，说出一项给 1 分，最多得 2 分）。

【问题 4】（5 分）

在人力资源有限的情况下，承建单位项目经理应做如下方面的措施来保证测试工作的质量：

（1）采取程序员交叉测试的方法。（2 分）

（2）若情况允许，可以在程序员自己发现缺陷趋于平稳后，再提交给专门测试人员进行测试。（2 分）

（3）根据项目实际情况，由项目组其他人员（1 分）（说出项目经理、需求设计人员等酌情给分）或客户业务代表（1 分）进行部分测试。（最多得 1 分）

试题二（15 分）

阅读下列说明，回答问题 1 至问题 3，将解答填入答题纸的对应栏内。

【说明】

某政府部门进行电子政务工程建设，与监理单位签订了监理合同。项目拟通过公开招标方式选择承建单位，在项目招标及合同签订过程中发生了如下事件。

【事件 1】 招标准备过程中，建设单位提出，项目所需购买的数据采集设备国产产品价格较进口产品的价格贵许多，咨询监理工程师是不是有相关规定针对这种情况可以采购非本国产品，如果有，具体的规定是怎样的。

【事件 2】 项目评标完成后，评标委员会向招标人提交了中标候选人名单，排名依次为 A 公司、D 公司和 B 公司。由于资金紧张，A 公司未能在规定的时间内按照招标文件要求提交履约保证金，被取消中标资格，由招标人确定 D 公司中标。

【事件 3】 项目实施合同的签订过程中，建设单位要求监理加强监理工作力度。

【问题 1】（5 分）

针对事件 1，请指出：

（1）满足怎样的条件可以申请购买非本国产品？

（2）依据的是哪部法律？

【问题 2】（6 分）

根据事件 2，请回答：

A 公司被取消中标资格并确定由 D 公司中标是否妥当？请说明依据的是哪部法律及该法律是如何规定的？

【问题 3】（4 分）

针对事件 3，请指出监理在合同签订管理过程中协助建设单位的主要工作内容。

试题二分析

本题考查项目招投标采购等相关理论与应用。考生应结合案例的背景，综合运用理论知识和实践经验回答问题。

【问题 1】

第一问，依据《中华人民共和国政府采购法实施条例》本国货物的最低报价高于非本国货物最低报价百分之二十以上的情形，可以购买非本国产品。监理工程师应对《中华人民共和国政府采购法实施条例》严格实施，加以必要的控制。

第二问，依据的是《中华人民共和国政府采购法实施条例》。

【问题 2】

依据《中华人民共和国招标投标法实施条例》第五十五条规定，使用国有资金或者国家融资的依法必须招标项目，招标人应当确定排名第一的中标候选人为中标人。排名第一的中标候选人放弃中标、因不可抗力提出不能履行合同、招标文件规定应当提交履约保证金而在规定的期限内未能提交，或者被有关部门查实存在影响中标结果的违法行为、不具备中标资格等情形的，招标人可确定排名第二的中标候选人为中标人。以此类推，招标人可确定排名第三的中标候选人为中标人。三个中标候选人都存在前述情形的，依法必须招标项目的招标人应当重新招标。

排名在前的中标候选人放弃中标的，其投标保证金不予退还，投标保证金低于放弃中标价与后一中标候选人投标报价或者重新招标中标价之间差价的，应当向招标人赔偿差价与投标保证金之间的差额。导致重新招标的，还应当赔偿重新招标的成本。

所以此做法妥当。

【问题 3】

合同签订过程，涉及分析、谈判、协商、拟定、签署等活动。因此，监理应协助业主在上述环节开展工作。

参考答案

【问题 1】（5 分）

（1）本国货物的最低报价（1 分）高于非本国货物最低报价百分之二十（2 分）以上的情形。

（2）依据的是《中华人民共和国政府采购法实施条例》。（2 分）

【问题 2】（6 分）

妥当。（1 分）

依据是《中华人民共和国招标投标法实施条例》。（2 分）（说出《中华人民共和国招标投标法》的不给分）

该依据规定，排名第一的中标候选人由于法定原因不符合中标条件的，招标人可以按照评标委员会提出的中标候选人名单排序依次确定其他中标候选人为中标人。（3 分）

【问题 3】（4 分）

分析、谈判、协商、拟定、签署。（每个 1 分，最多得 4 分）

试题三（15 分）

阅读下列说明，回答问题 1 至问题 3，将解答填入答题纸的对应栏内。

【说明】

近年来，随着信息化水平不断提高，以电子商务模式提供的网络服务和交易也得到了飞速的发展和应用，网上银行、网络线上支付、手机购物、支付宝和微信红包等得到了普遍的应用，为民众购物、消费提供了极大的便利。

国内某大型民营企业，提出在其主导的某项电子商务项目建设实施过程中实行监理制。建设的主要内容以电子商务平台的建设、信息交互和信息安全为基础，为企业产品交易提供电子商务服务，并为民众提供相应商品采购的网络交易服务。

在该项目建设过程中，发生如下事件。

【事件 1】甲方在项目开始前，准备先行聘请监理单位。在监理招标实施前，召集相关监理单位参与资质预审，除提供相应资质证书外，还要求监理单位陈述电子商务工程的特点，结合特点分析，进一步陈述监理的工作应对措施等。监理单位随即开始做有关准备以便于做好答辩工作。

【事件 2】为了加强对客户信息的保护，也为了保证系统的安全，在实施过程中，甲方要求乙方对 VIP 客户实施强化身份认证管理，通过颁发数字证书系统，强化漏洞扫描系统、防火墙系统和防病毒系统等一系列措施，"加固"系统信息安全体系建设。承建单位提出总体技术方案，甲方要求监理给予审核并提出意见。

【问题 1】（5 分）

在事件 1 中，若监理单位委托你作为代表向甲方陈述意见，你认为电子商务项目的建设特点有哪些？

【问题 2】（6 分）

根据事件 2，请简要分析并论述电子商务系统在信息安全方面可能存在的问题或风险。

【问题 3】（4 分）

针对事件 2，请简要回答在总体技术方案评审过程中，监理针对数字证书系统的设计方案在功能实现方面应该重点考虑哪些内容？

试题三分析

本题重点考查的是电子商务建设项目特点，并有针对性地结合问题提出对应的监理意见或策略。结合具体问题或事件，要分析电子商务系统在建设过程中必须实施的信息安全风险分析、防范策略，以及监理在审核技术方案过程中，针对信息安全策略或产品应用的具体技术实现或技术方案等，提出对应的审核要点，明确提出监理意见。

【问题 1】

在事件 1 中，本问题意在考查监理工程师对电子商务建设项目的建设特点，并能够现场组织语言充分表达意见，言简意赅地表述对电子商务建议项目的了解、掌握和综合表述的语言或文字的归纳能力。

电子商务建设项目的建设特点主要呈现以下几个方面：

（1）安全性要求高。

（2）系统可用性要求高。

（3）技术复杂（数据量大、交易量大、对性能敏感等）。

（4）用户体验要求更高，难度更大。

（5）测试与试运行复杂，工作量大。

（6）需要三方共同参与工程建设的项目管理。

（7）其他合理答案也酌情给分等。

【问题 2】

在事件 2 中，本问题主要考察监理工程师对电子商务信息安全的风险点分析、防范对策和可能的技术影响因素等。并通过必要的表述，言明监理的意见。

电子商务信息安全的风险主要呈现以下几个方面特点：

（1）由于各种原因引起的信息泄露、信息丢失、信息篡改、信息虚假、信息滞后、信息不完善等，以及由此带来的风险。

（2）电子商务交易过程中存在的各种不安全因素，包括交易的确认、产品和服务的提供、产品和服务的质量、价款的支付等方面的安全问题。

（3）由于各种原因造成电子商务参与者面临的财产等经济利益风险，主要表现为财产损失和其他经济损失，例如：客户的银行资金被盗；交易者被冒名；其财产被窃取；以及因信息的泄露、丢失，使企业的信誉受损，经济遭受损失。

（4）遭受网络攻击或故障，企业电子商务系统效率下降甚至瘫痪等。

【问题 3】

通常情况下，在对数字证书系统的设计方案的审核过程中，不仅要考虑其功能是否满足电子商务系统的应用要求，同时还要考虑与其他安全系统或产品联合应用的可靠性和工作效率。

本问题主要考查监理工程师对数字证书系统设计方案论述的功能了解程度和审核要点。其要点是：

（1）提供信任服务，进行证书管理。

（2）提供基于统一安全管理的密钥管理。

（3）提供基于统一安全管理的密码服务。

（4）提供资源访问控制和权限管理服务。

（5）提供可信的时间戳服务。

（6）提供证书的查询验证服务。

（7）提供信息安全防护服务。

（8）提供系统故障恢复及容灾备份服务。

（9）提供网络可信接入及网络信任域管理服务。

参考答案

【问题 1】（5 分）

（1）安全性要求高。

（2）系统可用性要求高。

（3）技术复杂（数据量大、交易量大、对性能敏感等）。

（4）用户体验要求更高，难度更大。

（5）测试与试运行复杂，工作量大。

（6）需要三方共同参与工程建设的项目管理。

（7）其他合理答案也酌情给分。

（每项 1 分，最多得 5 分）

【问题 2】（6 分）

（1）由于各种原因引起的信息泄露、信息丢失、信息篡改、信息虚假、信息滞后、信息不完善等，以及由此带来的风险。（回答任一要点得 1 分，最多得 2 分）

（2）电子商务交易过程中存在的各种不安全因素，包括交易的确认、产品和服务的提供、产品和服务的质量、价款的支付等方面的安全问题。（回答任一要点得 1 分，最多得 2 分）

（3）由于各种原因造成电子商务参与者面临的财产等经济利益风险，主要表现为财产损失和其他经济损失，例如：客户的银行资金被盗；交易者被冒名；其财产被窃取；以及因信息的泄露、丢失，使企业的信誉受损，经济遭受损失。（回答任一要点得 1 分，最多得 2 分）

（4）遭受网络攻击或故障，企业电子商务系统效率下降甚至瘫痪等。（2 分）

（本题满分 6 分，若有其他合理的答案，可酌情给 2～4 分）

【问题 3】（4 分）

（1）提供信任服务，进行证书管理。

（2）提供基于统一安全管理的密钥管理。

（3）提供基于统一安全管理的密码服务。

（4）提供资源访问控制和权限管理服务。

（5）提供可信的时间戳服务。

（6）提供证书的查询验证服务。

（7）提供信息安全防护服务。

（8）提供系统故障恢复及容灾备份服务。

（9）提供网络可信接入及网络信任域管理服务。

（每项 1 分，最多得 4 分，若有其他合理的答案，可酌情给 1～3 分）

试题四（15 分）

阅读下列说明，回答问题 1 至问题 3，将解答填入答题纸的对应栏内。

【说明】

某企业信息化工程项目建设单位甲与承建单位乙签订了项目实施合同，与监理单位丙签订了项目监理合同。项目实施合同规定项目完成后首先进行各子项内部验收和整体验收，再进行竣工验收，建设过程中发生如下事件。

【事件 1】软件开发完成后，总监理工程师安排软件项目监理工程师张工负责软件开发子项工程的验收工作，张工带领其他两名监理工程师重点对承建单位提交的软件开发子项验收计划和验收方案进行了审查，对验收过程进行了有效的监控，并提出了验收意见。

【事件 2】项目整体完成后，成立了由建设单位、监理单位和外聘专家组成的验收委员会。在验收过程中，总监理工程师安排监理工程师刘工带领其他几名工程师审查承建单位验收申请，由刘工组织监理人员进行验收，由总监理工程师签署验收文件等。

【问题 1】（5 分）

针对事件 1，请回答：

（1）事件 1 所描述的做法正确吗？请说明理由。

（2）监理对验收阶段的质量控制主要是通过哪两个方面的监理来完成的？

【问题 2】（5 分）

针对事件 1，对子项验收计划和验收方案进行审查，主要审查内容包括哪些？

【问题 3】（5 分）

请指出事件 2 中的不当之处。

试题四分析

本试题主要考查监理工程师对项目验收的各个知识点，包括验收目标、验收条件、验收标准、验收组织、各方职责、验收实施、验收流程、验收方式、验收手续和验收结果等。通常情况下，这些内容是通过《验收工作方案》来表述的。

首先要了解通常情况下的项目验收基本概念。

项目验收，也称范围核实或移交。它是核查项目计划规定范围内各项工作或活动是否已经全部完成，可交付成果是否令人满意，并将核查结果记录在验收文件中的一系列活动。

在项目的结束过程中，依据项目的原始章程和合法变更行为，对项目成果和全部之前的活动过程进行审验和接收的行为，叫作项目的验收。

项目验收时，要关注如下三个方面的工作内容，即要明确项目的起点和终点；要明确项目的最后成果；要明确各子项目成果的标志。

【问题 1】

事件 1 所描述的监理工程师的行为是符合监理规范要求的，也是监理工作任务之一。因此事件 1 的做法是正确的。

监理要配合做好项目的验收准备，就要提前审核并确定《验收工作方案》的可实施性。对所要开展验收审查的项目是否验收条件提出明确意见。对提交验收的成果物是否满足合同要求，对所完成的各项验收准备工作是否达到预期，对系统试运行发现问题的改进或完善是否达标等提出监理意见，并形成书面监理意见。

　　在验收过程中，要参与验收各个环节和重要工作议程，对有关情况予以了解、掌握，并适时提出监理意见或做出答疑等。

　　综合上述分析，验收阶段的质量控制主要是通过对验收方案的审查和对验收过程的监控两个方面来完成的。

【问题 2】

　　任何验收都要有工作方案指导为宜。本着这个思路，验收方案重点表述验收目标、各方责任、验收内容、验收标准、验收方式等关键内容。

　　对于子项验收工作，由于验收工作较为简单，且是为整体项目验收做相关准备，故验收方案仅就子项目验收工作做相应论述，可以适当简略。项目验收方案，在通过监理审查后，报建设单位审核、确认，并酌情予以实施。

　　另外，作为子项目验收还要为整体项目验收做好协调、配合工作，如有需要也要加以论述为宜，如验收测试的系统联调测试、项目档案管理和验收手续符合整体项目验收要求等。

【问题 3】

　　本问题主要考查项目验收组织活动中，监理参与其中的工作程序、监理机构各角色职责分工和有关权限等内容。

　　事件 2 有三处不当。

　　一是，验收组织不全。既然是项目验收，验收的对象就是承建单位和承建单位提交的验收成果，而承建单位不参与验收活动，显然不妥。至于是否参加到项目验收委员会当中，可以适当酌情处理。

　　二是，组织监理机构对验收申请的审查是总监理工程师的职责，而不能委托监理工程师承担。

　　三是，参与项目验收审查活动也是应该由总监理工程师承担的，而不能由监理工程师组织并代行总监理工程师职责。

参考答案

【问题 1】（5 分）

　　（1）正确（1 分）。理由：这是（专业）监理工程师职责范围内的工作。（2 分）（说出类似意思就可以给分）

　　（2）验收阶段的质量控制主要是通过对验收方案的审查（1 分）和对验收过程的监控（1 分）来完成的。

【问题 2】（5 分）

　　验收目标、各方责任、验收内容、验收标准、验收方式。（每个 1 分，共 5 分）

【问题 3】（5 分）

　　（1）验收委员会还应该有承建单位参加。

　　（2）审查承建单位验收申请是总监理工程师的职责。

（3）组织监理人员进行验收是总监理工程师的职责。

（每项 2 分，最多得 5 分）

试题五（10 分）

阅读下列说明，回答问题 1 至问题 2，将解答填入答题纸的对应栏内。

【说明】

某部委信息中心在新大楼建设 IDC 数据中心，机房设计标准为 A 级机房，在项目的建设过程中实施了全过程监理，项目在冬季完成了建设，并顺利通过了第三方环境检测机构和消防局的验收。

【事件 1】 为做到心中有数，建设单位向监理单位咨询了数据中心的测试、信息安全评测以及数据中心相关技术要求等方面的问题。

【事件 2】 项目基础环境建设完成后，承建单位提请建设单位、监理单位进行环境综合测试，并对测试过程进行了详细记录。

【问题 1】（5 分）

在（1）～（5）中填写恰当内容（从候选答案中选择一个正确选项，将该选项编号填入答题纸对应栏内）。

在事件 1 中，监理认为：信息安全测试检测是一个统称的概念。用来概括信息系统 (1) 、 (2) 和 (3) 涉密三项信息安全方面的测试检测工作。数据中心机房温湿度应严格符合设备运行要求，按照 A 级机房的标准应在夏季开机时对数据中心机房进行检测，合格的检测结果应当是"机房温度为 (4) ，机房相对湿度为 (5) "。

（1）～（3）备选答案：

A. 风险评估　　　　　　B. 安全评估　　　　　C. 系统测评

D. 应用软件安全测评　　E. 等级保护测评　　　F. 涉密评估

（4）、（5）备选答案：

A. （20±2）℃　　　B. （23±2）℃　　　C. 45%～65%　　　D. 35%～65%

【问题 2】（5 分）

事件 2 中，产生了如下测试数据，请判断以下测试结果项是否符合机房验收标准（填写在答题纸的对应栏内，符合的选项填写"√"，不符合的选项填写"×"）：

（1）两相对机柜正面之间的距离为 1.6m。　　　　　　　　　　　　（　　）

（2）安全工作接地的接地电阻值为 1.2Ω。　　　　　　　　　　　　（　　）

（3）故障照明的照度为 55LUX。　　　　　　　　　　　　　　　　（　　）

（4）主机房内磁场干扰环境场强为 900A/m。　　　　　　　　　　 （　　）

（5）机房电源电压范围为 110～380V。　　　　　　　　　　　　　 （　　）

试题五分析

按照国家有关规定，计算机机房建设在验收前必须完成几项特定的检测，如涉及机房消防系统的属地消防局检测，涉密机房的属地国家保密局安全检测等。

本题意在考查监理工程师对机房建设的基本检测是否符合有关国家规定要求的熟悉、了解程度，对重要的检测项和关键指标的掌握程度等。

【问题 1】

本问题主要考查考生对信息安全测试检测基础知识和标注内容掌握的熟悉程度，需要考生掌握扎实的基本功。

信息安全测试检测是一个统称的概念。用来概括信息系统风险评估、等级保护测评和涉密系统测评三项信息安全方面的测试检测工作。信息系统风险评估、等级保护测评和涉密系统测评这三种实现信息安全的方法都是当前我国进行信息安全保障工作的重要内容和手段，信息安全测试检测概念的提出对于规范和明确信息安全日常工作具有重要作用。

根据《中华人民共和国国家标准电子计算机机房设计规范》第三章 "第 3.1.2 条 电子计算机机房内温、湿度应满足下列要求"。

开机时数据中心及机房内温度、湿度要求			
	A 级	B 级	正常范围
温度	$(23\pm2)℃$	$(20\pm2)℃$	18℃～25℃
湿度	45%～65%	40%～70%	40%～60%
温度变化率	<5℃/h 并不得结露	<10℃/h 并不得结露	
停机时数据中心及机房内温度、湿度要求			
	A 级	B 级	正常范围
温度	5℃～35℃	5℃～35℃	18℃～25℃
湿度	40%～70%	20%～80%	40%～60%
温度变化率	<5℃/h 并不得结露	<10℃/h.并不得结露	

【问题 2】

本问题意在考查监理工程师对机房建设标准的熟悉和掌握，并通过实际测试案例判断测试结果与标准的符合程度。

根据《电子计算机机房设计规范》，设计案例的有关测试指标规定如下：

（1）第 2.3.4 条 主机房内通道与设备间的距离应符合下列规定：第一，两相对机柜正面之间的距离不应小于 1.5m；第二，机柜侧面距墙不应小于 0.5m，当需要维修测试时，则距墙不应小于 1.2m；第三，走道净宽不应小于 1.2m。

（2）第 6.4.2 条　电子计算机机房应采用下列四种接地方式：第一，交流工作接地，接地电阻不应大于 4Ω；第二，安全工作接地，接地电阻不应大于 4Ω；第三，直流工作接地，接地电阻应按计算机系统具体要求确定；第四，防雷接地，应按现行国家标准《建筑防雷设计规范》执行。

（3）第 6.2.7 条　电子计算机机房内应设置备用照明，其照度宜为一般照明的 1/10。备用照明宜为一般照明的一部分。

（4）第 6.2.8 条电子计算机机房应设置疏散照明和安全出口标志灯，其照度不应低于 0.51X。

（5）第 3.2.3 条　主机房内磁场干扰环境场强不应大于 800A/m。

（6）第 6.1.9 条　电子计算机机房低压配电系统应采用频率 50Hz、电压 220/380VTN-S 或 TN-C-S 系统。电子计算机主机电源系统应按设备的要求确定。

参考答案

【问题 1】（5 分）

（1）A　　　（2）C　　　（3）E　　　（1）～（3）答案可互换

（4）B　　　（5）C

（每个 1 分，共 5 分）

【问题 2】（5 分）

（1）√　　　（2）√　　　（3）×　　　（4）×　　　（5）×

（每个 1 分，共 5 分）

第15章 2015下半年信息系统监理师上午试题分析与解答

试题（1）

　　(1) 是反映计算机即时存储信息能力的指标。

　　(1) A．存取周期　　　B．总线位数　　　C．主存容量　　　D．辅存容量

试题（1）分析

　　本题考察计算机的基础知识。

　　主存容量是考察计算机即时存储信息能力的指标，主存容量越大，计算机可以快速存储和计算的数据量越大。

参考答案

　　(1) C

试题（2）

　　随着移动互联技术的快速发展，用户对于无线传输速率要求越来越高。采用 (2) 技术标准，无线传输速率最快。

　　(2) A．CDMA2000　　B．TD-LTE　　　C．FDD-LTE　　　D．EDGE

试题（2）分析

　　CDMA2000 是 CDMA 技术发展过程的一个阶段，它是 3G 标准，一般情况下无线传输速率在 144kb—10Mb 之间，而 TD-LTE 和 FDD-LTE 是 4G 通信标准。TD-LTE 和 FDD-LTE 都是分时长期演进技术，但是 TD-LTE 是 TDD 版本的长期演进技术，被称为时分双工技术，而 FDD-LTE 也是长期演进技术，不同的是，FDD-LTE 采用的是分频模式。类似网络课程中的时分复用技术和频分复用技术。在速度方面，TD-LTE 的下行速率和上行速率分别为 100Mbps 和 50Mbps，而 FDD-LTE 的下行速率和上行速率分别为 150Mbps 和 40Mbps。但用户对于无线传输速率的要求一般体现在下行速率上，因此 FDD 的无线传输速率相对较快。而 EDGE 是 2015 年 4 月微软公司最新操作系统 Windows10 的浏览器名称。因此此题选择 C。

参考答案

　　(2) C

试题（3）

　　信息系统生命周期一般包括系统分析、系统设计、系统实施和 (3) 等几个阶段。

　　(3) A．系统研发　　B．系统集成　　　C．系统维护　　　D．系统测试

试题（3）分析

　　信息系统生命周期一般包括系统分析、系统设计、系统实施和系统维护等几个阶段，

选择 C 选项。ABD 三个选项属于系统实施工作的一部分。

参考答案

（3）C

试题（4）

UTP 双绞线指的是 (4) 双绞线。

（4）A．屏蔽　　　B．非屏蔽　　　C．屏蔽 3 类　　　D．非屏蔽 3 类

试题（4）分析

根据有无屏蔽层，双绞线分为屏蔽双绞线（Shielded Twisted Pair，STP）与非屏蔽双绞线（Unshielded Twisted Pair，UTP）。非屏蔽双绞线是一种数据传输线，由 4 对不同颜色的传输线所组成，广泛用于以太网路和电话线中。非屏蔽双绞线电缆具有以下优点：1.无屏蔽外套，直径小，节省所占用的空间，成本低；2.重量轻，易弯曲，易安装；3.将串扰减至最小或加以消除；4.具有阻燃性；5.具有独立性和灵活性，适用于结构化综合布线。而局域网中非屏蔽双绞线分为三类、四类、五类和超五类 4 种。屏蔽双绞线分为三类和五类两种。因此只有答案 B 正确。

参考答案

（4）B

试题（5）

在 OSI 参考模型中，第 N 层与第 N+1 层之间的关系是 (5) 。

（5）A．第 N 层是第 N+1 层的服务提供者

　　　B．第 N+1 层从第 N 层接收报文并添加报头

　　　C．第 N 层使用第 N+1 层提供的服务

　　　D．第 N 层与第 N+1 层没有直接关系

试题（5）分析

网络体系结构指的是网络各层、层中协议和层间接口的集合。OSI 网络体系结构中共定义了 7 层，从高到低分别是：①应用层；②表示层；③会话层；④传输层；⑤网络层；⑥数据链路层；⑦物理层。

（N）层实体向（N+1）层实体提供服务，（N+1）层实体向（N）层实体请求服务。

参考答案

（5）A

试题（6）

"互联网+"是互联网思维的进一步实践成果，它代表一种先进的生产力，推动经济形态不断发生演变。以下叙述中， (6) 是不正确的。

（6）A．工业 4.0 是由中国提出的互联网+工业模式

　　　B．在线理财、P2P、电商小贷都属于互联网+金融模式

　　　C．互联网+交通催生了"嘀嘀打车""快的打车"等新型产品

D. 互联网+模式催生新的经济形态，为大众创业、万众创新提供环境

试题（6）分析

工业 4.0 是德国政府提出的一个高科技战略计划。该项目由德国联邦教育局及研究部和联邦经济技术部联合资助，投资预计达 2 亿欧元。旨在提升制造业的智能化水平，建立具有适应性、资源效率及人因工程学的智慧工厂，在商业流程及价值流程中整合客户及商业伙伴。其技术基础是网络实体系统及物联网。BCD 三个选项都是建立于互联网上的新型商业模式，描述的内容均正确。

参考答案

（6）A

试题（7）

以太网中，不同网络设备是根据 (7) 地址来区分的。

（7）A. LLC　　　　B. MAC　　　　C. IP　　　　D. IPX

试题（7）分析

由于只有 MAC 地址是永远不变的，所以在以太网中，不同的网络设备是根据 MAC 地址来区分的。LLC 是逻辑链路控制子层。IP 地址是被自动或者人工分配的。IPX：互联网数据包交换协议（IPX：Internetwork Packet Exchange protocol），是一个专用的协议簇，它主要由 Novell NetWare 操作系统使用。IPX 是 IPX 协议簇中的第三层协议。

参考答案

（7）B

试题（8）

(8) 是国际电工电子工程学会（IEEE）为无线局域网络制定的标准。

（8）A. IEEE 802.9　　B. IEEE 802.1　　　C. IEEE 802.8　　D. IEEE 802.11

试题（8）分析

802.11 协议簇是国际电工电子工程学会（IEEE）为无线局域网络制定的标准。概念题。

参考答案

（8）D

试题（9）

(9) 是路由选择协议。

（9）A. TCP/IP　　　B. RIP　　　　C. IPX/SPX　　　D. AppleTalk

试题（9）分析

（1）TCP：Transmission Control Protocol/Internet Protocol 的简写，中译名为传输控制协议/因特网互联协议。（2）RIP：RIP 是一种分布式的基于距离矢量的路由选择协议，是因特网的标准协议，其最大优点就是实现简单，开销较小。（3）IPX/SPX：InternetIPX/SPX(Internetwork Packet Exchange/Sequences Packet Exchange 分组交换/顺序

分组交换)是 Novell 公司的通信协议集。（4）Appletalk：Appletalk（AT）是由 Apple 公司创建的一组网络协议的名字，它用于 Apple 系列的个人计算机。协议栈中的各种协议用来提供通信服务，例如文件服务、打印、电子邮件和其他一些网络服务。

参考答案

（9）B

试题（10）

在 Internet 上浏览时，浏览器和 WWW 服务器之间传输网页使用的协议是　(10)　。

(10) A．IP　　　　　B．HTTP　　　　C．FTP　　　　D．Telnet

试题（10）分析

HTTP（HyperText Transport Protocol）是超文本传输协议的缩写，它用于传送 WWW 方式的数据，关于 HTTP 协议的详细内容请参考 RFC2616。HTTP 协议采用了请求/响应模型。客户端向服务器发送一个请求，请求头包含请求的方法、URL、协议版本，以及包含请求修饰符、客户信息和内容的类似于 MIME 的消息结构。服务器以一个状态行作为响应，响应的内容包括消息协议的版本，成功或者错误编码加上包含服务器信息、实体元信息以及可能的实体内容。

参考答案

（10）B

试题（11）

Web 服务器为互联网提供了广泛的服务内容。以下关于 Web 服务器主要功能的叙述中，(11) 是不正确的。

(11) A．支持 HTML 和 VRML 标准

　　　B．不具备网络安全功能

　　　C．提供网络服务，例如电子邮件、FTP、Telnet

　　　D．具有编辑和文件管理功能

试题（11）分析

Web 服务器为互联网提供了广泛的服务内容。Web 服务器功能如下：

（1）支持 HTML 和 VRML 标准；

（2）响应浏览器的请求；

（3）跟踪用户的活动；

（4）具有 SNMP 代理和远程管理功能；

（5）具有编辑和文件管理功能；

（6）具有网络安全功能；

（7）提供网络服务。

因此，B 选项描述错误。

参考答案

（11）B

试题（12）

以下不属于网络安全技术的是 (12) 。

（12）A．防火墙技术

　　　B．物理隔离技术，如隔离网闸

　　　C．数据加密技术，例如 DES、RSA 加密算法

　　　D．网络性能检测技术

试题（12）分析

防火墙指的是一个由软件和硬件设备组合而成、在内部网和外部网之间、专用网与公共网之间的界面上构造的保护屏障。防火墙是一种保护计算机网络安全的技术性措施。物理隔离技术也是为了网络安全，数据加密技术就是为了防范数据泄露而采取的必要的防范手段。而网络性能检测与网络安全无关，因此选 D。

参考答案

（12）D

试题（13）

UDP 协议和 TCP 协议分别提供的是 (13) 。

（13）A．可靠的、面向连接的服务，可靠的、面向连接的服务

　　　B．可靠的、面向连接的服务，不可靠的、面向无连接的服务

　　　C．不可靠的、面向无连接的服务，可靠的、面向连接的服务

　　　D．不可靠的、面向无连接的服务，不可靠的、面向无连接的服务

试题（13）分析

UDP 协议：UDP 是 User Datagram Protocol 的简称，中文名是"用户数据报协议"，是 OSI（Open System Interconnection，开放式系统互联）参考模型中一种无连接的传输层协议，提供面向事务的简单不可靠信息传送服务。

TCP 协议：TCP（Transmission Control Protocol 传输控制协议）是一种面向连接的、可靠的、基于字节流的传输层通信协议。

参考答案

（13）C

试题（14）

以下关于网络测试的叙述中， (14) 是不正确的。

（14）A．网络测试主要包括电缆测试、传输信道测试和网络测试等

　　　B．万用表是简单的电缆测试仪器

　　　C．电缆测试主要包括验证测试和认证测试

　　　D．传输信道测试包括误码率、丢包率、传输速率和频谱带宽等

试题（14）分析

传输信道测试主要是测试传输信息的频谱带宽、传输速率、误码率等参数，不包括丢包率测试。丢包率测试一般用 ping 命令或丢包测试软件进行。

参考答案

（14）D

试题（15）

网络延迟会给用户带来很大的不便。以下可以查看网络延迟的命令是　(15)　。

（15）A．ipconfig /all 　　　B．ping 　　　C．route print 　　　D．winmsd

试题（15）分析

ipconfig 可用于显示当前的 TCP/IP 配置的设置值。这些信息一般用来检验人工配置的 TCP/IP 设置是否正确。了解计算机当前的 IP 地址、子网掩码和缺省网关。

ping 只是一个通信协议，利用它可以检查网络是否能够连通，用好它可以很好地帮助我们分析判定网络故障。利用 ping-n ：发送 count 指定的 ECHO 数据包数，通过这个命令可以自己定义发送的个数，对衡量网络速度很有帮助。它能够测试发送数据包的返回平均时间，及时间的快慢程度。

route print 命令用于显示路由表中的当前项目。

Msinfo32.exe 是在 Windows 2000 以后推出的，替代以前 Windows NT 的 Winmsd.exe 命令。msinfo32.exe：显示计算机中的有关系统信息，可用其诊断、解决计算机问题并查看远程系统所生成的系统报告。winmsd 可查看系统信息，这个是系统的基本信息，而 msinfo32.exe 是对系统的事件的记录。

参考答案

（15）B

试题（16）

在计算机系统停机条件下，主操作员位置测量的主机房内噪声应小于　(16)　dB。

（16）A．50 　　　　　B．68 　　　　　C．126 　　　　　D．168

试题（16）分析

教程 p362,16.5.1-6 节已说明，在计算机系统停机条件下，主操作员位置测量的主机房内噪声应小于 68dB。

参考答案

（16）B

试题（17）

在综合布线系统中，独立的需要安装终端设备的区域称为　(17)。

（17）A．设备间 　　　　B．工作区 　　　　C．配线间 　　　　D．进线间

试题（17）分析

在综合布线系统中，独立的需要安装终端设备的区域称为工作区，通常拥有一台计

算机和一部电话机，工作区子系统由终端设备连接到信息插座的跳线组成。

参考答案

（17）B

试题（18）

监理人员在进行隐蔽工程验收时若发现了 (18) 的情况，应要求承建单位进行整改。

（18）A．同一线槽内包括绝缘在内的导线截面积总和为内部截面积的 40%

       B．管道明敷时，进行了弹线，管路横平竖直

       C．穿在管内绝缘导线的额定电压为 500V

       D．活动地板作为通风系统的风道，高度为 30mm

试题（18）分析

活动底板的铺设高度不应低于 300mm，故 D 选项错误。

参考答案

（18）D

试题（19）

综合布线系统中水平子系统线缆的长度限制为 (19) 米。

（19）A．150　　　　B．120　　　　C．90　　　　D．60

试题（19）分析

教材第 365 页，16.5.2.1 中规定，线缆长度不应超过 90 米。

参考答案

（19）C

试题（20）

入侵检测系统提供的基本服务功能包括 (20) 。

（20）A．异常检测、入侵检测和包过滤　　B．入侵检测和攻击告警

       C．异常检测和攻击告警　　　　　　D．异常检测、入侵检测和攻击告警

试题（20）分析

入侵行为主要是指对系统资源的非授权使用，可以造成系统数据的丢失和破坏、系统拒绝服务等危害。

入侵检测通过对计算机网络或计算机系统中的若干关键点收集信息并进行分析，从中发现网络或系统中是否有违反安全策略的行为和被攻击的迹象。进行入侵检测的软件与硬件的组合就是入侵检测系统。

入侵检测系统执行的主要任务包括：

（1）监视、分析用户及系统活动，审计系统构造和弱点；

（2）识别、反映已知进攻的活动模式，向相关人士报警；

（3）统计分析异常行为模式；

（4）评估重要系统和数据文件的完整性；

（5）审计、跟踪管理操作系统，识别用户违反安全策略的行为。

因此答案为 D。

参考答案

（20）D

试题（21）

网闸，即安全隔离与信息交换系统。以下关于网闸的叙述中，__(21)__ 是正确的。

（21）A．网闸具有超强的隔离功能，可以取代防火墙

　　　　B．安全隔离网闸通常布置在安全级别相同的两个网络之间

　　　　C．安全隔离网闸支持交互式访问

　　　　D．安全隔离网闸能够实现两个网络间的自动的安全适度的信息交换

试题（21）分析

网闸，即安全隔离与信息交换系统，是新一代高安全度的企业级信息安全防护设备，它依托安全隔离技术为信息网络提供了更高层次的安全防护能力，不仅使得信息网络的抗攻击能力大大增强，而且有效地防范了信息外泄事件的发生。

安全网闸适用于政府、军队、公安、银行、工商、航空、电力和电子商务等有高安全级别需求的网络，在电子政务中的典型应用是安装在政务外网和 Internet 之间或者是在政务内网划分不同的安全域，或者是安装在政务内网和其他不与 Internet 相连的网络之间。当然网闸也可用来隔离保护主机服务器或专门隔离保护数据库服务器。

隔离系统被认为是安全性最高的安全设备。它是在保证安全的情况下，尽可能支持信息交换，如果不安全就断开隔离。隔离技术被广泛地应用于专网和公网之间、内网和外网之间，在用户要求进行物理隔离，同时又需要实时地交换数据，解决物理隔离和信息交流的问题时，采用中网 X-GAP 系列产品则可以实现两网之间必要的"摆渡"，又保证不会有相互入侵的安全问题。

参考答案

（21）D

试题（22）

监理人员在从事信息系统工程项目监理工作时，__(22)__。

（22）A．应根据项目工程合同独立开展监理业务

　　　　B．既要保守承建单位的技术秘密，也要保守承建单位的商业秘密

　　　　C．可以用注册监理师的身份以个人的名义承接监理任务

　　　　D．可以同时从事与被监理项目相关的技术活动

试题（22）分析

监理人员的权利和义务：

（1）根据监理合同独立执行工程监理业务。

（2）保守承建单位的技术秘密和商业秘密。

（3）不得同时从事与被监理项目相关的技术和业务活动。

参考答案

（22）B

试题（23）

在信息系统工程监理过程中，专家发挥了重要的作用和价值。以下 (23) 不属于专家的职责。

（23）A. 对本工程监理工作提供参考意见

　　　 B. 为相关监理组的监理工作提供技术指导

　　　 C. 审核签认竣工结算

　　　 D. 接受专业监理工程师的咨询

试题（23）分析

根据《信息化工程监理规范》（GB 19668.1-2005）2.7 角色定义：

专家的职责。

（1）对本工程监理工作提供参考意见；

（2）为相关监理组的监理工作提供技术指导；

（3）参与对工程的重大方案的评审；

（4）接受专业监理工程师的咨询。

C 不是专家的职责，故选 C。

参考答案

（23）C

试题（24）

从事信息化工程监理活动应有一套健全的管理制度和先进的管理方法，这是工程监理 (24) 的体现。

（24）A. 客观性　　　　B. 独立性　　　　C. 科学性　　　　D. 公正性

试题（24）分析

监理工作制度是使监理工作规范性、科学性、严密性和系统性的重要保证。建立完善的监理工作制度包括建立标准化的监理委托合同文本、标准化的监理大纲文件、标准化的监理工作程序、标准化的监理目标控制体系、标准化的工作计划体系、标准化的信息系统工程建设监理信息管理系统，以及信息系统工程建设监理中常用的技术方法、试验检验手段等标准化的信息系统工程建设监理技术方法体系。

参考答案

（24）C

试题（25）

监理单位不得与被监理项目的 (25) 存在隶属关系和利益关系，不得作为其投资者或合伙经营者。

（25）A．建设单位　　　　B．承建单位　　　C．投资单位　　　D．咨询单位

试题（25）分析

在信息产业部正式颁布的《信息系统工程监理暂行规定》中，第 18 条详细规定了监理单位的权利与义务：

（1）应按照"守法、公平、公正、独立"的原则，开展信息系统工程监理工作，维护建设单位与承建单位的合法权益；

（2）按照监理合同取得监理收入；

（3）不承建信息系统工程；

（4）不得与被监理项目的承建单位存在隶属关系和利益关系，不得作为其投资者或合伙经营者；

（5）不得以任何形式侵害建设单位和承建单位的知识产权；

（6）在监理过程中因违犯国家法律、法规，造成重大质量、安全事故的，应承担相应的经济责任和法律责任。

参考答案

（25）B

试题（26）

以下关于软件需求的叙述中，__(26)__ 是正确的。

（26）A．软件需求阶段研究的对象是软件项目的设计约束

　　　B．软件需求包括业务需求、用户需求、功能需求和非功能需求等

　　　C．功能需求反映了组织机构或客户对系统、产品高层次的目标要求

　　　D．需求分析需要描述软件功能和性能的技术实现方法

试题（26）分析

需求分析的目标是深入描述软件的功能和性能，确定软件设计的约束和软件同其他系统元素的接口细节，定义软件的其他有效性需求。

需求分析阶段研究的对象是软件项目的用户要求。一方面，必须全面理解用户的各项要求，但又不能全盘接受所有的要求；另一方面，要准确地表达被接受的用户要求。

只有经过确切描述的软件需求才能成为软件设计的基础。通常软件开发项目是要实现目标系统的物理模型。作为目标系统的参考，需求分析的任务就是借助于当前系统的逻辑模型导出目标系统的逻辑模型，解决目标系统的"做什么"的问题。

软件产品或软件服务的开发始于业主单位的需要、期望和限制条件，需求开发过程识别这些需要、期望和条件，在特定的限制条件下把这些需要和期望转换成产品需求的集合，对这个产品需求集合进行分析，产生一个高层次概念的解决方案，进一步分解直到确定特定产品的构件为止。

需求开发的产品将成为软件设计的基础，需求开发的过程不仅涉及所有的业主单位的需要和期望（除了业主单位的需要和期望外），还可能从所选择的解决方案中派生产

品和产品构件的需求。

需求开发的功能分析不同于软件开发中的结构化分析，不是假定面向功能的软件设计。功能分析的功能定义和逻辑分组，合并在一起成为功能体系结构。需求开发涉及对产品基本功能体系结构的进一步演变，这种基本功能体系结构把业主单位的需要和期望赋予到各个功能实体上。

对功能体系结构的细节层次可能需要不断地进行递归分析，直到细化程度足以推进产品的详细设计、采办和测试为止。

从软件产品支持、维护和使用的分析，还能派生出更多的功能需求和界面需求，在分析这些需求时需要予以注意的内容包括：限制条件、技术制约、成本制约、时间限制、软件风险、业主单位未明确（隐含）的问题，以及由开发者业务经验和能力引出的需求。这些分析对需求加以精练，进行派生，形成一个完备的逻辑实体。持续进行这些活动，可以确保需求始终得到恰当的定义。

因此，从软件工程活动的需求过程重要性角度理解，选择 B 是最为恰当的。

参考答案

（26）B

试题（27）

在应用软件建设项目的质量管理过程中，__(27)__ 是进行项目质量管理的主要依据。

（27）A．用户需求　　　B．项目合同　　　C．设计说明书　　　D．业务需求

试题（27）分析

从项目作为一次性的活动来看，项目质量体现在由 WBS（工作分解结构）反映出的项目范围内所有的阶段、子项目、项目工作单元的质量所构成，也即项目的工作质量。

从项目作为一项最终产品来看，项目质量体现在其性能或者使用价值上，也即项目的产品质量。

项目是应业主的要求进行的，不同的业主有着不同的质量要求，其意图已反映在项目合同中。因此，项目合同是进行项目质量管理的主要依据。

因此，选择 B 是正确的。

参考答案

（27）B

试题（28）

有效的测试是指 __(28)__ 。

（28）A．证明了被测试程序正确无误　　　B．说明了被测试程序符合相应的要求

　　　C．未发现被测程序的错误　　　D．发现了至今为止尚未发现的错误

试题（28）分析

Glenford J.Myers 曾对软件测试的目的提出过以下观点：

（1）测试是为了发现程序中的错误而执行程序的过程。

（2）好的测试方案是极可能发现迄今为止尚未发现的错误的测试方案。

（3）成功的测试是发现了至今为止尚未发现的错误的测试。

（4）测试并不仅仅是为了找出错误。通过分析错误产生的原因和错误的发生趋势，可以帮助项目管理者发现当前软件开发过程中的缺陷，以便及时改进。

（5）这种分析也能帮助测试人员设计出有针对性的测试方法，改善测试的效率和有效性。

（6）没有发现错误的测试也是有价值的，完整的测试是评定软件质量的一种方法。

（7）另外，根据测试目的的不同，还有回归测试、压力测试、性能测试等，分别为了检验修改或优化过程是否引发新的问题、软件所能达到的处理能力和是否达到预期的处理能力等。

作为一个软件测试的有效与否的评判标准就是是否能够发现至今为止尚未发现的错误，所以选择 D 正确。

参考答案

（28）D

试题（29）

软件配置发布的版本有 （29） 、中间版本、修订版本。

（29）A．基线版本　　　　B．标识版本　　　C．控制版本　　　D．发布版本

试题（29）分析

软件配置管理监理的主要活动：

（1）确保应用软件系统建设承建单位的配置管理组织和环境按照软件项目计划的要求成立并配备。

（2）控制承建单位依据书面规程，为应用软件系统建设项目制定软件配置管理计划。

（3）监督承建单位使用审批通过的、文档化的软件配置管理计划作为实施软件配置管理活动的基础，该计划包括：要执行的活动、活动的进度安排、指定的职责和所需的资源；监督承建单位标识将置于配置管理下的软件工作产品，工作产品包括与过程相关的计划、标准或规程、软件需求、软件设计、软件代码单元、软件测试规程、为软件测试活动建立的软件系统、软件系统产品和编译程序。

（4）控制承建单位依据书面规程，对所有配置项/单元的更改请求和问题报告实施初始准备、记录、评审、批准和跟踪。

（5）监督承建单位依据书面规程，控制对基线的更改。监督承建单位依据书面规程，由软件基线库生成软件产品并对其发布进行控制。监督承建单位依据书面规程，记录配置项/单元的状态。

（6）控制承建单位编制软件配置管理报告，证明软件配置管理活动和软件基线库的内容，并提供给业主。

（7）监督承建单位依据书面规程，进行软件基线库审核。进行软件配置管理活动状

态的跟踪和记录。

（8）定期审查软件配置管理活动和软件配置管理基线，以验证它们与文档定义的一致性。

（9）审核软件配置管理活动及其工作产品，并给出软件配置管理监理报告。

因此，选择 A 是正确的。

参考答案

（29）A

试题（30）

在软件生存周期内，__(30)__ 不属于构成软件配置管理项的内容。

（30）A．管理文档和技术文档　　　　B．接口、环境

　　　　C．源代码列表和可执行代码　　D．运行所需的各种数据

试题（30）分析

在软件生存周期内所产生的各种管理文档和技术文档、源代码列表和可执行代码，以及运行所需的各种数据，构成软件配置管理项。

参考答案

（30）B

试题（31）

以下关于软件开发过程中组织软件测试的叙述，__(31)__ 是正确的。

（31）A．软件单元测试由监理单位与承建单位联合组织

　　　　B．软件确认测试由建设单位自行组织

　　　　C．软件集成测试由承建单位自行组织

　　　　D．系统测试应由承建单位和建设单位联合组织

试题（31）分析

软件测试应由独立于软件设计开发的人员进行，根据软件项目的规模等级和安全性关键等级，软件测试可由不同机构组织实施。

（1）软件单元测试由承建单位自行组织，一般由软件开发组实施测试。

（2）软件集成测试由承建单位自行组织，软件开发组和软件测试组联合实施测试。

（3）软件确认测试由承建单位自行组织，软件测试组实施测试。

（4）系统测试应由业主单位组织，成立联合测试组（一般由专家组、业主单位、软件评测单位、承建单位等联合组成测试组）实施测试。

参考答案

（31）C

试题（32）

E-R 模型中包括 __(32)__ 基本成分。

（32）A．数据、对象、实体　　　　B．控制、联系、对象

　　C. 实体、联系、属性　　　　D. 实体、属性、操作

试题（32）分析

　　E-R 模型的构成成分是实体集、属性和联系集。

　　其表示方法如下：

　　（1）实体集用矩形框表示，矩形框内写上实体名。

　　（2）实体的属性用椭圆框表示，框内写上属性名，并用无向边与其实体集相连。

　　（3）实体间的联系用菱形框表示，联系以适当的含义命名，名字写在菱形框中，用无向连线将参加联系的实体矩形框分别与菱形框相连，并在连线上标明联系的类型，即 1—1、1—N 或 M—N。

　　因此，E-R 模型也称为 E-R 图。

参考答案

　　（32）C

试题（33）、（34）

　　在面向对象的软件开发方法中，每个对象由 （33） 组成， （34） 把它们结合在一起，构成一个独立的对象，其内部信息对外界是隐蔽的。

　　（33）A. 名称和属性　B. 属性和行为　　C. 属性和消息　　D. 名称和行为

　　（34）A. 封装　　　　B. 继承　　　　C. 多态性　　　　D. 消息

试题（33）、（34）分析

　　面向对象方法的基本思路是用对象作为描写客观信息的基本单元，它包括封装在一起的对象属性（数据）和对象行为（方法、运算）。与此相关的还有一些概念：如对象类、类的实例。对象类的继承、父类、子类、多重继承、方法的重载、限制以及接口等。

参考答案

　　（33）B（34）A

试题（35）

　　项目质量管理的主要目的是确保项目满足建设单位的应用需求和期望，项目质量管理由质量计划、质量控制和 （35） 三方面构成。

　　（35）A. 质量体系　B. 质量方针　　C. 质量措施　　D. 质量保证

试题（35）分析

　　质量管理概念与内涵：

　　1）质量概念

　　质量是对于标准或合同等要求的符合性和适用性。

　　这里主要讲了标准或合同，也可延伸为某种规范、规定、条件或其他要求，但一般都应以书面形式出现，并且具有权威性，至少是一定程度的权威性。

　　2）项目质量管理概念

　　项目质量管理的主要目的是确保项目满足建设单位的应用需求和期望。当然，项目

承建单位首先要全力以赴地使信息系统满足在合同或相关标准中的、明确表达了的建设单位需求和期望，还应站在使用者的角度仔细揣摩未写在书面说明中的隐含需求。

3）项目质量概念与档次、级别等概念的区别

建筑质量与建筑档次、级别是不同的概念——简单地说，豪华别墅有质量高低问题，经济适用住房也有质量高低问题；类似地，信息系统工程项目中也要注意两者的区别与联系。

4）项目质量管理的构成

项目质量管理由质量计划编制、质量保证和质量控制三方面构成。

参考答案

（35）D

试题（36）、（37）

（36）是指从最高管理者到实际工作人员的等级层次的数量。（37）是指一名上级管理人员所直接管理的下级人数。

（36）A. 管理层次　　　B. 管理跨度　　　C. 管理部门　　　D. 管理职责

（37）A. 管理层次　　　B. 管理跨度　　　C. 管理部门　　　D. 管理职责

试题（36）、（37）分析

管理跨度就是一个上级直接指挥的下级数目，在组织结构的每一个层次上，根据任务的特点、性质以及授权情况，决定出相应的管理跨度。管理层次是指管理权限的纵向结构，管理跨度是指管理权限的横向结构。

管理层次就是在职权等级链上所设置的管理职位的级数，一个管理者可以直接管理每一位作业人员的管理层次活动，这时组织就只存在一个管理层次。而当规模的扩大导致管理工作量超出了一个人所能承担的范围时，为了保证组织的正常运转，管理者就必须委托他人来分担自己的一部分管理工作，这使管理层次增加到两个层次。随着组织规模的进一步扩大，受托者又不得不进而委托其他的人来分担自己的工作，依此类推，而形成了组织的等级制或层次性管理结构。

二者之间的关系是：成反比例关系，即管理层次越多，管理跨度越小；管理层次越少，管理跨度越大。基本管理层次和管理跨度对集权与分权的影响为：管理层次越多，表明权力分散在各级管理层级中，组织越倾向于分权；管理跨度越大，表明管理层次越少，权力分散得也越少，意即权力集中得越厉害，表明组织越倾向于集权。

参考答案

（36）A　（37）B

试题（38）

在信息系统工程项目建设中，建设单位、监理单位和承建单位都要开展相应的项目管理工作，监理单位的项目管理可以说是对承建单位项目管理的再管理。那么，监理单位与建设单位的关系是（38）。

（38）A. 代理与被代理　　　　　 B. 服务与协商

　　　　 C. 委托与被委托　　　　　 D. 监理与被监理

试题（38）分析

信息系统工程监理是指在政府工商管理部门注册的且具有信息系统工程监理资质的单位，受建设单位委托，依据国家有关法律法规、技术标准和信息系统工程监理合同，对信息系统工程项目实施的监督管理。由此可以看出，监理单位与建设单位的关系是委托与被委托的关系。

参考答案

（38）C

试题（39）

协助建设单位改善信息工程项目目标控制的工作流程是监理单位对信息工程目标控制采取的 (39) 措施。

（39）A. 合同　　　　 B. 技术　　　　 C. 经济　　　　 D. 组织

试题（39）分析

改善工作流程，势必通过适当的组织、机构和责任范围等设置或变化进行，而这些工作的进行或实施，必须通过组织认定，通过机构变化，通过责任调整来进行。这本身就是组织措施，而不是通过合同措施、经济措施，更不是技术措施来完成的。

正确答案应该选择组织。

参考答案

（39）D

试题（40）

相对于建筑工程监理，信息系统工程监理可视性差，而且相对而言在 (40) 方面难度较高。

（40）A. 评审　　　　 B. 设计　　　　 C. 分析　　　　 D. 实施

试题（40）分析

相对而言，建筑工程项目可视性、可检查性强。信息系统工程项目可视性差，体现在其建设过程中，在度量和检查方面难度较高，需要特定的技术手段和方法。信息系统的质量控制主要从质量体系控制、实施过程控制以及单元控制入手，通过阶段性评审、评估，以及实时测试等手段尽早地发现质量问题，找出解决问题的方法，最终达到工程的质量目标。因此，需要通过特定的分析手段，采取适宜的技术方法，有针对性地提出审查或评审意见。

正确答案应该选择分析。

参考答案

（40）C

试题（41）

信息系统工程监理工作中，合同管理是监理最主要的任务之一。合同管理的工作内容不包括　(41)　。

(41) A. 协助建设单位拟定信息系统工程合同条款，参与建设单位与承建单位的合同谈判

　　　 B. 及时分析合同的执行情况，并进行跟踪管理

　　　 C. 裁定合同纠纷

　　　 D. 拟定合同管理制度

试题（41）分析

合同管理，是指对依法签订的项目合同进行管理的一种活动与制度。信息系统工程监理工作的合同管理就是指对工程的设计、实施、开发有关的各类合同，从合同条件的拟定、协商、签署，到执行情况的检查和分析等环节进行组织管理的工作，以达到通过双方签署的合同实现信息系统工程的目标和任务，同时也维护建设单位与承建单位及其他关联方的正当权益。

在信息系统工程监理工作中，合同管理是监理最主要的任务之一。合同管理的工作内容包括：

① 拟定信息系统工程的合同管理制度，其中应包括合同草案的拟定、会签、协商、修改、审批、签署、保管等工作制度及流程；

② 协助建设单位拟定信息系统工程合同的各类条款，参与建设单位和承建单位的谈判活动；

③ 及时分析合同的执行情况，并进行跟踪管理；

④ 协调建设单位与承建单位的有关索赔及合同纠纷事宜。

归纳起来，监理工作在合同管理中的主要内容由三部分组成，即合同的签定管理、合同的档案管理和合同的履行管理。

从以上分析来看，裁定合同纠纷显然不在监理工作范围内。

正确答案应该是裁定合同纠纷。

参考答案

　　（41）C

试题（42）

以下　(42)　是编制监理大纲的依据。

① 项目概况

② 项目监理任务的招标文件

③ 项目监理合同

④ 建设单位所要达到的监理目标和要求

⑤ 承建单位的《系统建设实施方案》或《应用系统需求（设计）说明书》等文件

（42）A. ①②④　　　　B. ①②③④　　　C. ①②③④⑤　　　D. ①④

试题（42）分析

监理大纲是在建设单位选择合适的监理单位时，监理单位为了获得监理任务，在项目监理招标阶段编制的项目监理单位案性文件。它是监理单位参与投标时，投标书内容的重要组成部分。编制监理大纲的目的是，要使建设单位信服，采用本监理单位制定的监理单位案，能够圆满实现建设单位的投资目标和建设意图，进而赢得竞争投标的胜利。由此可见，监理大纲，是为监理单位的经营目标服务的文件，起着承接监理任务的作用。

而在这一阶段，监理合同未签定，监理机构未进场，无法得到承建单位的任何技术文件，故③、⑤应该不在编制监理大纲的依据性文件范围内。

正确答案应该选择①②④组合。

参考答案

（42）A

试题（43）

承建单位编制施工进度计划的依据之一是　(43)　。

（43）A. 实施人员需求计划　　　　B. 实施资源需要计划

　　　C. 实施任务委托合同　　　　D. 项目监理规划

试题（43）分析

承建单位编制施工进度计划，就是说明并指导施工队伍完成实施任务的施工组织计划或方案的一部分，而施工任务是通过委托合同来定义的。如果说，实施人员需求和实施资源需要可以作为编制进度计划的主要依据性文件，相对而言没有合同约定得全面，可参考价值相对较低。

而项目监理规划却是监理组织机构的文件，应该不在承建单位编制文件的依据范围内。

正确答案应该为实施任务委托合同。

参考答案

（43）C

试题（44）

监理大纲是为监理单位的　(44)　服务的，起着承接监理任务的作用。

（44）A. 经营目标　　B. 考核目标　　　C. 管理任务　　　D. 审计任务

试题（44）分析

监理大纲是在建设单位选择合适的监理单位时，监理单位为了获得监理任务，在项目监理招标阶段编制的项目监理单位案性文件。它是监理单位参与投标时，投标书内容的重要组成部分。编制监理大纲的目的是，要使建设单位信服，采用本监理单位制定的监理单位案，能够圆满实现建设单位的投资目标和建设意图，进而赢得竞争投标的胜利。

由此可见，监理大纲，是为监理单位的经营目标服务的文件，起着承接监理任务的作用。

正确答案应为经营目标。

参考答案

（44）A

试题（45）

在实施项目需求规格说明书的外部评审时，监理工程师应 （45） 。

（45）A. 组织评审　　B. 参与评审　　C. 组织预评审　　D. 参与预评审

试题（45）分析

软件评审是为了使软件开发按软件工程提出的过程循序进行，在各研制阶段结束时，检查该阶段的工作是否完成，所提交的软件阶段产品是否达到了规定的质量和技术要求，决定是否可以转入下一阶段研制工作。评审分为内部评审和外部评审。

通常情况下，内部评审由承建单位组织并实施。评审人员由软件开发组、质量管理和配置管理人员组成，可邀请业主单位参加。外部评审由业主单位主持，承建单位组织，监理参与，并成立评审委员会完成评审活动。对规模等级大和安全性关键等级高的软件，外部评审是一项必须进行的活动。而预审则是为了完成评审活动而开展的前期审查准备活动之一。

任何一项评审活动，监理只有敦促、协助和参与的责任，而没有组织活动的任务。

正确答案应该是参与评审。

参考答案

（45）B

试题（46）

监理实施细则是监理工作实施的指导性文件之一。在编制过程中，要尽可能地 （46） 专业技术指标，使其更具有可操作性。

（46）A. 量化、细化　B. 具体化、简单化　C. 规范、量化　D. 规范、标准化

试题（46）分析

编写监理实施细则的目的是指导项目实施过程中的各项活动，并对各专业的实施活动进行监督和对结果进行评价。因此，监理工程师必须尽可能地依据技术指标来进行检验评定。在监理实施细则的编写中，要明确国家标准、规范、规程中的技术指标及要求。只有这样，才能使监理实施细则更具有针对性、可操作性。

正确答案应该是量化、细化。

参考答案

（46）A

试题（47）

监理规划是监理企业接受承建单位委托并签订建设工程委托监理合同后，由 （47）

主持编写的。

　　（47）A．监理单位技术总监　　　　　B．项目总监理工程师
　　　　　 C．专业监理工程师　　　　　　　D．监理单位主管副总经理

试题（47）分析

　　编制监理规划的目的，是将监理委托合同规定的责任和任务具体化，并在此基础上制定实现监理任务的措施。信息系统工程监理规划是对工程项目实施监理的工作计划，也是监理单位派出机构，即监理机构为完成工程建设管理全过程的监理工作任务所编制的一种指导性文件。而监理机构的负责人就是总监理工程师。在信息系统工程监理规划中，应该明确规定监理的指导思想、计划目标、计划实施进度、计划实施的保证措施（包括组织措施、技术措施和管理措施等）等一系列需要统筹规划的问题。因此，监理单位编制监理规划的目的就是把信息工程项目监理活动的实施过程纳入规范化、系统化、标准化的科学管理范畴，以确保监理任务完成和监理目标的最终实现。监理单位应该高度重视项目监理规划的编制工作。一份完善的、有效的、高质量的项目监理规划可以充分地显示出监理单位的组织管理能力，很好地体现出监理单位的业务素质，同时也为以后监理任务的顺利完成打下了一个良好的基础。监理规划是整个项目开展监理工作的依据和基础。

　　信息系统工程监理规划在总监理工程师主持下编制，并由建设单位认可，总监理工程师签署后执行。

　　正确答案应该是项目总监理工程师。

参考答案

　　（47）B

试题（48）

　　在信息系统工程设计阶段对总体设计方案审查的过程中，除了要确保方案满足建设单位的总体需求、工程目标等，方案中的质量保证措施方面要着重关注其 (48)。

　　（48）A．经济性和规范性　　　　　B．合理性和经济性
　　　　　 C．经济性和可行性　　　　　D．规范性和可行性

试题（48）分析

　　监理在开展审查承建单位提交的总体设计方案活动时，主要审查以下内容：

　　① 确保总体方案中已包括了建设单位的所有需求；

　　② 要满足建设单位所提出的质量、工期和造价等工程目标；

　　③ 总体方案要符合有关规范和标准；

　　④ 质量保证措施的合理性、可行性；

　　⑤ 方案要合理可行，不仅要有明确的实施目标，还要有可操作的实施步骤；

　　⑥ 对整个系统的体系结构、开发平台和开发工具的选择、网络安全方案等要进行充分论证；

（7）对总体设计方案中有关材料和设备进行比较，在价格合理基础上确认其符合预算控制和使用要求。

从方案的质量角度，更着重于方案的规范性和可行性。

正确答案是规范性、可行性。

参考答案

（48）D

试题（49）

综合布线工程实施过程中，每道工序承建单位自检合格后， (49) 。

（49）A. 即可进行下道工序实施

  B. 下道工序实施人员认可后即可进行下道工序实施

  C. 报监理工程师检查合格后方可进行下道工序实施

  D. 报承建单位质检人员检查合格后即可进行下道工序实施

试题（49）分析

弱电工程的主要项目工作各阶段（包括布线中的隐蔽作业）需按有关验收规定经现场监理人员检查、签署验收。如综合布线系统的各项材料，包括插座、屏蔽线及 RJ45 插头等，应经现场监理检查、测试，未经测试不得往下进行安装。又如在综合布线系统完成后，未经监理工程师测试、检查，不得与整个计算机网络系统相连通电等。对于重要的工程阶段，专业质量监理工程师还要亲自进行测试或技术复核。

坚持项目各阶段实施验收合格后，才准进行下阶段工程实施的原则，由实施、开发单位进行检测或评审后，并认为合格后才通知监理工程师或其代表到现场或机房、实验室会同检验。合格后由现场监理工程师或其代表签署认可后，方能进行下一阶段的工作。

正确答案应该报监理工程师检查合格后方可进行下道工序实施。

参考答案

（49）C

试题（50）

在信息系统工程建设实施过程中，对项目阶段性实施结果的质量控制的基本步骤包括测试与评审、判断，以及 (50) 。

（50）A. 见证、旁站 B. 审核、确认 C. 审查、通过 D. 认可、纠偏

试题（50）分析

项目阶段性实施结果的质量控制主要反映在阶段性产品的质量特征和特性指标方面。对项目阶段性实施结果的质量控制就是控制阶段性产品的质量特征和特性指标是否达到技术要求和实施验收标准。项目阶段性实施结果的质量控制一般属于事后质量控制，其控制的基本步骤包括：

① 测试或评审。测试或评审指测定阶段性实施结果的有关质量特征和特性的指标值。

② 判断。判断阶段性实施效果是否达到设计质量和项目需求所规定的质量标准

要求。

③ 认可或纠偏。若阶段性实施结果的质量特征和特性指标达到有关标准的要求，对该过程实施质量进行认可，并验收签证，才允许工程下一流程或阶段开工；否则，对该阶段实施结果进行必要的纠正。经纠偏后，应重新检查，达到质量标准要求才予以认可。

正确答案应该是认可、纠偏。

参考答案

（50）D

试题（51）

计算双代号网络计划的时间参数中，工作的最早开始时间应为其所有紧前工作___（51）___。

（51）A. 最早完成时间的最小值　　　　B. 最早完成时间的最大值

　　　 C. 最迟完成时间的最小值　　　　D. 最迟完成时间的最大值

试题（51）分析

双代号网络是一种用箭线表示工作、节点表示工作相互关系的网络图方法，在我国这种方法应用较多。双代号网络计划一般仅使用结束到开始的关系表示方法，下图是双代号网络图的示例。

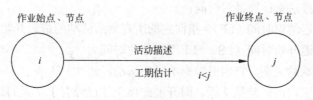

双代号网络示意图

如上图所示，为了实施节点 *j* 的工作任务，就要将节点 *j* 之前所有的工作任务全部完成，完成所有的任务必须消耗相应的时间。每项任务消耗时间有长、有短，但是编制计划就要考虑消耗时间最长，且要将所有消耗时间全部计算在内，并且是花费了最多的累计时间消耗值。因此，节点 *j* 最早开始时间应为其所有紧前工作最早完成时间的最大值。

正确答案应该是最早完成时间的最大值。

参考答案

（51）B

试题（52）

根据某信息化建设工程网络计划，A 工作的自由时差为 5 天，总时差为 7 天。监理工程师在检查实施进度时发现只有该工作实际进度拖延，且影响总工期 3 天，则该工作实际进度比计划进度拖延___（52）___天。

（52）A. 3　　　　　B. 5　　　　　C. 8　　　　D. 10

试题（52）分析

本命题是网络计划计算题，只有了解、掌握了基本知识，才能通过计算求得正确答案。

网络图中的关键路径、自由时差、总时差等相关的知识作为进度管理中非常重要的一个内容，是历年软考中必考的一个知识点，要求大家一定要掌握，关键路径是怎么计算的，最早开始，最早结束，最迟开始，最迟结束是怎么得来的，总时差的计算、自由时差的计算。

总时差是指在不延误项目完成日期或违反进度因素的前提下，某活动可以推迟的时间。

总时差=LS-ES=LF-EF

自由时差是指在不影响紧后活动最早开始的情况下，当前活动可以推迟的时间。

自由时差=(后一活动)ES-(前一活动的)EF

可以通过前推法来计算最早时间：

某一活动的最早开始时间（ES）=指向它的所有紧前活动的最早结束时间的最大值。

某一活动的最早结束时间（EF）=ES+T（作业时间）

也可以通过逆推法来计算最迟时间：

某一活动的最迟结束时间（LF）=指向它的所有紧后活动的最迟开始时间的最小值。

某一活动的最迟开始时间（LS）=LF-T（作业时间）

所以总时差影响总工期，自由时差影响紧后活动。

既然命题提出了自由时差是 7 天，即开展此项工作已经有了 7 天的延迟，加之已经影响了的总工期 3 天，那么该工作实际进度比计划进度拖延 7+3=10 天。

参考答案

（52）D

试题（53）

在设计阶段，监理有协调各部门，保证设计工作顺利进行的任务。以下说法中，（53）是不正确的。

（53）A. 协调承建单位及时提交设计阶段工作计划，依据合同对项目进展情况进行评审，审核意见提交建设单位

　　　 B. 评审承建单位的项目计划，包括工作内容的可行性及其进度的合理性

　　　 C. 审核是否有工作成果的判定依据及其可操作性，评审结果应记录并由建设方确认，对于不合理的内容，监督承建单位进行整改

　　　 D. 根据承建单位项目计划确定阶段性进度监督、控制的措施及方法

试题（53）分析

信息系统工程设计阶段的主要任务是使工程设计的各项工作能够在预定的投资、进

度、质量目标内予以完成。

在信息系统工程设计阶段涉及的主要工作有用户需求调研分析、总体方案设计、概要设计、详细设计、阶段性测试验收计划等，这些工作内容比较复杂且制约因素多，因此对承建单位提供的各类设计实施方案进行审查，并采取监理措施，是本阶段质量控制的重点，主要包括：

① 了解建设单位建设需求和对信息系统安全性的要求，协助建设单位制订项目质量目标规划和安全目标规划。

② 对各种设计文件，提出设计质量标准。

③ 进行设计过程跟踪，及时发现质量问题，并及时与承建单位协调解决。

④ 审查阶段性设计成果，并提出监理意见。

⑤ 审查承建单位提交的总体设计方案，主要审查以下内容：

- 确保总体方案中已包括了建设单位的所有需求；
- 要满足建设单位所提出的质量、工期和造价等工程目标；
- 总体方案要符合有关规范和标准；
- 质量保证措施的合理性、可行性；
- 方案要合理可行，不仅要有明确的实施目标，还要有可操作的实施步骤；
- 对整个系统的体系结构、开发平台和开发工具的选择、网络安全方案等要进行充分论证；
- 对总体设计方案中有关材料和设备进行比较，在价格合理基础上确认其符合要求。

⑥ 审查承建单位对关键部位的测试方案，如主机网络系统软硬件测试方案、应用软件开发的模块功能测试方法等。

⑦ 协助承建单位建立、完善针对该信息工程建设的质量保证体系，包括完善计量及质量检测技术和手段。

⑧ 协助总承建单位完善现场质量管理制度，包括现场会议制度、现场质量检验制度、质量统计报表制度和质量事故报告及处理制度等。

⑨ 组织设计文件及设计方案交底会，熟悉项目设计、实施及开发过程，根据有关设计规范，实施验收及软件工程验收等规范、规程或标准，对有的工程部门下达质量要求标准。

方案经监理工程师审定后，由总监理工程师审定签发；上述方案未经批准，建设单位的工程不得部署实施。

相对而言，C 的说法是不妥当的。

参考答案

（53）C

试题（54）

监理工程师利用一定的检查或检测手段在承包单位自检的基础上，按照一定的比例独立进行检查或检测的活动称为 (54) 。

(54) A. 旁站　　　　　B. 巡视　　　　　C. 平行检验　　　　　D. 验收检验

试题（54）分析

旁站监理是指监理人员在施工现场对某些关键部位或关键工序的实施全过程现场跟班的监督活动。

巡视是指对正在施工作业的工序、施工作业活动等，由总监理工程师或接受委托的监理工程师对施工现场开展的一种巡查、核查和检查活动。

平行检验是指在工程监理活动中，在承包单位对自己负责施工的工程项目进行检查验收的同时，监理机构在施工单位自检的基础上，按照一定的比例，对工程项目进行独立检查和验收。即对同一被检验项目的功能、性能在规定的时间里双方分别进行的两次检查验收活动。

验收检验是指达到合同规定的某种验收条件时所开展的一项或一系列检查活动。

正确答案是平行检验。

参考答案

(54) C

试题（55）

在成本控制过程中，对项目方案进行技术经济分析，只有采用综合评价而优选的项目方案才能算是最佳方案。对最佳方案的要求是技术上最佳、经济上 (55) 。

(55) A. 建设投资最少　　　　　　　　　　B. 最合理而不一定最少

　　　C. 指标满足投资预算　　　　　　　　D. 建设投入不超预算

试题（55）分析

项目成本控制工作是在项目实施过程中，通过项目成本管理尽量使项目实际发生的成本控制在预算范围之内的一项监理工作。项目成本控制涉及对于各种能够引起项目成本变化因素的控制（事前控制）、项目实施过程的成本控制（事中控制）和项目实际成本变动的控制（事后控制）三个方面。

成本控制不能脱离技术管理和进度管理独立存在，相反要在成本、技术、进度三者之间做综合平衡。成本控制就是保证各项工作既要在它们各自的预算范围内进行，也要考虑综合因素的最合理、最优化实现。

从项目管理和工程管理的整体角度考虑，力求技术方案最优，可能项目成本会较高；追求项目质量最好，可能消耗时间较长、项目成本较高；而最经济的技术方案，可能却不是最合理、最能完整表现设计思路的方案。最佳方案的要求是技术上最佳、经济上最合理而不一定最少，并力争项目投资不超设计预算或在合理可控的范围内，这应该是项目管理的工作目标。

正确答案是最合理而不一定最少。

参考答案

（55）B

试题（56）

挣值法是对工程项目成本/进度进行综合控制的一种分析方法。以下关于挣值法的叙述中，__(56)__ 是正确的。

（56）A. 通过比较已完工程预算成本与拟完工程预算成本之间的差值，可以分析由于进度偏差而引起的累计成本偏差

　　　B. 通过比较已完工程预算成本与已完工程实际成本之间的差值，可以分析由于进度偏差而引起的累计成本偏差

　　　C. 通过比较已完工程实际成本与拟完工程预算成本之间的差值，可以分析由于实际价格的变化而引起的累计成本偏差

　　　D. 通过比较已完工程预算成本与拟完工程预算成本之间的差值，可以分析由于实际价格的变化而引起的累计成本偏差

试题（56）分析

挣值法的正确概念是：通过测量和已完成的工作的预算费用与已完成工作的实际费用和计划工作的预算费用，得到有关计划实施的进度和费用偏差，而达到判断项目预算和进度计划执行情况的目的。

挣值法实际上是一种分析目标实施与目标期望之间差异的方法，故又常称为偏差分析法。

正确答案是 A。

参考答案

（56）A

试题（57）

承建单位使用的实施设备不能满足合同进度计划和质量要求时，监理有权要求承建单位增加或更换实施设备。增加的费用和工期延误由 __(57)__ 负责。

（57）A. 建设单位　　　B. 承建单位　　　C. 监理单位　　　D. 投资单位

试题（57）分析

作为监理单位，在完成监理工作的合同管理实践过程中，有责任、有权利、也有义务确保业主利益得到保障。当发现合同规定采购的设备或软件不符合合同要求，或者没有达到业主单位建设要求时，可以提醒业主关注，并敦促合同乙方（承建单位）按照合同或建设要求，及时得到改进，完成退换货、补充货物或配件、对软件作升级完善或适应性改进完善等工作。如果承建单位不能按照业主和监理的合理工作要求履行合同，可以视为其合同不履约或违约。

由于合同规定了乙方责任，并在合同中也规定了违约责任和有关合同罚则，当出现

上述合同不履约或合同违约的现象时，监理单位可以责令承建单位承担工作不尽责所造成的业主损失，或补充货物、或软件改进、或工期延误等造成的费用增加。

这项费用既不是业主单位承担，也不是投资单位承担（投资单位与业主单位非同一人时），更不能由监理单位承担，只能是承建单位承担。

正确的答案是承建单位。

参考答案

（57）B

试题（58）

信息系统工程项目变更是指在项目的实施过程中，由于项目环境或者其他原因而对项目的部分或者全部功能、性能、架构、技术、指标、集成方法、项目进度等作出的改变。项目变更在整个项目建设过程中必须得到有效的控制。以下关于变更控制的叙述中，（58）是不正确的。

（58）A．对变更申请应当快速反应

　　　B．建设单位、承建单位都具有变更申请的权利

　　　C．应明确界定项目变更的目标

　　　D．需求变更只需要得到建设方确认即可

试题（58）分析

变更控制应遵循原则，其中一个原则是任何变更都要得到三方确认。任何变更都要得到三方（承建方、监理方、业主方）书面的确认，并且要在接到变更通知单之后才能进行，严禁擅自变更，在任何一方或者两方同意下做出变更而造成的损失应该由变更方承担。

参考答案

（58）D

试题（59）

项目经理原计划于 4 月 30 日提交某软件开发项目完整的需求规格说明书初稿，6 月 25 日前完成需求规格说明书的内部评审并提交进行专家评审。实施中由于建设单位业务人员出差无法进行调研，导致某项业务的需求推到 5 月初完成。针对上述问题，以下叙述中，（59）是正确的。

（59）A．由于已经延误，需要进行变更处理

　　　B．由于不是承建单位而是建设单位造成的延误，因此不需要进行变更处理

　　　C．由于延误时间不长，因此没必要进行变更处理

　　　D．如果延误时间不影响后续的正常工作，可以不进行变更处理

试题（59）分析

依据变更初审的程序，根据收集的变更信息判断变更的合理性和必要性，对于完全无必要的变更，可以驳回此申请，并给出监理意见，对于有必要的变更，可以进一步进

行变更分析。由于非承建单位的原因延误时间，且经过评估后对后续工作没有影响，没有必要进行变更处理。

参考答案

（59）D

试题（60）

在监理实施过程中，当承建单位要求变更项目合同时，应当首先向 （60） 用书面的形式提出。

（60）A．建设单位　　　B．监理工程师　　　C．总监理工程师　　　D．监理单位

试题（60）分析

合同变更应遵循的工作程序，其中之一是当事人一方要求变更项目合同时，应当首先向另一方用书面的形式提出。由于承建单位要求变更合同，所以应首先向另一方即建设单位用书面形式提出。

参考答案

（60）A

试题（61）

按信息系统工程范围划分，可以把合同分为三大类，其中不包括 （61） 。

（61）A．单项项目承包合同　　　　　B．补充协议

　　　　C．分包合同　　　　　　　　　D．总承包合同

试题（61）分析

从信息系统工程的不同范围和数量进行划分，可以分为信息系统工程总承建合同、信息系统工程承建合同、分包合同。业主将该信息系统工程项目的全过程发包给一个承建方的合同即为项目总承建合同。业主将该信息系统工程的设计、实施等的每一项分别发包给一个承建方的合同即为项目承建合同。经合同约定和业主认可，从承建方的项目中承建部分项目而订立的合同即为项目分包合同。

参考答案

（61）B

试题（62）

监理处理合同争议解决方式的顺序是 （62） 。

（62）A．调解—协商—仲裁　　　　　B．协商—调解—仲裁

　　　　C．仲裁—调解—协商　　　　　D．调解—仲裁—协商

试题（62）分析

监理处理合同争议调解程序：按照合同要求，无论是承建方还是业主方，都应以书面的形式向监理方提出争议事宜，并呈一副本给对方。监理方接到合同争议的调解要求后应进行以下工作：

● 及时了解合同争议的全部情况，包括进行调查和取证；

- 及时与合同争议的双方进行磋商；
- 在项目监理机构提出调解方案后，由总监理工程师进行争议调解；
- 当调解未能达成一致时，总监理工程师应在实施合同规定的期限内提出处理该合同争议的意见；同时对争议做出决定，并将决定书面通知业主方和承建方。如果监理工程师发出通知后，业主或承建方未在规定的期限内要求仲裁，其决定则为最终决定；
- 争议事宜处理完毕，只要合同未被放弃或终止，监理工程师应要求承建方继续精心组织实施。当调解不成时，双方可以在合同专用条款内约定以下一种方式解决争议；第一种解决方式：双方达成仲裁协议，向约定的仲裁委员会申请仲裁；第二种解决方式：向有管辖权的人民法院起诉；
- 发生争议后，除非出现下列情况的，双方都应继续履行合同，保证实施连接，保护好已完成的项目现状：单方违约导致合同已无法履行，双方协议停止实施；调解要求停止实施，且为双方接受；仲裁机构要求停止实施；法院要求停止实施。

所以依据上述程序，监理应先进行协商，再进行调解，如果调解不行，才进入仲裁程序。

参考答案

（62）B

试题（63）

知识产权管理也是合同管理的重要组成部分。以下关于知识产权管理的监理措施的叙述中，_(63)_是正确的。

（63）A．指定专人负责项目的知识产权工作

   B．监理单位只负责建设单位的知识产权保护

   C．合同签订后，对于该领域的知识产权动态没必要关注

   D．实施知识产权保护的监理措施包括政策措施、经济措施

试题（63）分析

监理单位进行知识产权管理的政策措施，明确要求指定专人负责项目的知识产权工作。实施知识产权保护的监理措施包括政策措施、技术措施；监理单位应负责建设单位和承建单位的知识产权不受侵犯；监理单位应规定项目承建单位随时跟踪该领域的知识产权动态。

参考答案

（63）A

试题（64）

信息安全领域内最关键和最薄弱的环节或因素是_(64)_。

（64）A. 技术　　　　　B. 策略　　　C. 管理制度　　　D. 人

试题（64）分析

在信息系统安全定义中，人是指信息系统应用的主体，信息安全管理应注重对人的管理和教育。

参考答案

（64）D

试题（65）

信息网络的物理安全要从_(65)_两个角度来考虑。

（65）A. 环境安全和人员安全　　　B. 系统安全和电磁安全

　　　C. 环境安全和设备安全　　　D. 系统安全和环境安全

试题（65）分析

信息网络的物理安全因素包括环境、设备。其他各项不属于物理安全。

参考答案

（65）C

试题（66）

建设项目监理工作中，各有关部门之间、同一层次的各有关人员之间的相互信息交流属于_(66)_。

（66）A. 自上而下流动的信息　　　B. 自下而上流动的信息

　　　C. 横向流动的信息　　　　　D. 建设项目内部与外部环境之间流动的信息

试题（66）分析

各有关部门之间、同一层次的各有关人员之间的相互信息交流，不属于上下级之间的沟通，属于内部之间的横向信息流动。

参考答案

（66）C

试题（67）

以下关于监理文档管理的叙述中，_(67)_是不正确的。

（67）A. 文档的格式应统一

　　　B. 监理单位在项目开发前应确定何时产生何种文档

　　　C. 文档策略是监理单位主持制订的

　　　D. 工程监理档案只能按时间顺序归档

试题（67）分析

工程监理档案应与工程形象进度同步建立，按类别及时整理归档。所以 D 项不正确。

参考答案

（67）D

试题（68）

　　(68) 属于监理回复（批复）类文件。

　　(68) A．监理日志　　　B．监理规划　　　C．专题监理意见　　　D．备忘录

试题（68）分析

　　监理回复类文件是指监理单位在收到承建单位或者业主单位的工程文档时，由监理单位负责回复或批复意见的文件。

　　监理的主要回复文件可分为：总体监理意见、专题监理意见、其他监理意见、提交资料回复单等。

参考答案

　　(68) C

试题（69）

　　以下关于监理机构信息沟通的叙述中，(69) 是不正确的。

　　(69) A．是实施总监理工程师领导的基本条件

　　　　　B．是统一下属意志不可缺少的领导艺术

　　　　　C．基本要素有信息传播者、信息接收者、信息内容、信息传播媒介和方式

　　　　　D．是监理机构人员之间传达、反馈项目情况及相关信息的过程

试题（69）分析

　　监理机构信息沟通，是统一工作思路不可缺少的领导艺术。

参考答案

　　(69) B

试题（70）

　　《监理通知回复单》属于由 (70) 提交的文档。

　　(70) A．承建单位　　　B．建设单位　　　C．监理单位　　　D．分包单位

试题（70）分析

　　监理回复类文件是指监理单位在收到承建单位或者业主单位的工程文档时，由监理单位负责回复或批复意见的文件。

　　监理的主要回复文件可分为：总体监理意见、专题监理意见、其他监理意见、提交资料回复单等。

参考答案

　　(70) C

试题（71）

　　A Database Management System(DBMS) consists of a collection of interrelated data and a collection of (71) to access to that data.

　　(71) A．programs　　　B．memory　　　C．space　　　D．password

试题（71）分析

数据库管理系统包括彼此关联的数据集合和访问数据的____集合。

A．程序　　　　B．内存　　　　C．空间　　　　D．密码

参考答案

（71）A

试题（72）

The basic units of a computer system are as follows:（72）.

（72）A．CPU,memory and disk　　　B．CPU,input and output

C．CPU,memory and ALU　　　D．CPU,memory and I/O system

试题（72）分析

计算机系统的基本组成单元包括 CPU、存储、输入和输出系统。

参考答案

（72）D

试题（73）

If IP address is 202.130.191.33 and subnet mask is 255.255.255.0,then subnet prefix is （73）.

（73）A．202.130.0.0　　　　　　B．202.0.0.0

C．202.130.191.33　　　　　D．202.130.191.0

试题（73）分析

如果 IP 地址是 202.130.191.33,子网掩码是 255.255.255.0,那么子网前缀是什么？

根据子网前缀的计算方法，202.130.191.0 是正确答案。

参考答案

（73）D

试题（74）

During planning you sit down and estimate the time needed for each task and total them to come up with the project estimate. This duration is what you commit to complete the project.What is wrong with the scenario? （74）.

（74）A．The team did not create the estimate and estimating takes too long using that method

B．The team did not create the estimate and a network diagram was not used

C．The estimate is too long and should be created by management

D．The project estimate should be the same as the customer's required completion date

试题（74）分析

在规划期间你坐下来，估计每个任务所需的时间并合计形成项目估计时间。这段时

间是你承诺要完成这项工程的时间。什么是错误的场景？

  A．团队并没有创造估计和估算的时间太长，使用该方法

  B．团队没有创建估计和未使用网络图

  C．估计时间太长，应由管理进行

  D．项目估计应与客户的要求的完成日期相同

参考答案

  （74）B

试题（75）

  A software requirements specification is that （75） .

  （75）A．a rough list of things that the proposed software ought to do

     B．a precise list of things that the proposed software ought to do

     C．a formal list of things that the proposed software must do

     D．an estimate of the resources (time, money, personnel, etc.) which will be required to construct the proposed software

试题（75）分析

  软件的需求规格说明书是？

  A．对软件应该做的事情做一个粗略的列举

  B．软件应该做的事情的精确的清单

  C．软件必须做的事情正式清单

  D．估计的资源（时间、金钱、人员等），用于构建软件

参考答案

  （75）C

第16章　2015下半年信息系统监理师下午试题分析与解答

试题一（20分）

阅读下列说明，回答问题1至问题4，将解答填入答题纸的对应栏内。

【说明】

某企业为了抓住"中国制造2025"带来的战略机遇，不断对经营业务进行调整和组合，并通过信息化为企业的变革提供强有力的支撑。在信息化项目招标中，信息中心根据以往项目管理经验和人员情况，在招标文件中提出承建单位在软件开发中宜采用瀑布模型的要求。承建单位在投标中胜出，建设单位与承建单位签订了项目开发合同，并选择监理单位承担项目的全过程监理工作。在项目建设中，发生了如下事件：

【事件1】针对项目的实际情况，监理工程师认为开发中采用瀑布模型不合适，建议承建单位变更为其他更适合本项目实际情况的开发模型，承建单位认为采用瀑布模型是招标文件要求的，也是投标文件承诺的，且项目团队更熟悉该模型，因此未接受监理的建议。

【事件2】为保证项目需求质量，项目经理特意请来了做过企业信息化项目需求调研的分析人员王工担任该项目的需求调研负责人。在王工的帮助下，很快完成了需求调研和分析工作并提交了需求规格说明书。由于建设单位的业务非常繁忙，其业务代表和各相关部门的信息化业务接口人没有足够的时间投入到项目中，确认需求的工作一拖再拖。项目经理认为，双方已经建立了密切的合作关系，王工对该企业的业务和信息化需求比较熟悉，因此定义的需求是清晰的。故项目经理并没有催促建设单位业务代表在需求说明书中签字，并决定进入设计阶段，监理工程师对此提出异议。

【事件3】由于建设单位的业务发生变化，需要对系统的部分功能需求进行变更，承建单位项目经理向现场监理工程师提交了变更申请单，包括对需要变更部分的描述、所增加的成本以及可交付成果可能的变更等3个部分，现场监理工程师随即对变更申请单进行了审批，并提交给总监理工程师签认。

【事件4】由于担心项目进度拖延，监理要求承建单位项目经理在进度控制中重点做好4项工作：合理安排进度计划、对后续工程进度进行预测、确定应采取的纠偏措施、比较实际进度与计划进度。承建单位项目经理认为利用"香蕉"曲线比较法就可以进行这样的工作。

【问题1】（6分）

针对事件1，作为监理工程师：

（1）请问监理工程师的建议合理吗？说明理由。

（2）请指出瀑布模型的缺点。

【问题 2】（5 分）

作为监理工程师，请指出承建单位项目经理在事件 2 中的不妥之处。

【问题 3】（6 分）

针对事件 3，作为监理工程师，请回答：

（1）变更申请单还应包含哪些重点内容？

（2）现场监理工程师的做法正确吗？请说明理由。

【问题 4】（3 分）

针对事件 4，承建单位项目经理的说法正确吗？请说明理由。

试题一分析

本题综合考察监理工程师的理论和应用。考生应结合案例的背景，综合运用理论知识和实践经验回答问题。

【问题 1】

在题目的说明中，此企业不断对经营业务进行调整和组合，会导致项目需求的频繁变动，而瀑布模型适合于需求相对稳定的情况。所以监理工程师的建议是合理的。

瀑布模型的缺点包括：

各个阶段的划分完全固定，阶段之间产生大量的文档，工作量增大；由于开发模型是线性的，用户只有等到整个过程的末期才能见到开发成果，从而增加了开发的风险，要等到开发后期的测试阶段才能发现早期的错误，进而带来严重的后果。

【问题 2】

作为承建单位的项目经理，在需求分析阶段，应继续承担组织管理的职能。应督促建设单位在需求说明书中签字和评审，从而形成阶段里程碑，并开始下一阶段的设计工作。

【问题 3】

第一问：变更应考虑到某一方面的变更可能会引起其他因素的变更，所以申请单还应包括在计划、流程、进度方面可能引起的变更。

第二问：根据监理人员的职责，在准备审批变更申请单前，监理工程师必须与总监理工程师商议所有提出的变更。所以此做法不对。

【问题 4】

"香蕉"曲线比较法的作用包括：

（1）利用"香蕉"型曲线进行进度的合理安排；

（2）进行施工实际进度与计划进度比较；

（3）确定在检查状态下，后期工程的 ES 曲线和 LS 曲线的发展趋势。

确定应采取的纠偏措施，"香蕉"曲线法无法完成。

试题一参考答案

【问题 1】（6 分）

（1）合理（1 分）。理由：由于建设单位的业务处在频繁变动期，会导致项目需求的频繁变动，而瀑布模型适合于需求相对稳定的情况（2 分，说出类似意思就可以得分）。

（2）各个阶段的划分完全固定，阶段之间产生大量的文档（1 分），极大地增加了工作量（1 分，说出文档多或者工作量大等都可以给分）；由于开发模型是线性的，用户只有等到整个过程的末期才能见到开发成果（1 分），从而增加了开发的风险（1 分，说出开发风险大就给 1 分）；早期的错误可能要等到开发后期的测试阶段才能发现，进而带来严重的后果（1 分）。（本小问最多得 3 分，如果有合理的答案也可以酌情给分）

【问题 2】（5 分）

未督促建设单位业务代表在需求说明书中签字（2 分），致使需求（需求规格说明书）无法进行评审（1 分），且前一阶段工作未完成就进入下一阶段工作（2 分）。

【问题 3】（6 分）

（1）该项变更在计划（1 分）、流程（1 分）、进度（1 分）上可能引起的变更。

（2）不正确（1 分）。理由：在准备审批变更申请单前，监理工程师必须与总监理工程师商议所有提出的变更（2 分）。

【问题 4】（3 分）

不正确（1 分）。理由："香蕉"曲线比较法无法完成"确定应采取的纠偏措施"的工作（2 分）。

试题二（15 分）

阅读下列说明，回答问题 1 至问题 3，将解答填入答题纸的对应栏内。

【说明】

随着综合业务的不断增长，某单位信息系统的数据安全性要求和可靠性要求逐年提高，为实现数据的良好备份，准备在异地建立灾备中心。经政府采购选择了灾备中心数据备份和恢复系统项目的全过程监理，在项目建设的招投标和设计阶段发生了如下事件：

【事件 1】项目招标阶段，在一次专题会议上，业主单位的负责人要求监理单位根据目前的实际情况，针对采用何种方式选择项目的承建单位提出咨询意见。

【事件 2】评标过程中，评审小组由业主单位 3 人和随机抽取的专家 3 人组成，最后由评标委员会直接宣布了中标单位。

【事件 3】项目设计阶段，对承建单位提交的数据备份和恢复系统设计方案，监理单位进行了详细评审，并出具了专题报告。

【问题 1】（4 分）

事件 1 中，总监理工程师介绍了政府采购选取承建单位的几种方式，请根据《中华人民共和国政府采购法》的规定简要说明。

【问题 2】(6 分)

根据事件 2，请指出评标过程中的不妥之处，并简要说明理由。

【问题 3】(5 分)

在事件 3 中，作为监理方，在对数据备份和恢复系统方案审核时，应重点审核哪些要点？

试题二分析

本试题重在考查各位考生对《中华人民共和国政府采购法》《中华人民共和国招投标法》等法律、法规文件在项目采购过程中适用条件和有关法律规定要求的理解、掌握和运用的熟练程度，以及在实际应用过程中如何灵活响应建设单位要求的处理过程，确保采购过程的合法性、合规性。

另外，问题 3 是考查考生对数据备份和恢复系统建设在审核过程中的关键审核要点的理解、掌握和实际应用的熟悉程度。

考生应结合案例的场景，综合运用法律知识、理论知识和实践经验回答各项问题。

【问题 1】(4 分)

按照《中华人民共和国政府采购法》第二十六条规定，政府采购有以下六种方式，即：(一) 公开招标；(二) 邀请招标；(三) 竞争性谈判\竞争性磋商；(四) 单一来源采购；(五) 询价；(六) 国务院政府采购监督管理部门认定的其他采购方式。公开招标应作为政府采购的主要采购方式。

以试题背景为例，作为参加考试并希望获得通过成为监理工程师的考生，这一点法律知识应作为常识并熟记在心，并在未来的实践过程中随时应对问题，做出及时答复。

采分点：每答对一个采购方式得 1 分，最多得 4 分。

【问题 2】(6 分)

按照相关法律规定，本案例确有多项不妥。试题分析及采分点如下：

一是评审小组成员组成不妥 (1 分)。

按照《中华人民共和国招投标法》第三十七条规定：依法必须进行招标的项目，其评标委员会由招标人的代表和有关技术、经济等方面的专家组成，成员人数为五人以上单数 (1 分)，其中技术、经济等方面的专家不得少于成员总数的三分之二 (1 分)。

二是评审小组直接宣布中标单位不妥 (1 分)。

按照《中华人民共和国招投标法》第四十条规定：评标委员会应当按照招标文件确定的评标标准和方法，对投标文件进行评审和比较；设有标底的，应当参考标底。评标委员会完成评标后，应当向招标人提出书面评标报告，并推荐合格的中标候选人。

招标人根据评标委员会提出的书面评标报告和推荐的中标候选人确定中标人 (1 分)。招标人也可以授权评标委员会直接确定中标人 (1 分)。

考生可结合所掌握的法律常识，提出个人分析和判断意见，说明理由。

【问题 3】（5 分）

结合案例场景介绍的灾备中心项目设计阶段工作，监理单位应组织有关人员对承建单位提交的数据备份和恢复系统设计方案进行详细必要的评审，并结合实际情况提出监理评审意见，出具专题报告。监理在对数据备份和恢复系统方案审核时，应充分考虑灾备中心的应用特点，充分考虑数据备份的及时性、安全性和可靠性，充分考虑数据恢复的完整性和准确性，充分考虑系统建设的相关技术要求和特点，充分考虑系统配置和备份软件的主要功能和策略等，在实践过程中要重点掌握并运用以下审核要点，开展评审工作并提出针对性意见。

（1）对重要数据的即时备份能力。

（2）备份数据加密功能。

（3）设置的灵活性。

（4）灾难恢复。

（5）并行处理能力。

（6）数据可靠性。

（7）系统的跨平台兼容性。

（8）使用和操作的简便性。

（9）支持 LUN 屏蔽功能。

（10）数据备份和恢复的效率。

（11）备份管理软件应具备以下功能：显示备份网络拓扑结构图、识别并显示磁带库驱动器、监控作业任务的执行情况（备份进度、资源利用率等）、监控进程的状态。

（12）备份策略的合理性。包括设置备份对象、数据保存时间、备份时间段等。

（13）可以选择灵活的备份策略，支持数据库全备份、数据库增量备份、文件全备份、文件增量备份、系统全量备份、系统增量备份、跟踪备份等多种备份方式。

采分点：每答对 1 项要点得 1 分，最多得 5 分；如有合理答案可酌情给分，但不能得满分。

试题二参考答案（15 分）

【问题 1】（4 分）

根据《中华人民共和国政府采购法》规定：

政府采购采用以下方式：（一）公开招标；（二）邀请招标；（三）竞争性谈判\竞争性磋商；（四）单一来源采购；（五）询价；（六）国务院政府采购监督管理部门认定的其他采购方式。（每个 1 分，最多得 4 分）

【问题 2】（6 分）

（1）评审小组成员组成不妥（1 分）。评审小组应为 5 人以上单数（1 分）；技术、经济等方面的专家不得少于成员总数的三分之二（或答招标人不得多于三分之一）（1 分）。

　　（2）应由招标人根据评标委员会提出的书面评标报告和推荐的中标候选人确定中标人（1分）。评标委员会直接宣布不妥（1分），招标人授权后也可由评标委员会确定中标人（1分）。

【问题 3】（5 分）

　　（1）对重要数据的即时备份能力。

　　（2）备份数据加密功能。

　　（3）设置的灵活性。

　　（4）灾难恢复。

　　（5）并行处理能力。

　　（6）数据可靠性。

　　（7）系统的跨平台兼容性。

　　（8）使用和操作的简便性。

　　（9）支持 LUN 屏蔽功能。

　　（10）数据备份和恢复的效率。

　　（11）备份管理软件应具备以下功能：显示备份网络拓扑结构图、识别并显示磁带库驱动器、监控作业任务的执行情况（备份进度、资源利用率等）、监控进程的状态。

　　（12）备份策略的合理性。包括设置备份对象、数据保存时间、备份时间段等。

　　（13）可以选择灵活的备份策略，支持数据库全备份、数据库增量备份、文件全备份、文件增量备份、系统全量备份、系统增量备份、跟踪备份等多种备份方式。

　　（每项 1 分，最多得 5 分，如有合理答案可酌情给分，但不能得满分）

试题三（15 分）

　　阅读下列说明，回答问题 1 至问题 3，将解答填入答题纸的对应栏内。

【说明】

　　某部委进行机房改建工程（包括与之配套的综合布线工程），通过公开招标选择了承建单位和监理单位分别承担项目的建设工作和监理工作，并选择了一家具备相应资质的第三方安全测评机构承担机房的安全评测工作。在项目建设过程中，发生如下事件：

　　【事件 1】在项目建设过程中，监理采取设置阶段性质量控制点，实施跟踪控制来有效控制工程质量。

　　【事件 2】在综合布线的实施中，综合布线系统的各项材料到货经过现场监理工程师检查、测试和签认，承建单位进行安装、调适、检测合格后，与计算机网络系统相连通电进行联调。

　　【事件 3】在机房改建过程中，第三方测评机构向承建单位推荐一款信息安全产品，希望承建单位购买、使用，以达到最佳安全水平。承建单位认为第三方测评机构的做法极为不妥，并向建设单位投诉该事情。为此，建设单位就第三方测评机构不能从事的活动等问题咨询监理。

【问题 1】（6 分）

针对事件 1，作为监理工程师，请你列举出应该针对哪些过程、部位和实施对象设置质量控制点？

【问题 2】（4 分）

根据事件 2，请问承建单位的做法有不正确的地方吗？请说明理由。

【问题 3】（5 分）

针对事件 3，判断第三方测评机构是否可以从事下列活动(填写在答题纸的对应栏内，能从事的活动的选项填写"√"，不能从事的活动的选项填写"×")：

（1）向被测评单位推荐购买、使用指定的信息安全产品，以达到最佳安全水平。（　　）

（2）与客户进行沟通后实施隐蔽测评并发现了某些安全问题。（　　）

（3）影响被测评信息系统正常运行。（　　）

（4）要求承担本项目的信息系统安全集成。（　　）

（5）按规定格式出具等级测评报告。（　　）

试题三分析

本题重点考察的是机房建设和综合布线的监理工作重点，这些重点包括技术性的，如质量检查点，还包括流程性的，如监理的过程检查、检测，也包括管理和制度方面的知识，如问题 3 各类活动合规性的判断。结合具体问题或事件，要分析在机房和综合布线实施阶段的监理工作中，一名合格的监理工程师应遵守哪些原则，掌握哪些重要的工作方法。

试题三参考答案

【问题 1】（6 分）

（1）实施过程中的关键过程或环节。

（2）隐蔽工程。

（3）实施中的薄弱环节或质量变异大的工序。

（4）对后续工程实施或后续阶段质量和安全有重大影响的工序。

（5）采用新技术或新设备应用的部位或环节。

（6）实施中无足够把握的、实施条件困难或技术难度大的过程或环节。

（7）其他合理答案也酌情给分。

（每项 1 分，最多得 6 分）

【问题 2】（4 分）

有不正确的地方（1 分）。理由：综合布线完成后，未经监理工程师测试、检查（2 分），不得与整个计算机网络系统相连通电（1 分）。解析：在计算机网络系统通电之前，各个网络设备、线缆是否能够正常工作是必须要事先测试通过的，否则一旦通电后发现存在问题，则难以判断问题出现的具体部位，仍需对全部网络设备和线缆进行重新检查。监理工程师的测试和检查是对实施单位工作的复核认定，也是侧面督促了实施单位测试的全面性和认真度。

【问题 3】（5 分）

（1）√　监理单位在项目实施过程中，可以推荐和建议合适的方案或设备以使系统更加优化。需要注意的是建议而不是要求。

（2）√　监理单位有权利在用户许可的前提下对综合布线、机房施工的工作中进行任何隐蔽工程的检测。

（3）×　显然监理单位不能够也不应该影响系统正常运行。

（4）×　在《信息系统监理暂行规定》中明确规定了监理单位不得从事与本工程建设有关的其他工作。

（5）√　无论监理合同是否约定，监理单位都有权利对系统安全等级进行测试并出具报告，但如果合同没有约定的情况下，监理单位也可以不进行该项工作。

（每个 1 分，共 5 分）

试题四（15 分）

阅读下列说明，回答问题 1 至问题 3，将解答填入答题纸的对应栏内。

【说明】

某企业将信息化工程项目分包为 A、B、C 三个工程包进行建设，其中 A 包是应用软件开发工程；B 包是网络设备、主机、存储及系统软件建设工程；C 包是机房建设工程。建设单位选择了承建单位和监理单位分别承担项目的建设工作和全过程监理工作。在项目建设过程中发生了如下事件：

【事件 1】软件开发完成后，为了加强验收阶段的质量控制，总监理工程师安排监理工程师张工负责软件开发子项工程 A 包的验收工作。张工带领其他两名监理工程师重点对承建单位提交的软件开发子项验收计划和验收方案进行了审查并给出监理意见，对验收过程进行了有效的监控。

【事件 2】B 包建设完工后，承建单位认为已经满足所有的验收前提条件，监理经过梳理后，认为还缺少 3 项重要的前提条件。已经满足的前提条件是：

（1）所有建设项目按照批准设计方案要求全部建成，并满足使用要求；

（2）各个分项工程全部初验合格；

（3）系统软件等符合知识产权要求；

（4）各种设备经加电试运行，状态正常。

【事件 3】C 包建设完成后，进行机房的验收工作，参加验收的单位有建设单位、承建单位和监理单位，并由建设单位牵头组成了由 5 位专家组成的专家组。

【问题 1】（4 分）

作为监理工程师请回答：事件 1 所描述的做法妥当吗？请说明理由。

【问题 2】（6 分）

针对事件 2，请列出所缺的 3 项前提条件。

【问题 3】（5 分）

针对事件 3，作为监理工程师请指出：除了事件 3 中描述的参加单位外，还需要邀请别的有关单位参加验收吗？如果需要，请指出还需要邀请哪些单位；如果不需要，请说明理由。

试题四分析

本试题主要考察监理工程师对项目验收的各个知识点，包括验收目标、验收条件、验收标准、验收组织、各方职责、验收实施、验收流程、验收方式、验收手续和验收结果等的理解掌握。

首先要了解通常情况下的项目验收基本概念。

项目验收，也称范围核实或移交。它是核查项目计划规定范围内各项工作或活动是否已经全部完成，可交付成果是否令人满意，并将核查结果记录在验收文件中的一系列活动。

在项目的结束过程中，依据项目的原始章程和合法变更行为，对项目成果和全部之前的活动过程进行审验和接收的行为，叫作项目的验收。

项目验收时，要关注如下 3 个方面的工作内容，即要明确项目的起点和终点；要明确项目的最后成果；要明确各子项目成果的标志。

【问题 1】

事件 1 所描述的验收阶段的质量控制是信息化监理工作必要的组成部分，其中验收阶段的质量控制主要是通过对验收方案的审查和对验收过程的监控来完成的。因此事件 1 的做法是妥当的。

验收阶段的质量控制主要包括：

1. 验收阶段质量控制流程
2. 验收计划、方案的审查
3. 验收资料的审查
4. 对验收中出现的质量问题进行处理
5. 验收结论处理

在验收过程中，要参与验收各个环节和重要工作议程，对有关情况予以了解、掌握，并适时提出监理意见或做出答疑等。

综合上述分析，验收阶段的质量控制主要是通过对验收方案的审查和对验收过程的监控两个方面来完成的。

【问题 2】

工程验收是信息网络系统建设的收尾工作。通过系统的测试验收可以检验工程是否实现了设计目标要求，从而确认工程是否完工，并进入试运行。因此，作为信息网络系统建设的监理工程师，应该了解本阶段监理的基本要求，掌握完成本阶段监理工作的技能。

工程验收必须要符合下列要求：

（1）所有建设项目按照批准设计方案要求全部建成，并满足使用要求；

（2）各个分项工程全部初验合格；

（3）各种技术文档和验收资料完备，符合集成合同的内容；

（4）系统建设和数据处理符合信息安全的要求；

（5）外购的操作系统、数据库、中间件、应用软件和开发工具符合知识产权相关政策法规的要求；

（6）各种设备经加电试运行，状态正常；

（7）经过用户同意。

因此，所缺的验收条件为：建设单位同意、满足信息安全要求、各种技术文档和验收资料完备。

【问题 3】

在机房工程验收过程中，每一工程具体的检验项目内容与要求均以机房工程空调、UPS 电源、接地、照明、消防设计的工艺要求、系统工程设计文件与订购合同技术文件为依据确定，如有变更，须提供相应的说明文件。

同时机房工程中的消防工程承建方需要具备消防专业施工资质，因此机房系统的验收组织还需要邀请消防单位和设计单位参加。

试题四参考答案（15 分）

【问题 1】（4 分）

妥当（2 分）。理由：验收阶段的质量控制主要是通过对验收方案的审查（1 分）和对验收过程的监控（1 分）来完成的。

【问题 2】（6 分）

建设单位同意、满足信息安全要求、各种技术文档和验收资料完备（每项 2 分，共 6 分）。

【问题 3】（5 分）

需要（1 分）。还需要邀请消防单位（2 分）和设计单位（2 分）参加。

试题五（10 分）

阅读下列说明，回答问题 1 至问题 2，将解答填入答题纸的对应栏内。

【说明】

针对省级电子政务信息系统建设项目，信息化主管部门启动了业务系统综合管理平台建设工作。建设任务涉及到应用系统开发和系统集成工作，平台主要是对现有核心业务系统实施监控、审计、分析、决策、财务管控和信息化管控等。建设单位通过公开招标引入了承建单位，并且引入监理单位负责做好全过程的监理工作。在建设过程中，发生如下事件：

【事件 1】在监理单位全程跟踪下，承建单位完成了系统概要设计和详细设计。建设单位要求监理单位组织专家进行评审，并指出，监理单位作为项目参建单位，应组织得力人员，认真评审，提出合理化建议，如后续仍存在设计缺陷，监理单位也要承担相应责任。

【事件 2】软件测试是监理单位进行质量控制的重要手段。本项目监理团队严格审查了软件测试计划、测试说明，并监督承建单位配合第三方测试单位进行了软件测试。

【问题 1】（5 分）

在（1）～（5）中填写恰当内容（从候选答案中选择一个正确选项，将该选项编号填入答题纸对应栏内）。

针对事件 1 的描述，监理单位 (1) 。

（1）供选择的答案：

A．应该组织专家评审，但不应该对设计缺陷负责

B．应该组织专家评审，也应该对设计缺陷承担相应责任

C．不应该组织专家评审，但应该对设计缺陷承担相应责任

D．不应该组织专家评审，也不应该对设计缺陷负责

针对事件 1，为保证系统设计质量，监理单位可建议建设单位邀请外部专家组进行评审，评审专家组的人员组成包括 (2) 、 (3) 、 (4) 、 (5) 。

（2）～（5）供选择的答案：

A．建设单位代表　　　B．承建单位代表　　　C．监理单位代表　　　D．行业专家

E．第三方测试机构代表　　F．信息化领域专家　　　　G．用户单位代表

【问题 2】（5 分）

在（1）～（5）中填写恰当内容（从候选答案中选择一个正确选项，将该选项编号填入答题纸对应栏内）。

针对事件 2，第三方测试单位首先执行了黑盒测试。黑盒测试是根据 (1) 设计测试用例，较少关心程序内部实现过程，侧重于 (2) 。

（1）～（2）供选择的答案：

A．系统设计文件　B．需求规格说明　　　C．程序执行结果　　　D．程序执行效率

在事件 2 中，第三方测试单位完成测试后，监理单位应要求其提交测试报告和 (3) 。

（3）供选择的答案：

A．测试计划　　　B．测试方案　　　　　C．测试问题单　　　　D．测试用例

在事件 2 中，监理单位的监理内容包括审查测试方案、测试工具、测试环境、 (4) 、测试问题报告、 (5) 和测试报告。

（4）～（5）供选择的答案：

A．测试计划　　　B．测试用例　　　　　C．测试过程

D．回归测试　　　E．测试方法

试题五分析

本题重点考察监理实际工作处理经验和对软件工程的掌握程度。

【问题 1】

监理方进行质量控制，应对需求分析说明书、设计文档、实施计划（方案）、测试计划和方案等进行评审，对于各环节的质量缺陷承担监理责任。监理单位组织的评审，评审专家一般包括本单位的监理工程师、外部的专家和建设单位的代表。设计文档涉及到应满足需求的一致性，所以用户代表也应参加。

【问题 2】

黑盒测试是一种从软件需求出发，根据软件需求规格说明设计测试用例，并按照测试用例的要求运行被测试程序的测试方法。它较少关心程序内部的实现过程，侧重于程序执行结果。

监理对测试质量控制，监理内容包括：测试方案、测试工具、测试环境、测试过程、测试问题报告、回归测试和测试报告。

试题五参考答案（10 分）

【问题 1】（5 分）

（1）B

（2）A　　　（3）D　　　（4）F　　　（5）G　　　（2）～（5）答案可互换

（每个 1 分，共 5 分）

【问题 2】（5 分）

（1）B　　　（2）C　　　（3）C

（4）C　　　（5）D　　　（4）～（5）答案可互换

（每个 1 分，共 5 分）

第17章　2016上半年信息系统监理师上午试题分析与解答

试题（1）

大数据具有"volume""variety""value""velocity"等特点，其中"volume"是指 __(1)__ 。

（1）A．数据体量巨大　　　　B．数据类型繁多

　　　C．价值密度低　　　　　D．数据相关性高

试题（1）分析

大数据的4个"V"，或者说特点有四个层面：第一，数据体量巨大。从TB级别，跃升到PB级别；第二，数据类型繁多。前文提到的网络日志、视频、图片、地理位置信息等等。第三，价值密度低。以视频为例，连续不间断监控过程中，可能有用的数据仅仅有一两秒。第四，处理速度快。1秒定律。最后这一点也是和传统的数据挖掘技术有着本质的不同。业界将其归纳为4个"V"——Volume，Variety，Value，Velocity。其中"volume"就是指数据体量巨大的意思。

参考答案

（1）A

试题（2）

"位置服务"是智能手机的一个重要应用。基于 GPS 定位系统的智能手机利用 __(2)__ 提供的相关数据计算出手机的地理位置。

（2）A．WiFi　　B．移动通信网络　　C．卫星　　　D．无线广播基站

试题（2）分析

GPS（Global Positioning System）即全球定位系统，是由美国建立的一个卫星导航定位系统，利用该系统，用户可以在全球范围内实现全天候、连续、实时的三维导航定位和测速；另外，利用该系统，用户还能够进行高精度的时间传递和高精度的精密定位。故选 C。

参考答案

（2）C

试题（3）

软件生存周期一般划分为六个阶段，包括软件项目计划、需求分析、软件设计、程序编码、软件测试以及 __(3)__ 。

（3）A．软件验收　　B．计划验证　　C．运行维护　　　D．风险分析和定义

试题（3）分析

本题是基础概念题，使考生能够更加重视信息系统运行维护工作。而新信息系统监

理国标即将发布，运维监理是其中一项重要组成部分。软件生存周期的六个阶段：软件项目计划、软件需求分析和定义、软件设计、程序编码、软件测试以及运行维护。本题 A 作为干扰项，作为软件建设项目角度，软件测试后是软件验收，但是从软件自身生命周期角度将，测试后即进入运行维护阶段，直至软件生命结束。

参考答案

（3）C

试题（4）

以下关于移动互联网的叙述中，不正确的是：___（4）___。

（4）A. 移动互联网的基础是移动通信和互联网的结合

  B. 移动终端通过 WiFi 接入互联网，是移动互联网的主要特征

  C. 4G 是目前实现移动互联网的关键技术之一

  D. 终端的移动性是移动联网的特点之一

试题（4）分析

移动互联网，就是将移动通信和互联网二者结合起来，成为一体。是指互联网的技术、平台、商业模式和应用与移动通信技术结合并实践的活动的总称。4G 时代的开启以及移动终端设备的凸显必将为移动互联网的发展。很明显备选项 B 中"通过 WiFi 接入互联网"并不符合移动互联网的定义。

参考答案

（4）B

试题（5）

在 OSI 参考模型中，物理层的功能是___（5）___。

（5）A. 建立和释放连接   B. 透明地传输原始比特流

  C. 在物理实体间传送数据帧 D. 发送和接受用户数据

试题（5）分析

OSI（Open System Interconnect），即开放式系统互联。一般都叫 OSI 参考模型，是 ISO（国际标准化组织）组织在 1985 年研究的网络互联模型。该体系结构标准定义了网络互连的七层框架（物理层、数据链路层、网络层、传输层、会话层、表示层和应用层），即 ISO 开放系统互连参考模型。在这一框架下进一步详细规定了每一层的功能，以实现开放系统环境中的互连性、互操作性和应用的可移植性。本体中 A 选项建立和释放连接属于网络层；B 选项属于物理层；C 选项属于传输层；D 选项数据表示层。

参考答案

（5）B

试题（6）

以下关于"互联网+"的叙述中，正确的是：___（6）___。

（6）A. 中国制造 2025 的核心就是"互联网+"

　　　B."互联网+"就是"互联网+各个传统行业"

　　　C."互联网+"就是互联网与物流业的融合

　　　D."互联网+"就是"两化深度融合"的另外一种提法

试题（6）分析

李克强在政府工作报告中提出，"制定'互联网+'行动计划，推动移动互联网、云计算、大数据、物联网等与现代制造业结合，促进电子商务、工业互联网和互联网金融健康发展，引导互联网企业拓展国际市场。"

那么，什么是"互联网+"？

"互联网+"就是利用互联网的平台，利用信息通信技术，把互联网和包括传统行业在内的各行各业结合起来，在新的领域创造一种新的生态。

简单地说就是"互联网+XX 传统行业=互联网 XX 行业"。

参考答案

（6）B

试题（7）

采用 CSMA / CD 介质访问控制方法的局域网标准是___(7)___。

（7）A.IEEE802.1|B.IEEE802.2|C.IEEE802.3|D.IEEE802.4

试题（7）分析

IEEE 是英文 Institute of Electrical and Electronics Engineers 的简称，其中文译名是电气和电子工程师协会。该协会的总部设在美国，主要开发数据通信标准及其他标准。IEEE802 委员会负责起草局域网草案，并送交美国国家标准协会（ANSI）批准和在美国国内标准化。IEEE 还把草案送交国际标准化组织（ISO）。ISO 把这个 802 规范称为 ISO 802 标准，因此，许多 IEEE 标准也是 ISO 标准。例如，IEEE802.3 标准就是 ISO 802.3 标准。

IEEE802 是一个局域网标准系列

IEEE802.1A——局域网体系结构

IEEE802.1d——生成树协议 Spanning Tree

IEEE802.1p——General Registration Protocol

IEEE802.1q——虚拟局域网 Virtual LANs：VLan

IEEE802.1w——快速生成树协议 RSTP

IEEE802.1s——多生成树协议 MSTP

IEEE802.1x——基于端口的访问控制 Port Based Network Access Control

IEEE802.1g——Remote MAC Bridging

IEEE802.1v——VLAN Classification by Protocol and Port[1]

IEEE802.1B——寻址、网络互连与网络管理

IEEE802.2——逻辑链路控制(LLC)

IEEE802.3——CSMA/CD 访问控制方法与物理层规范。

参考答案

（7）C

试题（8）

以下关于 DNS 的叙述中，不正确的是：___(8)___。

（8）A. DNS 的主要功能是将计算机名翻译为 IP 地址

　　B. 通过 DNS 可以反查到用户 IP 地址

　　C. DNS 可以将 IP 地址翻译成 MAC 地址

　　D. DNS 全名是 Domain Name System

试题（8）分析

在一个 TCP/IP 架构的网络（例如 Internet）环境中，DNS 是一个非常重要而且常用的系统。主要的功能就是将人易于记忆的 Domain Name 与人不容易记忆的 IP Address 作转换。而上面执行 DNS 服务的这台网络主机，就可以称之为 DNS Server。基本上，通常我们都认为 DNS 只是将 Domain Name 转换成 IP Address，然后再使用所查到的 IP Address 去连接（俗称"正向解析"）。事实上，将 IP Address 转换成 Domain Name 的功能也是相当常使用到的，当 login 到一台 Unix 工作站时，工作站就会去做反查，找出你是从哪个地方连线进来的（俗称"逆向解析"）。所以 DNS 不具备将 IP 地址翻译成 MAC 地址的能力。

参考答案

（8）C

试题（9）

第二代计算机网络由通信子网和资源子网组成，通信子网包括___(9)___。

（9）A. 物理层、数据链路层、传输层　　B. 物理层、数据链路层、网络层

　　C. 数据链路层、网络层、应用层　　D. 数据链路层、会话层、网络层

试题（9）分析

通信子网（communication subnet，或简称子网）是指网络中实现网络通信功能的设备及其软件的集合，通信设备、网络通信协议、通信控制软件等属于通信子网，是网络的内层，负责信息的传输。主要为用户提供数据的传输、转接、加工、变换等。通信子网的任务是在端结点之间传送报文，主要由转结点和通信链路组成。因此它不包括传输层、网络层和应用层的工作任务。

参考答案

（9）B

试题（10）

___(10)___一般不作为核心网络骨干交换机选型的主要原则。

（10）A．高性能、高速率　　　　　　B．良好的可管理性

　　　　C．便于升级、扩展　　　　　　D．配置简单、节能环保

试题（10）分析

核心网络骨干交换机是宽带网的核心，需要具备以下要求：

① 高性能和高效率；

② 定位准确便于升级和扩展；

③ 高可靠性；

④ 强大的网络控制能力；

⑤ 良好的可管理性。

由上可以看出 D 选项不作为选型主要原则。

参考答案

（10）D

试题（11）

电子邮件地址 stu@zjschool.com 中的 zjschool.com 代表　（11）　。

（11）A．用户名　　　　B．学校名称　　　　C．学生姓名　　　　D．邮件服务器名称

试题（11）分析

电子邮件地址的格式是由三部分组成。第一部分"USER"代表用户信箱的账号，支持字母和数字和下划线组成的组合，对于同一个邮件接收服务器来说，这个账号必须是唯一的；第二部分"@"是分隔符；第三部分是用户信箱的邮件接收服务器域名，用以标志其所在的位置。

参考答案

（11）　D

试题（12）

　（12）　不属于网络接入技术。

（12）A．Cable Modem　B．ADSL　　　　C．VDSL　　　　D．VPN

试题（12）分析

电缆调制解调器又名线缆调制解调器，英文名称 CableModem，它是近几年随着网络应用的扩大而发展起来的，主要用于有线电视网进行数据传输。

ADSL 和 VDSL 都属于 DSL 技术的一种，是一种新的数据传输方式。

VPN 属于远程访问技术，简单地说就是利用公用网络架设专用网络，因此它并不是网络接入技术。

参考答案

（12）D

试题（13）

网络设备到货加电测试的主要目的是　（13）　。

（13）A. 测试网络的连通性　　　　　B. 测试网络的安全性

　　　C. 验证网络设计方案　　　　　D. 检测网络设备是否正常

试题（13）分析

网络连通性通过设备到货加电测试无法证明，因为故障可能在传输线路上。

网络安全性测试需要功过专门的软件和设备测试，不属于到货测试的内容。

验证网络设计方案需要全部网络设备安装、调试、配置、组网完毕后才能进行，所以也不能在到货加电测试完成。

网络设备到货加电测试只能够监测网络设备是否正常。

参考答案

（13）D

试题（14）

某公司每个工作区须要安装 2 个信息插座，并且要求该公司局域网不仅能够支持语音/数据的应用，而且应支持图像、影像、影视、视频会议等。该公司宜选择　（14）　。

（14）A. 基本型综合布线系统　　　　B. 增强型综合布线系统

　　　C. 综合型综合布线系统　　　　D. 电视电话布线系统

试题（14）分析

A 选项基本型综合布线系统仅支持数据、语音，不包括视频传输。

C 选项综合型布线系统适用于综合布线系统中配置标准较高的场合，使用光缆和铜芯双绞线组网。综合型综合布线系统应在基本型和增强型综合布线系统的基础上增设光缆系统。综合型布线系统的主要特点是引入光缆，能适用于规模较大的智能大厦，其余与基本型或增强型相同。对于公司来说并不合适。

D 选项显然不能满足图像、视频会议等要求。

B 增强型综合布线系统是每个工作区有两个或以上信息插座；每个工作区的配线电缆为 2 条 4 对双绞线电缆；采用直接式或插接交接硬件；每个工作区的干线电缆至少有 3 对双绞线。增强型综合布线系统不仅具有增强功能，而且还可提供发展余地。它支持话音和数据应用，并可按需要利用端子板进行管理。增强型综合布线系统具有以下特点：

① 每个工作区有两个信息插座，不仅机动灵活，而且功能齐全任何一个信息插座都可提供话音和高速数据应用；

② 可统一色标，按需要可利用端子板进行管理；

③ 是一种能为多个数据设备创造部门环境服务的经济有效的综合布线方案；

④ 采用气体放电管式过压保护和能够自恢复的过流保护。

参考答案

（14）B

试题（15）

在网络安全中，"拒绝服务攻击"是指　（15）　。

（15）A. 用超出被攻击目标处理能力的海量数据包消耗可用系统、带宽资源等方法的攻击

　　　　B. 全称是 Distributed Denial Of Service 的病毒传播技术

　　　　C. 拒绝来自一个服务器所发送回应请求的指令的漏洞

　　　　D. 入侵控制一个服务器后远程关机的破坏技术

试题（15）分析

拒绝服务攻击即攻击者想办法让目标机器停止提供服务，是黑客常用的攻击手段之一。其实对网络带宽进行的消耗性攻击只是拒绝服务攻击的一小部分，只要能够对目标造成麻烦，使某些服务被暂停甚至主机死机，都属于拒绝服务攻击。拒绝服务攻击问题也一直得不到合理的解决，究其原因是因为这是由于网络协议本身的安全缺陷造成的，从而拒绝服务攻击也成为了攻击者的终极手法。攻击者进行拒绝服务攻击，实际上让服务器实现两种效果：一是迫使服务器的缓冲区满，不接收新的请求；二是使用 IP 欺骗，迫使服务器把非法用户的连接复位，影响合法用户的连接。

参考答案

（15）A

试题（16）

以下关于机房接地系统要求的叙述中，不正确的是：　　（16）　。

（16）A. 网络及主机设备的电源应有独立的接地系统

　　　　B. 分支电路的每一条回路都需有独立的接地线，并接至配电箱内与接地总线相连

　　　　C. 配电箱与接地端应通过单独绝缘导线相连，接地电阻应不大于 4Ω

　　　　D. 接地线可以使用零线或以铁管代替

试题（16）分析

本题主要考察的知识点是对机房接地系统的施工及验收要求。

机房接地系统的要求：

① 网络及主机设备的电源应有独立的接地系统，并应符合相应的技术规定。

② 分支电路的每一条回路都需有独立的接地线，并接至配电箱内与接地总线相连。

③ 配电箱与最端接地端应通过单独绝缘导线相连：其线径至少须与输入端、电源路径相同，接地电阻应小于 4Ω。

④ 接地线不可使用零线或以铁管代替。

⑤ 在雷电频繁地区或有架空电缆的地区，必须加装避雷装置。

⑥ 网络设备的接地系统不可与避雷装置共用，应各自独立，并且其间距应在 10m 以上；与其他接地装置也应有 4m 以上的间距。

⑦ 在有高架地板的机房内，应有 16mm^2 的铜线地网，此地网应直接接地；若使用铝钢架地板，则可用铝钢架代替接地的地网。

　　⑧ 地线与零线之间所测得的交流电压应小于 1V。

　　选项 A、B、C 是正确的，因此，本题答案为选项 D。

参考答案

　　（16）D

试题（17）

　　在计算机机房中，产生尘埃及废物的设备应远离对尘埃敏感的设备，并宜集中布置在靠近机房的 (17) 处。

　　（17）A. 进风口　　　　B. 排风口　　　　C. 回风口　　　　D. 通风口

试题（17）分析

　　在机房工程设计阶段，监理工程师应对机房设计方案进行审核，本题主要考察的知识点是机房设备布置的监理注意事项。

　　机房设备布置的要求：

　　① 计算机设备宜采用分区布置，一般可分为主机区、存储器区、数据输入区、数据输出区、通信区和监控制调度区等。具体划分可根据系统配置及管理而定。

　　② 产生尘埃及废物的设备应远离对尘埃敏感的设备，并宜集中布置在靠近机房的回风口处。

　　③ 机房内通道与设备间的距离应符合下列规定：两相对机柜正面之间的距离不应小于 1.5m；机柜侧面（或不用面）距墙不应小于 0.5m，当需要维修测试时，机柜距墙不应小于 1.2m；走道净宽不应小于 1.2m。

　　因此，本题答案为选项 C。

参考答案

　　（17）C

试题（18）

　　在对管内穿线施工进行隐蔽工程检查时，不正确的要求是：(18) 。

　　（18）A. 穿线前，应将管内的积水和杂物清理干净

　　　　　　B. 不同系统、不同电压的线路可以穿入同一管内，可节省管材

　　　　　　C. 导线穿入钢管前，在导线入口处应装护线套保护导线

　　　　　　D. 线管进入箱体，宜采用下进线方式

试题（18）分析

　　在机房和综合布线工程施工阶段，对隐蔽工程的监理是非常重要的，因为隐蔽工程一旦完成隐蔽，以后如果出现问题就会耗费很大的工作量，同时对已完成的工程造成不良的影响。本题主要考察的知识点是隐蔽工程管内穿线的监理注意事项。

　　隐蔽工程管内穿线的监理注意事项：

　　① 穿在管内绝缘导线的额定电压不应高于 500V。

　　② 管内穿线宜在建筑物的抹灰、装修及地面工程结束后进行，在穿入导线之前，

应将管子中的积水及杂物清除干净。

③ 不同系统、不同电压、不同电流类别的线路不应穿同一根管内或线槽的同一孔槽内。

④ 管内导线的总截面积（包括外护层）不应超过管子截面积的 40%。

⑤ 在弱电系统工程中使用的传输线路宜选择不同颜色的绝缘导线，以区分功能及正负极。同一工程中相同线别的绝缘导线颜色应一致，线端应有各自独立的标号。

⑥ 导线穿入钢管前，在导线入出口处，应装护线套保护导线；在不进入盒（箱）内的垂直管口，穿导线后，应将管口做密封处理。

⑦ 线管进入箱体，宜采用下进线或设置防水弯以防箱体进水。

在垂直管路中，为减少管内导线的下垂力，保证导线不因自重而折断，应在下列情况下装设接线盒：电话电缆管路大于 15mm；控制电缆和其他截面（铜芯）在 2.5mm 以下的绝缘线，当管路长度超过 20m 时，导线应在接线盒内固定一次，以减缓导线的自重拉力。

因此，本题答案为选项 B。

参考答案

（18）B

试题（19）

以下关于隐蔽工程检查的叙述中，不正确的是： __(19)__ 。

(19) A. 隐蔽工程必须在通过检查确认后方可进入下一工序

　　　B. 对于隐蔽工程，监理工作的主要方式是旁站

　　　C. 隐蔽工程检查后一般除检查记录外，还应留存隐蔽前照片、影像等资料

　　　D. 综合布线暗敷管路设计应独立于土建设计方案，与土建设计方无关

试题（19）分析

本题考查对隐蔽工程工作内容和流程的理解情况，答案 A、B、C 均为正确答案。

管槽系统是通信综合布线系统缆线敷设的必要条件，其涉及面较广（包括与房屋建筑和其他管线），虽然技术含量不多但工作费力。暗敷管路系统的具体设计一般是由土建承包房设计统一考虑，但暗敷管路的总体布局和线缆走向、规格要求等是由综合布线系统的总体方案考虑的，因此布线系统商应向土建设计单位提供设计思考和方案，使系统集成商和建筑商能统一步调、统一施工、统一协调。

因此，本题答案为选项 D。

参考答案

（19）D

试题（20）、（21）

入侵检测系统一般由数据收集器、检测器、__(20)__ 构成。__(21)__ 不属于入侵检

测系统的功能。

（20）A. 分配器和报警器　　　B. 知识库和控制器

　　　　C. 数据库和控制器　　　D. 知识库和分析器

（21）A. 异常行为模式的统计分析

　　　　B. 重要系统和数据文件完整性评估

　　　　C. 定期或不定期地使用安全性分析软件对整个内部系统进行安全扫描，及时发现系统的安全漏洞

　　　　D. 检查网络或系统中是否存在违反安全策略的行为

试题（20）、（21）分析

入侵检测系统由数据收集器、检测器、知识库和控制器构成，其作用为：

① 监视、分析用户及系统活动；审计系统构造和弱点；

② 识别、反映已知进攻的活动模式，向相关人士报警；

③ 统计分析异常行为模式；

④ 评估重要系统和数据文件的完整性；

⑤ 审计、跟踪管理操作系统，识别用户违反安全策略的行为。

漏洞扫描作用为：

① 定期或不定期地使用安全性分析软件对整个内部系统进行安全扫描，及时发现系统的安全漏洞、报警并提出补救建议。

② 支持与入侵监测系统的联动。

③ 检测规则应与相应的国际标准漏洞相对应，包括 CVE,BugTrap,WhiteHats 等国际标准漏洞库。

④ 支持灵活的事件和规则自定义功能，允许用户修改和添加自定义检测事件和规则，支持事件查询。

⑤ 支持快速检索事件和规则信息的功能，方便用户通过事件名、详细信息、检测规则等关键字对事件进行快速查询。

⑥ 可以按照风险级别进行事件分级。

⑦ 控制台应能提供事件分析和事后处理功能，应具有对报警事件的源地址进行地址解析，分析主机名，分析攻击来源的功能。

⑧ 传感器应提供 TCP 连接的检测报警能力。

⑨ 提供安全事件统计概要报表，并按照风险等级进行归类。

⑩ 通过数据库管理工具统计数据库建立时间以及当前记录数目。

⑪ 支持对 Teardrop,s.cgi 缓冲区溢出攻击的检测。

因此，本题答案为选项 B、C。

参考答案

（20、21）B、C

试题（22）

　　____（22）____不属于针对防火墙实施验收的要点。

（22）A．对 HTTP、FTP、SMTP 等服务类型的访问控制功能

　　　　B．域名解析和链路自动功能

　　　　C．策略备份和恢复功能

　　　　D．网络防病毒的实时扫描功能

试题（22）分析

防火墙的功能：

① 支持透明和路由两种工作模式。

② 集成 VPN 网关功能。

③ 支持广泛的网络通信协议和应用协议，包括 IPSEC、H.323 等，能够满足网络视频会议、VOD 和 IP 电话等多媒体数据流的传输要求。支持多种协议及控制，满足应用需要及应用控制严格性要求，支持 TCP/IP，IPX，ICMP/ARP/RARP，OSPF，NETBEUI，SNMP，802.1Q，VOIP，DNS 等相关协议及控制。

④ 支持多种入侵监测类型，包括扫描探测、DoS、Web 攻击、特洛伊木马等。

⑤ 支持 SSH 远程安全登录。

⑥ 支持对 HTTP，FTP，SMTP 等服务类型的访问控制。

⑦ 支持静态、动态和双向的 NAT。

⑧ 支持域名解析，支持链路自动切换。

⑨ 支持对日志的统计分析功能，同时日志是否可以存储在本地和网络数据库上。

⑩ 对防火墙本身或受保护网段的非法攻击系统提供多种告警方式以及多种级别的告警。

⑪ 提供策略备份和恢复功能。管理员可以灵活地定制和应用不同的策略，可以方便地进行策略的备份和还原，并可用于灾难恢复。

⑫ 具备检测 DoS 攻击的能力，例如可以检测 SYN Flood，Tear Drop，Ping of Death，IP Spoofing 等攻击，默认数据包拒绝，过滤源路由 IP，动态过滤访问等。

⑬ 支持对接口和策略的带宽和流量管理。

⑭ 支持 SCMIADS 客户隧道配置参数自动集中管理。

⑮ 支持负载均衡。

⑯ 支持双机热备。

⑰ 支持 Web 自动页面恢复。

⑱ 实现与入侵监测系统的联动。

因此，本题答案为选项 D。

参考答案

（22）D

试题（23）

与监理工作者职业道德相悖的是___(23)___。

(23) A. 要求业主明确授权　　　B. 要求承建单位提供具体的施工技术方案

　　　C. 同时参与两个项目的监理　D. 要求承建单位采用某厂商生产的线缆

试题（23）分析

监理工程师应严格遵守的基本职业道德守则：

① 维护国家的荣誉和利益，按照"守法、诚信、公正、科学"的准则执业；

② 执行有关工程建设的法律、法规、标准、规范、规程和制度，履行监理合同规定的义务和职责；

③ 努力学习专业技术和建设监理知识，不断提高业务能力和监理水平；

④ 不以个人名义承揽监理业务；

⑤ 不同时在两个或两个以上监理单位注册和从事监理活动，不在政府部门和施工、材料设备的生产供应等单位兼职；

⑥ 不为所监理项目指定承包商、建筑构配件、设备、材料生产厂家和施工方法；

⑦ 不收受被监理单位的任何礼金；

⑧ 不泄露所监理工程各方认为需要保密的事项；

⑨ 坚持独立自主地开展工作。

因此，本题答案为选项 D。

参考答案

(23) D

试题（24）

监理单位应按照"守法、公正、独立、科学、保密"的原则开展监理工作，维护___(24)___的合法权益。

(24) A. 建设单位　　　　　　　B. 承建单位

　　　C. 建设单位和承建单位　D. 所有项目建设相关方

试题（24）分析

监理单位的权利和义务：

① 应按照"守法、公平、公正、独立"的原则，开展信息系统工程监理工作，维护建设单位与承建单位的合法权益。

② 按照监理合同取得监理收入。

③ 不得承包信息系统工程。

④ 不得与被监理项目的承建单位存在隶属关系和利益关系。

⑤ 不得以任何形式侵害建设单位和承建单位的知识产权。

⑥ 在监理过程中因违犯国家法律、法规，造成重大质量、安全事故的，应承担相应的经济责任和法律责任。

另外，干扰选项 D 所有项目建设相关方中，除了建设单位和承建单位外，监理单位同其他单位既没有合同约束也没有建设关系，所以没有维护其合法权益的依据。

因此，本题答案为选项 C。

参考答案

（24）C

试题（25）

现场监理项目部实行　（25）　负责制。

（25）A. 总监理工程师代表　　B. 集体负责　　　C. 监理员　　D. 总监理工程师

试题（25）分析

监理项目部实行总监理工程师负责制。总监理工程师是监理单位派驻项目的全权负责人，对外向建设单位负责，对内向监理单位负责，代表监理单位全面履行监理委托合同，承担与建设单位所签订监理合同中规定的义务和责任，行使监理合同和有关法律、法规所赋予的有限权限，保障信息系统工程建设顺利地进行，实现工程建设的投资、质量、进度、变更控制目标，提高投资效益。总监理工程师代表监理单位从事监理工作，其监理行为的后果由监理单位承担。

因此，本题答案为选项 D。

参考答案

（25）D

试题（26）

需求分析说明书不能作为　（26）　。

（26）A. 可行性研究的依据　　　　B. 用户和开发人员之间的约定

　　　　C. 系统概要设计的依据　　　D. 软件验收测试的依据

试题（26）分析

可行性研究报告是业主单位在理想阶段根据实际需求编制，确定系统设计目标和项目范围、功能、运行环境、投资预算和竣工时间等项目要素。目的是说明项目的实现在技术、经济和社会条件方面的可行性；评述为了合理地达到开发目标而可能选择的各种方案；说明并论证所选定的方案。而需求说明书是为了使用户和软件开发者双方对该软件的初始规定有一个共同的理解而编制成的说明书，需求说明书是整个开发工作的基础。

因此，本题答案为选项 A。

参考答案

（26）A

试题（27）

数据流程图（Data Flow Diagram，DFD/Data Flow Chart）是描述系统数据流程的工具。它将数据独立抽象出来，通过图形方式描述信息的来龙去脉和实际流程。在数据流程图中用　（27）　表示处理过程。

（27）A．长方形　　B．带圆角的长方形　　C．正方形　　D．圆或椭圆

试题（27）分析

数据流程图是描述系统数据流程的工具，它将数据独立抽象出来，通过图形方式描述信息的来龙去脉和实际流程。在数据流程图中，用带圆角的长方形表示处理过程；用正方形表示外部实体；用右开口的长条形表示数据存储；用水平或垂直箭头表示数据流向，箭头指向即数据流向。

因此，本题答案为选项 B。

参考答案

（27）B

试题（28）

在软件工程中，高质量的文档应具有完整性、一致性和　（28）　。

（28）A．统一性　　　B．安全性　　　C．无二义性　　　D．组合性

试题（28）分析

在软件工程中，高质量的文档应具有完整性、一致性和无二义性。

因此，本题答案为选项 C。

参考答案

（28）C

试题（29）

软件配置管理涵盖了软件生命周期并影响所有数据和过程。软件配置管理项必须保持正确性、完备性和　（29）　。

（29）A．科学性　　　B．可溯性　　　C．可控性　　　D．可见性

试题（29）分析

软件配置管理涵盖了软件生命周期并影响所有数据和过程。软件配置管理项必须保持正确性、完备性和可溯性。任何软件配置管理项都必须做到"文实相符、文文一致"，以满足"有效性""可见性"和"可控性"要求。

因此，本题答案为选项 B。

参考答案

（29）B

试题（30）

软件静态测试可以分为静态分析和代码走查，其中静态分析主要对程序进行控制流分析、　（30）　、接口分析和表达式分析等。

（30）A．配置项分析　　B．业务流分析　　C．数据流分析　　D．结构化分析

试题（30）分析

静态分析主要对程序进行控制流分析、数据流分析、接口分析和表达式分析等。静态分析一般由计算机辅助完成。静态分析的对象是计算机程序，程序设计语言不同，相

应的静态分析工具也就不同。目前具备静态分析功能的软件测试工具有很多，如 Purify，Macabe 等。

因此，本题答案为选项 C。

参考答案

（30）C

试题（31）

在软件配置任务的变更控制中，"检出"和"登入"处理实现了两个重要的变更控制要素，即___（31）___和同步控制。

（31）A．存取控制　　B．审查　　C．版本控制　　D．注册

试题（31）分析

软件配置管理(SCM)是指在开发过程中各阶段，管理计算机程序演变的学科，它作为软件工程的关键元素。已经成为软件开发和维护的重要组成部分。SCM 提供了结构化的、有序化的、产品化的管理软件工程的方法。它涵盖了软件生命周期的所有领域并影响所有数据和过程。

参考答案

（31）A

试题（32）

___（32）___不属于面向对象技术的基本特征。

（32）A．封装性　　B．模块性　　C．多态性　　　D．继承性

试题（32）分析

面向对象技术是目前流行的系统设计开发技术，它包括面向对象分析和面向对象程序设计。面向对象程序设计技术的提出，主要是为了解决传统程序设计方法——结构化程序设计所不能解决的代码重用问题。

面向对象的编程方法具有四个基本特征：

1．抽象

抽象就是忽略一个主题中与当前目标无关的那些方面，以便更充分地注意与当前目标有关的方面。抽象并不打算了解全部问题，而只是选择其中的一部分，暂时不用部分细节。抽象包括两个方面，一是过程抽象，二是数据抽象。过程抽象是指任何一个明确定义功能的操作都可被使用者看作单个的实体看待，尽管这个操作实际上可能由一系列更低级的操作来完成。数据抽象定义了数据类型和施加于该类型对象上的操作，并限定了对象的值只能通过使用这些操作修改和观察。

2．继承

继承是一种联结类的层次模型，并且允许和鼓励类的重用，它提供了一种明确表述共性的方法。对象的一个新类可以从现有的类中派生，这个过程称为类继承。新类继承了原始类的特性，新类称为原始类的派生类（子类），而原始类称为新类的基类（父类）。派生类可以从它的基类那里继承方法和实例变量，并且类可以修改或增加新的方法使之

更适合特殊的需要。这也体现了大自然中一般与特殊的关系。继承性很好地解决了软件的可重用性问题。比如说，所有的 Windows 应用程序都有一个窗口，它们可以看作都是从一个窗口类派生出来的。但是有的应用程序用于文字处理，有的应用程序用于绘图，这是由于派生出了不同的子类，各个子类添加了不同的特性。

3. 封装

封装是面向对象的特征之一，是对象和类概念的主要特性。封装是把过程和数据包围起来，对数据的访问只能通过已定义的界面。面向对象计算始于这个基本概念，即现实世界可以被描绘成一系列完全自治、封装的对象，这些对象通过一个受保护的接口访问其他对象。一旦定义了一个对象的特性，则有必要决定这些特性的可见性，即哪些特性对外部世界是可见的，哪些特性用于表示内部状态。在这个阶段定义对象的接口。通常，应禁止直接访问一个对象的实际表示，而应通过操作接口访问对象，这称为信息隐藏。事实上，信息隐藏是用户对封装性的认识，封装则为信息隐藏提供支持。封装保证了模块具有较好的独立性，使得程序维护修改较为容易。对应用程序的修改仅限于类的内部，因而可以将应用程序修改带来的影响减少到最低限度。

4. 多态性

多态性是指允许不同类的对象对同一消息作出响应。多态性包括参数化多态性和包含多态性。多态性语言具有灵活、抽象、行为共享、代码共享的优势，很好地解决了应用程序函数同名问题。

参考答案

（32）B

试题（33）

　　（33）　是表达系统中的类及其相互联系的图示，它是面向对象设计的核心，建立状态图、协作图和其他图的基础。

（33）A. 对象图　　　　B. 组件图　　　　C. 类图　　　　D. 配置图

试题（33）分析

对象图是类图的示例，类图表示类和类与类之间的关系，对象图则表示在某一时刻这些类的具体实例以及这些实例之间的具体连接关系，可以帮助人们理解比较复杂的类图。对象图也可以用于显示类图中的对象在某一点的连接关系。对象图常用于用例视图和逻辑视图中。

组件图用来反映代码的物理结构。组件可以是源代码、二进制文件或可执行文件，包含逻辑类的实现信息。实现视图由组件图构成。

类图用来表示系统中的类以及类与类之间的关系，描述系统的静态结构，用于逻辑视图中。类是对象的抽象描述。所谓对象就是可以控制和操作的实体，类是具有共同的结构、行为、关系、语义的一组对象的抽象。类的行为和结构特征分别通过操作和属性表示。

　　类与类之间有多种关系，如关联、依赖、通用化、聚合等。关系提供了对象之间的通信方式。关联关系用于描述类与类之间的连接，通常是双向的。通用化又称继承，是通用元素和具体元素之间的一种分类关系，具体元素完全拥有通用元素的信息，并且还可以附加其他信息。聚合关系具有较强的耦合性，描述整体与部分的关系。依赖关系描述两个模型元素之间语义上的连接关系，其中一个元素是独立的，另一个元素依赖于独立的模型元素，独立元素的变化将影响到依赖元素。

　　配置图用来显示系统中软件和硬件的物理架构。图中通常显示实际的计算机和设备及它们之间的关系。配置图用来构成配置视图，描述系统的实际物理结构。

参考答案

（33）C

试题（34）

　　面向对象分析设计中，多态机制的作用是　(34)　。

　　（34）A. 信息隐藏　　　　　　　　B. 实现"一种接口，多种方法"

　　　　　C. 数据抽象　　　　　　　　D. 实现"多种接口，一种方法"

试题（34）分析

　　多态（Polymorphism）按字面的意思就是"多种状态"。在面向对象语言中，接口的多种不同的实现方式即为多态。引用 Charlie Calverts 对多态的描述——多态性是允许你将父对象设置成为一个或更多的他的子对象相等的技术，赋值之后，父对象就可以根据当前赋值给它的子对象的特性以不同的方式运作。

参考答案

（34）B

试题（35）

　　在项目质量管理中，通过"排除故障"或采取"纠正行动"使过程恢复到前一正常状态，这样的行动是　(35)　。

　　（35）A. 质量策划　　　B. 质量保证　　　C. 质量控制　　　D. 质量改进

试题（35）分析

　　质量控制要贯穿在项目建设从可行性研究、设计、建设准备、开发、实施、竣工、启用及用后维护的全过程。主要包括组织设计方案评比，进行设计方案磋商及图纸审核，控制设计变更，在实施前通过审查承建单位资质等；在实施中通过多种控制手段检查监督标准、规范的贯彻，以及通过阶段验收和竣工验收把好质量关等。

参考答案

（35）C

试题（36）

　　事关项目未来成败的重要决策，要由项目建设单位决定。为了帮助建设单位决策，监理应该　(36)　。

（36）A. 隐蔽可能对项目干系人或高层管理不利的信息

　　　　B. 充分与承建单位进行协调

　　　　C. 使用仅表明本周信息的进度图表

　　　　D. 定期规范地提供准确完整及时的数据资料

试题（36）分析

　　信息系统工程信息是对参与各方主体（如建设单位、承建单位、监理单位和供货厂商、招标公司、分包公司等其他主体）从事信息系统工程项目管理（或监理）提供决策支持的一种载体，如项目建议书、可行性研究报告、设计说明书、售后服务协议及实施标准等。

　　在信息系统工程建设中，能及时、准确、完善地掌握与信息系统工程有关的大量信息，处理和管理好各类工程建设信息，是信息系统工程项目管理的重要工作内容，也是监理单位监督管理的重要内容。

　　信息工程项目监理决策的正确与否，将直接影响信息系统工程项目建设总目标的实现，而影响决策正确与否的主要因素之一就是信息。如果没有可靠、正确的信息作依据，监理工程师就不能做出正确的决策。如实施阶段对工程进度款的支付，监理工程师只有在掌握有关合同规定及实际实施状况等信息后，才能决定是否支付或支付多少等。因此，信息是项目正确决策的依据。同样，定期规范地向项目建设单位提供准确完整及时的数据资料也能帮助建设单位作出正确的决策。

参考答案

　　（36）D

试题（37）

　　标记甲方、乙方、丙方分别为某项目的建设方、承建方和监理方，乙方将此项目的非关键部分分包给了丁方。以下做法中，正确的是　__(37)__　。

　　（37）A. 丙方要认真听取甲方的意见，对于甲方的意见在监理工作中要认真执行

　　　　B. 乙方可以合同的方式委托丙方帮助其梳理软件配置流程，培训相关人员

　　　　C. 丙方应对丁方的分包项目进行全方位管理和协调，以确保整个项目的工程质量和工程进度

　　　　D. 分包前，丙方要对丁方的资质等进行审查，并签署监理意见

试题（37）分析

　　通过招投标方式签定合同的项目，承建单位可按照合同约定或者经业主同意，将中标项目的部分非主体、非关键性工作分包给他人完成。分承建单位应当具备相应的资格条件，并不得再次分包。承建单位应当就分包项目向业主负责，分承建单位承担连带责任。

　　软件分包合同管理包括选择分承建单位，建立同分承建单位的约定，并跟踪、评审分承建单位的执行情况和结果。当进行分包时，制定包括技术和非技术需求（如交付日

期）的书面协议，并依此管理分包合同。分承建单位要完成的工作及其计划要成文归档。分承建单位遵循的标准要与主承建单位的标准一致。

由分承建单位完成分包工作的软件计划、跟踪和监督活动。主承建单位确保这些计划、跟踪和监督活动能恰当地完成，并且分承建单位交付的软件产品能满足其验收标准。主承建单位和分承建单位共同管理其产品和过程界面。

参考答案

（37）D

试题（38）

以下信息系统工程建设中的问题，属于质量控制方面的是＿＿（38）＿＿。

①系统测试不过关，bug 过多，测试范围覆盖不全面

②项目实施业务需求调研不充分，不全面

③项目资金使用不合理，超出预算

④项目实施范围变更

⑤项目实施过程中业务需求不确定

（38）A. ①④　　　　　B. ②④　　　　　C. ②⑤　　　　　D. ①②⑤

试题（38）分析

信息化建设普遍存在的主要问题：

①系统质量不能满足应用的基本需求；

②工程进度拖后延期；

③项目资金使用不合理或严重超出预算；

④项目文档不全甚至严重缺失；

⑤在项目实施过程中系统业务需求一变再变；

⑥在项目实施过程中经常出现扯皮、推诿现象；

⑦系统存在着安全漏洞和隐患；

⑧重硬件轻软件，重开发轻维护，重建设轻使用。

质量控制主要是从质量体系控制、实施过程控制以及单元控制入手，通过阶段性评审、评估，以及实时测试等手段尽早地发现质量问题，找出解决问题的方法，最终达到工程的质量目标。

参考答案

（8）D

试题（39）

在信息化工程监理活动中，总承包单位对分包单位的监督管理，＿＿（39）＿＿视为工程监理活动。

（39）A. 也能　　　　　B. 不能　　　　　C. 可以　　　　　D. 不完全

试题（39）分析

通过招投标方式签订合同的项目，承建单位可按照合同约定或者经业主同意，将中标项目的部分非主体、非关键性工作分包给他人完成。分承建单位应当具备相应的资格条件，并不得再次分包。承建单位应当就分包项目向业主负责，分承建单位承担连带责任。

软件分包合同管理包括选择分承建单位，建立同分承建单位的约定，并跟踪、评审分承建单位的执行情况和结果。当进行分包时，制定包括技术和非技术需求（如交付日期）的书面协议，并依此管理分包合同。分承建单位要完成的工作及其计划要成文归档。分承建单位遵循的标准要与主承建单位的标准一致。

由分承建单位完成分包工作的软件计划、跟踪和监督活动。主承建单位确保这些计划、跟踪和监督活动能恰当地完成，并且分承建单位交付的软件产品能满足其验收标准。主承建单位和分承建单位共同管理其产品和过程界面。

承建单位的软件分包管理涉及的活动包括：识别所要采办的产品；选择分承建单位；与分承建单位签订协定并予以管理和维护；监督分承建单位的过程能力；验收分承建单位的产品；对所采办的产品安排支持和维护。

承建单位根据需要制定了软件分包合同，同时该分包合同的格式规范，有专人进行负责、管理和维护，软件分包合同的要求与业主单位的合同要求没有冲突，进度、质量和软件过程标准与承建单位的项目计划一致。

参考答案

（39）B

试题（40）

根据质量管理的基本原理，PDCA 循环中的"D"是指 ___（40）___ 。

（40）A．计划　　　　B．实施　　　　C．检查　　　D．处理

试题（40）分析

进度控制可以分成四个步骤：计划(Plan)、执行(Do)、检查(Check)和行动(Action)，简称 PDCA。由于计划不变是相对的，变化则是绝对的；平衡也是暂时的、相对的，不平衡是永久的绝对的，因此，工程进度不仅要有计划，而且要随时预见变化、掌握变化，及时采取对策，调整进度计划，对计划实行动态管理，这样才能真正有效地控制进度。

进度控制过程必然是一个周期性的循环过程。一个完整的进度控制过程大致可以范围四个阶段，先后顺序是：编制进度计划、实施进度计划、检查与调整进度计划、分析与总结进度计划。

参考答案

（40）B

试题（41）

　　某工程项目招标，集成商的投标总价为 3000 万元。按招标人要求，集成商提交的投标保证金额度应不超过（41）万元。

　　（41）A．60　　　　　　　B．80　　　　　　　C．90　　　　　　　D．150

试题（41）分析

　　《中华人民共和国招标投标法实施条例》第二十六条规定招标人在招标文件中要求投标人提交投标保证金的，投标保证金不得超过招标项目估算价的 2%。投标保证金有效期应当与投标有效期一致。

参考答案

　　（41）A

试题（42）

　　＿＿（42）＿＿不属于监理合同内容。

　　（42）A．监理业务内容

　　　　　B．违约责任及争议的解决方法

　　　　　C．建设单位、监理单位、承建单位三方的权利和义务

　　　　　D．监理费用的计取和支付方式

试题（42）分析

　　建设单位与监理单位应当签订监理合同，合同内容主要包括：

　　（1）监理业务内容；

　　（2）双方的权利和义务；

　　（3）监理费用的计取和支付方式；

　　（4）违约责任及争议的解决方法；

　　（5）双方约定的其他事项。

参考答案

　　（42）C

试题（43）

　　信息化工程中，监理规划应在签订委托监理合同后及＿＿（43）＿＿进行编制。

　　（43）A．实施组织设计批准后　　　　B．初步设计文件批准后

　　　　　C．收到实施设计文件后　　　　D．工程实施开始前

试题（43）分析

　　监理单位在接受监理任务，开展监理投标和监理委托合同谈判时，应该根据建设单位对信息系统工程监理招标的要求和意图，向建设单位提供监理大纲，使建设单位通过监理大纲了解监理单位对该项目监理的行动纲要，增强建设单位对监理单位从事项目监理的信任感和认同感，促成双方合同洽谈和合同签约的成功。在合同签订后，监理单位应根据合同规定和要求，对监理大纲进一步细化，并向建设单位提交监理规划，作为监

理单位对监理项目的行动指南，也可以作为建设单位考核监理单位对监理委托合同实际执行情况的重要依据。因此，监理规划在监理单位经营管理活动中有着重大的现实意义。

编制监理规划的依据：

（1）与信息系统工程建设有关的法律、法规及项目审批文件等；

（2）与信息系统工程监理有关的法律、法规及管理办法等；

（3）与本工程项目有关的标准、设计文件、技术资料等，其中标准应包含公认应该遵循的相关国际标准、国家或地方标准；

（4）监理大纲、监理合同文件以及与本项目建设有关的合同文件。

参考答案

（43）C

试题（44）

编制监理大纲的主要负责人为___（44）___。

（44）A．公司项目总监　　　　　　　B．专业监理工程师

　　　　C．总监理工程师　　　　　　　D．公司技术总监

试题（44）分析

监理大纲、监理规划和监理实施细则三者比较的主要区别见表 5-1

表 5-1　监理大纲、监理规划和监理实施细则的主要区别

名称	编制对象	负责人	编制时间	编制目的	编制作用	编制内容		
						为什么	做什么	如何做
监理大纲	项目整体	公司总监	监理招标阶段	供建设单位审查监理能力	增强监理任务中标的可能性	重点	一般	无
监理规划	项目整体	项目总监	监理委托合同签订后	项目监理的工作纲领	对监理自身工作的指导、考核	一般	重点	重点
监理实施细则	某项专业监理工作	专业监理工程师	监理项目部建立、责任明确后	专业监理实施的操作指南	规定专业监理程序、方法、标准，使监理工作规范化	无	一般	重点

参考答案

（44）D

试题（45）

以下关于监理规划的叙述中，正确的是：___（45）___。

（45）A．编制监理规划的目的，是将监理委托合同规定的责任和任务具体化，并在此基础上制定实现监理任务的措施

    B. 监理规划在公司总监主持下编制，并由建设单位认可，公司总监签署后执行

    C. 监理规划只是指导监理项目开展工作的纲领性文件，不具有合同效力

    D. 监理规划是在监理大纲的基础上，根据项目实际情况对各项监理工作的具体实施和操作要求的具体化、详细化，用以指导项目监理部全面开展监理业务

试题（45）分析

    监理规划则是在监理委托合同签订后，由监理单位制定的指导监理工作开展的纲领性文件。它起着指导监理单位规划自身的业务工作，并协调与建设单位在开展监理活动中的统一认识、统一步调、统一行动的作用。由于监理规划是在委托合同签订后编制的，监理委托关系和监理授权范围都已经很明确，工程项目特点及建设条件等资料也都比较翔实。因此，监理规划在内容和深度等方面比监理委托合同更加具体化，更加具有指导监理工作的实际价值。

参考答案

    （45）A

试题（46）

    以下关于监理大纲、监理规划和监理实施细则的叙述中，不正确的是：　__（46）__。

    （46）A. 监理单位编制监理大纲目的之一是为今后开展监理工作制定基本的方案

        B. 监理大纲的编制时间早于监理合同的签订

        C. 监理实施细则的作用是指导本专业或本子项目具体监理业务的开展

        D. 监理大纲、监理规划、监理实施细则互相独立，没有关联，缺一不可

试题（46）分析

    监理大纲是在建设单位选择合适的监理单位时，监理单位为了获得监理任务，在项目监理招标阶段编制的项目监理单位案性文件。它是监理单位参与投标时，投标书内容的重要组成部分。编制监理大纲的目的是，要使建设单位信服，采用本监理单位制定的监理单位案，能够圆满实现建设单位的投资目标和建设意图，进而赢得竞争投标的胜利。由此可见，监理大纲的作用，是为监理单位的经营目标服务的，起着承接监理任务的作用。所以 A、B 项正确。

    监理实施细则则是在监理规划指导下，监理项目部已经建立，各项专业监理工作责任制已经落实，配备的专业监理工程师已经上岗，再由专业监理工程师根据专业项目特点及本专业技术要求所编制的、具有实施性和可操作性的业务性文件。监理实施细则由各专业监理工程师负责主持编制，并报送项目总监理工程师认可批准执行。是具体指导项目中各专业开展监理工作的技术性文件。所以 C 项正确。

    监理大纲、监理规划和监理实施细则三者之间有一定的联系性，都是由监理单位对特定的监理项目而编制的监理工作计划性文件，且编制的依据具有一定的共同性，编制的文件格式也具有一定的相似性。但是，由于监理大纲、监理规划和监理实施细则三者

的作用不同、编制对象不同、编制负责人不同、编制时间不同、编制的目的不同等，在编制内容侧重点、深度、广度和细度诸方面上，都有着显著区别。所以 D 项错误。

参考答案

（46）D

试题（47）

以下建立项目监理机构的工作的排列顺序中，正确的是___（47）___。

①确定各项监理工作，并分类、归并形成部门

②明确监理总目标并确定各项监理任务

③制定监理工作流程

④建立监理组织结构图

⑤制定监理部门和人员的任务、工作、职能分工

（47）A．①②③④⑤　　B．④①③②⑤　　C．②①④⑤③　　D．④②⑤①③

试题（47）分析

监理单位在组建项目监理机构时，一般按以下步骤进行：

1．确定项目监理机构目标

项目监理机构建立应根据委托监理合同中确定的监理目标，制定总目标并明确划分监理机构的分解目标。

2．确定监理工作内容

根据监理目标和委托监理合同中规定的监理任务，明确列出监理工作内容，并进行分类归并及组合。监理工作的归并及组合应便于监理目标控制，并综合考虑监理工程的组织管理模式、工程结构特点、合同工期要求、工程复杂程度、工程管理及技术特点；还应考虑监理单位自身组织管理水平、监理人员数量、技术业务特点等。

3．项目监理机构的组织结构设计和人员分工

选择组织结构形式，合理确定管理层次与管理跨，项目监理机构部门划分，制定岗位职责及考核标准，制定监理部门和人员的任务、工作、职能分工。选派监理人员。

4．制定工作流程和信息流程

为使监理工作科学、有序进行，应按监理工作的客观规律制定工作流程和信息流程，规范化地开展监理工作。

参考答案

（47）C

试题（48）

以下关于质量控制点意义的叙述中，不正确的是：___（48）___。

（48）A．质量控制点的设置有利于计算分项控制目标值与实际值的偏差

　　　　B．通过对下层级质量控制点分项目标的实现，有利于上层级质量控制点的实现

　　　　C．质量控制点有利于将复杂的工程质量目标进行分解

　　D．质量控制点目标单一，不利于监理工程师的控制和管理

试题（48）分析

　　在信息系统工程建设过程中设置不同阶段的质量控制点，有下列几方面的重要意义：

　　① 通过质量控制点设置，便于对工程质量总目标的分解，可以将复杂的工程质量总目标分化为一系列简单分项的目标控制；所以 C 项正确。

　　② 设置质量控制点，有利于监理工程师和承建单位的控制管理人员及时分析和掌握控制点所处的环境因素，易于分析各种干扰条件对有关分项目标产生的影响及其影响程度的测定。

　　③ 设置质量控制点，有利于监理工程师和承建单位的控制管理人员监测分项控制目标，计算分项控制目标值与实际标值的偏差；所以 A 项正确。

　　④ 由于质量控制点目标单一，且干扰因素便于测定，有利于监理工程师和承建单位的控制管理人员制定、实施纠偏措施和控制对策；所以 D 项不正确。

　　⑤ 通过对下层级质量控制点分项目标的实现，对上层级质量控制点分项目标提供保证，从而可以保证上层级质量控制点分项控制目标的实现，直到工程质量总目标的最终实现。所以 B 项正确。

参考答案

　　（48）D

试题（49）

　　综合布线工程实施过程中发生了严重的质量事故，此时总监理工程师首先应进行的工作是签发《工程暂停令》，并要求施工单位采取___（49）___的措施。

　　（49）A．抓紧整改，早日复工　　　　B．防止事故扩大并保护好现场

　　　　　　C．防止事故信息不正常披露　　D．对事故责任人加强监督

试题（49）分析

　　监理机构应要求承建单位在事故发生后立即采取措施，尽可能控制其影响范围，并及时签发停工令，报业主单位。

参考答案

　　（49）B

试题（50）

　　信息工程的质量控制基本原则是___（50）___。

　　（50）A．以人为核心　　　　　　　　B．加强主动控制

　　　　　　C．把控重点环节　　　　　　　D．质量控制要实施全面控制

试题（50）分析

　　质量控制把握有如下原则

　　① 质量控制要与建设单位对工程质量监督紧密结合

　　② 质量控制是一种系统过程的控制

③ 质量控制要实施全面控制

故 D 正确。

参考答案

（50）D

试题（51）

双代号网络图又称箭线式网络图，它以箭线表示 ___(51)___ 。

（51）A．工作的开始　　　　B．工作的结束　　　　C．工作　　　D．逻辑关系

试题（51）分析

双代号网络图又称箭线式网络图，它以箭线表示工作，以节点表示工作的开始或结束状及工作之间的连接点，以工作两端节点的编号代表一项工作。故 C 正确。

参考答案

（51）C

试题（52）

在信息化工程进度计划的执行过程中，缩短某些工作的持续时间是调整建设工程进度计划的有效方法之一。这些被压缩的工作应该是关键线路和超过计划工期的非关键线路上 ___(52)___ 的工作。

（52）A．持续时间较长　　　　　　B．直接费用率最小

　　　　C．所需资源有限　　　　　　D．自由时差为零

试题（52）分析

选定最先压缩持续时间的关键工作，选择时应考虑的因素有：缩短持续时间后，对项目质量的影响不大；有充足的备用资源；缩短持续时间所需增加的费用相对较少。故 B 正确。

参考答案

（52）B

试题（53）

监理方协助建设单位分析项目的内容及项目周期，并提出安排工程进度的合理建议，属于 ___(53)___ 阶段的主要任务。

（53）A．实施　　　　B．验收　　　　C．设计　　　D．准备

试题（53）分析

工程准备阶段的监理任务包括：

① 参与建设单位招标前的准备工作，协助编制本项目的工作计划，内容包含项目主要内容、组织管理、项目实施阶段划分和项目实施进程等。

② 协助建设单位分析项目的内容及项目周期，并提出安排工程进度的合理建议。

③ 对建设合同中所涉及产品和服务的供应周期等做出详细说明，并建议建设单位做出合理的安排。

④ 监理应对招标书中的工程实施计划（包括人员、时间、阶段性工作任务等）及其保障措施提出建议，并在招标书中明确规定。

⑤ 在协助评标时，应对投标文件中的项目进度安排及进度控制措施等进行审查，提出审核意见。

故 D 正确。

参考答案

（53）D

试题（54）

旁站监理是指监理人员在施工现场对___（54）___的实施全过程现场跟班的监督活动。

（54）A．关键线路上的工作　　　　B．某些关键部位或关键工序

　　　　C．全部关键部位或关键工序　　D．隐蔽工程和地下工程

试题（54）分析

在项目实施现场进行旁站监理工作是监理在信息系统工程质量控制方面的重要手段之一。旁站监理是指监理人员在施工现场对某些关键部位或关键工序的实施全过程现场跟班的监督活动。旁站监理在总监理工程师的指导下，由现场监理人员负责具体实施。旁站监理时间可根据施工进度计划事先做好安排，待关键工序实施后再做具体安排。旁站的目的在于保证施工过程中的项目标准的符合性，尽可能保证施工过程符合国家或国际的相关标准。

故 B 正确。

参考答案

（54）B

试题（55）

在信息化工程项目中，为工程项目成本预算评估所发生的费用属于___（55）___。

（55）A．咨询设计费　　　　　　　B．工程前期费用

　　　　C．工程费用　　　　　　　　D．甲方项目管理费用

试题（55）分析

工程前期费是指建设单位请专业公司在编制工程方案设计、项目可行性分析、造价是否合理评估，以及项目招、投标等方面所需要的费用。

故 B 正确。

参考答案

（55）B

试题（56）

挣值法是对工程项目成本/进度进行综合控制的一种分析方法。以下挣值法的公式中，正确的是：___（56）___。

（56）A．进度偏差 SV=BCWP−BCWS　　B．进度偏差 SV=BCWS−BCWP

　　　　C．费用偏差 CV=ACWP–BCWP　　　　D．费用偏差 CV=BCWS–BCWP

试题（56）分析

　　项目成本偏差 CV=BCWP–ACWP

　　项目进度偏差 SV=BCWP–BCWS

　　故 A 正确。

参考答案

　　（56）A

试题（57）

　　在工程 ___(57)___ 阶段，监理工程师应协助建设单位正确编制工程结算。

　　（57）A．启动　　　　　　B．实施　　　　　　　C．设计　　　　　　D．验收

试题（57）分析

　　当信息系统工程竣工经验收之后，监理工程师应协助建设单位正确编制工程结算。项目的竣工结算既是应该做的，也是国家要求做的工作。国家规定，项目在验收后一个月内，应向主管部门和财政部门提交结算。故 D 正确。

参考答案

　　（57）D

试题（58）

　　以下关于工程变更的叙述中，不正确的是：___(58)___。

　　（58）A．变更对项目质量、进度、成本都会产生影响

　　　　　　B．工程各方都有权提出变更

　　　　　　C．变更的产生对工程建设是不利的

　　　　　　D．技术手段更新往往会产生变更

试题（58）分析

　　承建单位和建设单位是变更的主要申请方，但是监理单位也可以根据项目实施的情况，提出变更。故 B 项正确。

　　一般情况下，造成信息系统工程变更的原因有以下几个方面：

- 项目外部环境发生变化，例如政府政策的变化。
- 项目总体设计，项目需求分析不够周密详细，有一定的错误或者遗漏。
- 新技术的出现、设计人员提出了新的设计方案或者新的实现手段，故 D 项正确。
- 建设单位由于机构重组等原因造成业务流程的变化。

　　信息系统工程本身的特点决定了信息系统工程的变更是经常发生的，有些变更是积极的，有些变更是消极的，故 C 项不正确。

参考答案

　　（58）C

试题（59）

某信息化项目原计划于 6 月 21 日开始部署应用软件系统，预计需要 8 天时间，另外预留两天时间以备部署过程中出现意想不到的问题，以确保按计划于 7 月 1 日上线运行。由于硬件系统的安装调试工作到 6 月 22 日才完成，因此项目经理就进度工期延误提出延期变更申请。监理工程师的以下做法中，正确的是：　（59）　。

（59）A．驳回申请

B．要求承建单位拿出新的工期计划

C．根据变更会给监理带来怎样的影响后确定如何应对

D．要求承建单位向硬件系统的承建商索赔

试题（59）分析

项目延期事件必须发生在被批准的进度计划的关键路径上，本项目原本预留两天时间以备部署过程中出现意想不到的问题，硬件安装调试延期两天，并未超出原本预留的时间，故应驳回延期申请，A 项正确。

参考答案

（59）A

试题（60）

监理工程师的检查检验原则上不应影响施工正常进行，如果实际影响了施工的正常进行，检查检验合格时，　（60）　。

（60）A．追加合同价款和工期损失全部由建设单位承担

B．追加合同价款和工期损失全部由承建单位承担

C．追加合同价款由承建单位承担，工期给予顺延

D．工期不予顺延，但追加合同价款由承建单位给予补偿

试题（60）分析

检查检验原则上不应影响施工正常进行。如果实际影响了施工的正常进行，其后果责任由检验结果的质量是否合格来区分合同责任。检查检验不合格时，影响正常施工的费用由承包人承担。除此之外，影响正常施工的追加合同价款由发包人承担，相应顺延工期。

参考答案

（60）A

试题（61）

以下关于信息系统工程合同的叙述中，正确的是：　（61）　。

（61）A．从信息系统工程的不同范围和数量进行划分，可以分为信息系统工程总承建合同、信息系统工程承建合同、监理合同

B．建设单位将该信息系统工程的设计、实施等的每一项分别发包给一个承建单位的合同即为项目分包合同

> C. 总承包合同既可以用一个总合同的形式，也可以用若干合同的形式来签订，例如建设单位分别与同一个承包人签订项目咨询、论证、硬件、网络和软件建设合同等
>
> D. 按照付款方式的不同划分，信息系统工程合同分为总价合同、单价合同和利润加酬金合同

试题（61）分析

合同法第二百七十二条规定："发包人可以与总承包人订立建设工程合同也可以分别与勘察人设计人施工人订立勘察设计施工承包合同发包人不得将应当由一个承包人完成的建设工程肢解成若干部分发包给几个承包人。"这就说是，总承包合同既可以是一个总合同，也可以是若干合同的和。信息系统工程合同按信息系统范围划分为总承包合同、单项项目承包合同、分包合同；按项目付款方式划分为总价合同、单价合同、成本加酬金合同；总承建单位将其承包的某一部分或某几部分项目，再发包给子承建单位，称为项目分包合同。

参考答案

（61）C

试题（62）

解决合同纠纷的方式中，___(62)___ 是不以双方自愿为前提的。

（62）A. 协商　　　　B. 调解　　　　C. 仲裁　　　　D. 诉讼

试题（62）分析

合同法第一百二十条规定，"当事人可以通过和解或者调解解决合同争议。当事人不愿和解、调解或者和解、调解不成的，可以根据仲裁协议向仲裁机构申请仲裁。涉外合同的当事人可以根据仲裁协议向中国仲裁机构或者其他仲裁机构申请仲裁。当事人没有订立仲裁协议或者仲裁协议无效的，可以向人民法院起诉。当事人应当履行发生法律效力的判决、仲裁裁决、调解书；拒不履行的，对方可以请求人民法院执行。"这就是说，无论和解、调解还是仲裁，其最终解决方式都建立在双方自愿接受的基础上。当无仲裁或仲裁无效时，通过诉讼方式解决问题，判决结果并非双方自愿达成。

参考答案

（62）D

试题（63）

监理单位在处理双方违约过程中，应当本着___(63)___的原则，积极协助、配合双方解决违约纠纷。

（63）A. 公正、公平与合理　　　　　　B. 保护承建单位利益

　　　　C. 公正、保密与快速　　　　　　D. 保护建设单位利益

试题（63）分析

国家有关文件和行业标准要求信息化工程监理单位必须按照"公正、独立、自主"

原则开展监理工作。在监理活动中体现公平、公正、独立的原则，就是在解决建设单位与承建单位可能发生的意见不统一或纠纷时，绝不能因为监理单位是受建设单位的委托而故意偏袒建设单位，一定要坚持"一碗水端平"，该是谁的责任就由谁来承担；该维护哪方的权益，就维护那方的权益。这样做既会得到建设单位的理解和支持，也会得到承建单位的拥护和欢迎。本题应选 A。

参考答案

（63）A

试题（64）

计算机网络的安全主要是指___（64）___。

（64）A．网络设施环境的安全　　　　B．网络中信息的安全

　　　　C．网络中使用者的安全　　　　D．网络中财产的安全

试题（64）分析

信息化工程监理规范 第六部分信息化工程安全监理规范《GB/T 19668.6—2007》3.1 信息安全指保持信息的保密性、完整性和可用性；另外也可包括诸如真实性、可核查性、不可否认性和可靠性等。

参考答案

（64）B

试题（65）

对通常情况下，信息系统实施安全管理的有关制度包括___（65）___。

① 计算机信息网络系统各工作岗位的工作职责、操作规程

② 计算机信息网络系统升级、维护制度

③ 计算机信息网络系统工作人员人事管理制度

④ 计算机信息网络系统工作人员循环任职、强制休假制度

（65）A．①②　　　　B．①②③　　　　C．①②④　　　　D．①②③④

试题（65）分析

安全管理制度包括物理安全管理、人员安全管理、应用系统安全管理等。各工作岗位的工作职责、操作规程属于人员安全管理中的岗位安全考核与培训；系统升级、维护制度属于应用系统安全管理；工作人员人事管理制度属于人员安全管理中的安全组织；工作人员循环任职、强制休假制度属于人员安全管理中的岗位安全考核与培训及离岗人员安全管理。

参考答案

（65）D

试题（66）

监理资料的管理应由___（66）___负责，并指定专人具体实施。

（66）A．监理单位的质量部人员　　　　B．监理工程师

C．总监理工程师　　　　　　　　D．总监理工程师代表

试题（66）分析

根据《信息化工程监理规范》《GB 19668.1—2005》2.7 角色定义和 4.4.2.1 款规定，总监理工程师有履行主持整理工程项目的监理资料的职责。

参考答案

（66）C

试题（67）

___(67)___ 属于项目设计阶段的监理文档。

（67）A．监理日志　　　　　　　　B．工程进度计划

C．专题监理意见　　　　　　　D．监理大纲工程

试题（67）分析

项目设计阶段的监理文档主要为工程计划、设计方案等。

参考答案

（67）B

试题（68）

以下关于工程实施进度计划编制的做法中，正确的是：___(68)___。

（68）A．工程实施进度计划应由承建单位负责编制，由监理单位进行审核

B．工程实施进度计划应由承建单位负责编制，由建设单位进行审核

C．工程实施进度计划应由监理单位负责编制，由承建单位确认

D．工程实施进度计划应由监理单位负责编制，由建设单位确认

试题（68）分析

信息化工程监理规范 第一部分 总则《GB/T 19668.1—2005》6.3.2 工程实施阶段的进度控制规定，监理应审核承建单位工程实施计划的合理性，审核后签署监理审核意见。实施计划无问题时，监理机构应在实施计划报审表中签认；否则，监理机构应签发监理通知单，责令承建单位整改。

参考答案

（68）A

试题（69）

监理工程师对核心问题有预先控制措施上的认识，凡事要有证据，处理业务一定要有可靠的依据和凭证，判断问题时尽量用数据说服建设单位或承建单位，这体现了组织协调中的 ___(69)___ 原则。

（69）A．公正　　　　B．科学　　　　C．诚信　　　　D．独立

试题（69）分析

所谓科学的原则，就是在监理实践中，要依据科学的方案（如监理规划），运用科学的手段（如测试设备或测试工具软件），采取科学的办法（如收集数据），并在项目结

束后，进行科学的总结（如信息归纳整理）。监理要用科学的思维、科学的方法对核心问题有预先控制措施上的认识，凡事要有证据，处理业务一定要有可靠的依据和凭证，判断问题时尽量用数据说服建设单位或承建单位，必要时，一定以书面材料（如专题监理报告）说明立场和观点。

参考答案

（69）B

试题（70）

以下关于监理专题会议的叙述中，不正确是：　（70）　。

（70）A. 专题会议是为解决专门问题而召开的会议，由总监理工程师或授权的监理工程师主持

B. 监理单位通常依据现场进度情况，定期或不定期召开不同层级的现场协调会议，解决工作过程中的相互配合问题

C. 监理专题会议的会议纪要由承建单位的项目经理记录、整理和签认后发给项目有关方面

D. 监理专题会议包括技术讨论会、紧急事件协调会等

试题（70）分析

监理专题会议属于进行组织协调的监理方法，由监理方发起、主持、记录。

参考答案

（70）C

试题（71）

Most operating systems have a standard set of ___（71）___ to handle the processing of all input and output instructions.

（71）A. spreadsheet　　　　　B. control instructions

C. I/O operation　　　　D. data table

试题（71）分析

大多数操作系统都有一套标准来处理所有输入输出指令。

A 电子表格　B 控制指令　　C I/O 操作　　D 数据表

参考答案

（71）B

试题（72）

Cloud computing provides on-demand service to users by using distributed computing and___（72）___resource management.

（72）A. network　　B. virtual　　C. centralized　　D. specialized

试题（72）分析

云计算通过分布式计算和资源管理来为用户提供按需服务。

A．网络　　　　　　B．虚拟　　　　　C．集中　　　　　D．专业

虚拟化技术是云计算平台的基础，本题选 B。

参考答案

（72）B

试题（73）

The cost performance index(CPI) is the ratio of earned value to＿（73）＿and can be used to estimate the projected cost of completing the project.

（73）A．cost variance　　　　　　　　B．planned cost

　　　　C．schedule variance　　　　　　D．actual cost

试题（73）分析

费用绩效指数是挣值与之比，它可以用来估计完成项目的预计成本。

A．成本差额　　　　B．计划成本　　　C．进度偏差　　　D．实际成本

CPI＝EV/AC。本题选 D。

参考答案

（73）D

试题（74）

The document management of information system engineering supervision is an important work, among them, the＿（74）＿is a general class file.

（74）A．supervision summary report　　　B．weekly report

　　　　C．meeting summary　　　　　　　D．daily log

试题（74）分析

信息系统工程监理的文档管理是一项重要的工作，其中，哪一项是通用类文档。

A．监理总结报告　　B．周报　　　　C．会议纪要　　　D．日志

本题选 A。

参考答案

（74）A

试题（75）

When a process is in control, what do you want to do with the process?　＿（75）＿.

（75）A．The process should not be adjusted

　　　　B．The process may be adjusted for continuous improvement

　　　　C．The process should be always adjusted for continuous quality

　　　　D．The process should be regularly adjusted

试题（75）分析

当一个过程处于控制之中，你想对这个过程做什么？

A. 不应该调整该过程

B. 可以调整该过程达到连续改进

C. 为了连续改进质量应该不断调整该过程

D. 应该定期调整该过程

当过程在控制之中时，不应该对其进行调整。本题选 A。

参考答案

（75）A

第18章 2016上半年信息系统监理师下午试题分析与解答

试题一（20分）

阅读下列说明，回答问题1至问题4，将解答填入答题纸的对应栏内。

【说明】

经项目预算管理部门批准，某省人力资源和社会保障厅启动了社会保障核心平台及社会保障卡系统建设项目。建设任务涉及应用系统开发（含卡管理系统开发）、系统集成、卡片制作等工作，主要是对现有核心业务系统提供监控、审计、分析、整合、统一管理、统一发卡、统一结算和信息化管控等内容。建设单位通过公开招标首先引入了监理单位，负责协助建设单位从招标开始做好全过程的监理工作。在项目建设过程中，发生如下事件：

【事件 1】 项目招标中，有关于测试部分的分包，恰好监理单位的上级主管公司具备投标资格，也想参与测试分包的投标。

【事件 2】 在系统设计阶段，建设单位要求监理工程师对承建单位提交的系统设计方案进行评审。

【事件 3】 社会保障卡制卡工作预计花费 6000 万元，工期 12 个月。在工作进行到 8 个月的时候，根据财务部门提供的资料：成本预算为 3000 万元，实际支出成本为 2500 万元，挣值为 2000 万元。

【事件 4】 项目竣工验收并投入使用 1 年后，建设单位要求监理单位进行项目后评价工作。

【问题 1】（5分）

针对事件 1 的描述，该监理单位的上级主管公司是否可以参与测试分包的投标？请分别说明理由和依据。

【问题 2】（5分）

针对事件 2 的描述，监理单位在对设计方案进行评审时应把握哪些原则？

【问题 3】（4分）

针对事件 3 的描述，请计算项目成本偏差（CV）、进度偏差（SV）、成本绩效指数（CPI）和进度绩效指数（SPI）。

【问题 4】（6分）

针对【事件 4】的描述，建设单位的要求是否合适？请分别说明依据和理由。

试题一分析

本题考察监理工程师在执行监理工作中，对监理工作的规定、执行工作的标准、对项目进度的把控等方面的综合能力。

问题 1　考察考生对《信息系统工程监理暂行规定》的掌握程度。

问题 2　考察考生对评审关键点的理解程度。

问题 3　考察考生在进度管理中，利用挣值法分析工程进展情况的能力。

问题 4　考察考生对国家电子政务相关制度、标准和规范的掌握能力。

【问题 1】（5 分）

不能。（2 分）

原因：监理单位不得与被监理项目的承建单位存在隶属关系和利益关系。项目测试工作也属于项目建设范围，也包含在监理工作范围内，如果上级单位中标，则违反了此条规定。（2 分）

依据为《信息系统工程监理暂行规定》。（1 分）

【问题 2】（5 分）

（1）标准化原则。

（2）先进性和实用性原则。

（3）可靠性和稳定性原则。

（4）可扩展性原则。

（5）安全性原则。

（6）可管理性原则。

（7）对原有设备、资源合理整合的原则。

（8）经济和效益性原则。

（每项 1 分，最多得 5 分）

【问题 3】（4 分）

EV=2000 万元 AC=2500 万元 PV=3000 万元

CV=EV−AC=2000−2500=−500 万元　　（1 分）

SV=EV−PV=2000−3000=−1000 万元　　（1 分）

CPI=EV/AC=0.8　　（1 分）

SPI=EV/PV=0.67　　（1 分）

【问题 4】（6 分）

不合适。（2 分）

依据：国家发改委 55 号令《国家电子政务工程建设项目管理暂行办法》，项目审批部门根据电子政务项目验收后的运行情况，可适时组织专家或委托相关机构对建设项目的系统运行效率、使用效果等情况进行后评价。（1 分，答出文号或名称即得分）

原因：在本项目中，不应该由建设单位去邀请评审单位（1 分），应该由项目审批部门去委托（1 分）；其次监理单位作为项目建设参与单位，也不适合在后期为项目做评价（1 分）。

试题二（15 分）

阅读下列说明，回答问题 1 至问题 3，将解答填入答题纸的对应栏内。

【说明】

某单位信息化建设项目，主要包括综合布线、硬件系统集成和应用软件系统开发。建设单位通过公开招标选择了承建单位和监理单位。在项目建设过程中，发生了如下事件：

【事件 1】 综合布线系统施工中，承建单位在未经监理认可的情况下购进了一批线缆，监理工程师对进场的电缆检查时发现：线缆标识不清，表面粗糙，外观不良。承建单位也未提供产品合格证、检测报告、生产许可证、质量保证书等相关资料。

【事件 2】 接到针对线缆问题的监理通知单后，承建单位提交了这批线缆的产品合格证、检测报告、生产许可证、质量保证书等相关资料，要求监理审核并同意将这批线缆用于布线施工中。

【事件 3】 软件开发实施中，项目需求分析报告已经通过内部和外部专家评审。在承建单位的需求规格说明书通过内审后，由监理协助建设单位聘请外部专家对需求规格说明书进行专家评审。在讨论评审结论过程中，建设单位希望在评审结论中有"经过专家评审认为需求规格说明书所描述的需求满足用户业务对本项目软件应用系统建设的要求"这样的表述，专家认为仅通过这次专家会无法做出这样的认定，因此不同意在评审结论中写明建设单位所期望的表述。

【问题 1】（6 分）

针对【事件 1】，监理应如何处理进场线缆存在的问题？

【问题 2】（5 分）

针对【事件 2】，监理工程师应该同意承建单位的要求吗？如果同意，监理需要做什么？如果不同意，监理应该如何处理？

【问题 3】（4 分）

针对【事件 3】，作为监理工程师，请指出专家的意见是否正确？为什么？

试题二分析

【事件 1】

工程所用缆线器材型式、规格、数量、质量在施工前应进行检查，无出厂检验证明材料或与设计不符者不得在工程中使用。工程使用的对绞电缆和光缆型式、规格应符合设计的规定和合同要求。电缆所附标志、标签内容应齐全、清晰。护套完整无损，电缆应附有出厂质量检验合格证。对于不合格线缆，监理工程师应马上下发监理通知给承建单位，要求未检验合格线缆不能使用在工程上。同时将监理通知抄送建设单位，要求承建单位补充提供产品合格证、检测报告、生产许可证、质量保证书等相关资料。

【事件 2】

尽管资料已补充提供，线缆标识不清，表面粗糙，外观不良的问题依然存在，此批材料的质量依然存疑，因此监理方不应该同意承建单位的要求，监理方对于工程中的关键性技术指标，以及有争议的质量问题，监理机构应利用测试手段对线缆进行检验或要求承建单位出具第三方测试机构的测试报告。第三方测试机构应经建设单位和监理机构同意。

【事件 3】

按照软件工程开定义，需求规格说明书描述的是项目所涉及的功能和性能的充分的分析与描述，对项目相关的主要的业务流程进行分析和论述，并对需要进行处理的信息量进行预测。而需求规格说明书描述的需求是否满足用户的业务需求需要用户方进行自行确认，应该是内审进行确认的部分，而不能仅仅通过一次专评审会让外部评审的专家认定需求满足用户业务对本项目软件应用系统建设的要求。因此，专家不同意在评审结论中写明建设单位所期望的表述做法是正确的。

试题二参考答案

【问题 1】（6 分）

监理工程师应马上下发监理通知给承建单位（2 分），要求这条线缆不能使用在工程上（1 分，说出要求承建单位整改等相近意思均可以给分）。同时将监理通知抄送建设单位（1 分），要求承建单位提供产品合格证、检测报告、生产许可证、质量保证书等相关资料（2 分，说出这层意思即可给分，不要求列全这些资料的名称）。

【问题 2】（5 分）

不同意（1 分）。监理应当利用测试手段对线缆进行检验（2 分）或者要求承建单位见证取样送相关权威机构进行检验（2 分）。

【问题 3】（4 分）

专家的说法正确。（2 分）

因为通过一次会议专家不可能确认需求规格说明书描述的需求满足用户的业务需求（1 分）。评审结论只能对需求规格说明书的合规性给出结论（1 分，说出类似意思皆可以给分，例如说出就需求规格说明书的编写格式、内容等是否符合要求做出结论）。

试题三（15 分）

阅读下列说明，回答问题 1 至问题 3，将解答填入答题纸的对应栏内。

【说明】

监理单位丙承担了某信息化工程项目的全程监理工作，建设单位甲以公开招标方式选择承建单位乙。在项目招标和建设过程中，发生了如下事件：

【事件 1】　在招标工作中，甲就发布招标公告的内容向丙进行咨询。

【事件 2】　通过招标选择乙为中标候选人并发出了中标通知书，但是在签订实施合同的时候，甲乙双方就机房建设分包事宜产生分歧，乙认为在投标书中提出了机房分包计划，中标后就可以将机房建设分包出去，但是甲坚持只同意乙将机房装修工程进行分包。

【事件 3】 为进一步加强软件开发过程质量控制，主持现场监理工作的总监理工程师代表指派专业监理工程师对原监理实施细则中的有关软件代码编写、测试过程的监理措施进行修改，修改后的监理实施细则经总监理工程师代表审查批准后实施。

【问题 1】（5 分）

针对【事件 1】，作为监理工程师，请回答：招标公告的主要内容应包括哪些方面？

【问题 2】（5 分）

针对【事件 2】，作为监理工程师你认为甲不同意乙机房工程分包的做法正确吗？请说明理由。

【问题 3】（5 分）

针对【事件 3】，作为监理工程师请指出总监理工程师代表做得正确的地方和不正确的地方，并分别说明理由。

试题三分析

本题考查招投标及合同签订阶段，相关规范要求，以及总监理工程师、总监理工程师代表、专业监理工程师相关工作职责的在实际监理项目的应用。考生应结合案例的背景，综合运用理论知识和实践经验回答问题。

【问题 1】

按照招投标法以及相关管理办法的要求，招标公告一般包括：招标人的名称和地址；招标货物的名称、数量、技术规格、资金来源；交货的地点和时间；获取招标文件或者资格预审文件的地点和时间；对招标文件或者资格预审文件收取的费用；提交资格预审申请书或者投标文件的地点和截止日期；对投标人的资格要求。

【问题 2】

依据招投标法中第三十条规定投标人根据招标文件载明的项目实际情况拟在中标后将中标项目的部分非主体非关键性工作进行分包的应当在投标文件中载明。中标是建设单位决定中标单位并授予中标通知书、签订合同的行为。决定中标单位是业主单位的单独行为，在监理单位的协助下，由评标委员会做出结论。甲方既然已确定中标单位为乙方，就表示认可了乙方投标文件中关于机房装修的分包的方案，签定合同就必须按照中标的投标文件要约，签订实施合同。

【问题 3】

1. 总监理工程师的职责

（1）对信息工程监理合同的实施负全面责任；

（2）负责管理监理项目部的日常工作，并定期向监理单位报告；

（3）确定监理项目部人员的分工；

（4）检查和监督监理人员的工作，根据工程项目的进展情况可进行人员的调配，对不称职的人员进行调换；

（5）主持编写工程项目监理规划及审批监理实施方案；

（6）主持编写并签发监理月报、监理工作阶段报告、专题报告和项目监理工作总结，主持编写工程质量评估报告；

（7）组织整理工程项目的监理资料；

（8）主持监理工作会议，签发监理项目部重要文件和指令；

（9）审定承建单位的开工报告、系统实施方案、系统测试方案和进度计划；

（10）审查承建单位竣工申请，组织监理人员进行竣工预验收，参与工程项目的竣工验收，签署竣工验收文件；

（11）审核签认系统工程和单元工程的质量验收记录；

（12）主持审查和处理工程变更；

（13）审批承建单位的重要申请和签署工程费用支付证书；

（14）参与工程质量事故的调查；

（15）调解建设单位和承建单位的合同争议，处理索赔，审批工程延期；

（16）负责指定专人记录工程项目监理日志。

2．总监理工程师代表的职责

（1）总监理工程师代表由总监理工程师授权，负责总监理工程师指定或交办的监理工作；

（2）负责本项目的日常监理工作和一般性监理文件的签发；

（3）总监理工程师不得将下列工作委托总监理工程师代表：

- 根据工程项目的进展情况进行监理人员的调配，调换不称职的监理人员；
- 主持编写工程项目监理规划及审批监理实施方案；
- 签发工程开工/复工报审表、工程暂停令、工程款支付证书、工程项目的竣工验收文件；
- 审核签认竣工结算；
- 调解建设单位和承建单位的合同争议，处理索赔，审批工程延期。

试题三参考答案

【问题 1】（5 分）

主要内容包括：招标工程概况、资金来源、招标单位、购买资格预审文件的时间、地点、价格、招标范围介绍、工程地点等。（每个 1 分，最多得 5 分，其他合理的答案也可给分）

【问题 2】（5 分）

不正确（1 分）。理由：投标书是邀约（1 分），中标通知书是承诺（1 分）；应当按照投标书和中标通知书签订合同（2 分，说出这层意思即可得 2 分）。

【问题 3】（5 分）

（1）指派专业监理工程师修改监理实施细则做法正确（1 分）。理由：总监理工程师代表可以行使总监理工程师的这一职责（1 分，如果回答"这样做可以加强质量控制效果"也可以给分）。

（2）审批监理实施细则的做法不妥（1分）。理由：应由总监理工程师审批（2分）。

试题四（15分）

阅读下列说明，回答问题 1 至问题 4，将解答填入答题纸的对应栏内。

【说明】

某事业单位需要在新建办公楼内建设办公网络系统，内容主要包括综合布线系统、网络机房建设等。建设方通过公开招标与承建单位签定合同。同时为了规范管理，建设方聘请了监理单位参与项目管理工作。

【事件1】 监理方协助开展了项目准备工作，审核了承建方提交的开工报审文档。

【事件2】 建设过程中，第一批施工材料及网络设备即将进场。监理方要求承建方做好到货验收准备。

【事件3】 项目施工过程中，监理方重点对综合布线系统施工工艺和质量进行把控，进行了隐蔽工程检查。为保证项目验收顺利进行，施工完成后，监理方要求进行网络布线测试工作。

【问题1】（4分）

请将下面（1）～（4）处的答案填写在答题纸的对应栏内。

事件 1 中，监理方在开工前所审核的文档主要是　(1)　、　(2)　、　(3)　、　(4)　。

【问题2】（5分）

在（1）～（2）中填写恰当内容（从候选答案中选择一个正确选项，将该选项编号填入答题纸对应栏内）。

事件 2 中，监理方对设备到货验收提出要求，其中不合理的是　(1)　。到货验收时，监理方应检查设备与　(2)　中规定的清单是否相符。

（1）供选择的答案：

A. 要求承建方提前三天通知建设方和监理方设备到达时间和地点，并提交交货清单

B. 设备验收时，对设备的规格、数量进行核实，无误后，设备到货验收通过

C. 发现设备、物资数量短缺，要求承建方补发

D. 发现施工材料质量不合格，要求该批次材料退场处理

（2）供选择的答案：

A. 招标文件　　B. 投标文件　　C. 合同　　D. 承建方提供的采购清单

【问题3】（2分）

从候选答案中选择 1 个正确选项，将选项编号填入答题纸对应栏内。

在事件 3 中，现场监理工程师要求对线槽内的布线工作进行隐蔽工程检查，并提出了检查要点，其中检查项描述错误的是_____。

供选择的答案：

A. 线缆布放平直，不应受到外力的挤压和损伤

  B．线缆布放时应有冗余

  C．垂直线槽布放线缆应在上端和每隔 1.5 米处绑扎固定在缆线支架上，水平线槽布线不需要绑扎固定

  D．线缆布放前两段均应贴有标签

【问题 4】（4 分）

  请简要回答在事件 3 中，办公网络施工完毕后，针对网络布线的主要测试内容包括哪些？

试题四分析

  本题主要考察的知识点是信息网络系统建设实施阶段的监理工作内容。

【问题 1】（4 分）

  开工前的监理内容：

  （1）审核实施方案。开工前，由监理方组织实施方案的审核，内容包括设计交底，了解工程需求、质量要求，依据设计招标文件，审核总体设计方案和有关的技术合同附件，以降低因设计失误造成工程实施的风险，审核安全施工措施。

  （2）审核实施组织计划。对实施单位的实施准备情况进行监督。

  （3）审核实施进度计划。对实施单位的实施进度计划进行评估和评审。

  （4）审核工程实施人员、承建方资质。

【问题 2】（5 分）

  设备采购监理的主要职责：

  （1）审核承建方的设备采购计划和设备采购清单；

  （2）工程材料、硬件设备、系统软件的质量、到货时间的审核；

  （3）订货、进货确认；

  （4）组织到货验收；

  （5）设备移交审核；

  （6）网络系统工程实施阶段的质量、进度监理和验收；

  （7）针对项目特点和承建方专业分工实施专业监理，包括外购硬件和软件、承建方开发的软件、布线和网络系统集成等；重点控制开发软件和系统集成；

  （8）外购硬件和软件监理的主要工作：外购硬件包括主机、PC 机、网络和通信设备等检查；外购软件包括数据库、操作系统、开发工具、防火墙等软件检查；外购材料、配件包括线缆、信息插座、桥架等检查。

  设备采购监理的重点：

  （1）设备是否与工程量清单所规定的设备（系统）规格相符；

  （2）设备是否与合同所规定的设备（系统）清单相符；

  （3）设备合格证明、规格、供应商保证等证明文件是否齐全；

  （4）设备系统要按照合同规定准时到货；

（5）配套软件包（系统）是否是成熟的、满足规范的。

设备采购监理的流程：

（1）承建商提前三天通知业主和监理方设备到达时间和地点，并提交交货清单。

（2）监理方协助业主做好设备到货验收准备。

（3）监理方协助业主进行设备验收，并做好记录，包括对规格、数量、质量进行核实，以及检查合格证、出厂证、供应商保证书及规定需要的各种证明文件是否齐全，在必要时利用测试工具进行评估和测试，评估上述设备能否满足信息网络建设的需求。

（4）发现短缺或破损，要求设备提供商补发或免费更换。

（5）提交设备到货验收监理报告。

【问题 3】（2 分）

综合布线的监理工作内容主要包括以下两方面：

（1）按照国家关于综合布线的相关施工标准的规定审查承建方人员施工是否规范；

（2）到场的设备、缆线等设备的数量、型号、规格是否与合同中的设备清单一致，产品的合格证、检验报告是否齐全。

布放线缆的施工环节就是现场监理的监督要点。

1. 布放电缆

（1）暗管、暗槽内穿放电缆。工作内容包括：检验、抽测电缆、清理管（暗槽）、制作穿线端头（钩）、穿放引线、穿放电缆、做标记、封堵出口等。

（2）桥架、线槽、网络地板内明布电缆。工作内容包括：检验、抽测电缆、清理檐道、布放、绑扎电缆、做标记、封堵出口等。

2. 布线光缆、光缆外护套、光纤束

（1）暗道、暗槽内穿放光缆。工作内容包括：检验、测试光缆、清理管（暗槽）、制作穿线端头（钩）、穿放引线、穿放光缆、出口衬垫、做标记、封堵出口等。

（2）桥架、线槽、网络地板内明敷光缆。工作内容包括：检验、测试光缆、清理槽道、布放、绑扎光缆、加垫套、做标记、封堵出口等。

（3）布放光缆护套。工作内容包括：清理槽道、布放、绑扎光缆护套、加垫套、做标记、封堵出口等。

（4）气流法布放光纤束。工作内容包括：检验、测试光纤、检查护套、气吹布放光纤束、做标记、封堵出口等。

【问题 4】（4 分）

布线系统测试内容主要包括：

（1）工作间到设备间的连通状况；

（2）主干线连通状况；

（3）跳线测试；

（4）信息传输速率、衰减、距离、接线图、近端串扰等。

试题四参考答案（15 分）

【问题 1】（4 分）

（1）实施方案　　（2）组织计划　　（3）进度计划　　（4）施工人员资格

（1）～（4）答案可互换（每个 1 分，共 4 分）

【问题 2】（5 分）

（1）B　　（3 分）

（2）C　　（2 分）

【问题 3】（2 分）

C

【问题 4】（4 分）

工作间到设备间的连通状况、主干线的连通状况、跳线测试、信息传输速率、衰减等。（每个 1 分，最多得 4 分）

试题五（10 分）

阅读下列说明，回答问题 1 至问题 2，将解答填入答题纸的对应栏内。

【说明】

某单位大型应用系统建设项目，在项目的建设过程中实施了全过程监理。在项目实施过程中，发生了如下事件：

为了保证软件系统的质量，建设单位要求监理对各阶段的软件质量进行严格把关，并且要视外部专家评审结果界定阶段工作是否达到所需的质量要求。在承建单位的概要设计工作完成后，由 7 位外部专家组成专家组进行外部评审。

【问题 1】（4 分）

在（1）～（2）中填写恰当内容（从候选答案中选择一个正确选项，将该选项编号填入答题纸对应栏内）。

针对事件的描述，外部评审应该由（1）主持。外部评审专家组中软件专家应该不少于（2）人。

（1）供选择的答案：

A．建设单位　　B．承建单位　　C．监理单位　　D．外部专家

（2）供选择的答案：

A．3　　B．4　　C．5　　D．6

【问题 2】（6 分）

此项目的软件开发模型采用瀑布模型。为了做好质量控制，监理工程师应掌握测试工作进程。在软件生存周期各阶段，测试工作有所不同。请将下面左侧的软件测试活动与右侧对应的软件生存周期阶段用线连接。

完成确认测试计划	软件需求分析阶段
完成软件集成测试计划	软件概要设计阶段
执行集成测试	软件详细设计阶段
完成软件单元测试计划	软件编码阶段
完成系统测试计划	软件测试阶段
执行白盒测试	

试题 5 分析

本题意在考察监理工程师对软件工程监理各阶段的熟悉和掌握，涉及到的主要标准有：GBT 8566—2007 信息技术软件生存周期过程及 GBT 19668.5—2007 信息化工程监理规范 第 5 部分 软件工程监理规范。

【问题 1】

对规模等级大和安全性关键等级高的软件必须进行外部评审。外部评审由业主单位主持，承建单位组织，成立评审委员会。评审委员会由业主单位、承建单位和一定数量（占评审委员会总人数的 50%以上）的软件专家组成员组成，人数七人以上（单数），设主任一人、副主任若干人。评审委员会与软件专家组共同进行评审。评审分专家组审查和评委会评审两步完成。软件专家组进行审查，评审委员会进行评审。

【问题 2】

瀑布模型规定了各项软件工程活动，包括：制定开发计划，进行需求分析和说明，软件设计，程序编码。测试及运行维护，并且规定了它们自上而下，相互衔接的固定次序，如同瀑布流水，逐级下落，如图所示。

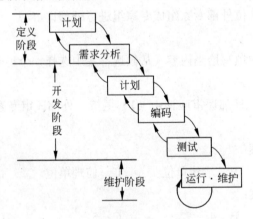

软件生存周期的瀑布模型

然而软件开发的实践表明，上述各项活动之间并非完全是自上而下，呈线性图式。实际情况是，每项开发活动均处于一个质量环（输入—处理—输出—评审）中。只有当其工作得到确认，才能继续进行下一项活动，在图中用向下的箭头表示；否则返工，在图中由向上的箭头表示。

瀑布模型的开发策略是要求软件开发组织在进行软件开发时，要严格划分开发过程的每一个阶段，并根据工程化的有关规定，在"软件开发计划"及"软件质量保证计划"中反映每个阶段的活动。对每阶段的工作要进行认真的评审。只有在某个阶段的目标确实达到后，才能进入下一阶段的工作。

试题五参考答案

【问题 1】（4 分）

　　（1）A　　　　（2）B

　　（每个 2 分，共 4 分）

【问题 2】（6 分）

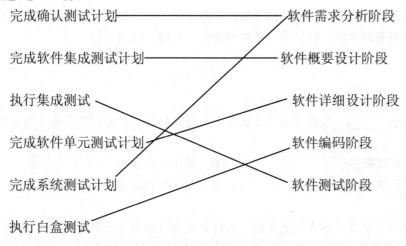

　　（每条连线 1 分，共 6 分）

第19章　2016下半年信息系统监理师上午试题分析与解答

试题（1）

信息系统工程是指信息化过程中的信息网络系统、__(1)__、信息应用系统的新建、升级、改造和运行维护。

(1) A. 信息存储系统　　　　　　B. 信息处理系统

　　 C. 信息分发系统　　　　　　D. 信息资源系统

试题（1）分析

本题考点是对信息系统工程过程的理解，信息系统工程是指信息化工程建设中的信息网络系统、信息资源系统、信息应用系统的新建、升级、改造工程。

参考答案

(1)（D）

试题（2）

与 SaaS 不同，__(2)__ 这种"云"计算形式把开发环境或者运行平台也作为一种服务提供给用户。

(2) A. 软件即服务　　　　　　　B. 基于平台服务

　　 C. 基于 WEB 服务　　　　　D. 基于管理服务

试题（2）分析

本题考点是对云计算几种形式的掌握。云计算通常可以分为三类：将基础设施作为服务（IaaS）、将平台作为服务（PaaS）和将软件作为服务（SaaS）。

IaaS：将硬件设备等基础资源封装成服务供用户使用。在 IaaS 环境中，用户相当于在使用裸机和磁盘，既可以让它运行 Windows，也可以让它运行 Linux。IaaS 最大优势在于它允许用户动态申请或释放节点，按使用量计费。而 IaaS 是由公众共享的，因而具有更高的资源使用效率。

PaaS：提供用户应用程序的运行环境，典型的如 Google App Engine。PaaS 自身负责资源的动态扩展和容错管理，用户应用程序不必过多考虑节点间的配合问题。但与此同时，用户的自主权降低，必须使用特定的编程环境并遵照特定的编程模型，只适用于解决某些特定的计算问题。

SaaS：针对性更强，它将某些特定应用软件功能封装成服务。SaaS 既不像 PaaS 一样提供计算或存储资源类型的服务，也不像 IaaS 一样提供运行用户自定义应用程序的环境，它只提供某些专门用途的服务供应用调用。

参考答案

（2）（B）

试题（3）

运行维护服务内容是指供方根据需方需求和服务级别协议承诺，向需方提供的例行操作、响应支持、优化改善、___(3)___等服务。

（3）A．绩效考核　　　B．咨询评估　　　C．系统升级　　　D．应急响应

试题（3）分析

考点是信息系统运维维护的主要内容。ITSS（信息技术服务标准）中规定运行维护服务内容是指供方根据需方需求和服务级别协议承诺，向需方提供的例行操作、响应支持、优化改善、咨询评估等服务。绩效考核是指对供方的运维服务情况进行的考核；安全保障是运维服务的要求，它分别涵盖在例行操作、响应支持、优化改善、咨询评估等服务过程中；应急响应是响应支持的重要组成部分；咨询评估是指在信息系统运行维护过程中，对运行维护管理、技术、标准等的咨询服务，对系统运行状态、运维工作效果进行的评估。

参考答案

（3）（B）

试题（4）

随着电信和信息技术的发展，出现了所谓"三网融合"的趋势。___(4)___不属于三网的内容。

（4）A．传统电信网　　　　　　　　B．计算机网（主要指互联网）

　　　C．有线电视网　　　　　　　　D．卫星通信网

试题（4）分析

三网融合是指电信网、广播电视网、互联网在向宽带通信网、数字电视网、下一代互联网演进过程中，三大网络通过技术改造，其技术功能趋于一致，业务范围趋于相同，网络互联互通、资源共享，能为用户提供语音、数据和广播电视等多种服务。

参考答案

（4）（D）

试题（5）

TCP/IP 体系结构中的 TCP 和 IP 所提供的服务分别为___(5)___。

（5）A．链路层服务和网络层服务　　　B．网络层服务和传输层服务

　　　C．传输层服务和应用层服务　　　D．传输层服务和网络层服务

试题（5）分析

Transmission Control Protocol/Internet Protocol 的简写，中译名为传输控制协议/因特网互联协议，又名网络通信协议，是 Internet 最基本的协议、Internet 国际互联网络的基础，由网络层的 IP 协议和传输层的 TCP 协议组成。

参考答案

（5）（D）

试题（6）

中国制造 2025 行动纲领中提到的"四基"指的是＿＿（6）＿＿。

（6）A．核心理论基础、先进基础工艺、关键基础设备和产业技术基础

　　B．核心理论基础、先进基础工艺、关键基础材料和产业基础环境

　　C．核心基础零部件（元器件）、先进基础工艺、关键基础材料和产业技术基础

　　D．核心基础零部件（元器件）、先进基础工艺、关键基础设备和产业基础环境

试题（6）分析

中国制造 2025 行动纲领中提到的"四基"指的是核心基础零部件（元器件）、先进基础工艺、关键基础材料和产业技术基础。

参考答案

（6）（C）

试题（7）

USB 接口已发展至 2.0 和 3.0 阶段。＿＿（7）＿＿不是 USB 接口的特点。

（7）A．即插即用，使用方便

　　B．能够采用总线供电

　　C．安全性高，便于保存重要文件

　　D．速度快，在 USB2.0 以上至少支持 480Mbps

试题（7）分析

USB 接口的特点包括：

1．使用方便、即插即用；

2．速度快。USB1.0 可以达到 12Mbps，USB2.0 以上可以达到 480Mbps；

3．连接灵活，易扩展，最多可支持 127 个 USB 设备；

4．能够采用总线供电，大部分 USB 设备不需要单独的供电系统。

C 选项不属于 USB 接口的特点。

参考答案

（7）（C）

试题（8）

以下对信息系统的理解中，不正确的是：＿＿（8）＿＿。

（8）A．信息系统也是系统，具有整体性、脆弱性等特点

　　B．信息或者信息资源是信息系统处理和管理的主要内容，软件和硬件资源也是

　　C．信息系统一般由网络系统、主机系统、数据库系统等部分组成，某一部分出现故障，就会影响整个系统的性能

　　D．信息系统主要包括硬件、软件和数据，不包括规章制度

试题（8）分析

本题考点是对信息系统概念的理解。信息系统不仅包括可视化的硬件、软件、数据，也包括其不可视的流程、制度，因此 D 选项错误。

参考答案

（8）（D）

试题（9）

路由选择功能由对应于 OSI 模型的___(9)___负责完成。

（9）A．物理层   B．数据链路层   C．网络层   D．传输层

试题（9）分析

OSI（Open System Interconnect），即开放式系统互联。一般都叫 OSI 参考模型，是 ISO（国际标准化组织）组织在 1985 年研究的网络互联模型。该体系结构标准定义了网络互连的七层框架（物理层、数据链路层、网络层、传输层、会话层、表示层和应用层），即 ISO 开放系统互连参考模型。其中第 3 层网络层通过寻址来建立两个节点之间的连接，为源端的运输层送来的分组，选择合适的路由和交换节点，正确无误地按照地址传送给目的端的运输层。

参考答案

（9）（C）

试题（10）

以下关于 DNS 服务的叙述中，正确的是：___(10)___。

（10）A．DNS 主要提供主机名与 IP 地址的映射服务

　　　B．没有 DNS 服务，用户将不能访问任何互联网资源

　　　C．DNS 服务解决了网络地址不足的问题

　　　D．DNS 服务只能由路由器等网络设备提供

试题（10）分析

DNS（Domain Name System，域名系统），因特网上作为域名和 IP 地址相互映射的一个分布式数据库，能够使用户更方便地访问互联网，而不用去记住能够被机器直接读取的 IP 数串。通过主机名，最终得到该主机名对应的 IP 地址的过程叫作域名解析（或主机名解析），也就是主机名与 IP 地址的映射。B 选项错误在，即使没有 DNS 服务，用户仍可以通过输入 IP 地址进行访问；C 选项错误在 DNS 并没有提供更多的 IP 地址；D 选项错误在 DNS 服务可以安装在计算机、路由器等多种可安装服务的设备上。

参考答案

（10）（A）

试题（11）

在信息安全中，数据完整性指的是___(11)___。

（11）A．保护网络中各系统之间交换的数据，防止因数据被截获而造成泄密

B．提供连接实体身份的鉴别

C．防止非法实体对用户的主动攻击，保证数据接受方收到的信息与发送方发送的信息完全一致

D．确保数据是由合法实体发出的

试题（11）分析

保密性是信息不被泄露给非授权的用户、实体或过程，信息只为授权用户使用的特性。

完整性定义为保护信息及其处理方法的准确性和完整性。信息完整性一方面是指信息在利用、传输、存储等过程中不被删除、修改、伪造、乱序、重放、插入等，另一方面是指信息处理的方法的正确性。不适当的操作，如误删除文件，有可能造成重要文件的丢失。

完整性与保密性不同，保密性要求信息不被泄露给未授权的人，而完整性则要求信息不致受到各种原因的破坏。本题 A、B、D 均是保密性，不属于完整性。

参考答案

（11）（C）

试题（12）

ADSL 属于　__(12)__　技术。

（12）A．网络传输　　　　B．网络交换　　　C．网络接入　　　D．光纤传输

试题（12）分析

网络接入技术按其功能可以划分为长途网、中继网和接入网，通常将中继网和长途网统称为核心网（Core Network）。目前，常用的接入技术主要有：电话线调制解调器（Modem）、电缆调制解调器（Cable Modem）、高速数字用户环路（HDSL），非对称数字用户环路（ADSL）、超高速数字用户环路（VDSL）和无线接入等。

参考答案

（12）（C）

试题（13）

以下关于局域网的理解中，正确的是：　__(13)__　。

（13）A．地理分布范围大　　　　　　　B．数据传输率低

　　　C．误码率高　　　　　　　　　　D．不包含 OSI 参考模型的所有层

试题（13）分析

局域网相对于广域网缺失地理分布很小，但其采用的技术和设备会不断更新，重点解决了数据传输率低、误码率高的问题。局域网可分为共享式局域网和交换式局域网，共享式局域网通常是共享高速传输介质，例如以太网（包括快速以太网和千兆以太网等）、令牌环网（Token Ring）和光纤分布式数据网（FDDI）等。交换式局域网是指以数据链路层的帧或更小的数据单元（称为信元）为数据交换单位，以硬件交换电路构成的交换

设备。由于交换式网络具有良好的扩展性和很高的信息转发速度，因此能适应不断增长的网络应用的需要。随着计算机网络技术的高速发展，人们对信息量的需求越来越大，共享式局域网已无法满足信息传输与交换的需求。随着多媒体通信和视频通信的广泛应用，对网络带宽的要求越来越高，由此加速了交换式局域网的迅猛发展。典型的交换式局域网有：以太网交换机、快速以太网交换机、千兆位以太网交换机、ATM 局域网交换机等。

而局域网的工作只涉及 OSI 参考模型中的低三层，即物理层、数据链路层和网络层，故 D 选项正确。

参考答案

（13）（D）

试题（14）

　　____（14）____ 不是度量网络性能的指标。

　　（14）A．响应时间　　　B．传输内容　　　C．网络利用率　　　D．网络吞吐量

试题（14）分析

网络设备和 TCP/IP 网络的检测主要考虑的技术指标包括：

吞吐量：吞吐量测试可以确定被测试设备（DUT）或被测试系统（SUT）在不丢弃包的情况下所能支持的吞吐速率。

包丢失：测试通过测量由于缺少资源而未转发的包的比例来显示高负载状态下系统的性能。

延时：延时测试测量系统在有负载条件下转发数据包所需的时间。在规定时间内生成 100%的负载（或者按测试设置中规定的比例）。在测试过程中，测量每对端口上的每一个包的延时。

背靠背性能：背靠背性能测试通过以最大帧速率发送突发传输流，并测量无包丢失时的最大突发（burst）长度（总包数量）来测试缓冲区容量。

参考答案

（14）（B）

试题（15）

整个网络产品的生命周期中，应该按____（15）____顺序执行测试。

　　（15）A．性能测试、一致性测试、功能测试
　　　　　 B．功能测试、性能测试、一致性测试
　　　　　 C．一致性测试、功能测试、性能测试
　　　　　 D．一致性测试、性能测试、功能测试

试题（15）分析

按使用的测试技术不同可以将测试分为静态测试和动态测试，进一步地可以将静态测试分成静态分析和代码审查，将动态测试分成白盒测试和黑盒测试。

代码审查（包括代码评审和走查）主要依靠有经验的程序设计人员根据软件设计文

档，通过阅读程序，发现软件错误和缺陷。代码审查一般按代码审查单阅读程序，查找错误。代码审查的内容包括：检查代码和设计的一致性；检查代码的标准性、可读性；检查代码逻辑表达的正确性和完整性；检查代码结构的合理性等。

具体的测试内容通常可以包括：安装（或升级）、启动与关机、功能测试（如正例、重要算法、边界、时序、反例、错误处理）、性能测试（如正常的负载、容量变化）、压力测试（如临界的负载、容量变化）、配置测试、平台测试、安全性测试、恢复测试（如在出现掉电、硬件故障或切换、网络故障等情况时，系统是否能够正常运行）、可靠性测试等。

性能测试和压力测试一般情况下是在一起进行，通常还需要辅助工具的支持。在进行性能测试和压力测试时，测试范围必须限定在那些使用频度高的和时间要求苛刻的软件功能子集中。

首先进行代码和设计的一致性检查，其次对系统功能进行验证，最后进行性能和压力测试。

参考答案

(15)（C）

试题（16）

　　(16)　 不属于机房工程验收的主要内容。

(16) A. UPS 电源及接地系统　　　　B. 门禁系统及消防系统

　　　C. 空调系统　　　　　　　　　D. 网络系统

试题（16）分析

由于机房工程验收以各分部系统和设备的功能及性能测试验证为主，因此在以下部分将重点介绍主要系统的测试内容和测试要素，包括 UPS 电源系统、接地系统、门禁系统、消防系统等。

参考答案

(16)（D）

试题（17）

根据用户的需要和复杂程度，一般可将建筑物的综合布线系统分为三种不同的系统设计等级，它们分别是　 (17) 　。

(17) A. 基本型、增强型和综合型　　　B. 星型、总线型和环型

　　　C. 星型、总线型和树型　　　　　D. 简单型、综合型和复杂型

试题（17）分析

既然提出是设计等级，那么 B 和 C 两个选项错误，因为其属于设计类型。而实际上综合布线系统的设计等级分别是基本型、增强型和综合型。

参考答案

(17)（A）

试题（18）

在线槽安装过程中，同一线槽内包括绝缘在内的导线截面积总和应该不超过线槽内部截面积的__(18)__。

(18) A. 20%　　　　B. 40%　　　　C. 60%　　　　D. 80%

试题（18）分析

管内导线的总截面积(包括外护层)不应超过管子截面积的 40%。

参考答案

(18)（B）

试题（19）

综合布线工程一般不包括__(19)__。

(19) A. 综合布线设备安装　　　　B. 布放线缆

　　　 C. 线缆端接　　　　　　　　D. 连接终端设备

试题（19）分析

综合布线工程包括综合布线设备安装、布放线缆、缆线端接三个环节，虽然实际工作中，实施单位也附带替用户安装了一部分终端设备，但这并不是综合布线工程的服务内容，因此 D 选项错误。

参考答案

(19)（D）

试题（20）

拒绝服务攻击__(20)__。

(20) A. 用超出被攻击目标处理能力的海量数据包消耗可用系统、带宽资源等方法的攻击

　　　 B. 全称是 Distributed Denial of Service

　　　 C. 拒绝来自一个服务器所发送回应请求的指令

　　　 D. 入侵控制一个服务器后远程关机

试题（20）分析

拒绝服务攻击（DOS）攻击行为表现在使服务器充斥大量要求响应的信息，消耗网络带宽或系统资源，导致网络或系统不胜负荷，以至于瘫痪而停止提供正常的网络服务，是目前最为常见的网络攻击方法。

参考答案

(20)（A）

试题（21）

__(21)__ 不是网络防火墙的作用。

(21) A. 防止内部信息外泄

　　　 B. 防止系统感染病毒与非法访问

C．防止黑客访问

D．建立内部信息和功能与外部信息和功能之间的屏障

试题（21）分析

防火墙技术，防止网络外部"敌人"的侵犯。目前，常用的防火墙技术有分组过滤、代理服务器和应用网关。网络防病毒系统的功能和性能要素主要包括：

① 支持多种平台的病毒防范。

② 支持对服务器的病毒防治。

③ 支持对电子邮件附件的病毒防治。

④ 提供对病毒特征信息和检测引擎的定期在线更新服务。

⑤ 实现远程管理。

⑥ 实现集中管理、分布式杀毒。

⑦ 防病毒范围广泛，包括 UNIX 系列、Windows 系列、Linux 系列等操作系统。

故选项 B 防止系统感染病毒是网络防病毒系统的功能，不是网络防火墙的作用。

参考答案

（21）（B）

试题（22）

以下关于隐蔽工程及其验收、检验的叙述中，不正确的是：　　(22)　　。

（22）A．监理工程师未能按规定时间提出延期要求，又未按时参加验收，承建单位可自行组织验收，该检验应视为监理工程师在场情况下进行的验收

B．监理工程师没有参加验收，当其对某部分的工程质量有怀疑，不能要求承建单位对已经隐蔽的工程进行重新检验

C．无论监理工程师是否参加了验收，当其对某部分的工程质量有怀疑，均可要求承建单位对已经隐蔽的工程进行重新检验

D．重新检验表明质量不合格，承建单位承担由此发生的费用和工期损失

试题（22）分析

项目工作各阶段（包括布线中的隐蔽作业）需按有关验收规定经现场监理人员检查、签署验收。如综合布线系统的各项材料，包括插座、屏蔽线及 RJ45 插头等等，应经现场监理检查、测试，未经测试不得往下进行安装。又如在综合布线系统完成后，未经监理工程师测试、检查，不得与整个计算机网络系统相连通电等。对于重要的工程阶段，专业质量监理工程师还要亲自进行测试或技术复核。

坚持项目各阶段实施验收合格后，才准进行下阶段工程实施的原则，由实施、开发单位进行检测或评审后，并认为合格后才通知监理工程师或其代表到现场或机房、实验室会同检验。合格后由现场监理工程师或其代表签署认可后，方能进行下一阶段的工作。

因此，即使监理工程师没有参加验收，当其对某部分的工程质量有怀疑，也可以要求承建单位对已经隐蔽的工程进行重新检验。

参考答案

（22）（B）

试题（23）

总监理工程师不得将　__(23)__　工作委托给总监理工程师代表。

（23）A．审核签认竣工结算　　　　　　B．审查工程变更

　　　C．审定开工报告　　　　　　　　D．处理工程变更

试题（23）分析

总监理工程师不得将下列工作委托总监理工程师代表：

根据工程项目的进展情况进行监理人员的调配，调换不称职的监理人员；

主持编写工程项目监理规划及审批监理实施方案；

签发工程开工/复工报审表、工程暂停令、工程款支付证书、工程项目的竣工验收文件；

审核签认竣工结算；

调解建设单位和承建单位的合同争议，处理索赔，审批工程延期。

参考答案

（23）（A）

试题（24）

对不同等级信息化工程监理企业的技术负责人的共同要求是　__(24)__　。

（24）A．具有 10 年以上从事信息化工程建设工作的经历

　　　B．具有 10 年以上从事信息化工程监理工作的经历

　　　C．取得监理工程师资格证书

　　　D．取得监理工程师认证证书

试题（24）分析

从事信息系统工程监理业务的人员称为信息系统工程监理人员。信息系统工程监理资格证书是信息系统工程监理从业的必要条件，而拥有相应数量的、持有信息系统工程监理资格证书的从业人员又是一个企业单位取得信息系统工程监理资质的必要条件。

参考答案

（24）（C）

试题（25）

监理应按照"守法、公平、公正、独立"的原则，开展信息系统工程监理工作，维护　__(25)__　。

（25）A．建设单位的利益　　　　　　　B．承建单位的利益

　　　C．建设单位与承建单位的利益平衡　D．建设单位与承建单位的合法权益

试题（25）分析

监理单位的权利和义务：

① 应按照"守法、公平、公正、独立"的原则，开展信息系统工程监理工作，维护建设单位与承建单位的合法权益。

② 按照监理合同取得监理收入。

③ 不得承包信息系统工程。

④ 不得与被监理项目的承建单位存在隶属关系和利益关系。

⑤ 不得以任何形式侵害建设单位和承建单位的知识产权。

⑥ 在监理过程中因违犯国家法律、法规，造成重大质量、安全事故的，应承担相应的经济责任和法律责任。

参考答案

（25）（D）

试题（26）

　　（26）　不属于软件需求分析阶段的成果物。

（26）A．项目开发计划　　　　　　　　B．用户使用说明书初稿

　　　　C．软件配置管理计划　　　　　　D．软件测试方案

试题（26）分析

软件需求分析阶段成果有：

① 项目开发计划；

② 软件需求说明书；

③ 软件质量保证计划；

④ 软件配置管理计划；

⑤ 软件（初步）确认测试计划；

⑥ 用户使用说明书初稿。

参考答案

（26）（D）

试题（27）

　　（27）　不属于软件质量保证的监理目标。

（27）A．监督承建单位做到有计划地实施软件质量保证活动

　　　　B．客观地验证软件产品及其活动是否遵守应用的标准、规程和需求

　　　　C．促进由各方及时处理软件项目开发过程中的不一致性问题

　　　　D．参与软件质量保证计划的执行

试题（27）分析

软件质量保证监理的目标：

① 监督承建单位对软件质量保证活动做到有计划；

② 客观地验证软件产品及其活动是否遵守应用的标准、规程和需求；

③ 促进由各方及时处理软件项目开发过程中的不一致性问题。

关于软件质量保证计划的执行，监理人员应是监督和检查，而并不是参与。

参考答案

（27）（D）

试题（28）

在软件质量保证过程中，监理单位主要采用的方法是＿（28）＿。

（28）A．监督和检查　　B．旁站和抽查　　C．测试和走查　　D．评审和抽查

试题（28）分析

在实际中，监理单位的作用主要是协助业主单位促使承建单位完成开发合同中的质量要求和进度要求，监理单位对质量保证的工作主要采用监督和检查的方法，由监理单位替代承建单位的质量保证队伍也是不适当的。

参考答案

（28）（A）

试题（29）

＿（29）＿不是编写测试计划的目的。

（29）A．使测试工作顺利进行　　　　　　B．使项目参与人员沟通更顺畅

　　　　C．使测试工作更加系统化　　　　　D．满足软件过程管理和 ISO 9000 的要求

试题（29）分析

在测试前先要制定软件测试计划。测试计划可分写成：测试计划、测试设计说明、测试规程、测试用例。测试人员按照测试计划进行测试工作，项目参与人员依据测试计划检查测试工作执行情况及测试结果。按照"软件测试计划"和"软件测试说明"对软件进行测试。在测试过程中，应填写"软件测试记录"。如果发现软件问题，应填写"软件问题报告单"。测试记录包括测试的时间、地点、操作人、参加入、测试输入数据、期望测试结果、实际测试结果及测试规程等。

参考答案

（29）（D）

试题（30）

以下关于软件配置管理监理目标的叙述中，不正确的是：＿（30）＿。

（30）A．确保软件配置管理活动是有计划的

　　　　B．确保所选择的软件工作产品是经过标识、受到控制并具有可用性的

　　　　C．监督所标识的软件工作产品的更改是受控的

　　　　D．控制软件基线的状态和内容

试题（30）分析

软件配置管理监理的目标：

① 确保软件配置管理活动是有计划的；

② 确保所选择的软件工作产品是经过标识、受到控制并具有可用性的；

③ 监督所标识的软件工作产品的更改是受控的；

④ 及时了解软件基线的状态和内容。

控制软件极限的状态和内容属于开发单位的工作，并不是监理单位的工作。

参考答案

（30）（D）

试题（31）

单元测试的测试用例主要根据___(31)___的内容来设计。

（31）A．需求分析　　B．软件编程　　C．概要设计　　D．详细设计

试题（31）分析

在信息应用系统建设的实施阶段，承建单位主要进行编码/单元测试、集成测试等项工作。单元测试的工作在开发组内部进行，以详细设计说明书为依据，以自测为主互测为辅，需要对测试的情况进行记录并进行错误的修改与回归测试。

参考答案

（31）（D）

试题（32）

___(32)___不属于适应性维护。

（32）A．由于硬件配置的变化，而对软件进行的维护升级

　　　　B．因为数据格式或文件结构的改变，导致对软件进行维护升级

　　　　C．由于市场操作系统普遍升级，而对软件进行升级维护，以满足操作系统要求

　　　　D．由于用户提出部分功能扩充和增强，而进行的软件维护

试题（32）分析

为适应软件运行环境改变而作的修改。环境改变的主要内容包括：

① 影响系统的规则或规律的变化；

② 硬件配置的变化，如机型、终端、外部设备的改变等；

③ 数据格式或文件结构的改变；

④ 软件支持环境的改变，如操作系统、编译器或实用程序的变化等。

用户提出部分功能扩充和增强属于新需求开发。

参考答案

（32）（D）

试题（33）

___(33)___是从用户使用系统的角度描述系统功能的图形表达方法。

（33）A．类图　　B．对象图　　C．序列图　　D．用例图

试题（33）分析

用例图描述系统的功能，由系统、用例和角色（Actor）三种元素组成。图中显示若干角色以及这些角色和系统提供的用例之间的连接关系。用例是系统对外提供的功能的

描述,是角色和系统在一次交互过程中执行的相关事务的序列。角色是与系统、子系统或类交互的外部人员、进程或事物。

参考答案

（33）（D）

试题（34）

　　(34)　是实现"一种接口多种方法"的机制。

（34）A. 抽象　　　　B. 封装　　　　C. 多态　　　　D. 继承

试题（34）分析

多态指同一个实体同时具有多种形式。它是面向对象程序设计（OOP）的一个重要特征。同一操作作用于不同的对象,可以有不同的解释,产生不同的执行结果。在运行时,可以通过指向基类的指针,来调用实现派生类中的方法。

参考答案

（34）（C）

试题（35）

UML 提供了九种不同的图,分为静态图和动态图两大类。以下　(35)　不属于动态图。

（35）A. 配置图　　　B. 状态图　　　C. 协作图　　　D. 序列图

试题（35）分析

UML 提供了九种不同的图,分为静态图和动态图两大类。静态图包括用例图、类图、对象图、组件图和配置图,动态图包括序列图、状态图、协作图和活动图。

参考答案

（35）（A）

试题（36）

监理单位在信息系统工程项目中重点涉及的项目管理要素有　(36)　。

①　立项管理　　　　　②　质量管理　　　　　③　风险管理

④　沟通与协调管理　　⑤　安全管理

（36）A. ①②③④　　B. ①②④⑤　　C. ②③④⑤　　D. ①②③④⑤

试题（36）分析

监理单位在信息系统工程主项目中重点涉及的项目管理要素有进度、成本、质量、变更与风险（这四项构成了"四控"）;合同、安全、文档（这三项构成了"三管"）;"沟通与协调"（此形成了"一协调"）和评估与验收（可融入四控、三管、一协调中）。监理单位还直接或间接涉及"项目组织与人员管理""计划与执行管理""执行与知识产权管理"等要素。

参考答案

（36）（C）

试题（37）

监理单位在信息系统工程中的"四控三管一协调"不包括　（37）　。

(37) A．计划与执行管理　　　　　B．投资控制

　　　C．合同管理　　　　　　　　D．文档管理

试题（37）分析

进度、成本、质量、变更与风险（这四项构成了"四控"）；合同、安全、文档（这三项构成了"三管"）；"沟通与协调"（此形成了"一协调"）和评估与验收（可融入四控、三管、一协调中）。因此不包括计划与执行管理。

参考答案

（37）（A）

试题（38）

由于承建单位的原因使监理单位增加了监理服务时间，此项工作应属于　（38）　。

(38) A．正常工作　　B．附加工作　　C．额外工作　　D．意外工作

试题（38）分析

首先非监理主管原因导致的监理服务时间增加就不属于正常工作；其次监理工作内容仍属于项目内容所以也不是额外工作；第三项目出现监理服务时间增加是正常现象，所以也不属于意外工作。因此有外方原因导致的监理服务时间增加属于监理的附加工作。

参考答案

（38）（B）

试题（39）

某监理单位拟招聘三名监理工程师。在应聘的人员中，甲有信息工程设计管理方面的经验，乙有信息工程设备生产方面的实践经验，丙有信息工程市场管理方面的经验，丁有信息工程验收评估方面的实践经验。该监理单位择优选择　（39）　。

(39) A．甲、乙、丙　　　　　　　B．乙、丙、丁

　　　C．甲、丙、丁　　　　　　　D．甲、乙、丁

试题（39）分析

信息系统工程监理强调对信息系统工程的设计阶段、实施阶段和验收阶段实施全过程监理，因此设计管理，设备（实施）和验收评估都是信息系统工程监理涉及的内容，所以选项 D 是正确的。

参考答案

（39）（D）

试题（40）

当承建单位提交的进场综合布线材料出厂合格证及检验、试验报告不足以说明进场材料符合要求时，监理工程师可　（40）　。

(40) A．要求承建单位将该材料运出现场　　B．再组织复验或见证取样试验

　　C．亲自对该材料进行抽样检验　　　　　D．向承建单位下达停工指令

试题（40）分析

　　监理方协助业主进行设备验收，并做好记录，包括对规格、数量、质量进行核实，以及检查合格证、出厂证、供应商保证书及规定需要的各种证明文件是否齐全，在必要时利用测试工具进行评估和测试，评估上述设备能否满足信息网络建设的需求。

参考答案

　　（40）（B）

试题（41）

　　对监理规划的审核内容主要是：　（41）　。

　　（41）A．依据监理合同审核监理目标是否符合合同要求和建设单位建设意图

　　　　　 B．审核监理组织机构、建设工程组织管理模式等是否合理

　　　　　 C．审核监理方案中投资、进度、质量控制点与控制方法是否适应施工组织设计中的施工方案

　　　　　 D．审查监理制度是否与工程建设参与各方的制度协调一致

试题（41）分析

　　监理单位如何履行信息系统工程监理委托合同，如何落实建设单位委托监理单位所承担的各项监理服务工作，作为监理的委托方，建设单位需要而且有权了解和掌握这些情况。而监理规划正是建设单位加以了解和掌握这些问题的第一手资料，也是建设单位确认监理单位是否履行监理委托合同内容的主要说明性文件。因此选项 A 是正确的。

参考答案

　　（41）（A）

试题（42）

　　信息系统工程项目监理合同主要内容包括　（42）　。

　　① 监理业务内容

　　② 承建单位的权利和义务

　　③ 监理费用的计取和支付方式

　　④ 违约责任及争议的解决方法

　　⑤ 三方约定的其他事项

　　（42）A．①②③④　　　B．①③④　　　C．①③④⑤　　　D．①②③④⑤

试题（42）分析

　　建设单位与监理单位应当签定监理合同，合同内容主要包括：

　　（1）监理业务内容；

　　（2）双方的权利和义务；

　　（3）监理费用的计取和支付方式；

　　（4）违约责任及争议的解决方法；

（5）双方约定的其他事项。

因此选项 B 是正确的。

参考答案

（42）（B）

试题（43）

以下关于信息系统工程合同的叙述中，正确的是：___（43）___。

（43）A．总承建单位签订分包合同时，子承建单位的资质要求可相应降低一级

B．项目较大时，子承建单位经建设单位批准后也可以进行再次分包

C．信息系统工程主体工程的实施必须由承建单位自行完成，不得向他人分包

D．根据付款方式的不同，信息系统工程合同分为总价合同、单价合同和成本加利润合同

试题（43）分析

分包合同管理时也有相应的禁止性规定，这些禁止性规定包括：

禁止转包。所谓转包是指承建单位将其承包的全部信息系统工程建设倒手转让给第三人，使该第三人实际上成为该建设项目新的承建单位的行为。承建单位也不得将其承包的全部建设项目肢解以后以分包的名义分别转包给第三人。

禁止将项目分包给不具备相应资质条件的单位。所谓相应的资质条件是指，一有符合国家规定的注册资本；二有相应的专业技术人员；三有相应的技术装备；四符合法律、法规规定的其他条件。

禁止再分包。承建单位只能在其承包项目的范围内分包一次，分包人不得再次向他人分包。

禁止分包主体结构。信息系统工程主体结构的实施必须由承建单位自行完成，不得向他人分包，否则签订的合同属于无效合同。

虽然监理单位并非信息系统工程合同中的当事人，但作为介入信息系统工程项目的第三方机构，监理工程师都应当对整个项目合同有一个全面的了解，了解一些信息系统工程中有关合同知识，因为这些合同对信息系统工程项目的监理工作有着直接的影响。按项目付款方式划分，以付款方式的不同，信息系统工程合同分为总价合同、单价合同和成本加酬金合同。因此选项 C 是正确的。

参考答案

（43）（C）

试题（44）

综合布线工程实施过程中，质量控制点是指为保证作业过程质量而确定的 ___（44）___。

①重点控制对象 ②施工工艺 ③施工方案 ④关键部位 ⑤薄弱环节

（44）A．①②③ B．①②③④ C．①④⑤ D．①②③④⑤

试题（44）分析

质量控制点应放置在工程项目建设活动中的关键时刻和关键部位，有利于控制影响工程质量目标的关键因素。因此选项 C 是正确的。

参考答案

（44）（C）

试题（45）

以下关于监理大纲、监理规划和监理实施细则的叙述中，正确的是：＿＿（45）＿＿。

（45）A．监理单位参与投标时，投标书中需附带监理规划

　　　 B．监理大纲是由监理单位制定的指导监理工作开展的纲领性文件

　　　 C．监理大纲明确规定了监理的指导思想、目标、流程、项目计划实施的保证措施

　　　 D．监理实施细则的主要内容包括工程专业的特点、监理流程、监理的控制要点及目标、监理方法和措施

试题（45）分析

监理产生的计划性文件主要包括监理大纲、监理规划和监理实施细则，这些将成为监理工程师实施具体工作的重要指导文件。

监理大纲是在建设单位选择合适的监理单位时，监理单位为了获得监理任务，在项目监理招标阶段编制的项目监理单位案性文件。它是监理单位参与投标时，投标书内容的重要组成部分。编制监理大纲的目的是，要使建设单位信服，采用本监理单位制定的监理单位案，能够圆满实现建设单位的投资目标和建设意图，进而赢得竞争投标的胜利。由此可见，监理大纲的作用，是为监理单位的经营目标服务的，起着承接监理任务的作用。

监理规划则是在监理委托合同签订后，由监理单位制定的指导监理工作开展的纲领性文件。它起着指导监理单位规划自身的业务工作，并协调与建设单位在开展监理活动中的统一认识、统一步调、统一行动的作用。由于监理规划是在委托合同签订后编制的，监理委托关系和监理授权范围都已经很明确，工程项目特点及建设条件等资料也都比较翔实。因此，监理规划在内容和深度等方面比监理委托合同更加具体化，更加具有指导监理工作的实际价值。

监理实施细则则是在监理规划指导下，监理项目部已经建立，各项专业监理工作责任制已经落实，配备的专业监理工程师已经上岗，再由专业监理工程师根据专业项目特点及本专业技术要求所编制的、具有实施性和可操作性的业务性文件。监理实施细则由各专业监理工程师负责主持编制，并报送项目总监理工程师认可批准执行。

监理实施细则的主要内容包括工程专业的特点、监理流程、监理的控制要点及目标、监理单位法及措施。

因此选项 D 是正确的。

参考答案

（45）（D）

试题（46）

从监理大纲、监理规划和监理实施细则内容的关联性来看，监理规划的作用是：___（46）___。

（46）A. 指导监理企业全面开展监理工作

　　　B. 指导项目监理机构全面开展监理工作

　　　C. 作为承建监理单位履行合同的依据

　　　D. 作为监理单位内部考核的依据

试题（46）分析

监理规划是整个项目开展监理工作的依据和基础。监理规划相当于一个监理项目的"初步设计"，而监理实施细则相当于具体的"实施图设计"。

监理单位在接受监理任务，开展监理投标和监理委托合同谈判时，应该根据建设单位对信息系统工程监理招标的要求和意图，向建设单位提供监理大纲，使建设单位通过监理大纲了解监理单位对该项目监理的行动纲要，增强建设单位对监理单位从事项目监理的信任感和认同感，促成双方合同洽谈和合同签约的成功。在合同签订后，监理单位应根据合同规定和要求，对监理大纲进一步细化，并向建设单位提交监理规划，作为监理单位对监理项目的行动指南，也可以作为建设单位考核监理单位对监理委托合同实际执行情况的重要依据。因此，监理规划在监理单位经营管理活动中有着重大的现实意义。

因此选项 B 是正确的。

参考答案

（46）（B）

试题（47）

以下关于协同质量控制的叙述中，不正确的是：___（47）___。

（47）A. 建设单位、承建单位和监理单位需建立各自的质量保证体系

　　　B. 工程项目的质量保证计划是以建设单位的质量保证计划为主体的

　　　C. 承建单位要满足建设单位的使用功能要求，并符合质量标准、技术规范及现行法规

　　　D. 质量保证体系要满足建设单位和承建单位的要求

试题（47）分析

信息系统工程项目是由建设单位、承建单位和监理单位共同完成的，三方的最终目标是一致的，那就是高质量地完成项目，因此，质量控制任务也应该由建设单位、承建单位和监理单位共同完成，三方都应该建立各自的质量保证体系，而整个项目的质量控制过程也就包括建设单位的质量控制过程、承建单位的质量控制过程和监理的质量控制过程。

因此，选择选项 B。

参考答案

（47）（B）

试题（48）

以下关于监理工程师审查承建单位提交的总体设计方案的叙述中，不正确的是：
___(48)___ 。

（48）A．方案需经监理工程师签字确认才可部署实施

　　　 B．对方案的合理性进行审查

　　　 C．需要同时审查承建单位对关键部位的测试方案

　　　 D．对方案的可行性及价格进行审查

试题（48）分析

对承建单位提供的各类设计实施方案进行审查，并采取监理措施，是本阶段质量控制的重点，主要包括：

（1）了解建设单位建设需求和对信息系统安全性的要求，协助建设单位制定项目质量目标规划和安全目标规划。

（2）对各种设计文件，提出设计质量标准。

（3）进行设计过程跟踪，及时发现质量问题，并及时与承建单位协调解决。

（4）审查阶段性设计成果，并提出监理意见。

（5）审查承建单位提交的总体设计方案，主要审查以下内容：

确保总体方案中已包括了建设单位的所有需求；

要满足建设单位所提出质量、工期和造价等工程目标；

总体方案要符合有关规范和标准；

质量保证措施的合理性、可行性；

方案要合理可行，不仅要有明确的实施目标，还要有可操作的实施步骤；

对整个系统的体系结构、开发平台和开发工具的选择、网络安全方案等要进行充分论证。当前信息技术发展迅速，许多技术还没有达到成熟阶段；就被更先进的技术所替代，而且所花费的成本可能还更低。但是，需要注意的是，在信息系统工程中采用最新的、最先进的技术，会给质量控制带来技术风险；

对总体设计方案中有关材料和设备进行比较，在价格合理基础上确认其符合要求。

（6）审查承建单位对关键部位的测试方案，如主机网络系统软硬件测试方案、应用软件开发的模块功能测试方法等。

（7）协助承建单位建立、完善针对该信息工程建设的质量保证体系，包括完善计量及质量检测技术和手段。

（8）协助总承建单位完善现场质量管理制度，包括现场会议制度、现场质量检验制度、质量统计报表制度和质量事故报告及处理制度等。

（9）组织设计文件及设计方案交底会，熟悉项目设计、实施及开发过程，根据有关设计规范，实施验收及软件工程验收等规范、规程或标准，对有的工程部位下达质量要求标准。

方案经监理工程师审定后，由总监理工程师审定签发；若方案未经批准，建设单位的工程不得部署实施。

因此选择选项 A。

参考答案

（48）（A）

试题（49）

监理工程师实施进度控制工作细则中所包括的内容有　　(49)　　。

（49）A．明确划分施工段的要求

　　　　B．工程进度款支付的时间与方式

　　　　C．进度检查的周期与进度报表的格式

　　　　D．主机设备进场的时间与检验方式

试题（49）分析

明确划分施工段的要求是投资控制方面的内容，工程进度款支付的时间与方式是投资控制方面的内容，进度检查的周期与进度报表的格式是进度控制方面的内容，主机设备进场的时间与检验方式是质量控制方面的内容。

参考答案

（49）（C）

试题（50）

针对信息系统工程质量控制相关工作，以下理解中，正确的是：　　(50)　　。

（50）A．要控制质量，首先要控制人，监理机构对承建单位的人员控制是人事权的控制

　　　　B．测试对于信息系统工程质量控制来说不是必须的

　　　　C．监理要科学评估信息系统工程变更的风险，并严格执行变更处理程序

　　　　D．承建单位是质量控制最关键的因素，为确保公正，监理单位不宜过早介入工程的招投标

试题（50）分析

监理单位对承建单位的人员控制并不是人事权的控制，而主要通过审查项目主要负责人是否具有信息产业部（现工业和信息化部）颁发的项目经理证书，以保证项目经理的素质；审查承建单位的项目过程质量控制体系，以保证项目能够在有序的状态下进行，最大可能减少个人的随意性；督促承建单位建立有效的版本控制体系和文档管理体系，最大可能减小人员流动所带来的损失。

信息系统工程的可视性差，质量缺陷比较掩蔽，无法直接通过人的感官系统直观地

判断一个信息系统质量的优劣，质量问题往往在特定的条件下才会出现，因此在质量控制时要进行大量的、不断的实时测试。测试对于信息系统工程质量控制来说是必需的。

变更是信息系统特别是应用系统比较大的一个特点。在需求获取过程中必然会存在需求不完整、不清晰的情况，而对于软件系统来说，随意改动也将引发大量的质量缺陷及隐患，因此，对于信息系统的变更，监理要科学评估变更的风险，并严格执行变更处理程序。

能否选择优秀的系统承建单位是质量控制最关键的因素。因为信息系统工程完成的主体是承建单位，因此在招投标阶段对集成商的选择非常重要，如果监理单位能较早介入工程，那么在集成商资质的审核方面会严格把关。

因此选项 C 是正确的。

参考答案

（50）（C）

试题（51）

当采用横道图比较法比较工作的实际进度与计划进度时，如果表示实际进度的横道线右端点落在检查日期的右侧，则该横道线右端点与检查日期的差距表示该工作实际　　(51)　　。

（51）A．超额完成的任务量　　　　　　　B．拖欠的任务量

　　　 C．超额的时间　　　　　　　　　　D．少花费的时间

试题（51）分析

甘特图横轴表示时间，纵轴表示活动（项目），线条表示在整个期间上计划和实际的活动完成情况。因此选项 B 是正确的。

参考答案

（51）（B）

试题（52）

以下关于进度控制的基本程序和主要措施的叙述中，不正确的是：　　(52)　　。

（52）A．从工程准备阶段开始直至竣工验收的全过程中，无法对施工进度进行主动预控，因此需要监理工程师对承建单位实际进度情况进行跟踪监督并及时回馈

　　　 B．发现工程进度严重偏离计划时，监理工程师启动工程进度计划调整过程对进度计划实施调整，并提供阶段性进度报告、进度月报等进度报告

　　　 C．实施进度控制的基本措施包括组织措施、技术措施、合同措施、信息管理措施等，应根据实际执行情况采取相应的措施

　　　 D．监理工程师可以采用实际值与计划值进行比较的方法对进度进行检查和评价，运用行政方法、经济手段以及管理技术对工程进度加以影响和制约

试题（52）分析

在实施进度控制时，监理工程师在从工程准备阶段开始直至竣工验收的全过程中，都应坚持采用动态管理和主动预控的方法进行控制。因此选择选项 A。

参考答案

（52）（A）

试题（53）

某项目进度计划双代号网络图经监理审核批准后实施，在实施中承建单位要求项目提前完工，为此，通过对网络图进行分析后发现，压缩关键工作 B、G、H 任何一个工作的工作时间都能达到压缩工期的要求，在这三个关键工作的赶工费用和其他相关条件都相同的情况下，应该优先选择压缩___（53）___关键工作。

（53）A. B   B. G   C. H   D. B、G、H 中的任一个

试题（53）分析

选定最先压缩持续时间的关键工作，选择时应考虑的因素有：缩短持续时间后，对项目质量的影响不大；有充足的备用资源；缩短持续时间所需增加的费用相对较少。三项工作费用和其他相关条件都相同的情况下，最前工作 B 还有充足的备用资源即后续工作，因此选项 A 是正确的。

参考答案

（53）（A）

试题（54）

在项目实施阶段，监理工程师对项目设计方案的审核侧重于___（54）___。

（54）A. 技术方案的比较、分析

B. 功能实现及质量要求达成是否是最经济的

C. 各功能设计是否符合预定的质量标准和要求

D. 所采用的技术是否是最先进的

试题（54）分析

审查承建单位提交的总体设计方案，主要审查以下内容：

- 确保总体方案中已包括了建设单位的所有需求；
- 要满足建设单位所提出质量、工期和造价等工程目标；
- 总体方案要符合有关规范和标准；
- 质量保证措施的合理性、可行性；
- 方案要合理可行，不仅要有明确的实施目标，还要有可操作的实施步骤；
- 对整个系统的体系结构、开发平台和开发工具的选择、网络安全方案等要进行充分论证。

因此选项 C 是正确的。

参考答案

（54）（C）

试题（55）

项目成本控制的基本措施不包括 ___（55）___ 。

（55）A．组织措施　　　　　B．技术措施　　　C．经济措施　　　D．验收措施

试题（55）分析

控制项目成本的措施归纳起来有四大方面：组织措施、经济措施、技术措施和合同措施。因此选择选项 D。

参考答案

（55）（D）

试题（56）

挣值法是对工程项目成本/进度进行综合控制的一种分析方法。用挣值法计算进度偏差 SV，正确的公式是： ___（56）___ 。

（56）A．SV=BCWP−BCWS　　　　　　　B．SV=BCWS−BCWP

　　　 C．SV=ACWP−BCWP　　　　　　　D．SV=BCWP−ACWP

试题（56）分析

BCWS 是指项目实施过程中某阶段计划要求完成的工作量所需的预算费用。计算公式为：BCWS=计划工作量×预算定额。BCWS 主要是反映进度计划应当完成的工作量（用费用表示）。已完成工作量的实际费用（ACWP），即（Actual Cost for Work Performed）。ACWP 是指项目实施过程中某阶段实际完成的工作量所消耗的费用。ACWP 主要是反映项目执行的实际消耗指标。已完工作量的预算成本（BCWP），即（Budgeted Cost for Work Performed）。或称挣值、盈值和挣得值。

BCWP 是指项目实施过程中某阶段按实际完成工作量及按预算定额计算出来的费用，即挣得值（Earned Value）。BCWP 的计算公式为：BCWP=已完工作量×预算定额。

费用偏差（Cost Variance，CV）：CV 是指检查期间 BCWP 与 ACWP 之间的差异，计算公式为 CV=BCWP−ACWP。当 CV 为负值时表示执行效果不佳，即实际消费费用超过预算值即超支。反之当 CV 为正值时表示实际消耗费用低于预算值，表示有节余或效率高。若 CV=0，表示项目按计划执行。

进度偏差（Schedule Variance，SV）：SV 是指检查日期 BCWP 与 BCWS 之间的差异。其计算公式为 SV=BCWP−BCWS。当 SV 为正值时表示进度提前，SV 为负值表示进度延误。若 SV=0，表明进度按计划执行。

费用执行指标（Cost Performed Index，CPI）：CPI 是指挣得值与实际费用值之比。CPI=BCWP/ACWP，当 CPI>1 表示低于预算，CPI<1 表示超出预算，CPI=1 表示实际费用与预算费用吻合。若 CPI=1，表明项目费用按计划进行。

进度执行指标（Schedule Performed Index，SPI）：SPI 是指项目挣得值与计划值之比，

即 SPI=BCWP/BCWS，当 SPI>1 表示进度提前，SPI<1 表示进度延误，SPI=1 表示实际进度等于计划进度。所以 SV=BCWP-BCWS。

参考答案

（56）（A）

试题（57）

某工程采用固定总价合同，合同执行过程中，在发生__（57）__的情况下，发包方可对合同总价做相应的调整。

（57）A．承建单位漏算工程量　　　　　B．工料机价格上涨

　　　 C．工程范围调整　　　　　　　　D．出现恶劣气候

试题（57）分析

总价合同适用于项目工作量不大且能精确计算、工期较短、技术不太复杂、风险不大的项目。因而采用这种合同类型要求建设单位必须准备详细而全面的设计方案（一般要求实施详图）和各项说明，使承建单位能准确计算项目工作量。因此范围调整的情况下，发包方可对合同总价做相应的调整。

参考答案

（57）（C）

试题（58）

__（58）__不是信息系统工程竣工结算的目的。

（58）A．可正确分析建设成效

　　　 B．可分析工程建设计划和设计预算实际执行情况

　　　 C．可分析总结项目成本使用中的经验和教训

　　　 D．为修订定额提供依据资料

试题（58）分析

信息系统工程竣工结算的意义：

（1）可正确分析成本效果；

（2）可分析工程建设计划和设计预算实际执行情况；

（3）可分析总结项目成本使用中的经验和教训；

（4）为修订预界定额提供依据资料。

参考答案

（58）（A）

试题（59）

变更的初审环节，监理机构应了解实际情况，收集与项目变更有关的资料，然后应首先__（59）__。

（59）A．明确界定项目变更的目标　　　　B．判断变更的合理性和必要性

　　　 C．进行变更分析　　　　　　　　　D．确定变更的方法

试题（59）分析

变更的初审，应先明确目标，再判断变更合理与否，然后再进行分析、确定变更的方法。

参考答案

（59）（A）

试题（60）

招标文件要求工程的实施期限不得超过 20 个月，承建单位在投标书内承诺 18 个月竣工。施工过程中，监理工程师因变更批准顺延工期 1 个月；综合布线工程露天场地施工中遇到尚未达到合同约定的不可预见外界条件等级的连续降雨，监理工程师为了保证工程质量，指示该部分的施工停工 0.5 个月。则判定承建单位提前或延误竣工标准的合同工期应为　(60)　。

（60）A．18　　　　　B．19　　　　　C．19.5　　　　　D．20

试题（60）分析

首先工期以投标书的 18 个月为准，因变更导致的顺延 1 个月，即工期调整为 19 个月。而因现场其他因素导致的停止施工，不计入标准合同工期。故 B 选项正确。

参考答案

（60）（B）

试题（61）

在订购 80 箱五类双绞线合同的执行过程中，供货方在合同约定的时间交付了 60 箱五类双绞线并就剩余 20 箱五类双绞线向采购方发出了继续发货通知，但在合同约定期限内采购方对此发货通知未给予任何答复，则针对这 20 箱五类双绞线，__(61)__。

（61）A．供货方不应再继续发运

　　　　B．供货方发运后，采购方有权拒收

　　　　C．供货方发运后，采购方应接收并及时支付合同约定的货款

　　　　D．供货方发运后，采购方应接收并及时支付扣除违约金后的货款

试题（61）分析

首先，供货方给出了继续发货通知，采购方在没有回复的前提下不能拒收，故 A、B 选项错误。其次，因后交付的货物超出合同约定的期限，所以采购方有权扣除相应违约金。故 D 选项正确。

参考答案

（61）（D）

试题（62）

由于建设单位原因，监理工程师下令工程暂停，导致承建单位工期延误和费用增加，则停工期间承建单位可索赔__(62)__。

（62）A．工期、成本和利润　　　　　　　　B．工期、成本，不能索赔利润

C．工期，不能索赔成本和利润　　　　D．成本，不能索赔工期和利润

试题（62）分析

建设方的原因导致工程暂停，那么暂停期间的工期应顺延，对承建单位的意外成本应承担责任，以上属于合理索赔内容。因此 B 选项正确。

参考答案

（62）（B）

试题（63）

对合同违约理解正确的是__（63）__。

（63）A．不适当履行合同义务不属于违约

　　　 B．违约不必承担赔偿责任

　　　 C．违约责任方只能是合同当事人一方

　　　 D．违约责任方可以是合同当事人一方或双方

试题（63）分析

违约是指信息系统工程合同当事人乙方或双方不履行或不适当履行合同义务，应承担因此给对方造成经济损失的赔偿责任。因此 D 选项正确。

参考答案

（63）（D）

试题（64）

知识产权是一个法律概念，它的严格定义很难明确，但大多数国家的法律对知识产权界定为至少以下四个方面：商标及其相关标记、专利权、著作权和__（64）__。

（64）A．命名权　　　B．项目文档　　　C．商业秘密　　　D．计算机程序和文档

试题（64）分析

知识产权在大多数国家被界定为四个方面：商标及其相关标记、专利权和外观设计、著作权和商业秘密。选项 A 不属于知识产权保护范围、B 项目文档、D 计算机程序和文档属于混淆项，属于著作权中的一类。因此 C 选项正确。

参考答案

（64）（C）

试题（65）

信息系统安全管理技术体系包括物理安全技术和系统安全技术，其中系统安全技术包括平台安全、数据安全、通信安全、应用安全和__（65）__。

（65）A．账户安全　　　B．人员安全　　　C．运行安全　　　D．设备安全

试题（65）分析

信息系统安全管理技术体系包括物理安全技术和系统安全技术，其中系统安全技术包括平台安全、数据安全、通信安全、应用安全和运行安全。其中账户安全与其他选项不在一个层级；人员安全不属于技术体系、设备安全属于物理安全技术。故选 C 选项。

参考答案

（65）（C）

试题（66）

项目验收阶段监理工作的主要内容不包括＿＿（66）＿＿。

（66）A．受理承建单位项目验收报告

　　　B．根据承建单位的验收报告，提出工程质量检验报告

　　　C．组织工程项目预验收

　　　D．组织项目验收

试题（66）分析

项目验收是项目最重要的工作，应有建设单位组织完成，监理单位起到配合与辅助的作用，上述选项中 A、B 是监理的工作内容，C 组织预验收也可以由监理来执行，目的是为最终验收做好预研和准备，因此 D 选项不属于监理工作。

参考答案

（66）（D）

试题（67）

＿＿（67）＿＿不属于工程监理总结报告的主要内容。

（67）A．监理工作统计　　　　　　　B．承建单位工作统计

　　　C．管理协调综述　　　　　　　D．监理总评价

试题（67）分析

显然，承建单位的工作统计应由承建单位完成，因此监理总结报告的主要内容不应涵盖。

参考答案

（67）（B）

试题（68）

项目验收文件是指＿＿（68）＿＿。

（68）A．信息化建设工程项目验收活动中形成的文件

　　　B．信息化建设工程项目实施中最终形成结果的文件

　　　C．信息化建设工程项目实施中真实反映实施结果的文件

　　　D．信息化建设工程项目竣工图表、汇总表、报告等

试题（68）分析

项目验收文件是指信息化建设工程项目验收活动中形成的文件。BCD 三个选项属于实施过程文件，属于被验收对象。

参考答案

（68）（A）

试题（69）

以下关于监理专题会议的叙述中，正确的是：　（69）　。

（69）A．监理专题会议不能由授权监理工程师主持

　　　　B．监理工程师要认真做好会议记录，会议纪要由参会各方签认

　　　　C．按照会议结果的落实原则，必须在会后 24 小内公布会议成果

　　　　D．监理专题会议通常包括技术讨论会、紧急事件协调会、技术评审会等

试题（69）分析

监理专题会议可以由授权监理工程师主持；监理工程师不一定必须做会议纪要；会议结果也不能一定要 24 小时内完成，应根据实际情况确定公布时间。故 ABC 三个选项均错误。

参考答案

（69）（D）

试题（70）

在信息化工程项目监理工作过程中，应主要由　（70）　负责与信息化建设工程有关的外部关系的组织协调工作。

（70）A．监理单位　　　　　　　　　B．承建单位

　　　　C．建设单位　　　　　　　　　D．建设单位与监理单位共同

试题（70）分析

因监理单位、承建单位均不一定具备与外部关系协调的几种重要能力，包括外部关系范围、职责、与项目的关系等，因此只能由建设单位负责组织和协调，具体工作可由监理单位、承建单位协助共同处理。

参考答案

（70）（C）

试题（71）

Which layer-function is mostly implemented in a network adapter?　（71）　.

（71）A．Physical layer and link layer

　　　　B．Network layer and transport layer

　　　　C．Physical layer and network layer

　　　　D．Transport layer and application layer

试题（71）分析

题目是在网络适配器中主要实现哪一层协议。网络适配器主要是实现物理层和链路层协议。

参考答案

（71）（A）

试题（72）

Software Engineering is best described as ___（72）___.

（72）A． the practice of designing, building, and maintaining off-the-shelf software from prefabricated parts

　　　B． the practice of designing, building, and maintaining ad-hoc software without the use of formal methods

　　　C． the practice of designing, building, and maintaining reliable and cost-effective software using standard techniques

　　　D． the practice of designing, building, and maintaining fast and flexible software specifically for engineering applications

试题（72）分析

对软件工程的最准确描述是使用标准技术设计、建造和维护可靠和具有成本效益的软件的实践。

参考答案

（72）（C）

试题（73）

A requirements specification is ___（73）___.

（73）A． a rough list of things that the proposed software ought to do

　　　B． a precise list of things that the proposed software ought to do

　　　C． a formal list of things that the proposed software must do

　　　D． an estimate of the resources (time, money, personnel, etc.) which will be required to construct the proposed software

试题（73）分析

需求规格说明是软件开发必须做的一项重要工作。

参考答案

（73）（C）

试题（74）

A critical path for a project is the series of activities that determine ___（74）___ by which the project can be completed.

（74）A． the earliest time　　　　　B． the latest time

　　　C． the total time　　　　　　D． the free time

试题（74）分析

题目是问项目关键路径是项目一系列活动中的哪一步，事实上，确定项目关键路径应在项目最早期开始，故选 A。

参考答案

（74）（A）

试题（75）

In project time management processes, ＿（75）＿ involves identifying and documenting the relationships between project activities.

（75）A．activity definition　　　　B．activity sequencing

　　　C．schedule control

试题（75）分析

在进度管理的过程中，活动排序是要明确项目活动的关系，答案 B 正确。

参考答案

（75）（B）

第20章 2016下半年信息系统监理师下午试题分析与解答

试题一（20分）

阅读下列说明，回答问题1至问题4，将解答填入答题纸的对应栏内。

【说明】

某单位信息化工程主要包括综合布线、软件开发等方面的建设内容。建设单位通过公开招标选择了承建单位和监理单位。为了高质量地做好监理工作，提高客户的满意度，监理方承诺提供咨询式监理，并充分利用监理方测试能力强的优势，在软件开发实施中，将测试作为质量控制的重要手段之一。在项目实施过程中发生了如下事件：

【事件1】工程开工的第一次会议上，建设单位宣布了对监理单位的授权，并要求监理保证进场材料、设备的质量，要求承建单位接受监理的监督检查。

【事件2】布线工程施工中，监理工程师检查了承建单位的管材并签证了合格可以使用，事后发现承建单位在施工中使用的管材不是送检的管材，重新检验后不合格，马上向承建单位下达停工令，随后下达了监理通知书，指令承建单位返工，把不合格的管材立即撤出工地，按第一次检验样品进货，并报监理工程师重新检验合格后才可用于工程。为此停工2天，承建单位损失5万元。承建单位就此事提出工期和费用索赔申请；建设单位代表认为监理工程师对工程质量监理不力，提出要扣监理费10 000元。

【事件3】虽然软件需求已经由用户签字确认，但在后续的实施中，由于市场环境的变化及应对竞争的原因，用户总是对需求提出较大的变更，要求承建单位优先满足。

【事件4】软件开发进入尾声，承建单位提出要进行用户方测试，建设单位领导经与监理单位领导协调后确定由监理单位承担测试方案和测试用例的编制工作，建设单位实施测试。在测试用例的编写过程中，编写人员由于对该项目所涉及的业务流程了解不深，请求建设单位帮助解决，但建设单位的技术负责人认为该问题是由于监理单位的相关人员能力不足所致，应由监理单位自行解决。

【问题1】（4分）

针对事件1，作为监理工程师请回答，如何保证进场材料、设备的质量？

【问题2】（4分）

针对事件2，作为监理工程师请回答：

（1）承建单位提出工期、费用索赔合理吗？请说明理由。

（2）建设单位要扣监理费的做法妥当吗？请说明理由。

【问题3】（6分）

针对事件3，作为监理工程师请回答：

（1）需求确定后，用户还可以提出变更要求吗？需求确认意味着什么？

（2）监理应当同意这样的需求变更吗？是否应当给予承建单位适当的补偿？

【问题 4】（6 分）

针对事件 4，作为监理工程师请回答：

（1）建设单位要求监理承担用户方测试方案和测试用例的编制工作是否合理？请说明理由。

（2）建设单位技术负责人认为测试用例编制人员业务流程了解不深是能力不足的看法适当吗？应当怎样处理这件事情？

试题一分析

本题是考查考生在信息化项目执行过程中，对设备、软件开发、测试等监理工作内容掌握的熟悉程度。

【问题 1】

监理应当对进场材料的相关信息进行核查，并对其进行抽检来完成质量校验。

（1）通过审查进场材料、设备的出厂合格证、材质化验单、试验报告等文件、报表、报告进行控制。

（2）通过抽测检验方式进行质量控制。

【问题 2】

本题目的在于分析监理工作在项目中应承担何种责任。

（1）承建单位提出索赔的要求不合理。理由：无论监理的做法是什么，不合格的原因都在于承建单位。

（2）承建单位扣监理费不对。理由：监理工程师纠正了错误，没有给建设单位造成直接经济损失，不应赔偿。

【问题 3】

本题考察考生对应用系统开发过程监理工作的能力。已经签字确认的需求是开发工作的重要条件，对其内容的更改增减即意味着变更，而重大变更或超出服务范围时，承建单位可以提出合理补偿。

（1）可以提出。需求确认意味着双方对需求说明文档所描述的需求达成一致（2 分），并不意味着不能变更。

（2）应当同意。应当给予补偿。

【问题 4】

本题考查考生对监理工作范围的理解。

（1）不合理。理由：用户方测试不是监理工作范围内的工作。

（2）不合适。应当提供帮助，帮助测试用例编写人员深入熟悉业务流程。

试题二（15 分）

阅读下列说明，回答问题 1 至问题 3，将解答填入答题纸的对应栏内。

【说明】

　　某省农村信用合作社启动了面向农村市场的电子商务系统建设项目。建设任务涉及到系统设备采购、集成、移动终端购置；机房装修；电子商务应用系统定制开发；终端取货点设备配置。该农信社作为建设单位通过公开招标首先引入了监理单位，负责协助建设单位从招标开始做好全过程的监理工作。在项目建设过程中，发生如下事件：

　　【事件 1】在电子商务应用系统招标开始前，建设单位对系统造价预算发生质疑，要求监理单位进行重新核定应用系统开发费预算。

　　【事件 2】在系统开发启动阶段，应用系统开发商提出采用快速迭代的敏捷开发方法，并要求监理单位提出项目所需要的文档最小集。

　　【事件 3】应用系统开发合同中，并没有约定应用系统开发成果的著作权归属。在项目验收后，建设单位和应用系统开发商在应用系统的著作权所属上发生了争议。

【问题 1】（5 分）

　　针对事件 1 的描述，监理单位是否应该承担对应用系统造价预算的审核工作？应该如何处理？

【问题 2】（5 分）

　　针对事件 2 的描述，监理单位应提出哪些必须的项目文档？

【问题 3】（5 分）

　　针对事件 3 的描述，该应用系统知识产权应归属哪方？在本项目中监理单位的工作存在哪些问题？

试题二分析

　　本题是考察考生对电子商务项目招标过程、执行过程可能产生的具体问题的分析能力。

【问题 1】

　　信息工程项目的投资控制主要是在批准的预算条件下确保项目保质按期完成。即指在项目投资的形成过程中，对项目所消耗的人力资源、物质资源和费用开支，进行指导、监督、调节和限制，及时纠正即将发生和已经发生的偏差，把各项项目费用控制在计划投资的范围之内，保证投资目标的实现。信息工程项目投资控制的目的，在于降低项目成本，提高经济效益。

　　监理单位的投资控制是确保在批准的预算条件下按期保质完成项目建设。是需要在项目执行过程中把项目费用控制在投资范围之内，没有责任对投资预算进行评估和核定。

　　对系统造价、预算等的调整工作应由原设计单位、概算编制单位或专业信息化预算编制单位承担。

【问题 2】

　　GB 8567—1988《计算机软件产品开发文件编制指南》中规定，在软件的开发过程中，一般地说，应该产生 14 种文件。这 14 种文件是：

（1）可行性研究报告；

（2）项目开发计划；

（3）软件需求说明书；

（4）数据要求说明书；

（5）概要设计说明书；

（6）详细设计说明书；

（7）数据库设计说明书；

（8）用户手册；

（9）操作手册；

（10）模块开发卷宗；

（11）测试计划；

（12）测试分析报告；

（13）开发进度月报；

（14）项目开发总结报告。

【问题 3】

根据 2013 年 3 月 1 日起施行的《国务院关于修改〈计算机软件保护条例〉的决定》第十一条 接受他人委托开发的软件，其著作权的归属由委托人与受托人签订书面合同约定；无书面合同或者合同未作明确约定的，其著作权由受托人享有。因此，本项目应用系统的著作权应归承建单位所有。

监理单位应在项目全过程中做好知识产权管理，本项目关于应用系统的著作权应在签署开发合同时即行明确，避免后期存在争议。

试题三（15 分）

阅读下列说明，回答问题 1 至问题 3，将解答填入答题纸的对应栏内。

【说明】

国家某部委针对宏观经济大数据决策支持系统建设项目，通过公开招标选择某监理公司对项目实施全过程监理。在项目招标过程中发生了如下事件：

【事件 1】由于是部委级项目，根据监理单位的建议，要求参加投标单位的资质最低不得低于计算机系统集成二级资质。拟参加此次投标的六家单位中，A、B、D 具有二级资质，C 具有三级资质，E、F 具有一级资质，而 C 在宏观经济决策支持系统的监测预警功能技术上业界领先。为使项目建设更加完美，建设单位极力建议让 C 与 A 联合承建项目，并明确向 A 暗示，如果不接受这个投标方式，则 A 中标的可能性非常小。

【事件 2】开标后发现：

（1）B 投标人的投标报价为 3200 万元，为最低投标价。

（2）D 投标人在开标后又提交了一份补充说明，提出可以降价 5%。

（3）E 投标人投标文件的投标盖有企业及企业法定代表人的印章，但没有加盖项目负责人的印章。

（4）F 投标人的投标报价最高，故 F 投标人在开标后第二天撤回了其投标文件。

【事件 3】招标代理机构提出，评标委员会由 7 人组成，包括建设单位纪委书记、工会主席，当地招标投标管理办公室主任，以及从评标专家库中随机抽取的 4 位技术、经济专家。

【问题 1】（6 分）

针对事件 1，作为监理工程师请回答：

（1）在事件 1 所述招标过程中，作为该项目的建设单位其行为是否合法？为什么？

（2）从事件 1 所述背景资料来看，A 和 C 组成的投标联合体是否有效？为什么？

【问题 2】（5 分）

针对事件 2，作为监理工程师请分析 B、D、E、F 投标人的投标文件是否有效？

【问题 3】（4 分）

针对事件 3，作为监理工程师请指出评标委员会人员组成的不正确之处，并说明理由。

试题三分析

本题重点考查考生在电子政务项目上招投标过程即法律法规的理解和应用。应以《政府采购法》及其相关解释为基础。

【问题 1】

（1）不合法。因为违反了招标投标法中关于不得强制投标人组成联合体共同投标。

（2）A 和 C 组成的投标联合体无效。因为根据招标投标法规定，由同一专业的单位组成的联合体，按照资质等级较低的单位确定资质等级，所以联合体不符合对投标单位主体资格条件的要求。

【问题 2】

政府采购法规定公开招标时，投标报价仅以投标文件中的报价为准。因此 B 的报价有效；D 的报价有效，但补充说明无效。E 和 F 的报价均有效。

【问题 3】

不正确的是：评标委员会人员组成中包括当地招标投标管理办公室主任。

理由：评标委员会应当由招标人代表和有关技术、经济方面的专家组成。

试题四（15 分）

阅读下列说明，回答问题 1 至问题 3，将解答填入答题纸的对应栏内。

【说明】

某政府部门为了满足业务发展和领导科学决策需求，于 2012 年启动了以业务应用系统建设为主的信息化工程建设，该工程属于国家重点业务信息系统建设项目。A 单位负责监理工作。历经 3 年建设，项目进入验收阶段。在验收阶段，A 单位的总监理工程师在协助建设单位准备验收工作时，认为要遵守《国家电子政务工程建设项目管理暂行办法》的有关规定。后续有如下三项事件：

【事件 1】监理单位在审核验收条件时，认为验收条件应满足 6 项基本规定。

【事件 2】承建单位认为验收依据是项目的合同文件、施工图、设备和软件技术说明书，但监理认为应当按照《国家电子政务工程建设项目管理暂行办法》中验收大纲的规定进行验收。

【事件 3】在项目通过竣工验收后，监理方督促和检查承建单位的系统移交工作。

【问题 1】（6 分）

作为监理工程师，请给出事件 1 所描述的验收条件应满足的 6 项基本规定。

【问题 2】（5 分）

针对事件 2，按照《国家电子政务工程建设项目管理暂行办法》中验收大纲的规定，验收依据有哪些？

【问题 3】（4 分）

针对事件 3，针对系统移交工作的监理措施有哪些？

试题四分析

本题考察考生对项目验收过程中，监理工作的主要内容，工作程序和工作质量的理解与掌握。

【问题 1】

验收条件应满足 6 项基本规定：

（一）建设项目确定的网络、应用、安全等主体工程和辅助设施，已按照设计建成，能满足系统运行的需要。

（二）建设项目确定的网络、应用、安全等主体工程和配套设施，经测试和试运行合格。

（三）建设项目涉及的系统运行环境的保护、安全、消防等设施已按照设计与主体工程同时建成并经试运行合格。

（四）建设项目投入使用的各项准备工作已经完成，能适应项目正常运行的需要。

（五）完成预算执行情况报告和初步的财务决算。

（六）档案文件整理齐全。

【问题 2】

按照《国家电子政务工程建设项目管理暂行办法》中验收大纲的规定，验收依据有 5 条：

（一）国家有关法律、法规，以及国家关于信息系统和电子政务建设项目的相关标准。

（二）经批准的建设项目项目建议书报告及批复文件。

（三）经批准的建设项目可行性研究报告及批复文件。

（四）经批准的建设项目初步设计和投资概算报告及批复文件。

（五）项目的合同文件、施工图、设备和软件技术说明书。

因此业主单位认为验收依据是项目的合同文件、施工图、设备和软件技术说明书并不完整。

【问题 3】

系统移交的监理措施包括：

（1）审查承建单位的项目资料清单；

（2）协助业主和承建单位交接项目资料；

（3）确保软件文档和软件的一致性；

（4）开发软件做好备份，保管在安全地方，文件材料归档。

试题五（10 分）

阅读下列说明，回答问题 1 至问题 2，将解答填入答题纸的对应栏内。

【说明】

某区域大数据中心建设项目，在项目的建设过程中实施了全过程监理。在项目实施过程中，发生了如下事件：

【事件 1】为了保证大数据中心的性能，建设单位向监理咨询有关集群性能测试方面的问题，监理建议按照 TPC（Transaction Processing Performance Council，事务处理性能委员会）的相关标准进行测试。

【事件 2】建设单位要求制定严谨、规范、可执行的机房管理规范，并要求监理严格把控机房管理规范的质量。

【问题 1】（2 分）

在（1）～（2）中填写恰当内容（从候选答案中选择一个正确选项，将该选项编号填入答题纸对应栏内）。

针对事件 1，要进行数据仓库复杂查询的基准评测，应该选用__(1)__基础测试标准。

（1）供选择的答案：

　　A. TPC A　　　B. TPC E　　　C. TPC H　　　D. TPC M

针对事件 1，要更关注大数据规模下，关系型数据库的性能表现，应该选用__(2)__基础测试标准进行测试。

（2）供选择的答案：

　　A. TPC AS　　B. TPC DS　　C. TPC HS　　D. TPC MS

【问题 2】（8 分）

在（1）～（4）中填写恰当内容（从候选答案中选择一个正确选项，将该选项编号填入答题纸对应栏内）。

针对事件 2，作为监理工程师请回答，机房管理的内涵构架上至少应包括"__(1)__、

_(2)_ 、 _(3)_ 、 _(4)_ 、管理"五个方面。

（1）～（4）供选择的答案：

A．温度　　B．湿度　　C．环境　　D．人　　E．物
F．接地　　G．机　　H．网络　　I．电

试题五分析

本题考查 TPC 和机房的理论和应用。考生应结合案例的背景，综合运用理论知识和实践经验回答问题。

【问题 1】

第一问，TPC-H 基准测试是由 TPC-D（由 TPC 组织于 1994 年指定的标准，用于决策支持系统方面的测试基准）发展而来的。TPC-H 用 3NF 实现了一个数据仓库，共包含 8 个基本关系，其数据量可以设定 1G～3T 不等。TPC-H 基准测试包括 22 个查询（Q1～Q22），其主要评价指标是各个查询的响应时间，即从提交查询到结果返回所需时间。TPC-H 基准测试的度量单位是每小时执行的查询数（QphH@size），其中 H 表示每小时系统执行复杂查询的平均次数，size 表示数据库规模的大小，它能够反映出系统在处理查询时的能力。TPC-H 是根据真实的生产运行环境来建模的，这使得它可以评估一些其他测试所不能评估的关键性能参数。因此 C 选项正确。

第二问，TPC-DS 采用星型、雪花型等多维数据模式。它包含 7 张事实表，17 张纬度表平均每张表含有 18 列。其工作负载包含 99 个 SQL 查询，覆盖 SQL99 和 2003 的核心部分以及 OLAP。这个测试集包含对大数据集的统计、报表生成、联机查询、数据挖掘等复杂应用，测试用的数据和值是有倾斜的，与真实数据一致。可以说 TPC-DS 是与真实场景非常接近的一个测试集，也是难度较大的一个测试集。TPC-DS 的这个特点跟大数据的分析挖掘应用非常类似。Hadoop 等大数据分析技术也是对海量数据进行大规模的数据分析和深度挖掘，也包含交互式联机查询和统计报表类应用，同时大数据的数据质量也较低，数据分布是真实而不均匀的。因此 TPC-DS 成为客观衡量多个不同 Hadoop 版本以及 SQL on Hadoop 技术的最佳测试集。因此 B 选项正确。

【问题 2】

"机房管理"工作是技术性、实践性很强的工作，对于从事机房管理的工作人员，不仅要学会管理物，也得学会管理人。因此，机房管理的内涵构架上至少应包括环境、人、机、网络和管理等 5 个方面。因此 CDGH 四个选项正确。

第21章　2017上半年信息系统监理师上午试题分析与解答

试题（1）

信息系统工程是指信息化工程建设中的信息网络系统、信息资源系统、 __(1)__ 的新建、升级、改造工程。

（1）A．信息存储系统　　　　　　　B．信息应用系统
　　　C．信息通信系统　　　　　　　D．信息管理系统

试题（1）分析

信息系统工程是指信息化工程建设中的信息网络系统、信息资源系统、信息应用系统的新建、升级、改造工程。

参考答案

（1）B

试题（2）

制造业 __(2)__ 化是"互联网+制造"的重要方向。

（2）A．服务　　　　B．产业　　　　C．自动　　　　D．信息

试题（2）分析

2015年国务院印发我国实施制造强国战略第一个十年的行动纲领《中国制造2025》指出我国制造业发展的方向是智能化、绿色化和服务化，在第三部分战略任务和重点里，提出"深化互联网在制造领域的应用"。

2016年，《中国制造2025》由文件编制进入全面实施新阶段。5大工程实施指南以及服务型制造、装备制造业质量品牌提升、医药产业发展等3个行动或规划指南发布实施，信息产业、新材料、制造业人才等3个规划指南即将发布，"1+X"规划体系编制完成。

互联网+制造业服务化将是《中国制造2025》发展研究的重要方向之一。

参考答案

（2）A

试题（3）、（4）

移动互联网主要由便携式终端、不断创新的商业模式、移动通信网接入、 __(3)__ 等四部分构成。移动互联网技术体系主要涵盖六大技术产业领域：关键应用服务平台技术、网络平台技术、移动智能终端软件平台技术、移动智能终端硬件平台技术、移动智能终端原材料元器件技术、 __(4)__ 。

（3）A．公众互联网内容　　　　　　B．公众互联网安全

　　C．公众互联网技术　　　　　　　D．公众互联网架构

（4）A．移动云计算技术　　　　　　B．综合业务技术

　　C．安全控制技术　　　　　　　　D．操作系统技术

试题（3）、（4）分析

　　移动互联网的技术体系，移动互联网作为当前空旷的融合发展领域，与广泛的技术和产业相关联，纵览当前互联网业务和技术的发展，主要涵盖六个技术领域：

- 移动互联网关键应用服务平台技术；
- 面向移动互联网的网络平台技术；
- 移动智能终端软件平台技术；
- 移动智能终端硬件平台技术；
- 移动智能终端原材料元器件技术；
- 移动互联网安全控制技术。

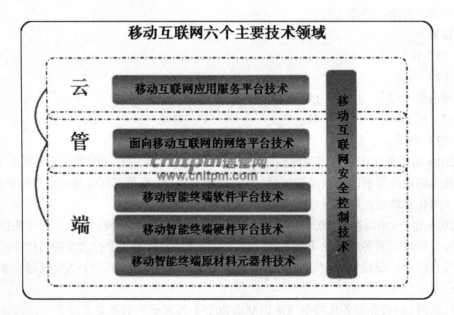

参考答案

　　（3）A　　（4）C

试题（5）

　　在整个信息系统中，网络系统作为信息和应用的载体，为各种复杂的计算机应用提供可靠、安全、高效、可控制、可扩展的底层支撑平台。网络系统集成的一般体系框架包括网络基础平台、网络服务平台、网络安全平台、__（5）__、环境平台。

　　（5）A．网络管理平台　　　　　　B．网络控制平台

　　　　C．网络架构平台　　　　　　D．网络应用平台

试题（5）分析

网络系统集成的一般体系框架包括网络基础平台、网络服务平台、网络安全平台、网络管理平台、环境平台。

参考答案

（5）A

试题（6）

以下关于光纤特性的叙述中，正确的是：___（6）___。

（6）A．光纤传输信号无衰减

　　B．光纤传输速率无限制

　　C．光纤传输的抗干扰能力比较强

　　D．光纤传输距离无限制

试题（6）分析

光纤通信是指利用光导纤维（简称为光纤）传输光波信号的一种通信方法，相对于以电为媒介的通信方式而言，光纤通信的主要优点有传输频带宽、通信容量大、传输损耗小、抗电磁干扰能力强、线径细、重量轻、资源丰富。

光纤传输的突出优点有频带宽、损耗低、重量轻、抗干扰能力强等。光纤传输是有损耗的，其损耗受本征、弯曲、挤压、杂质等因素影响；光纤传输有损耗就决定了其传输距离是有限的；根据香农定理，信道信息传输速率是有上限的。

参考答案

（6）C

试题（7）

电缆是网络通信的基础，据统计大约 50% 的网络故障与电缆有关。电缆测试主要包括电缆的验证测试和___（7）___。

（7）A．联通测试　　　B．认证测试　　　C．质量测试　　　D．容错测试

试题（7）分析

电缆测试主要包括电缆的验证测试和认证测试。验证测试主要是测试电缆的安装情况，而认证测试主要是测试已安装完毕的电缆电气参数是否满足有关标准。

参考答案

（7）B

试题（8）

光缆布线系统的测试是工程验收的必要步骤。通常对光缆的测试方法有连通性测试、端-端损耗测试、___（8）___和反射损耗测试四种。

（8）A．功率消耗测试　　　　　　B．收发功率测试

　　C．折射率测试　　　　　　　D．光波衰减测试

试题（8）分析

通常对光缆的测试方法有连通性测试、端-端损耗测试、收发功率测试和反射损耗测试四种。

参考答案

（8）B

试题（9）

实施电子政务的政务外网必须与互联网___（9）___。

（9）A．物理隔离　　　B．逻辑隔离　　　C．直接连接　　　D．不连接

试题（9）分析

电子政务外网（政务外网）是政府的业务专网，主要运行政务部门面向社会的专业性业务和不需要在内网上运行的业务。电子政务外网和互联网需逻辑隔离。

参考答案

（9）B

试题（10）

以下关于光纤的叙述中，正确的是：___（10）___。

（10）A．单模光纤传输容量大，传输距离近，价格高

　　　B．多模光纤传输容量大，传输距离近，价格高

　　　C．多模光纤传输容量大，传输距离远，价格低

　　　D．单模光纤传输容量大，传输距离远，价格高

试题（10）分析

光纤有单模和多模之分：

单模光纤传输容量大，传输距离远，但价格也高，适用于长途宽带网，例如 SDH；

多模光纤传输容量和传输距离均小于单模光纤，但价格较低，广泛用于建筑物综合布线系统。

参考答案

（10）D

试题（11）

Internet 的核心协议是___（11）___。

（11）A．X.25　　　　B．TCP/IP　　　　C．ICMP　　　　D．UDP

试题（11）分析

TCP/IP 是 Internet 的核心，利用 TCP/IP 协议可以方便地实现多个网络的无缝连接。

X.25 协议是一个广泛使用的协议，它由 ITU-T 提出，是面向计算机的数据通信网，它由传输线路、分组交换机、远程集中器和分组终端等基本设备组成。

TCP/IP 为 Transmission Control Protocol/Internet Protocol 的简写，中译名为传输控制协议/因特网互联协议，又名网络通信协议，是 Internet 最基本的协议、Internet 国际互联

网络的基础，由网络层的 IP 协议和传输层的 TCP 协议组成。TCP/IP 定义了电子设备如何连入因特网，以及数据如何在它们之间传输的标准。协议采用了 4 层的层级结构，每一层都呼叫它的下一层所提供的协议来完成自己的需求。通俗而言，TCP 负责发现传输的问题，一有问题就发出信号，要求重新传输，直到所有数据安全正确地传输到目的地。而 IP 是给因特网的每一台联网设备规定一个地址。

ICMP 是（Internet Control Message Protocol）Internet 控制报文协议。它是 TCP/IP 协议族的一个子协议，用于在 IP 主机、路由器之间传递控制消息。控制消息是指网络通不通、主机是否可达、路由是否可用等网络本身的消息。这些控制消息虽然并不传输用户数据，但是对于用户数据的传递起着重要的作用。

UDP 是 User Datagram Protocol 的简称，中文名是用户数据报协议，是 OSI（Open System Interconnection，开放式系统互联）参考模型中一种无连接的传输层协议，提供面向事务的简单不可靠信息传送服务，IETF RFC 768 是 UDP 的正式规范。UDP 在 IP 报文的协议号是 17。

参考答案

（11）B

试题（12）

MPLS（Multi-Protocol Label Switching，多协议标签交换技术）是新一代广域网传输技术。以下关于 MPLS 特点的叙述中，正确的是：___（12）___。

（12）A．MPLS 不支持大规模层次化的网络拓扑结构，不具备良好的网络扩展性

　　　　B．MPLS 的标签合并机制支持不同数据流的分拆传输

　　　　C．MPLS 支持流量工程、QoS 和大规模的虚拟专用网

　　　　D．MPLS 不支持 ATM 的传输交换方式

试题（12）分析

MPLS 的技术特点包括：

- 充分采用原有的 IP 路由，在此基础上加以改进；保证了 MPLS 的网络路由具有灵活性的特点；
- 采用 ATM 的高效传输交换方式，抛弃了复杂的 ATM 信令，无缝地将 IP 技术的优点融合到 ATM 的高效硬件转发中；
- MPLS 网络的数据传输和路由计算分开，是一种面向连接的传输技术，能够提供有效的 QoS 保证；
- MPLS 不但支持多种网络层技术，而且是一种与链路层无关的技术，它同时支持 X.25、帧中继、ATM、PPP、SDH、DWDM 等，保证了多种网络的互连互通，使得各种不同的网络传输技术统一在同一个 MPLS 平台上；
- MPLS 支持大规模层次化的网络拓扑结构，具有良好的网络扩展性；
- MPLS 的标签合并机制支持不同数据流的合并传输；

- MPLS 支持流量工程、CoS、QoS 和大规模的虚拟专用网。故选项 C 正确。

参考答案

（12）C

试题（13）

测试网络连接状况以及信息包发送和接收状况的命令是___（13）___。

（13）A．ping　　　　　B．tracert　　　　　C．netstat　　　　　D．winipcfg

试题（13）分析

Ping 是 Windows、Unix 和 Linux 系统下的一个命令。ping 也属于一个通信协议，是 TCP/IP 协议的一部分。利用 ping 命令可以检查网络是否连通，可以很好地帮助我们分析和判定网络故障。应用格式：Ping 空格 IP 地址。该命令还可以加许多参数使用，具体是键入 Ping 按回车即可看到详细说明。

Tracert（跟踪路由）是路由跟踪实用程序，用于确定 IP 数据包访问目标所采取的路径。Tracert 命令用 IP 生存时间（TTL）字段和 ICMP 错误消息来确定从一个主机到网络上其他主机的路由。

在 Internet RFC 标准中，Netstat 的定义是：Netstat 是在内核中访问网络连接状态及其相关信息的程序，它能提供 TCP 连接，TCP 和 UDP 监听，进程内存管理的相关报告。Netstat 是控制台命令，是一个监控 TCP/IP 网络的非常有用的工具，它可以显示路由表、实际的网络连接以及每一个网络接口设备的状态信息。Netstat 用于显示与 IP、TCP、UDP 和 ICMP 协议相关的统计数据，一般用于检验本机各端口的网络连接情况。

Winipcfg 用于显示用户所在主机内部 IP 协议的配置信息。

参考答案

（13）A

试题（14）

电子政务信息安全技术基础设施为电子政务各种应用系统建立通用的安全接口，提供通用的安全服务，主要包括___（14）___、授权管理基础设施和密钥管理基础设施。

（14）A．公钥基础设施　　　　　　　B．私钥基础设施

　　　　C．数字签名基础设施　　　　　D．加密解密基础设施

试题（14）分析

电子政务信息安全技术基础设施为电子政务各种应用系统建立通用的安全接口，提供通用的安全服务，主要包括公钥基础设施、授权管理基础设施和密钥管理基础设施。

参考答案

（14）A

试题（15）

___（15）___对防范蠕虫入侵无任何作用。

（15）A．及时安装操作系统和应用软件补丁程序

B．将可疑邮件的附件下载至文件夹中，然后再双击打开

C．设置文件夹选项，显示文件名的扩展名

D．不要打开扩展名为 VBS、SHS、PIF 等邮件附件

试题（15）分析

"及时安装操作系统和应用软件补丁程序"首先是提高安全意识，勤打补丁，定时升级杀毒软件和防火墙，对于网络管理员来说，还要对系统定期备份，尤其是多机备份，防止意外情况下的数据丢失，对于局域网用户，可以在因特网入口处安装防火墙，对邮件服务器进行监控，对用户进行安全培训。对于个人用户，上网要尽量选择一些大的门户网站，尽量少上一些小的不知名的网站。

"将可疑邮件的附件下载至文件夹中，然后再双击打开"很显然是错的，通常我们对于来历不明的电子邮件，最好不要打开，尤其是附件。

"设置文件夹选项，显示文件名的扩展名"、"不要打开扩展名为 VBS、SHS、PIF 等邮件附件"一般情况下，这些扩展名的文件几乎不会在正常附件中使用，但它们经常被病毒和蠕虫使用。例如，你看到的邮件附件名称是 wow.jpg，而它的全名实际是 wow.jpg.vbs，打开这个附件意味着运行一个恶意的 VBScript 病毒，而不是你的 JPG 察看器。

参考答案

（15）B

试题（16）

机房是计算机网络系统的中枢，其建设直接影响着整个系统的安全稳定运行。以下关于机房建设的叙述中，正确的是：＿＿（16）＿＿。

（16）A．机房建设中两相对机柜正面之间的距离不应小于 1m

B．机房照明一般采用无眩光多隔栅灯，主机房照度不小于 200Lux

C．机房交流工作接地电阻不应大于 4Ω

D．机房的设备供电和空调供电可共用 1 个独立回路

试题（16）分析

对于机房设备的配置，主机房内通道与设备间的距离应符合两相对机柜正面之间的距离不应小于 1.5m；

关于机房照明，要求采用无眩光多格栅灯，主机房照度不小于 300Lux，辅助间不小于 200Lux，故障照明不小于 60Lux；

对于机房的交流工作接地，接地电阻不应大于 4Ω；

机房的供电系统应采用双回路供电，并选择三相五线制供电，机房的设备供电和空调供电应分为两个独立回路。

参考答案

（16）C

试题（17）

以下关于隐蔽工程监理中注意事项的叙述中，正确的是：___(17)___。

(17) A. 支、吊架安装固定支点间距一般不应大于 1～1.5mm

B. 在线槽内配线，在同一线槽内包括绝缘在内的导线截面积总和应该不超过内部截面积的 50%

C. 缆线布放，在牵引过程中，吊挂缆线的支点相隔间距不应大于 1.5m

D. 电源线、信号电缆、光缆及其他弱电系统的缆线应尽量集中布放

试题（17）分析

根据金属线槽安装的支、吊架安装要求，固定支点间距一般不应大于 1.5～2.0mm；

根据线槽内配线要求：在同一线槽内包括绝缘在内的导线截面积总和应该不超过内部截面积的 40%；

线缆布放，在牵引过程中，吊挂缆线的支点相隔间距不应大于 1.5m；

电源线、信号电缆、对绞电缆、光缆及建筑物内其他弱电系统的缆线应分离布放。

参考答案

(17) C

试题（18）

综合布线系统的工作区，如果使用 4 对非屏蔽双绞线电缆作为传输介质，监理人员在进行巡视时发现了___(18)___的情况，应要求承建单位进行整改。

(18) A. 信息插座与计算机终端设备的距离为 8 米

B. 信息插座与计算机终端设备的距离为 5 米

C. 信息插座与计算机终端设备的距离为 3 米

D. 信息插座与计算机终端设备的距离为 2 米

试题（18）分析

根据工作区设计要点，信息插座与计算机设备的距离保持在 5m 范围内。

选项 A 中信息插座与计算机终端设备的距离为 8 米时，应要求承建单位进行整改。

参考答案

(18) A

试题（19）

综合布线系统（PDS）应是开放式星状拓扑结构，应能支持电话、数据、图文、图像等多媒体业务的需要。综合布线系统一般包含六部分子系统，其中不包括___(19)___。

(19) A. 工作区子系统	B. 垂直干线子系统

C. 建筑群子系统	D. 综合管理子系统

试题（19）分析

综合布线系统宜按工作区子系统、水平布线子系统、管理间子系统、垂直干线子系统、设备间子系统、建筑群子系统六个部分进行设计。

参考答案

（19）D

试题（20）

以下关于基于双重宿主主机体系结构的防火墙的叙述中，正确的是：　(20)　。

（20）A. 内部网络用户可以直接登录至双重宿主主机成为一个用户来访问外部资源

　　　B. 双重宿主主机可以配置为内部网络与外部网络进行数据包转发的路由器

　　　C. 内部网络用户不可以通过客户端代理软件以代理方式访问外部资源

　　　D. 当访问外部资源时，该主机的资源消耗较小

试题（20）分析

一般来说防火墙主要有以下几种体系结构，防火墙主要包括双重宿主主机体系结构，屏蔽主机体系结构和屏蔽子网体系结构。

双重宿主主机体系结构，双重宿主主机是一种防火墙，这种防火墙主要有 2 个接口，分别连接着内部网络和外部网络，位于内外网络之间，阻止内外网络之间的 IP 通信，禁止一个网络将数据包发往另一个网络。两个网络之间的通信通过应用层数据共享和应用层代理服务的方法来实现，一般情况下都会在上面使用代理服务器，内网计算机想要访问外网的时候，必须先经过代理服务器的验证。这种体系结构是存在漏洞的，比如双重宿主主机是整个网络的屏障，一旦被黑客攻破，那么内部网络就会对攻击者敞开大门，所以一般双重宿主主机会要求有强大的身份验证系统来阻止外部非法登录的可能性。

参考答案

（20）A

试题（21）

入侵检测通过对计算机网络或计算机系统中的若干关键点收集信息并进行分析，从中发现网络或系统中是否有违反安全策略的行为和被攻击的迹象。　(21)　不属于入侵检测的主要任务。

（21）A. 监视、分析用户及系统活动，审计系统构造和弱点

　　　B. 统计分析异常行为模式

　　　C. 审计、跟踪管理操作系统，识别用户违反安全策略的行为

　　　D. 提供扩展至用户端、服务器及第二至第七层的网络型攻击防护

试题（21）分析

入侵检测系统执行的主要任务包括：

- 监视、分析用户及系统活动，审计系统构造和弱点；
- 识别、反映已知进攻的活动模式，向相关人士报警；
- 统计分析异常行为模式；
- 评估重要系统和数据文件的完整性；
- 审计、跟踪管理操作系统，识别用户违反安全策略的行为。

参考答案

（21）D

试题（22）

防火墙性能的监理评审要素不包括____（22）____。

（22）A．单台设备并发 VPN 隧道数　　　　B．网络接口

　　　　C．支持与入侵监测系统的联动　　　　D．防火墙的并发连接数

试题（22）分析

防火墙性能的监理评审要素包括：

单台设备并发 VPN 隧道数；系统平均无故障时间；网络接口；加密速度；密钥长度；设备连续无故障运行时间；在不产生网络瓶颈、千兆和百兆网络环境下防火墙的吞吐量；防火墙的并发连接数。

参考答案

（22）C

试题（23）

受委托的工程师、监理单位与承建单位不得有隶属关系和其他利害关系，这个要求反映了信息化工程监理的____（23）____。

（23）A．服务性　　　B．科学性　　　C．独立性　　　D．公正性

试题（23）分析

独立是信息系统工程监理有别于其他监理的一个特点，监理单位不能参与除监理以外的与本项目有关的业务，而且，监理单位不得从事任何具体的信息系统工程业务。也就是说，监理单位应该是完全独立于其他双方的第三方机构。

参考答案

（23）C

试题（24）

以下关于监理人员做法或行为的叙述中，不正确的是：____（24）____。

（24）A．根据监理合同独立执行工程监理业务

　　　　B．保守承建单位的技术秘密和商业秘密

　　　　C．不同时从事与被监理项目相关的技术和业务活动

　　　　D．必要时开展超出建设单位委托的工作范围的工作

试题（24）分析

监理人员的权利和义务包括：

- 根据监理合同独立执行工程监理业务；
- 保守承建单位的技术秘密和商业秘密；
- 不得同时从事与被监理项目相关的技术和业务活动。

参考答案

（24）D

试题（25）

数据挖掘是一项以　(25)　为基础的数据分析技术，其主要功能是在大量数据中自动发现潜在有用的知识，这些知识可以被表示为概念、规则、规律、模式等。

（25）A．数据库　　　　B．数据仓库　　　　C．人工智能　　　　D．知识库

试题（25）分析

数据挖掘是一项以数据仓库为基础的数据分析技术，其主要功能是在大量数据中自动发现潜在有用的知识，这些知识可以被表示为概念、规则、规律、模式等。

参考答案

（25）B

试题（26）

软件工程化要求以软件质量保证为核心，紧紧抓住软件生产方法、需求分析、软件设计、软件生产工具、　(26)　、验证与确认、评审和管理等环节。

（26）A．测试　　　　B．软件开发　　　　C．软件上线　　　　D．软件培训

试题（26）分析

软件工程化要求以软件质量保证为核心，紧紧抓住软件生产方法、需求分析、软件设计、软件生产工具、测试、验证与确认、评审和管理八个主要环节。

参考答案

（26）A

试题（27）

软件质量保证监理的目标不包括　(27)　。

（27）A．监督承建单位对软件质量保证活动做到有计划

　　　B．客观地验证软件产品及其活动是否遵守应用的标准、规程和需求

　　　C．促进由相关各方及时处理软件项目开发过程中的不一致性问题

　　　D．及时了解软件基线的状态和内容

试题（27）分析

软件质量保证监理的目标包括：

- 监督承建单位对软件质量保证活动做到有计划；
- 客观地验证软件产品及其活动是否遵守应用的标准、规程和需求；
- 促进由相关各方及时处理软件项目开发过程中的不一致性问题。

参考答案

（27）D

试题（28）

　(28)　的目的是对最终软件系统进行全面的测试确保最终软件系统产品满足

需求。

　　（28）A．系统测试　　　　　B．集成测试　　　　　C．单元测试　　　D．功能测试

试题（28）分析

　　软件测试的阶段可划分为单元测试、集成测试、确认测试和系统测试。

　　其中，单元测试适用对象为任一计算机软件单元；集成测试适用对象为由计算机软件单元组装得到的计算机软件部件；确认测试适用对象为完整的软件；系统测试适用对象为整个计算机系统，包括硬件系统和软件系统。

参考答案

　　（28）A

试题（29）

　　在软件开发项目监理工作中，如果承建单位 2 个项目成员使用不同版本的设计说明书，这时监理工程师首先应该检查　（29）　。

　　（29）A．信息管理系统　　B．配置管理系统　　　C．CPI　　　　D．SPI

试题（29）分析

　　在软件生存周期内所产生的各种管理文档和技术文档、源代码列表和可执行代码，以及运行所需的各种数据，构成软件配置管理项。

　　任何软件配置管理项都必须做到"文实相符、文文一致"。

参考答案

　　（29）B

试题（30）

　　　（30）　软件过程是软件生存期中的一系列相关软件工程活动的集合，它由软件规格说明、软件设计与开发、软件确认、软件改进等活动组成。

　　（30）A．软件过程　　　　　　　　　　B．软件工具

　　　　　C．软件生存周质量保证　　　　　D．软件工程

试题（30）分析

　　软件测试监理的活动包括：

　　监督承建单位将合适的软件测试工程方法和工具集成到项目定义的软件过程中。

　　① 依据项目定义的软件过程对软件测试任务进行综合。

　　② 选择软件测试可用的方法和工具，并将选择专用工具或方法的理由写成文档。

　　③ 选择和使用适合于软件测试的配置管理模型。配置管理模型可能是：

- 入库出库模型；
- 组合模型；
- 事务处理模型；
- 更改处理模型。

　　④ 将用于测试软件产品的工具置于配置管理之下。

　　监督承建单位依据项目定义的软件过程，对软件测试进行开发、维护、建立文档和验证，以满足软件测试计划要求。

　　软件测试有静态测试、单元测试、集成测试、确认测试和系统测试组成。

　　可与客户和最终用户一同参与开发和评审测试准则。

　　使用有效方法测试软件。

　　基于下列因素确定测试的充分性：

　　监督承建单位依据项目定义的软件过程、计划和实施软件的确认测试。

参考答案

　　（30）A

试题（31）

　　为适应软件运行环境的变化而修改软件的活动称为　（31）　。

　　（31）A．纠错性维护　　　　B．适应性维护　　　C．改善性维护　　　D．预防性维护

试题（31）分析

　　软件维护类型包括：纠错性维护、适应性维护和完善性维护。

　　其中，适应性维护指为适应软件运行环境改变而作的修改；纠错性维护指纠正在开发阶段产生而在测试和验收过程没有发现的错误；完善性维护指为扩充功能或改善性能而进行的修改。

参考答案

　　（31）B

试题（32）

　　提高软件的可维护性可采取很多措施，这些措施不包括　（32）　。

　　（32）A．提供没有错误的程序　　　　　　　B．建立质量保证制度

　　　　　C．改进程序文档质量　　　　　　　　D．明确软件质量标准

试题（32）分析

　　1．质量计划编制

　　质量计划编制包括：

　　① 综合合同中或标准中的相关条款，形成本项目的质量标准；

　　② 确认在项目的实施过程中达到项目质量标准的主要方法及组织落实；

　　③ 必要时可供采取的纠正措施。

　　信息系统项目的质量范围主要包括：系统功能和特色、系统界面和输出、系统性能、系统可靠性、系统可维护性等。

　　2．信息应用系统建设基础知识、软件工程标准

　　软件工程的标准化给软件工作带来许多好处，比如：

　　● 可提高软件的可靠性、可维护性和可移植性；

　　● 可提高软件的生产率；

- 可提高软件人员的技术水平；
- 可提高软件人员之间的通信效率，减少差错和误解；
- 有利于软件管理，有利于降低软件产品的成本和运行维护成本；
- 有利于缩短软件开发周期。

3．分析设计阶段监理工作内容

监理单位主要针对需求的覆盖性及可跟踪性、模块划分的合理性、接口的清晰性、技术适用性、技术清晰度、可维护性、约束与需求的一致性、可测试性、对软件设计的质量特性的评估、对软件设计的风险评估、对比情况、文档格式的规范性等方面进行评审。

4．概要设计说明书评审——设计评审的内容

评审内容

① 可追溯性：即分析该软件的系统结构、子系统结构，确认该软件设计是否覆盖了所有已确定的软件需求，软件每一成分是否可追溯到某一项需求。

② 接口：即分析软件各部分之间的联系，确认该软件的内部接口与外部接口是否已经明确定义。模块是否满足高内聚和低耦合的要求。模块作用范围是否在其控制范围之内。

③ 风险：即确认该软件设计在现有技术条件下和预算范围内是否能按时实现。

④ 实用性：即确认该软件设计对于需求的解决方案是否实用。

⑤ 技术清晰度：即确认该软件设计是否以一种易于翻译成代码的形式表达。

⑥ 可维护性：从软件维护的角度出发，确认该软件设计是否考虑了方便未来的维护。

⑦ 质量：即确认该软件设计是否表现出良好的质量特征。

⑧ 各种选择方案：看是否考虑过其他方案，比较各种选择方案的标准是什么。

参考答案

（32）A

试题（33）

软件纠错维护是纠正在开发阶段产生而在测试和验收过程没有发现的错误，其主要内容不包括___（33）___。

（33）A．操作错误　　　B．数据错误　　　C．设计错误　　　D．文档错误

试题（33）分析

纠正在开发阶段产生而在测试和验收过程没有发现的错误。其主要内容包括：设计错误；程序错误；数据错误。

参考答案

（33）A

试题（34）、（35）

___（34）___不是面向对象技术的基本特征。对象实现了数据和操作的结合，使数据和

操作　（35）　于对象的统一体中。

（34）A. 封装性　　　　B. 模块性　　　　C. 多态性　　　　D. 继承性

（35）A. 结合　　　　　B. 隐藏　　　　　C. 配置　　　　　D. 抽象

试题（34）、（35）分析

面向对象的基本概念包括对象、类、抽象、封装、继承、多态、接口、消息、组件、复用和模式等。

① 对象：有数据及其操作所构成的封装体，是系统中用来描述客观事物的一个模块，是构成系统的基本单位。用计算机语言来描述，对象是由一组属性和对这组属性进行的操作构成的。

② 封装：将相关的概念组成一个单元模块，并通过一个名称来引用它。面向对象封装是将数据和基于数据的操作封装程一个整体对象，对数据的访问或修改只能通过对象对外提供的接口进行。

参考答案

（34）B　（35）B

试题（36）

　　（36）　不是在软件开发过程中产生的文档。

（36）A. 软件需求说明书　　　　　　　B. 软件测试计划

　　　　C. 试运行总结报告　　　　　　　D. 用户手册

试题（36）分析

在软件开发过程中，一般地说，应该产生 14 种文件：

① 可行性研究报告；

② 项目开发计划；

③ 软件需求说明书；

④ 数据要求说明书；

⑤ 概要设计说明书；

⑥ 详细设计说明书；

⑦ 数据库设计说明书；

⑧ 用户手册；

⑨ 操作手册；

⑩ 模块开发卷宗；

⑪ 测试计划；

⑫ 测试分析报告；

⑬ 开发进度月报；

⑭ 项目开发总结报告。

参考答案

（36）C

试题（37）

信息系统项目管理的 14 要素中立项管理和　　(37)　　是由建设单位重点实施的。

（37）A．人员管理　　　　　　　　　　　B．知识产权管理

　　　　C．沟通协调管理　　　　　　　　D．评估与验收管理

试题（37）分析

建设单位重点实施的是第 1 项"立项管理"与第 13 项"评估与验收管理"。

参考答案

（37）D

试题（38）

信息化工程监理是监理单位受项目建设单位的委托，　　(38)　　。

（38）A．代表建设单位对工程项目实施的监督管理

　　　　B．对工程建设实施的监督管理

　　　　C．对工程项目进行约束和协调

　　　　D．对工程项目进行严格的质量管理

试题（38）分析

信息系统工程监理是指在政府工商管理部门注册的且具有信息系统工程监理资质的单位，受建设单位委托，依据国家有关法律法规、技术标准和信息系统工程监理合同，对信息系统工程项目实施的监督管理。

参考答案

（38）B

试题（39）

信息系统工程项目进行投资控制时，应遵守的原则包括　　(39)　　、动态控制原则。

（39）A．投资最优化原则、全面成本控制原则

　　　　B．投资最低化原则、全面成本控制原则

　　　　C．投资最优化原则、局部成本控制原则

　　　　D．投资最低化原则、局部成本控制原则

试题（39）分析

信息系统工程项目进行投资控制时，应遵循以下基本原则：

① 投资最优化原则；

② 全面成本控制原则；

③ 动态控制原则。

参考答案

（39）A

试题（40）

在质量控制中的统计分析中，如果直方图分布比较集中，且位于公差范围之内，平均值在中间，分布范围两端距公差上、下限较远，这种情况说明　__(40)__。

(40) A．过程是正常的和稳定的　　　　　B．过程是正常的和稳定的，但不经济

　　　 C．过程基本上是稳定的和正常的　D．过程基本正常，但不稳定

试题（40）分析

规划质量管理的工具与技术中的七种基本质量工具，其中：

直方图。是一种特殊形式的条形图，用于描述集中趋势、分散程度和统计分布形状。与控制图不同，直方图不考虑时间对分布内的变化的影响。

控制图。用来确定一个过程是否稳定，或者是否具有可预测的绩效。根据协议要求而制定的规范上限和下限，反映了可允许的最大值和最小值。超出规范界限就可能受处罚。上下控制界限不同于规范界限。控制图可用于监测各种类型的输出变量。虽然控制图最常用来跟踪批量生产中的重复性活动，但也可用来监测成本与进度偏差、产量、范围变更频率或其他管理工作成果，以便帮助确定项目管理过程是否受控。

参考答案

(40) B

试题（41）

信息系统工程监理工作中，合同管理是监理最主要的任务之一。合同管理的工作内容不包括　__(41)__。

(41) A．协助建设单位拟定信息系统工程合同条款，参与建设单位与承建单位的合同谈判

　　　 B．及时分析合同的执行情况，并进行跟踪管理

　　　 C．帮助建设单位处理合同纠纷

　　　 D．拟定合同管理制度

试题（41）分析

合同管理的工作内容包括：

① 拟定信息系统工程的合同管理制度，其中应包括合同草案的拟定、会签、协商、修改、审批、签署、保管等工作制度及流程；

② 协助建设单位拟定信息系统工程合同的各类条款，参与建设单位和承建单位的谈判活动；

③ 及时分析合同的执行情况，并进行跟踪管理；

④ 协调建设单位与承建单位的有关索赔及合同纠纷事宜。

参考答案

(41) C

试题（42）

　　___(42)___ 不是信息系统工程监理规划编制的依据。

（42）A. 监理大纲　　　　　　B. 监理合同文件

　　　　C. 监理细则　　　　　　D. 项目建设有关的合同文件

试题（42）分析

编制监理规划的依据主要有：

① 与信息系统工程建设有关的法律、法规及项目审批文件等；

② 与信息系统工程监理有关的法律、法规及管理办法等；

③ 与本工程项目有关的标准、设计文件、技术资料等，其中标准应包含公认应该遵循的相关国际标准、国家或地方标准；

④ 监理大纲、监理合同文件以及本项目建设有关的合同文件。

参考答案

（42）C

试题（43）

　　工程上使用的原材料、配件、设备，进场前必须有 ___(43)___，经监理工程师审查并确认其质量合格后方可进场。

①出厂合格证　　　②技术说明书　　　③生产厂家标志

④检验或试验报告　⑤生产厂家出厂手续

（43）A. ①②③④⑤　　　B. ①②④　　　C. ①③④　　　D. ①②③④

试题（43）分析

实施阶段的质量控制。

对开发、实施材料与设备的检查。

对信息网络系统所使用的软件、硬件设备及其他材料的数量、质量和规格进行认真检查。使用的产品或者材料均应有产品合格证或技术说明书，同时，还应按有关规定进行抽检。硬件设备到场后应进行检查和验收，主要设备还应开箱查验，并按所附技术说明书及装箱清单进行验收。对于从国外引进的硬件设备，应在交货合同规定的期限内开箱逐一查验，软件应检查是否有授权书或许可证号等等，并逐一与合同设备清单进行核对。

对工程质量有重大影响的软硬件，应审核承建单位提供的技术性能报告或者权威的第三方测试报告，凡不符合质量要求的设备及配件、系统集成成果、网络接入产品、计算机整机与配件等不能使用。

参考答案

（43）D

试题（44）

　　监理工程师控制信息化工程进度的组织措施是指 ___(44)___。

（44）A．协调合同工期与进度计划之间的关系

　　　　B．编制进度控制工作细则

　　　　C．及时办理工程进度款支付手续

　　　　D．建立工程进度报告制度

试题（44）分析

进度控制方法。

在实施进度控制时，可以采用以下基本措施：

① 组织措施。落实监理单位进度控制的人员组成，具体控制任务和管理职责分工。

② 技术措施。确定合理定额，进行进度预测分析和进度统计。

③ 合同措施。合同期与进度协调。

④ 信息管理措施。实行计算机进度动态比较，提供比较报告。

参考答案

（44）A

试题（45）

以下关于监理大纲的叙述中，不正确的是：　（45）　。

（45）A．监理大纲是在建设单位选择合适的监理单位时，监理单位为了获得监理任务，在项目监理招标阶段编制的文件

　　　　B．编制监理大纲的目的是，要使建设单位信服，采用本监理单位制定的监理方案，能够圆满实现建设单位的投资目标和建设意图，进而赢得竞争投标的胜利

　　　　C．监理大纲的作用，是为监理单位的经营目标服务的，起着承接监理任务的作用

　　　　D．监理大纲的内容包括为什么，做什么以及怎么做

试题（45）分析

监理大纲是在建设单位选择合适的监理单位时，监理单位为了获得监理任务，在项目监理招标阶段编制的文件。

它是监理单位参与投标时，投标书内容的重要组成部分。

编制监理大纲的目的是，要使建设单位信服，采用本监理单位制定的监理方案，能够圆满实现建设单位的投资目标和建设意图，进而赢得竞争投标的胜利。

由此可见，监理大纲的作用，是为监理单位的经营目标服务的，起着承接监理任务的作用。

参考答案

（45）D

试题（46）

监理细则应采取　（46）　方式编制。

（46）A．按工程进度分阶段

　　　　B．在监理规划编制完后，一次全部完成

　　　　C．按工程进度分阶段、分专业

　　　　D．按各不同专业同时进行

试题（46）分析

监理实施细则编制的程序与依据：

① 监理实施细则应在相应工程实施开始前编制完成，须经总监理工程师批准；

② 监理实施细则应由总监理工程师组织各专业监理工程师编制；

③ 监理实施细则应符合项目的特点。

参考答案

（46）C

试题（47）

监理单位接受建设单位委托后编制的指导项目监理组织全面开展监理工作的纲领性文件是　（47）　。

　　（47）A．监理大纲　　　B．监理规划　　　　　C．监理细则　　　D．监理计划

试题（47）分析

监理规划是在监理委托合同签订后，由监理单位制定的指导监理工作开展的纲领性文件。

参考答案

（47）B

试题（48）

　（48）　不是进行控制点设置时应遵守的一般原则。

　　（48）A．突出重点　　　B．灵活性和动态性　　　C．便于检查　　　D．易于纠偏

试题（48）分析

进行控制点设置时，应遵守下述的一般原则：

① 选择的质量控制点应该突出重点；

② 选择的质量控制点应该易于纠偏；

③ 质量控制点设置要有利于参与工程建设的三方共同从事工程质量的控制活动；

④ 保持控制点设置的灵活性和动态性。

参考答案

（48）C

试题（49）

对于承建单位提出的工程变更要求，总监理工程师在签发《工程变更单》之前，应就工程变更引起的工期改变和费用增减，　（49）　。

　　（49）A．进行分析比较，并指令承建单位实施

    B.　要求承建单位进行分析比较，以供审批

    C.　要求承建单位与建设单位进行协商

    D.　分别与建设单位和承建单位进行协商

试题（49）分析

变更控制的工作程序：

1．了解变化

在项目实施过程中，监理工程师与项目组织者要经常关注与项目有关的主客观因素，就是发现和把握变化，认真分析变化的性质，确定变化的影响，适时地进行变化一的描述，监理工程是要对整个项目的执行情况做到心中有数。

2．接受变更申请

变更申请单位向监理工程师提出变更要求或建议，提交书面工程变更建议书。工程变更建议书主要包括以下内容：变更的原因及依据；变更的内容及范围；变更引起的合同总价增加或减少；变更引起的合同工期提前或缩短；为审查所提交的附件及计算资料等。工程变更建议书应在预计可能变更的时间之前 14 天提出。在特殊情况下，工程变更可不受时间的限制。

3．变更的初审

项目监理机构应了解实际情况和收集与项目变更有关的资料，首先明确界定项目变更的目标，再根据收集的变更信息判断变更的合理性和必要性。对于完全无必要的变更，可以驳回此申请，并给出监理意见；对于有必要的变更，可以进一步进行变更分析。

评价项目变更合理性应考虑的内容包括：

① 变更是否会影响工作范围、成本、工作质量和时间进度；

② 是否会对项目准备选用的设备或消耗的材料产生影响，性能是否有保证，投资的变化有多大；

③ 在信息网络系统或信息应用系统的开发设计过程中，变更是否会影响开发系统的适用性和功能，是否影响系统的整体架构设计；

④ 变更是否会影响项目的投资回报率和净现值?如果是，那么项目在新的投资回报率和净现值基础上是否可行；

⑤ 如何证明项目的变更是合理的，是会产生良性效果的，必要时要有论证。

4．变更分析

把项目变化融入项目计划中是一个新的项目规划过程，只不过这规划过程是以原来的项目计划为框架，在考察项目变化的基础上完成的。通过与新项目计划的对比，监理工程师可以清楚地看到项目变化对项目预算、进度、资源配置的影响与冲击。把握项目变化的影响和冲击是相当重要的，否则就难以做出正确的决策，做出合理的项目变更。

5．确定变更方法

三方进行协商和讨论，根据变更分析的结果，确定最优变更方案。做出项目变更时，

力求在尽可能小的变动幅度内对主要因素进行微调。如果它们发生较大的变动，就意味着项目计划的彻底变更，这会使目前的工作陷入瘫痪状态。

6. 下达变更通知书并进行变更公布

下达变更通知书，并把变更实施方案告知有关实施部门和实施人员，为变更实施做好准备。

7. 监控变更的实施

变更后的内容作为新的计划和方案，可以纳入正常的监理工作范围，但监理工程师对变更部分的内容要密切注意，项目变更控制是一个动态的过程，在这一过程中，要记录这一变化过程，充分掌握信息，及时发现变更引起的超过估计的后果，以便及时控制和处理。

8. 变更效果评估

在变更实施结束后，要对变更效果进行分析和评估。

参考答案

（49）D

试题（50）

监理工程师对实施质量的检查与验收，必须是在承建单位 __（50）__ 的基础上进行。

（50）A. 自检完成   B. 自检并上报建设单位

    C. 自检并确认合格   D. 自检合格

试题（50）分析

三方协同的质量控制。

信息系统工程项目是由建设单位、承建单位和监理单位共同完成的，三方的最终目标是一致的，那就是高质量地完成项目，因此，质量控制任务也应该由建设单位、承建单位和监理单位共同完成，三方都应该建立各自的质量保证体系，而整个项目的质量控制过程也就包括建设单位的质量控制过程、承建单位的质量控制过程和监理的质量控制过程。

1. 工程项目的质量管理体系

承建单位是工程建设的实施方，因此承建单位的质量控制体系能否有效运行是整个项目质量保障的关键；建设单位作为工程建设的投资方和用户方，应该建立较完整的工程项目管理体系，这是项目成功的关键因素之一；监理单位是工程项目的监督管理协调方，既要按照自己的质量控制体系从事监理活动，还要对承建单位的质量控制体系以及建设单位的工程管理体系进行监督和指导，使之能够在工程建设过程中得到有效的实施，因此，三方协同的质量控制体系是信息工程项目成功的重要因素。

建设单位的参与人员是建设单位为本项目配备的质量管理人员，承建单位的参与人员是承建单位的质保部门的质量管理人员，监理单位的参与人员主要是质量监理工程师、总监理工程师和专家。

项目质量管理体系运作的主要目的是对工程的包含设计、实施和验收等在内的全过程进行质量管理，向建设单位的决策部门提供质量信息，为他们关于工程的决策提供依据。

虽然建设单位、承建单位各有自己的质量保证体系，但是每一种体系在实际的运行过程中都不是完美无缺的，双方的理解也可能不尽一致，因此通过监理单位的协调控制，可以充分发挥各自质量控制手段和方法的长处，从而达到最优质量控制的效果。信息工程项目只有通过建设单位、承建单位和监理单位既相互独立又紧密结合的共同的质量控制，项目的质量目标才有可能实现。

2．项目的质量控制体系

项目的质量控制体系以承建单位的质量保证体系为主体，在项目开始实施之前由承建单位建立，监理单位对组织结构、工序管理、质量目标、自测制度等要素进行检查。监理单位监控质量控制体系的日常运行状况，包括设计质量控制、分项工程质量控制、质量控制分析、质量控制点检测等内容；监理单位核定工程的中间质量、监督阶段性验收，并参与竣工验收。

参考答案

（50）C

试题（51）

在工程网络计划执行过程中，如果只发现工作 P 出现进度拖延，且拖延的时间超过其总时差，则　（51）　。

（51）A．将使工程总工期延长　　　　　　B．不会影响其后续工作的原计划安排

　　　　C．不会影响其紧后工作的总时差　　D．工作 P 不会变为关键工作

试题（51）分析

网络计划技术在信息应用系统进度监理中的应用。

1．工作最迟开始时间

工作最迟开始时间是指某项工作为保证其后续工作按时开始，它最迟必须开始的时间。如果本想工作完成晚于此时间开始，就将影响到它以后的工作，使整个工期脱期，这个时间称为本想工作最迟开始时间。

（1）表示方法。

LF（节点号码）　　　　　　LF(i)：作业 i−j 箭尾节点最迟结束时间

LF(j)：作业 i−j 箭头节点最迟结束时间

（2）计算规则。

由始点开始，由右至左计算

$$LF（终点）= ES（始点）$$

$$LF(i) = \max_{i<j}[LF_{(j)} - t_{(i,j)}]$$

2．时差的计算

时差的计算是指在不影响整个任务完工期的条件下，某项工作从最早开始时间到最迟开始时间，中间可以推迟的最大延迟时间。它表明某项工作可以利用的机动时间，因此也叫松弛时间、宽裕时间。

（1）节点时差。

$$S(i)=LF(i)-ES(i)$$

（2）作业时差。

总时差：在不影响总工期，即不影响其紧后作业最迟开始时一间的前提下，作业可推迟开始的一段时间。

$$S_{(i,j)} = LS_{(i,j)} - ES_{(i,j)}$$
$$= LF_{(i,j)} - EF_{(i,j)}$$
$$= LF_{(j)} - ES_{(i)} - t_{(i,j)}$$

单时差：在不影响紧后作业最早开始时间的前提下，可推迟的时间。

$$S_{(i,j)} = ES_{(j)} - ES_{(i)} - t_{(i,j)}$$

参考答案

（51）A

试题（52）

为了减少或避免工程延期事件的发生，监理工程师应做好的工作不包括 __(52)__ 。

（52）A．及时下达工程开工令 　　　　B．及时支付工程进度款

　　　　C．妥善处理工程延期事件 　　　D．提醒业主履行自己的职责

试题（52）分析

项目延期的管理。

1．受理

项目监理单位应对合同规定的下列原因造成的项目延期事件给予受理：非承建单位的责任使项目不能按原定工期开工；项目量变化和设计变更；国家和地区有关部门正式发布的不可抗力事件；建设单位同意工期相应顺延的其他情况。

2．处理

项目延期事件发生后，承建单位在合同约定期限内提交了项目延期意向报告。

承建单位按合同约定提交了有关项目延期的详细资料和证明材料。

项目延期事件终止后，承建单位在合同约定的期限内，提交了"项目延期申请表"。

在项目延期事件发生后，项目总监理工程师应做好以下工作：

- 向建设单位转发承建单位提交的项目延期意向报告；
- 对项目延期事件随时收集资料，并做好详细记录；
- 对项目延期事件进行分析、研究，对减少损失提出建议。

监理工程师审查承建单位提交的"项目延期申请表":

- 申请表填写齐全,签字、印章手续完备;
- 证明资料真实、齐全;
- 在合同约定的期限内提交。

监理工程师评估延期的原则:

- 项目延期事件属实;
- 项目延期申请依据的合同条款准确;
- 项目延期事件必须发生在被批准的进度计划的关键路径上;
- 最终评估出的延期天数,在与建设单位协商一致后,由总监理工程师签发"项目延期审批表";
- 监理工程师在处理项目延期的过程中,还要书面通知承建单位采取必要的措施,减少对项目的影响程度。

监理工程师应注意按实施合同中对处理项目延期的各种时限要求处理。

参考答案

(52) B

试题 (53)

_____(53)_____ 不是进度计划调整的程序。

(53) A. 发现工程进度严重偏离计划时,总监理工程师应及时签发《监理通知》,并组织监理工程师分析原因、研究措施

B. 召开各方协调会议,研究应采取的措施,保证合同约定目标的实现

C. 必须延长工期时,承建单位应填报《工程延期申请表》,报工程监理部审查

D. 分析承建单位主要开发人员的能力等方面的配套安排

试题 (53) 分析

进度计划调整的程序包括:

① 发现工程进度严重偏离计划时,总监理工程师应及时签发《监理通知》,并组织监理工程师分析原因、研究措施;

② 召开各方协调会议,研究应采取的措施,保证合同约定目标的实现;

③ 必须延长工期时,承建单位应填报《工程延期申请表》,报工程监理部审查。

参考答案

(53) D

试题 (54)

以下关于监理工程师对承建单位实施进度计划的审查或批准的叙述中,不正确的是: _____(54)_____。

(54) A. 不解除承建单位对实施进度计划的任何责任和义务

B. 监理工程师不可以支配实施中所需要的劳动力、设备和材料

C．监理工程师可以提出建设性意见

D．监理工程师可以干预承建单位的进度安排

试题（54）分析

1．监理的基本内容

1）项目准备和项目招标阶段

① 协助业主编写可行性研究报告、项目建议书和招标文件；

② 协助业主选择合适的承建方（主要依据：投标单位的经济及技术实力、资质、行业背景等，技术投标文件，商务投标文件，培训和售后服务承诺等）、帮助业主与承建方进行合同的谈判。

2）系统设计阶段

① 与业主方工程领导小组共同对承建方提交的设计方案进行审核和确认；

② 审核项目实施计划，明确各阶段所要完成的主要任务。项目实施计划是信息网络工程调试、安装、测试和验收各阶段工作的主要依据。必要时，经三方同意，可以对工程计划书的内容、步骤和进度计划进行调整。项目实施计划至少应包括：项目实施进度计划，人力资源的协调和分配，物力资源的协调和分配。

2．信息网络系统建设实施阶段的监理

工程开工前的监理内容：

① 审核实施方案。开工前，由监理方组织实施方案的审核，内容包括设计交底，了解工程需求、质量要求，依据设计招标文件，审核总体设计方案和有关的技术合同附件，以降低因设计失误造成工程实施的风险，审核安全施工措施。

② 审核实施组织计划。对实施单位的实施准备情况进行监督。

③ 审核实施进度计划。对实施单位的实施进度计划进行评估和评审。

④ 审核工程实施人员、承建方资质。

参考答案

（54）D

试题（55）

监理工程师针对综合布线系统实施质量监控时，应及时发现事故的苗头和潜在的质量隐患，以便及时采取有力的控制措施。对于隐蔽工程一类的施工，采用 __（55）__ 的质量监控手段更为重要。

（55）A．规定质量监控工作程序　　B．巡视　　C．抽查测试　　D．旁站监管

试题（55）分析

1．实施阶段的质量控制

严格各过程间交接检查。

主要项目工作各阶段（包括布线中的隐蔽作业）需按有关验收规定经现场监理人员检查、签署验收。如综合布线系统的各项材料，包括插座、屏蔽线及 RJ45 插头等等，

应经现场监理检查、测试，未经测试不得往下进行安装。又如在综合布线系统完成后，未经监理工程师测试、检查，不得与整个计算机网络系统相联通电等。对于重要的工程阶段，专业质量监理工程师还要亲自进行测试或技术复核。

坚持项目各阶段实施验收合格后，才准进行下阶段工程实施的原则，由实施、开发单位进行检测或评审后，并认为合格后才通知监理工程师或其代表到现场或机房、实验室会同检验。合格后由现场监理工程师或其代表签署认可后，方能进行下一阶段的工作。

2. 旁站

在项目实施现场进行旁站监理工作是监理在信息系统工程质量控制方面的重要手段之一。旁站监理是指监理人员在施工现场对某些关键部位或关键工序的实施全过程现场跟班的监督活动。旁站监理在总监理工程师的指导下，由现场监理人员负责具体实施。旁站监理时间可根据施工进度计划事先做好安排，待关键工序实施后再做具体安排。旁站的目的在于保证施工过程中的项目标准的符合性，尽可能保证施工过程符合国家或国际相关标准。

旁站是监理人员控制工程质量、保证项目目标实现必不可少的重要手段。旁站往往是在那些出现问题后难以处理的关键过程或关键工序。现场旁站比较适合于网络综合布线、设备开箱检验、机房建设等方面的质量控制，也适合其他与现场地域有直接关系的项目质量控制的工作。

现场旁站要求现场监理工程师要具有深厚的专业知识和项目管理知识，能够纵观全局，对项目阶段或者全过程有深刻的理解，对项目的建设具有较高的深入细致的观察能力和总结能力。旁站记录是监理工程师或总监理工程师依法行使有关签字权的重要依据，是对工程质量的签认资料。旁站记录必须做到：

① 记录内容要真实、准确、及时。

② 对旁站的关键部位或关键工序，应按照时间或工序形成完整的记录。

③ 记录表内容填写要完整，未经旁站人员和施工单位质检人员签字不得进入下道工序施工。

④ 记录表内施工过程情况是指所旁站的关键部位和关键工序施工情况。例如，人员上岗情况、材料使用情况、实施技术和操作情况、执行实施方案和强制性标准情况等。

⑤ 完成的工程量应写清准确的数值，以便为造价控制提供依据。

⑥ 监理情况主要记录旁站人员、时间、旁站监理内容、对施工质量检查情况、评述意见等。将发现的问题做好记录，并提出处理意见。

⑦ 质量保证体系运行情况主要记述旁站过程中承建单位质量保证体系的管理人员是否到位，是否按事先的要求对关键部位或关键工序进行检查，是否对不符合操作要求的施工人员进行督促，是否对出现的问题进行纠正。

⑧ 若工程因意外情况发生停工，应写清停工原因及承建单位所做的处理。

监理人员的旁站记录由专业监理工程师或总监理工程师通过对旁站记录的审阅，可以从中掌握关键过程或关键工序的有关情况，针对出现的问题，分析原因，制定措施，保证关键过程或关键工序质量，同时这也是监理工作的责任要求。

监理人员应对旁站记录进行定期整理，并报建设单位审阅。一份好的旁站记录不仅可以使建设单位掌握工程动态，更重要的是使建设单位了解监理工作，了解监理单位的服务宗旨与服务方向，树立企业的良好形象，同时监理人员也可从中听取建设单位的意见，及时改进监理工作，提高服务质量。

参考答案

（55）D

试题（56）

___(56)___ 以类似的项目进行类比估计当期项目的费用。

（56）A. 自上而下估算法　　　　　B. 参数模型法

　　　　C. 从下向上的估计法　　　D. 计算工具辅助方法

试题（56）分析

- 自上而下估算法，多在有类似项目已完成的情况下应用；
- 参数模型法是把项目的一些特征作为参数，通过建立一个数学模型预测项目成本；
- 从下向上的估计法通常首先估计各个独立工作的费用，然后再汇总，从下往上估计出整个项目的总费用；
- 计算工具辅助方法指的是有一些项目管理软件被广泛利用于成本控制，这些软件可简化从下向上的估计法和从上往下估计法，便于对许多成本方案的迅速考虑。

参考答案

（56）A

试题（57）

以下关于工程项目竣工结算的叙述中，不正确的是：___(57)___。

（57）A. 竣工结算是项目的财务总结。它从经济角度反映了工程建设的成果，只有编好工程项目竣工结算，才有可能正确考核分析项目的成本效果

　　　　B. 项目在验收后一个月内，应向主管部门和财政部门提交结算

　　　　C. 竣工财务结算表反映竣工工程项目的全部资金来源和其运用情况，作为考核和分析基建成本效果的依据

　　　　D. 收尾工程竣工后需另编项目竣工结算

试题（57）分析

信息系统工程竣工结算的意义指出要可正确分析成本效果，即竣工结算是项目的财务总结，它从经济角度反映了工程建设的成果，只有编好工程项目竣工结算，才有可能正确考核分析项目的成本效果。

根据信息系统工程成本结算的国家规定，项目在验收后的一个月内，应向主管部门

和财政部门提交结算。

竟工财务结算表反映竣工工程项目的全部资金来源和其运用情况，作为考核和分析基建成本效果的依据。

关于收尾工程，在竣工后不必另编项目竣工结算。

参考答案

（57）D

试题（58）

监理工程师发现机房工程承建单位自行__（58）__时，应下达停工令。

（58）A．调整施工进度计划　　　B．更改设计和替换材料

　　　C．改变装修工艺　　　　　D．调换施工设备

试题（58）分析

在必要的情况下，监理单位可按合同行使质量否决权，在下述情况下，总监理工程师有权下达停工令：

实施、开发中出现质量异常情况，经提出后承建单位仍不采取改进措施者；或者采取的改进措施不力，还未使质量状况发生好转趋势者；

隐蔽作业未经现场监理人员查验自行封闭、掩盖者；

对已发生的质量事故未进行处理和提出有效的改进措施就继续进行者；

擅自变更设计及开发方案自行实施、开发者；

使用没有技术合格证的工程材料、没有授权证书的软件，或者擅自替换、变更工程材料及使用盗版软件者；

未经技术资质审查的人员进入现场实施、开发者。

参考答案

（58）B

试题（59）

进度计划的执行过程中，应重点分析该工作的进度__（59）__来判断工作进度，判断对计划工期产生的影响。

（59）A．拖延与相应费用的关系　　B．拖延值是否大于该工作的自由时差

　　　C．拖延与相应质量的关系　　D．拖延值是否大于该工作的总时差

试题（59）分析

网络计划技术在信息应用系统进度监理中的应用。

1．工作最迟开始时间

工作最迟开始时间是指某项工作为保证其后续工作按时开始，它最迟必须开始的时间。如果本想工作完成晚于此时间开始，就将影响到它以后的工作，使整个工期脱期，这个时间称为本想工作最迟开始时间。

① 表示方法

LF（节点号码）　　　　　　　LF(i)：作业 i－j 箭尾节点最迟结束时间

LF(j)：作业 i－j 箭头节点最迟结束时间

② 计算规则

由始点开始，由右至左计算

$$LF（终点）= ES（始点）$$

$$LF(i) = \max_{i<j}[LF_{(j)} - t_{(i,j)}]$$

2．时差的计算

时差的计算是指在不影响整个任务完工期的条件下，某项工作从最早开始时间到最迟开始时间，中间可以推迟的最大延迟时间。它表明某项工作可以利用的机动时间，因此也叫松弛时间、宽裕时间。

① 节点时差

$$S(i)=LF(i)–ES(i)$$

② 作业时差

总时差：一在不影响总工期，即不影响其紧后作业最迟开始时一间的前提下，作业可推迟开始的一段时间。

$$S_{(i,j)} = LS_{(i,j)} - ES_{(i,j)}$$
$$= LF_{(i,j)} - EF_{(i,j)}$$
$$= LF_{(j)} - ES_{(i)} - t_{(i,j)}$$

单时差：在不影响紧后作业最早开始时间的前提下，可推迟的时间。

$$S_{(i,j)} = ES_{(j)} - ES_{(i)} - t_{(i,j)}$$

参考答案

（59）D

试题（60）

总监理工程师签发　（60）　之前，承建单位不得实施项目变更。

（60）A．项目变更通知单　　　　B．项目部分暂停令

　　　 C．监理通知单　　　　　　D．复工报审表

试题（60）分析

任何变更都要得到三方（建设单位、监理单位和承建单位）书面的确认，并且要在接到变更通知单之后进行，严禁擅自变更，在任何一方或者两方同意下做出变更而造成的损失应该由变更方承担。

参考答案

（60）A

试题（61）

某信息化工程合同的当事人在合同中未选择协议管辖，实施合同发生纠纷后，承建

单位应当向　　(61)　　人民法院提出诉讼申请。

(61) A. 承建单位所在地　　　　　B. 工程所在地

　　　 C. 合同签订地　　　　　　　D. 建设单位所在地

试题（61）分析

合同争议调解程序。

按照合同要求，无论是承建单位还是建设单位，都应以书面的形式向监理单位提出争议事宜，并呈一份副本给对方。监理单位接到合同争议的调解要求后应进行以下工作：

① 及时了解合同争议的全部情况，包括进行调查和取证；

② 及时与合同争议的双方进行磋商；

③ 在项目监理机构提出调解方案后，由总监理工程师进行争议调解；

④ 当调解未能达成一致时，总监理工程师应在实施合同规定的期限内提出处理该合同争议的意见；同时对争议做出监理决定，并将监理决定书面通知建设单位和承建单位；

⑤ 争议事宜处理完毕，只要合同未被放弃或终止，监理工程师应要求承建单位继续精心组织实施。当调解不成时，双方可以在合同专用条款内约定以下某一种方式解决争议：

● 第一种解决方式根据合同约定向约定的仲裁委员会申请仲裁；

● 第二种解决方式向有管辖权的人民法院起诉。

发生争议后，除非出现下列情况的，双方都应继续履行合同，保证实施连接，保护好已完成的项目现状：单方违约导致合同确已无法履行，双方协议停止实施；调解要求停止实施，且为双方接受；仲裁机构要求停止实施；法院要求停止实施。

参考答案

(61) B

试题（62）

由于种种原因，承建单位向建设单位提出索赔时，承建单位应首先　　(62)　　。

(62) A. 向建设单位和监理单位申请停工

　　　 B. 向建设单位和监理单位发出索赔意向通知

　　　 C. 向建设单位和监理单位提交支付申请

　　　 D. 向有关机构申请仲裁

试题（62）分析

索赔的程序为：

① 索赔事件发生约定时间内，向建设单位和监理单位发出索赔意向通知；

② 发出索赔意向通知后约定时间内，向建设单位和监理单位提出延长工期和（或）补偿经济损失的索赔报告及有关资料；

③ 监理单位在收到承建单位送交的索赔报告及有关资料后，于约定时间内给予答复，或要求承建单位进一步补充索赔理由和证据；

④ 监理单位在收到承建单位送交的索赔报告和有关资料后约定时间内未予答复或未对承建单位作进一步要求，视为该项索赔已经认可；

⑤ 当该索赔事件持续进行时，承建单位应当阶段性向监理单位发出索赔意向，在索赔事件终了约定时间内，向监理单位送交索赔的有关资料和最终索赔报告。

参考答案

（62）B

试题（63）

在信息系统项目知识产权保护工作中，以下有关知识产权监理措施的叙述，不正确的是：___（63）___。

（63）A. 待开发软件的知识产权保护控制

B. 承建单位软件开发原理和算法保护

C. 外购软件的知识产权保护

D. 项目文档的知识产权保护控制

试题（63）分析

根据北京市地方标准 DB11/T 160-2002《信息系统监理规范》中的要求，在项目监理的整个过程中，必须对建设单位和承建单位有关技术方案、软件文档、源代码及有关技术秘密等涉及知识产权的内容进行检查、监督和保护。具体监理措施包括：

① 保护建设单位的知识产权权益；

② 项目文档的知识产权保护控制；

③ 外购软件的知识产权保护控制；

④ 待开发软件的知识产权保护控制。

参考答案

（63）B

试题（64）

以下关于信息安全等级定级工作的叙述中，不正确的是：___（64）___。

（64）A. 确定定级对象过程中，定级对象是指以下内容：起支撑、传输作用的信息网络（包括专网、内网、外网、网管系统）以及用于生产、调度、管理、指挥、作业、控制、办公等目的的各类业务系统

B. 确定信息系统安全保护等级仅仅是指确定信息系统属于五个等级中的哪一个

C. 在定级工作中同类信息系统的安全保护等级不能随着部、省、市行政级别的降低而降低

D. 新建系统在规划设计阶段应确定等级，按照信息系统等级，同步规划、同步设计、同步实施安全保护技术措施和管理措施

试题（64）分析

安全管理。信息系统的安全内容、技术要求和保护等级如下。

1. 信息系统安全的五个层面

按信息系统构成，可将信息系统安全划分为五个层面。它们分别是：物理层面安全、网络层面安全、系统层面安全、应用层面安全和管理层面安全。

2. 信息系统安全技术要求的四个方面

① 物理安全：包括设备、设施、环境和介质；

② 运行安全：包括风险分析、检测监控、审计、防病毒、备份与故障恢复等；

③ 信息安全：包括标识与鉴别、标识与访问控制、保密性、完整性和密码支持等；

④ 安全管理、操作管理与行政管理等。

3. 信息系统安全保护的五个等级

从安全保护的程度和等级的角度，信息系统安全划分为五个等级。

① 用户自主保护级；

② 系统审计保护级；

③ 安全标记保护级；

④ 结构化保护级；

⑤ 访问验证保护级。

参考答案

（64）A

试题（65）

备份与恢复是一种数据安全策略，通过备份软件把数据备份到光盘或移动硬盘上，在原始数据丢失或遭到破坏的情况下，利用备份数据把原始数据恢复出来，使系统能够正常工作。数据备份的策略主要有全备份、差分备份、增量备份和　（65）　。

（65）A. 软件备份　　　B. 人工备份　　　C. 备份介质轮换　　　D. 双机容错

试题（65）分析

数据备份的策略包括如下内容。

- 全备份。将系统中所有的数据信息全部备份；
- 差分备份。只备份上次备份后系统中变化过的数据信息；
- 增量备份。只备份上次完全备份后系统中变化过的数据信息；
- 备份介质轮换。避免因备份介质过于频繁地使用，以提高备份介质的寿命。

参考答案

（65）C

试题（66）

工程监理总结报告的内容可以不包括　（66）　。

（66）A. 监理工作统计　　　　　　B. 验收测试方案

　　　 C. 工程质量综述　　　　　　D. 管理协调综述

试题（66）分析

工程监理总结报告应重点包含：工程概况、监理工作统计、工程质量综述、工程进度综述、管理协调综述和监理总评价。

参考答案

（66）B

试题（67）

___（67）___ 属于监理内部文档。

（67）A．监理规划　　　B．监理实施细则　　　C．监理工作日志　　　D．监理通知单

试题（67）分析

信息系统工程从监理的角度来分类主要有监理总控体文件、监理实施文件、监理回复意见、监理内部文件四种。

选项 A 监理规划与选项 B 监理实施细则属监理总控体文件；

选项 C 监理工作日志属监理内部文件；

选项 D 监理通知单属监理实施文件。

参考答案

（67）C

试题（68）

指令文件是表达 ___（68）___ 对承建单位提出指示或命令的书面文件。

（68）A．监理单位　　　B．总工程师　　　C．监理工程师　　　D．业主代表

试题（68）分析

1．对承建单位违约的管理

承建单位的违约是指承建单位未能按照合同规定履行或不完全履行合同约定的义务、人为原因使项目质量达不到合同约定的质量标准；或者无视监理工程师的警告，一贯公然忽视合同规定的责任和义务；未经监理工程师同意，随意分包项目，或将整个项目分包出去，都视为承建单位的违约。

2．监理工程师应采取的措施

监理工程师确认承建单位严重违约，建设单位已部分或全部终止合同后，应采取如下措施：

① 指示承建单位将其为履行合同而签订的任何协议的利益（如软、硬件及各种配套设施的供应服务提供等）转让给建设单位；

② 认真调查并充分考虑建设单位因此受到的直接和间接的费用影响后，办理并签发部分或全部中止合同的支付证明。

参考答案

（68）C

试题（69）

《监理通知单》属于发送给＿＿＿（69）＿＿＿的文档。

（69）A. 承建单位　　　B. 建设单位　　　C. 监理单位　　　D. 分包单位

试题（69）分析

对合同变更的控制中关于项目暂停与复工的管理内容如下。

1. 项目暂停的管理

在下列情况发生时，总监理工程师可以签发"项目部分暂停令"：

- 应承建单位的要求，项目需要暂停实施时；
- 由于项目质量问题，必须进行停工处理时；
- 发生必须暂停实施的紧急事件时。

在监理合同有约定或必要时，签发"项目部分暂停令"前，应征求建设单位意见；签发项目暂停指令后，监理工程师应协同有关单位按合同约定，处理好因项目暂停所诱发的各类问题。

2. 项目复工的管理

在项目暂停后，经处理达到可以继续实施，复工办法如下：

① 如项目暂停是由于建设单位原因，或非承建单位原因时，监理工程师应在暂停原因消失，具备复工条件时，及时签发"监理通知单"，指令承建单位复工；

② 如项目暂停是由于承建单位原因，承建单位在具备复工条件时，应填写"复工报审表"报项目监理部审批，由总监理工程师签发审批意见；

③ 承建单位在接到同意复工的指令后，才能继续实施。

参考答案

（69）A

试题（70）

项目协调的监理方法主要包括：＿＿＿（70）＿＿＿。

①监理会议　　②监理报告　　③沟通　　④规划

（70）A. ①②③④　　　B. ①②③　　　C. ①②④　　　D. ①③④

试题（70）分析

组织协调工作的目标是使项目各方充分协作，有效地执行承建合同。

项目协调的监理方法主要有监理会议、监理报告和沟通。

参考答案

（70）B

试题（71）

Most operating systems have a standard set of ＿＿＿（71）＿＿＿ to handle the processing of all input and output instructions.

（71）A. spreadsheet　　　　　　　　B. control instructions

C．I/O operation   D．data table

试题（71）分析

I/O 操作即输入/输出操作，大多数操作系统都有一组标准的 I/O 操作来处理所有输入和输出指令。故选项 C 正确。

参考答案

（71）C

试题（72）

____（72）____ is used to model aggregates of information and the relationships these aggregates have to each other.

（72）A．Data flow diagram   B．Entity relationship diagram

C．Sequence diagram   D．Structure diagram

试题（72）分析

实体关系图模型用于聚合的信息和这些聚集的关系。

参考答案

（72）B

试题（73）

In software engineering the design phase is divided into ____（73）____．

（73）A．system design and detailed design

B．computer design and program design

C．system design and hardware design

D．computer design and detailed design

试题（73）分析

在软件工程中，设计阶段是在需求分析的基础上，给出系统的软件解决方案。包括总体设计和详细设计。

参考答案

（73）A

试题（74）

____（74）____ must be between on-line deployment and final acceptance.

（74）A．Detailed design   B．Test run

C．Internal testing   D．Contract signing

试题（74）分析

试运行在系统上线与项目终验之间。

参考答案

（74）B

试题（75）

The difference value between Budgeted Cost for Work Performed and Actual Cost for Work Performed is ＿＿（75）＿＿ .

（75）A．Cost Variance　　　　　　　B．Schedule Variance

　　　C．Earned Value　　　　　　　D．Cost Performed Index

试题（75）分析

挣值法通过测量和已完成的工作的预算费用与已完成工作的实际费用和计划工作的预算费用，得到有关计划实施的进度和费用偏差，而达到判断项目预算和进度计划执行情况的目的。

参考答案

（75）A

第22章 2017上半年信息系统监理师下午试题分析与解答

试题一（20分）

阅读下列说明，回答问题1至问题4，将解答填入答题纸的对应栏内。

【说明】

某单位信息化工程项目主要包括机房建设、综合布线、硬件系统集成和应用软件系统开发。建设单位通过公开招标选择了承建单位和监理单位。在项目建设过程中，发生了如下事件：

【事件1】 建设单位要求承建单位分析项目建设有可能出现的主要质量风险因素并给出对应的监理质量控制措施。承建单位经过充分的分析和论证得出了项目主要的质量控制风险因素，部分质量风险如表1所示：

表1 主要质量风险因素

序号	质量风险因素	对应的监理质量控制措施
1	业务对软件系统功能和性能要求高，造成需求分析及设计满足要求的系统架构的风险高	
2	综合布线的外场施工环境复杂、有较多的关键过程或关键工序，容易发生质量事故	
3	各种材料、设备到货量大（例如笔记本电脑超过500台），到货时间集中，如何保证到货材料、设备的质量	
4	软件开发工作量大，时间紧迫，提交软件成果存在重大缺陷的风险大	

【事件2】 在未向项目监理机构报告的情况下，承建单位按照投标书中机房工程的分包条款，安排了机房工程分包单位进场施工，项目监理机构对此做了相应处理后书面报告了建设单位。建设单位以机房分包单位资质未经其认可就进场施工为由，不再允许承建单位将机房工程分包。

【事件3】 由于建设单位对软件测试的要求很高，承建单位对软件测试也非常重视。在软件编码及单元测试工作完成之后，承建单位项目经理安排软件测试组的工程师编制了详细的软件测试计划和测试用例。

【事件4】 在机房施工过程中，由建设单位负责采购的设备在没有通知承建单位共同清点的情况下就存放在机房施工现场。承建单位安装时发现该设备的部分部件损坏，对此，建设单位要求承建单位承担损坏赔偿责任。

【问题 1】（6 分）

针对事件 1，根据表 1 列出的质量风险因素，给出对应的监理质量控制措施，将答案填入答题纸相应表中的对应栏内。

【问题 2】（6 分）

针对事件 2，请回答：

（1）建设单位以机房分包单位资质未经其认可就进场施工为由，不再允许承建单位将机房工程分包的做法妥当吗？为什么？

（2）针对承建单位未向项目监理机构报告的情况下，就安排分包单位进场施工，监理应该如何处理？

【问题 3】（4 分）

针对事件 3，请指出承建单位项目经理安排编制详细的软件测试计划、测试用例的不妥当之处，并说明理由。

【问题 4】（4 分）

针对事件 4，指出建设单位做法的不妥之处，并说明理由。

试题一分析

本题重点考核机房建设、综合布线、硬件系统集成和应用软件系统开发过程中监理主要工作内容。

【问题 1】

细节题，需要考生根据表格中的质量风险因素，给出对应的监理常用的评审、旁站、抽查、测试等质量控制措施。

【问题 2】

案例分析题，考察考生针对实际安排的监理过程。

【问题 3】

细节题，考核监理工程师是否了解并掌握测试计划、测试用例编写的时机。

【问题 4】

案例分析题，考察项目施工过程中建设单位、承建单位双方各自的工作职责和工作内容。

参考答案

【问题 1】（6 分）

序号	质量风险因素	对应的监理质量控制措施
1	业务对软件系统功能和性能要求高，造成需求分析及设计满足要求的系统架构的风险高	方案评审（1 分）
2	综合布线的外场施工环境复杂、有较多的关键过程或关键工序，容易发生质量事故	旁站（1 分）

续表

序号	质量风险因素	对应的监理质量控制措施
3	各种材料、设备到货量大（例如笔记本电脑超过 500 台），到货时间集中，如何保证到货材料、设备的质量	抽查（2 分）（回答检查得 1 分）
4	软件开发工作量大，时间紧迫，提交软件成果存在重大缺陷的风险大	对承建单位的测试方案、结果等进行确认（1 分）、对关键的功能、性能由监理进行测试确认（1 分）

【问题 2】（6 分）

（1）建设单位的做法不妥。（1 分），

理由：违反了招投标时候的约定（说出违反了合同约定等相关意思均可得分）（1 分）

（2）处理过程是：

① 下达《工程暂停令》；

② 对分包单位资质进行审查；

③ 如果分包单位资质合格，签发工程复工令；

④ 如果分包单位资质不合格，要求承建单位撤换分包单位。

（每项 1 分，共 4 分）

【问题 3】（4 分）

测试计划、用例的编写时机（阶段）不对。（2 分）

理由：集成测试计划和用例应当在概要设计阶段（设计阶段）制定（1 分），确认测试计划和用例应当在需求阶段制定（1 分）。

【问题 4】（4 分）

不妥之处一：由建设单位采购的设备没有通知施工单位共同清点就存放施工现场（1 分）。理由：建设单位应以书面形式通知承建单位派人与其共同清点移交（1 分）。

不妥之处二：建设单位要求承建单位承担设备部分部件损坏的责任（1 分）。理由：建设单位未通知承建单位清点，承建单位不负责设备的保管，设备丢失损坏由建设单位负责（1 分）。

（上述答案无顺序要求）

试题二（15 分）

阅读下列说明，回答问题 1 至问题 3，将解答填入答题纸的对应栏内。

【说明】

某国有企业作为建设方启动 ERP 系统建设，建设主要内容包括系统集成、总部机房建设、应用软件开发、总部与全国各省分支机构的网络系统，总投资约 2 亿元，监理费预算 500 万元。拟选用行业著名监理单位 X 进行全过程监理。在确定软件开发商、系统集成商之前，组织了现场勘察，并就项目建设相关问题与各备选供应商进行了沟通。在招标结束后，确定 A 公司作为系统集成商负责除软件开发外的其它建设工作，B 公司作为软件开发商。请对如下事件进行分析：

【事件 1】　为保证工程进度，该国企拟直接选用监理单位 X 开展监理工作，不需招标。

【事件 2】　在现场勘察期间，各潜在投标单位提出应知晓各子项目标底。

【事件 3】　在建设过程中，系统集成商 A 公司拟将中标的全国网络系统的线路建设部分分包给中国移动公司和中国电信公司，但没有决定是否应该征求建设方的意见。

【问题 1】（5 分）

针对事件 1 的描述，该国企是否可以直接选用监理单位 X？为什么？

【问题 2】（5 分）

针对事件 2 的描述，该国企是否可以向各潜在投标人公布子项目标底？为什么？

【问题 3】（5 分）

针对事件 3 的描述，是否可以分包？是否应该获得建设方同意？为什么？

试题二分析

本题重点考核《中华人民共和国招标投标法》。

【问题 1】

细节题，考察考生对《中华人民共和国招标投标法》中哪些类型的项目必须进行招投标。

【问题 2】

细节题，考察考生对《中华人民共和国招标投标法》中标底是否可以公开内容的理解。

【问题 3】

细节题，考察考生对《中华人民共和国招标投标法》中外包的要求。

参考答案

【问题 1】（5 分）

不可以。（2 分）

理由：根据《中华人民共和国招标投标法》（1 分）规定，"在中华人民共和国境内进行下列工程建设项目包括项目的勘察、设计、施工、监理以及与工程建设有关的重要设备、材料等采购，必须进行招标……全部或者部分使用国有资金投资或者国家融资的项目（1 分）……"。本项目主体为国有企业，因此适用此条，选用监理单位必须采用招标方式（1 分）。

【问题 2】（5 分）

不可以。（2 分）

理由：根据《中华人民共和国招标投标法》（1 分）规定，"招标人设有标底的，标底必须保密"（1 分）"。本项目中，虽然项目总预算 2 亿元为公开信息，但各子项目预算和标底并没有公开，因此不能在勘察时公开给各方（1 分）。

【问题 3】（5 分）

可以分包。（2 分）

必须获得建设方同意（1 分）。理由：根据《中华人民共和国招标投标法》（1 分）规定："中标人按照合同约定或者经招标人同意，可以将中标项目的部分非主体、非关键性工作分包给他人完成。接受分包的人应当具备相应的资格条件，并不得再次分包"。（1 分）。

试题三（15 分）

阅读下列说明，回答问题 1 至问题 3，将解答填入答题纸的对应栏内。

【说明】

某信息化工程项目，主要涉及机房工程、综合布线及应用软件系统开发，其中，应用软件系统开发项目的计划工期为 40 周，预算成本为 500 万元。建设单位通过公开招标选择了承建单位和监理单位。在项目建设过程中，发生了如下事件：

【事件 1】　项目监理机构审查承建单位报送的分包单位资格报审材料时发现，其《分包单位资格报审表》附件仅附有分包单位的营业执照、安全保密资质和信息系统集成资质证书，随即要求承建单位补充报送分包单位的其他相关资格证明材料。

【事件 2】　在项目的实施过程中，在进度状态报告中监理列出了第 18 周（包含第 18 周）的项目状态数据，详细情况如下：

（1）截至项目状态日期，项目实际已完成的工作量为 50%。

（2）截至项目状态日期，项目已完成工作量的实际成本（AC）为 280 万元。

（3）截至项目状态日期，项目的计划成本（PV）为 260 万元。

【事件 3】　在综合布线工程的外场施工作业中，由于恶劣天气原因被要求停工 5 天，造成施工设备闲置 5 天，损失费用 12000 元；其后在施工中发现地下文物，导致线路改道，造成额外费用 46000 元。为此，针对上述两种情况，承建单位要求建设单位分别给予相应的费用补偿。

【问题 1】（4 分）

针对事件 1，请指出承建单位还应该对分包单位的哪些资质证明材料进行审核？

【问题 2】（5 分）

请计算项目截止到项目状态日期已完成工作量的挣值 EV、进度偏差 SV 和成本偏差 CV，并对项目进度和成本控制方面的状态进行评估。

【问题 3】（6 分）

针对事件 3，承建单位是否可以就费用损失进行补偿？为什么？

试题三分析

本题重点考核成本管理过程和相关的监理内容。

【问题 1】

概念题，考察考生对分包单位资格要求的掌握程度。

【问题 2】

计算题，考察考生对成本管理过程中挣值管理 EV SV CV 概念的理解和计算方法。

【问题 3】

细节题，考察考生对建设过程中发生的补偿内容的掌握程度。

参考答案

【问题 1】（4 分）

同类项目业绩、项目经理资格证书、其他实施人员的技术经历、其它实施人员的项目经历、质量保证体系证书。（每个 1 分，最多得 4 分）

【问题 2】（5 分）

EV=500×50%=250 万元（1 分）

SV=EV–PV=250–260=–10 万元（1 分）

CV=EV–AC=250–280=–30 万元（1 分）

项目进度滞后（1 分）、成本超支（1 分）。

【问题 3】（6 分）

因恶劣天气被要求停工的损失不能给予补偿（2 分）。理由：此不属于不可抗力的范围（1 分）。

因发现地下文物造成的损失应当给予补偿（2 分）。理由：这不是承建单位的原因（1 分）。

试题四（15 分）

阅读下列说明，回答问题 1 至问题 3，将解答填入答题纸的对应栏内。

【说明】

某单位大型应用系统建设项目，项目的建设实施全过程监理。在项目实施过程中，发生了如下事件：

【事件 1】　在总监理工程师主持的项目开工会上，总监理工程师宣布了建设单位对其的授权，并对今后召开例会提出了要求。

【事件 2】　在需求分析完成后，设计的好坏成了影响质量的关键环节，但承建单位项目经理在如何提高设计质量方面却所知甚少。

【事件 3】　为了确保交付的系统不出现严重的软件故障，承建单位项目经理安排给测试组进行测试和软件修改的时间非常充足，测试和软件修改周期占整个软件系统开发周期的 35%，约 15 周。据此承建单位项目经理向监理提出按照此计划进行测试并解决测试出现的软件故障，当每周所发现软件系统故障数量逐步减少、不存在 A、B 类错误、且其他相关条件达到要求时，即可认为系统达到了试运行的条件并可进行系统的验收。

【问题 1】（4 分）

针对事件 1，请指出不妥之处，并给出正确做法。

【问题 2】（5 分）

针对事件 2，从监理的角度来看，请列举能够提高设计质量的举措。

【问题 3】（6 分）

针对事件 3，请回答：

（1）"当每周所发现软件系统故障数量逐步减少、不存在 A、B 类错误、且其他相关条件达到要求时，即可认为系统达到了试运行的条件"的要求恰当吗？为什么？

（2）在这种情况下，可进行系统的验收吗？为什么？

试题四分析

本题重点考核监理流程和监理内容。

【问题 1】

细节题，考察考生对监理过程中建设方、承建方、监理方工作职责和工作内容的掌握程度。

【问题 2】

案例题，考察在设计阶段，针对设计过程和设计质量，监理的主要内容。

【问题 3】

细节题，考察考生对试运行条件、验收条件知识点的了解和掌握程度。

参考答案

【问题 1】（4 分）

不妥之处一：总监理工程师主持召开项目开工会议（1 分）。正确做法：应由建设单位主持（1 分）。

不妥之处二：总监理工程师宣布授权（1 分）。正确做法：应由建设单位宣布（1 分）。

（上述答案无顺序要求）

【问题 2】（5 分）

（1）安排熟悉同类项目的高水平设计人员承担设计任务。（2 分）

（2）确保需求分析结果无损传递给设计人员（需求和设计人员的紧密配合等等）。（1 分）

（3）采用迭代的方法验证设计的正确性，提高设计的质量。（1 分）

（4）对设计进行评审。（1 分）

（其他合理的答案每个给 1 分，本问题最多得 5 分）

【问题 3】（6 分）

（1）恰当。（1 分）

理由：这时软件系统已具备试运行的条件，应当移交建设单位进行试运行。（2 分）

（2）不可以。（1 分）

理由：在定制软件开发项目中，仅根据测试结果作为软件系统验收的依据是不够的。（2 分）

试题五（10 分）

阅读下列说明，回答问题 1 至问题 3，将解答填入答题纸的对应栏内。

【说明】

针对省级电子政务信息系统建设项目，信息化主管部门启动了业务系统综合管理平台建设工作。建设任务涉及网络系统建设、应用系统开发和系统集成工作，平台主要是对现有核心业务系统实施监控、审计、分析、决策、财务管控和信息化管控等。建设单位通过公开招标引入了承建单位和监理单位。在建设过程中，发生如下事件：

【事件 1】 在监理单位全程跟踪下，承建单位完成了网络系统测试方案。建设单位要求监理单位对测试方案严格审查，找出错误的地方。

【事件 2】 信息安全是电子政务信息系统建设的重要内容之一。建设单位要求监理就项目信息安全加强监督管理，委派信息安全专业水平较高的监理工程师承担相关的监理工作。

【问题 1】（4 分）

针对事件 1 的描述，监理发现测试方案中没有针对双绞线缆测试的内容。请指出双绞线缆测试主要包括哪些内容？

【问题 2】（2 分）

在（1）～（2）中填写恰当内容（从候选答案中选择一个正确选项，将该选项编号填入答题纸对应栏内）。

针对事件 1，为保证系统应用的安全性，监理建议承建单位在方案中加入业务应用安全测试内容，包括___(1)___、___(2)___、……等等。

（1）～（2）供选择的答案：

A．业务资源的访问控制验证测试　　　B．业务应用程序缓冲区溢出检测

C．业务数据的正确性测试　　　　　　D．业务数据的可用性测试

【问题 3】（4 分）

针对事件 2，作为监理工程师，请判断以下有关信息安全的描述是否正确（填写在答题纸的对应栏内，正确的选项填写"√"，不正确的选项填写"×"）：

（1）信息安全防护是一个"程序"，而非一个"过程"。　　　　　　（　　）

（2）人员管理不是信息安全工作的核心内容。　　　　　　　　　（　　）

（3）在移动互联网领域，用户和应用的数量快速增长，互联网安全也发展得越来越完善。　　　　　　　　　　　　　　　　　　　　　　　　　　　（　　）

（4）我国电子政务内网必须实施分级保护的信息安全措施。　　　（　　）

试题五分析

本题重点考核测试流程和监理内容。

【问题 1】

细节题，考察考生对双绞线缆测试主要内容的掌握程度。

【问题 2】

细节题，考察业务应用安全测试内容。

【问题 3】

细节题，考察考生对信息安全防护、信息安全等内容的了解和掌握程度。

参考答案

【问题 1】（4 分）

（1）连通性测试。

（2）端-端的损耗测试。

（3）收发功率测试。

（4）损耗/衰减测试。

（每项 1 分，共 4 分）

【问题 2】（2 分）

（1）A　　　（2）D　　　（1）～（2）答案可互换

（每个 1 分，共 2 分）

【问题 3】（4 分）

（1）×　　　（2）×　　　（3）×　　　（4）√

（每个 1 分，共 4 分）

第23章 2017下半年信息系统监理师上午试题分析与解答

试题（1）

信息系统工程是指信息化过程中的　(1)　、信息资源系统、信息应用系统的新建、升级、改造和运行维护。

(1) A. 信息存储系统 　　　　　　　B. 信息网络系统

　　　C. 信息分发系统 　　　　　　　D. 信息安全系统

试题（1）分析

信息系统工程是指信息化工程建设中的信息网络系统、信息资源系统、信息应用系统的新建、升级、改造工程。

参考答案

(1) B

试题（2）

信息系统通过验收，正式移交给用户以后，就进入运维。要保障系统正常运行，系统维护是不可缺少的工作。软件维护一般可分为3种类型：纠错性维护、适应性维护、　(2)　。

(2) A. 测试性维护　　B. 支援性维护　　C. 完善性维护　　　D. 安全性维护

试题（2）分析

软件维护一般分为纠错性维护、适应性维护和完善性维护。

参考答案

(2) C

试题（3）

软件生存周期一般划分为六个阶段，包括软件项目计划、　(3)　、软件设计、程序编码、软件测试以及运行维护。

(3) A. 需求分析　　　　B. 招投标　　　　C. 风险分析和定义　　D. 项目绩效评估

试题（3）分析

软件生存周期的六个阶段：软件项目计划、软件需求分析和定义、软件设计、程序编码、软件测试以及运行维护。

参考答案

(3) A

试题（4）

2017年7月8日，《国务院关于印发新一代人工智能发展规划的通知》中提出要建

试题（10）

WiFi 技术常用的网络传输标准是 __(10)__ 。

（10）A．IEEE 802.11 B．IEEE 802.7 C．IEEE 802.5 D．IEEE 802.6

试题（10）分析

IEEE 802.11：无线局域网。

IEEE 802.7：宽带局域网。

IEEE 802.5：Token Ring 访问方法及物理层规定等。

IEEE 802.6：城域网的访问方法及物理层规定。

参考答案

（10）A

试题（11）

为加快形成制造业网络化产业生态体系，推动互联网与制造业融合，提升制造业数字化、网络化、智能化水平，需加强产业链协作，发展基于互联网的 __(11)__ 新模式。

（11）A．标准制造 B．协同制造 C．虚拟制造 D．绿色制造

试题（11）分析

《国务院关于积极推进"互联网+"行动的指导意见》指出：推动互联网与制造业融合，提升制造业数字化、网络化、智能化水平，加强产业链协作，发展基于互联网的协同制造新模式。在重点领域推进智能制造、大规模个性化定制、网络化协同制造和服务型制造，打造一批网络化协同制造公共服务平台，加快形成制造业网络化产业生态体系。

参考答案

（11）B

试题（12）

以下关于移动互联网的叙述中，不正确的是：__(12)__ 。

（12）A．移动互联网是以移动网络作为接入网络的互联网

B．移动互联网由移动终端和移动网络两部分组成

C．移动终端是移动互联网的前提

D．接入网络是移动互联网的基础

试题（12）分析

中国工业和信息化部电信研究院在《移动互联网白皮书》中指出移动互联网三要素：移动终端、移动网络和应用服务。移动终端是移动互联网的前提，接入网络是移动互联网的基础。

参考答案

（12）B

试题（13）

信息系统安全保障体系涉及信息系统的各个组成部分，考虑到信息安全可持续的特

性，我们可以把安全体系分为：实体安全、平台安全、__(13)__、通信安全、应用安全、运行安全和管理安全等层次。

（13）A．数据安全　　　B．操作安全　　　C．机房安全　　　D．备份安全

试题（13）分析

根据信息安全工程高级保障体系框架，我们可以把安全体系分为：安全实体安全、平台安全、数据安全、通信安全、应用安全、运行安全和管理安全等层次。

参考答案

（13）A

试题（14）

网络传输需要介质，以下对传输介质描述不正确的是：__(14)__。

（14）A．双绞线是目前广泛应用的传输介质

　　　B．同轴电缆和光纤广泛用于有线电视网，无线广泛应用于移动组网

　　　C．传输介质主要包括光纤、双绞线、同轴电缆和无线

　　　D．光纤有单模和多模之分，单模光纤传输容量和传输距离均小于多模光纤

试题（14）分析

① 双绞线是应用最为广泛的传输介质；

② 光纤有单模和多模之分，单模光纤传输容量大，传输距离远，价格高，适用于长途宽带网；多模光纤传输容量和传输距离均小于单模光纤，但价格较低，广泛用于建筑物综合布线系统；

③ 传输介质主要包括光纤、双绞线、同轴电缆和无线；

同轴电缆广泛用于有线电视网，无线广泛用于移动组网。

参考答案

（14）D

试题（15）

存储技术是在服务器附属存储 SAS 和直接附属存储 DAS 基础上发展起来的，表现为两大技术 SAN 和 NAS。下面对 SAN 和 NAS 描述不正确的是：__(15)__。

（15）A．SAN 采用光纤通道等高速专用网络，使网络服务器与多种存储设备直接连接

　　　B．NAS 关注的是文件服务而不是实际文件系统的执行情况

　　　C．NAS 适合长距离的小数据块传输，对距离的限制少

　　　D．SAN 将分布、独立的数据整合为大型、集中化管理的数据中心

试题（15）分析

① SAN 采用光纤通道等存储专用协议连接成的高速专用网络，使网络服务器与多种存储设备直接连接；

② NAS 将分布、独立的数据整合为大型、集中化管理的数据中心；

③ NAS 适合长距离的小数据块传输，易于部署和管理（见 NAS 关键特性）；

NAS 关注的是文件服务而不是实际文件系统的执行情况。

参考答案

（15）D

试题（16）

机房是计算机网络系统的中枢，其建设直接影响着整个系统的安全稳定运行。以下关于机房建设的叙述中，正确的是：___（16）___。

（16）A．维修测试时，机柜侧面（或不用面）距墙不应小于 1m

　　　　B．走道净宽不应小于 1m

　　　　C．开机时计算机主机房温度应为 18℃～28℃

　　　　D．安全工作接地，接地电阻不应大于 4Ω

试题（16）分析

机房设备布置内容：主机房内机柜侧面（或不用面）的距墙不应小于 0.5m，当需要维修时，机柜距墙不应小于 1.2m。

机房设备布置内容：走道净宽不应小于 1.2m。

开机时主机房的温湿度应执行 A 级要求，A 级夏季与冬季要求不同。计算机机房内的温度控制：全年 18℃～28℃是 B 级要求。

机房配电及防雷接地系统，机房接地应采用的四种接地方式：

① 交流工作接地，接地电阻不应大于 4Ω；

② 安全工作接地，接地电阻不应大于 4Ω；

……

参考答案

（16）D

试题（17）

在机房和综合布线工程实施过程中，对隐蔽工程的监理是非常重要的，因为隐蔽工程一旦完成隐蔽，以后如果出现问题就会耗费很大的工作量，同时对已完成的工程造成不良的影响。以下对于隐蔽工程描述不正确的是：___（17）___。

（17）A．支、吊架所用钢材应平直，无显著扭曲，下料后长短偏差应在 5mm 内

　　　　B．支、吊架固定支点间距一般不应大于 1.5～2.0mm

　　　　C．暗管转变的曲率半径不应小于该管外径的 5 倍

　　　　D．穿在管内绝缘导线的额定电压不应高于 500V

试题（17）分析

支、吊架安装要求：

① 所用钢材应平直，无显著扭曲。下料后长短偏差应在 5mm 以内。

② 支、吊架应安装牢固，保证横平竖直。

③ 固定支点间距一般不应大于 1.5～2.0mm……

线槽安装要求：

① 线槽应平整，无扭曲变形，内壁无毛刺，各种附件齐全。

② 线槽接口应平整，接缝处紧密平直，槽盖装上后应平整、无翘脚。

③ 线槽的所有非导电部分的铁件均应相互跨接。

④ 线槽安装应符合《高层民用建筑设计防火规范》。

⑤ 在建筑物中预埋线槽可为不同尺寸，按一层或两层设置，应至少预埋两根以上，线槽截面高度不宜超过 25mm。

……

管内穿线：

① 穿在管内绝缘导线的额定电压不应高于 500V。

……

管道安装要求：

① 暗管转变的曲率半径不应小于该管外径的 6 倍

……

参考答案

（17）C

试题（18）

关于隐蔽工程的金属线槽的安装，以下线槽内配线要求描述不正确的是：　（18）　。

（18）A．线槽配线前应消除槽内的污物和积水

　　　B．在同一线槽内包括绝缘在内的导线截面积总和不应超过内部截面积的 40%

　　　C．缆线布放应平直，不得产生扭绞、打圈等现象，且布放时应有冗余

　　　D．缆线布放，在牵引过程中，吊挂缆线的支点相隔间距不应大于 2.5m

试题（18）分析

线槽内配线要求：

① 线槽配线前应消除槽内的污物和积水。

② 在同一线槽内包括绝缘在内的导线截面面积总和应该不超过内部截面面积的 40%。

③ 缆线的布放应平直，不得产生扭绞、打圈等现象，不应受外力的挤压和损伤。

④ 缆线在布放前两端应贴有标签，以表明起始和终端位置，标签书写应清晰，端正和正确。

⑤ 电源线、信号电缆、对绞电缆、光缆及建筑物内其他弱电系统的缆线应分离布放。

⑥ 缆线布放时应有冗余。

⑦ 缆线布放，在牵引过程中，吊挂缆线的支点相隔间距不应大于 1.5m。

⑧ 布放缆线的牵引力，应小于缆线允许张力的 80%。

⑨ 电缆桥架内缆线垂直敷设时，在缆线的上端和每间隔 1.5m 处，应固定在桥架的支架上。

⑩ 槽内缆线应顺直，尽量不交叉，缆线不应溢出线槽，在缆线进出线槽部位、转弯处应绑扎固定。

参考答案

（18）D

试题（19）

以下说法中，不属于防火墙功能的是：　　（19）　　。

（19）A．支持透明和路由两种工作模式

　　　　B．支持广泛的网络通信协议和应用协议

　　　　C．支持攻击特征信息的集中式发布

　　　　D．支持多种入侵监测类型

试题（19）分析

防火墙功能包括：

① 支持透明和路由两种工作模式；

② 集成 VPN 网关功能；

③ 支持广泛的网络通信协议和应用协议；

④ 支持多种入侵检测类型；

⑤ 支持 SSH 远程安全登录；

⑥ 支持对 HTTP、FTP、SMTP 等服务类型的访问控制；

⑦ 支持静态、动态和双向的 NAT；

⑧ 支持域名解析，支持链路自动切换；

⑨ 支持对日志的统计分析功能；

……

参考答案

（19）C

试题（20）

以下关于 VPN 的说法中，不正确的是：　　（20）　　。

（20）A．VPN 是在公用网络上架设专用网络

　　　　B．VPN 作为虚拟专网，不需要进行数据加密

　　　　C．VPN 可以实现信息验证和身份认证

　　　　D．访问型 VPN 用于安全的连接移动用户和远程通信

试题（20）分析

VPN（虚拟专用网络）的功能是：在公用网络上建立专用网络，进行加密通信。在企业网络中有广泛应用。VPN 网关通过对数据包的加密和数据包目标地址的转换实现远

程访问。

参考答案

（20）B

试题（21）

监理工程师对平台安全进行综合检测时，需要检测与修复的内容不包括　（21）　。

（21）A．操作系统　　　　　　　　　B．网络基础设施

　　　　C．通用基础应用程序　　　　　D．用户业务系统

试题（21）分析

平台安全包括以下内容：

① 操作系统漏洞检测与修复。

② 网络基础设施漏洞检测与修复。

③ 通用基础应用程序漏洞检测与修复。

参考答案

（21）D

试题（22）

　（22）　不属于网络管理系统的管理内容。

（22）A．验收管理　　　B．网络管理　　　C．系统管理　　　D．运行维护管理

试题（22）分析

网络管理系统包括：网络管理、系统管理、运行维护管理。

参考答案

（22）A

试题（23）

总监理工程师代表由总监理工程师授权，负责总监理工程师指定或交办的任务，总监理工程师不得委托总监理工程师代表执行的工作是：　（23）　。

（23）A．主持审查和处理工程变更

　　　　B．主持编写工程项目监理规划

　　　　C．指定专人记录工程项目监理日志

　　　　D．参与工程质量事故的调查

试题（23）分析

总监理工程师不得将下列工作委托总监理工程师代表：

① 根据工程项目的进展情况进行监理人员的调配，调换不称职的监理人员；

② 主持编写工程项目监理规划及审批监理实施方案；

③ 签发工程开工/复工报审表、工程暂停令、工程款支付证书、工程项目的竣工验收文件；

④ 审核签认竣工结算。

⑤ 调解建设单位和承建单位的合同争议，处理索赔，审批工程延期。

参考答案

（23）B

试题（24）

在监理人员的工作中，复核工程量核定的有关数据并签署原始凭证及文件是 __(24)__ 的职责。

（24）A．总监理工程师　　　　　　　　B．总监理工程师代表

　　　　C．专业监理工程师　　　　　　　D．监理员

试题（24）分析

复核工程量核定的有关数据并签署原始凭证和文件是监理员的职责。

参考答案

（24）D

试题（25）

下列关于对软件需求分析的描述中，不正确的是： __(25)__ 。

（25）A．需求分析的任务是解决目标系统"怎么做"的问题

　　　　B．需求分析阶段研究的对象是软件项目的用户要求

　　　　C．分析需求应该包括业主单位隐含的需求

　　　　D．需求分析包括确定软件设计的约束和软件同其他系统元素的接口

试题（25）分析

需求分析的任务是借助于当前系统的逻辑模型导出目标系统的逻辑模型，解决目标系统"做什么"的问题。"怎么做"是设计阶段的任务。需求分析的目标是深入描述软件的功能和性能，确定软件设计的约束和软件同其他系统元素的接口细节，定义软件的其他有效性需求。需求分析阶段研究的对象是软件项目的用户要求。

在分析需求时需要注意的内容包括：限制条件、技术制约、成本制约、时间限制、软件风险、业主单位未明确（隐含）的问题等。

参考答案

（25）A

试题（26）

软件的详细设计包含设计处理过程，构造模块的实现算法，给出明确的表达，使之成为编程的依据。 __(26)__ 不是描述算法的工具。

（26）A．PAD 图　　　　B．HIPO 图　　　C．PDL 语言　　　D．DFD 图

试题（26）分析

描述算法的工具包括：流程图、PAD 图、HIPO 图、PDL 语言。DFD 图是数据流图，是需求分析阶段产生的结果。

参考答案

（26）D

试题（27）

　　__(27)__ 不属于项目质量控制的方法和技术。

（27）A．测试　　　　　　B．帕累托图　　　　　　C．过程审计　　　　　　D．控制图

试题（27）分析

　　质量控制的方法和技术包括：帕累托分析、检查、控制图、统计样本、标准差……过程审计属于质量保证的方法和技术。

参考答案

（27）C

试题（28）

　　合格的软件体系结构设计应该做到：__(28)__。

　　① 功能设计全面准确地反映需求　　② 与外界的数据接口完全正确并符合需求

　　③ 界面设计、维护设计符合需求　　④ 使软件性能达到行业领先水平

（28）A．①②③　　　　B．①③④　　　　C．②③④　　　　D．①②④

试题（28）分析

　　软件性能应达到什么标准应当在需求阶段明确，设计阶段对需求负责。在设计阶段，业主单位需要对设计文档进行检查，主要在功能设计是否全面准确地反映了需求、输入项是否完全正确并符合需求、输出项是否符合需求、与外界的数据接口是否完全正确并符合需求、各类编码表是否完全正确并符合需求、界面设计是否符合需求、维护设计是否符合需求、各类数据表格式和内容是否符合要求。

参考答案

（28）A

试题（29）

　　软件配置管理必须保证软件配置管理项的正确性、完备性、__(29)__。

（29）A．易用性　　　　B．多态性　　　　C．继承性　　　　D．可追踪性

试题（29）分析

　　软件配置管理项是软件的真正实质性材料，因此必须保证正确性、完备性、可追踪性。继承性、多态性是对象的特点，配置项不需要考虑易用性问题。

参考答案

（29）D

试题（30）

　　软件测试的目的是__(30)__。

（30）A．证明软件正确性　　　　　　　　　B．验证软件是否满足需求

　　　　C．评估程序员水平　　　　　　　　　D．为软件定价提供依据

试题（30）分析

测试目的是：

① 通过测试，发现软件错误。

② 验证软件满足需求规格说明、软件设计所规定的功能、性能及其软件质量特性的要求。

③ 为软件质量的评价提供依据。

参考答案

（30）B

试题（31）

按使用的测试技术不同，将软件测试分为静态测试和动态测试，____(31)____属于静态测试。

（31）A．黑盒测试　　B．代码走查　　C．接口分析　　D．数据流分析

试题（31）分析

静态测试分为静态分析和代码走查；动态测试分为白盒测试和黑盒测试。接口分析和数据流分析属于静态分析。

参考答案

（31）B

试题（32）

软件产品交付使用后，一般需要进行软件维护。当软件支持环境（如操作系统、编译器等）发生变化导致软件无法正常运行时，所需要进行的修改工作属于____(32)____。

（32）A．纠错性维护　　B．适应性维护　　C．完善性维护　　D．预防性维护

试题（32）分析

为适应软件运行环境改变而作的修改，称为适应性修改。环境改变包括软件支持环境的改变，如操作系统、编译器或应用程序的变化等。

参考答案

（32）B

试题（33）

设计模式是面向对象的系统设计过程中反复出现的问题解决方案，其基本要素不包括____(33)____。

（33）A．模式类型　　B．模式问题　　C．解决方案　　D．模式效果

试题（33）分析

一个模式要有四个模式要素：模式名称、模式问题、解决方案、效果。

参考答案

（33）A

试题（34）

下述关于面向对象的软件开发方法（OMT）中，不正确的是 (34) 。

(34) A. OMT 使软件的可维护性大大改善

B. OMT 的基础是软件系统功能的分解

C. OMT 是一种自底向上和自顶向下相结合的方法

D. OMT 的第一步是从问题的陈述入手，构造系统模型

试题（34）分析

OMT 是一种自底向上和自顶向下相结合的方法，OMT 的第一步是从问题的陈述入手，构造系统模型。

OMT 的基础是目标系统的对象模型，而不是功能的分解。正是 OMT 使软件的可维护性有了质的改善。

参考答案

(34) B

试题（35）

按照 J2EE 技术架构组成的应用系统至少分为三层，EJB 包容器属于 (35) 。

(35) A. 客户层　　　　B. 数据层　　　　C. 中间层　　　　D. 应用层

试题（35）分析

J2EE 第二层是中间层，即业务逻辑层，其中有两个包容器：Web 包容器和 EJB 包容器。

参考答案

(35) C

试题（36）

在信息系统集成项目中，通过项目管理可以做到： (36) 。

(36) A. 项目需求清晰后再进行实施，杜绝项目变更

B. 提高信息系统集成项目实施过程的可视性

C. 保证信息系统集成项目按期完成

D. 保证信息系统集成项目成本有节余

试题（36）分析

项目管理在工程项目中的重要性是不言而喻的，在信息系统集成项目中，其重要性更为突出，主要原因如下。

① 信息系统项目往往大到事关国家生死存亡，小到事关单位兴衰成败。

② 信息系统项目需求往往在还没有完全搞清时就付诸实施，并且在实施过程中一再修改。

③ 信息系统项目往往不能按预定进度执行。

④ 信息系统项目的投资往往超预算。

⑤ 信息系统的实施过程可视性差。

⑥ 信息系统的项目管理，尤其信息系统项目监理，往往不被重视。

参考答案

（36）B

试题（37）

A 公司的项目组人员来自不同职能部门，受职能部门和项目组双重领导。项目组成员参与项目期间，主要受项目经理的领导，同时与所属部门保持联系。A 公司的组织结构属于 （37） 。

（37）A. 领域型　　　　B. 矩阵型　　　　C. 职能型　　　　D. 直线型

试题（37）分析

单位组织结构的三种类型为职能型、领域型、矩阵型。项目组人员来自不同职能部门，受职能部门和项目组双重领导。这种组织方式通常称为矩阵型。在矩阵型组织方式中，并不要求项目组的每个人都从头至尾参与该项目，而是根据项目需求参与不同的时间段。作为项目组成员参与项目期间，主要受项目经理的领导，同时与所属部门保持联系。

参考答案

（37）B

试题（38）

信息系统项目的实施涉及建设单位、承建单位、监理单位三方，下列说法中正确的是： （38） 。

（38）A. 项目由承建单位负责实施，因此只有承建单位需要采用项目管理方法

　　　B. 项目管理要素的全部都是由项目建设单位重点实施

　　　C. 建设单位重点实施的项目管理要素是"立项管理"和"评估与验收管理"

　　　D. 监理单位不涉及项目的"项目组织与人员管理"要素

试题（38）分析

信息系统项目的实施涉及主建方、承建单位、监理单位三方，三方都需要采用项目管理的方法以完成其在项目实施中所肩负的责任。除立项阶段的理想准备、立项申请、立项审批之外，项目管理要素的几乎全部，都是项目承建单位所要重点实施的。建设单位重点实施的是"立项管理"与"评估与验收管理"。监理单位直接或间接涉及"项目组织与人员管理""计划与执行管理""执行与知识产权管理"。

参考答案

（38）C

试题（39）

监理人员的权利和义务包括： （39） 。

① 根据监理合同独立执行工程监理业务

② 按照建设单位要求来维护建设单位权益

③ 保守承建单位的技术秘密和商业秘密

④ 不得承担被监理项目中的技术和业务工作

（39）A．①②③　　B．①③④　　C．②③④　　D．①②③④

试题（39）分析

按照监理合同取得监理收入是监理单位的权利和义务。

监理人员的权利和义务包括：

① 根据监理合同独立执行工程监理义务。

② 保守承建单位的技术秘密和商业秘密。

③ 不得同时从事与被监理项目相关的技术和业务活动。

参考答案

（39）B

试题（40）

建设单位选定监理单位后，应当与其签订监理合同，__（40）__ 不应包括在监理合同中。

（40）A．监理业务内容

B．建设单位的权利和义务

C．承建单位的违约责任

D．监理费用的计取和支付方式

试题（40）分析

监理合同与承建单位无关。一旦选定监理单位，建设单位与监理单位应签定监理合同，合同内容主要包括如下内容。

① 监理业务内容；

② 双方的权利和义务；

③ 监理费用的计取和支付方式；

④ 违约责任及争议的解决方法；

⑤ 双方约定的其他事项。

参考答案

（40）C

试题（41）

信息系统工程合同的内容较多，涉及工程设计、产品采购、实施等多方面。下列关于信息系统工程合同内容的表述中，不正确的是：__（41）__。

（41）A．甲乙双方的权利、义务是合同的基本内容

B．质量要求条款应准确细致地描述项目的整体质量和各部分质量

C．合同中应包括监理单位提交各阶段项目成果的期限

D．合同中应包括建设单位提交有关基础资料的期限

试题（41）分析

信息系统工程合同签定双方是建设单位和承建单位，应包括承建单位提交各阶段项

目成果的期限。信息系统工程合同包括：

① 甲乙双方的权利、义务是合同的基本内容；

② 建设单位提交有关基础资料的期限；

③ 项目的质量要求；

④ 承建单位提交各阶段项目成果的期限；

⑤ 项目费用和项目款的交付方式。

……

参考答案

（41）C

试题（42）

监理单位依据 ISO9000 标准，遵照一定步骤建立和完善质量保证体系，通过有关机构的审核认证。__(42)__ 步骤的顺序是正确的。

① 编写质量体系文件

② 质量体系策划

③ 对建立和实施质量保证体系进行动员

④ 管理评审

⑤ 质量体系试运行

⑥ 内部质量体系审核

（42）A. ③②①⑤⑥④   B. ②③①⑤④⑥

      C. ③②①⑤④⑥   D. ②③①⑤⑥④

试题（42）分析

易混淆点在于先动员还是先策划，先内审还是先管理评审。内审是管理评审的依据，在先。监理单位可以依据 ISO9000 标准，遵照下列步骤建立和完善质量保证体系，通过有关机构的审核认证。

① 准备大会（召开大会，对建立和实施质量保证体系进行动员）；

② 质量体系策划；

③ 编写质量体系文件；

④ 培训内部审核员；

⑤ 质量体系试运行；

⑥ 内部质量体系审核；

⑦ 管理评审；

⑧ 质量体系认证前的准备；

⑨ 质量体系认证过程；

⑩ 质量体系的进一步改进与完善。

参考答案

（42）A

试题（43）

监理工程师超出建设单位委托的工作范围，从事了自身职责外的工作，并造成了工作上的损失。这属于监理工作的　__（43）__ 。

（43）A．工作技能风险　　　　　　　B．技术资源风险

　　　　C．管理风险　　　　　　　　　D．行为责任风险

试题（43）分析

监理工程师行为责任风险来自三方面：

① 监理工程师超出建设单位委托的工作范围，从事了自身职责外的工作，并造成了工作上的损失；

② 监理工程师未能正确地履行合同中规定的职责，在工作中发生失职行为造成损失；

③ 监理工程师由于主观上的无意行为未能严格履行职责并造成了损失。

参考答案

（43）D

试题（44）

在建设单位选择合适的监理单位时，监理单位为了获得监理任务，在项目招标阶段编制的项目监理单位方案性文件是　__（44）__ 。

（44）A．监理大纲　　　　　　　　　B．监理规划

　　　　C．监理实施细则　　　　　　　D．投标书

试题（44）分析

监理大纲是在建设单位选择合适的监理单位时，监理单位为了获得监理任务，在项目招标阶段编制的项目监理单位方案性文件。

参考答案

（44）A

试题（45）

下述各项中，　__（45）__ 不是监理规划的内容。

（45）A．监理的范围、内容与目标

　　　　B．监理工具和设施

　　　　C．监理依据、程序、措施及制度

　　　　D．监理流程

试题（45）分析

监理流程是监理实施细则中的内容。监理规划的内容包括：

① 工程项目概况；

② 监理的范围、内容与目标；

③ 监理项目部的组织结构与人员配备；

④ 监理依据、程序、措施及制度；

⑤ 监理工具和设施。

参考答案

（45）D

试题（46）

下述各项中，___(46)___ 是监理实施细则的内容。

（46）A．监理项目部的组织结构　　　　B．监理项目部的人员配备

　　　 C．工程项目概况　　　　　　　　D．监理的控制要点及目标

试题（46）分析

监理项目部的组织结构、监理项目部的人员配备和工程项目概况是监理规划的内容。监理实施细则的内容包括：

① 工程专业的特点；

② 监理流程；

③ 监理的控制要点及目标；

④ 监理单位方法及措施。

参考答案

（46）D

试题（47）

对信息系统工程的特点以及质量影响要素有比较清楚的认识，质量控制才能有针对性。___(47)___ 不属于信息系统工程的特点。

（47）A．质量纠纷认定难度小　　　　　B．可视性差，质量缺陷比较隐蔽

　　　 C．改正错误的代价往往较大　　　D．定位故障比较困难

试题（47）分析

信息系统工程特点及质量影响要素：

① 控制质量首先要控制人；

② 变更是信息系统特别是应用系统比较大的一个特点；

③ 定位故障比较困难；

④ 信息系统工程的可视性差；

⑤ 改正错误的代价往往比较大；

⑥ 质量纠纷认定的难度大。

参考答案

（47）A

试题（48）

信息系统工程项目是由建设单位、承建单位和监理单位共同完成的。下列有关质量管理体系中三方关系的说法中，不正确的是：　(48)　。

（48）A. 建设单位的参与人员是为本项目配备的质量管理人员，承建单位的参与人员是质保部门的质量管理人员，监理单位的参与人员主要是质量监理工程师、总监理工程师

B. 承建单位的质量控制体系能否有效运行是整个项目质量保障的关键

C. 建设单位应该建立较完整的工程项目管理体系

D. 监理单位应严格按照承建单位质量控制体系从事监理活动

试题（48）分析

承建单位是工程建设的实施方，因此承建单位的质量控制体系能否有效运行是整个项目质量保障的关键。

建设单位的参与人员是建设单位为本项目配备的质量管理人员，承建单位的参与人员是承建单位的质保部门的质量管理人员，监理单位的参与人员主要是质量监理工程师、总监理工程师。

建设单位作为工程建设的投资方和用户方，应该建立较完整的工程项目管理体系，这是项目成功的关键因素之一。

监理单位是工程项目的监督管理协调方，既要按照自己的质量控制体系从事监理活动，还要对承建单位的质量控制体系以及建设单位的工程管理体系进行监督和指导。

参考答案

（48）D

试题（49）

为了加强某信息系统工程项目质量，质量监理工程师邵工根据质量目标及质量方案设置质量控制点，他应遵循　(49)　的原则。

① 选择的质量控制点应该突出重点

② 选择的质量控制点应该易于纠偏

③ 质量控制点设置要有利于承建单位从事工程质量的控制活动

④ 保持其设置的灵活性和动态性

（49）A. ①③④　　　B. ①②③　　C. ②③④　　　D. ①②④

试题（49）分析

进行控制点设置应遵守的原则：

① 选择的质量控制点应该突出重点；

② 选择的质量控制点应该易于纠偏；

③ 质量控制点设置要有利于参与工程建设的三方共同从事工程质量的控制活动；

④ 保持控制点设置的灵活性和动态性。

参考答案

（49）D

试题（50）

下述监理过程中进行质量控制的做法，不正确的是：___（50）___。

（50）A. 信息系统隐蔽工程在实施期间线路进行了改变，监理工程师现场检查线路敷设是否合规

　　　B. 信息系统工程中，承建单位新采购了一批设备，采购前向监理工程师提交设备采购方案

　　　C. 信息系统工程中，承建方在综合布线系统完成后，进行计算机网络相联通电

　　　D. 工程实施过程中，监理工程师收到承建单位的到货验收申请后进行相关检查，发现不合格后签发"不合格通知"

试题（50）分析

关键过程质量控制实施要点：主要项目工作各阶段（包括布线中的隐蔽作业）需按有关验收规定经现场监理人员检查、签署验收。综合布线系统完成后，未经监理工程师测试、检查，不得与整个计算机网络系统相联通电。

参考答案

（50）C

试题（51）

某工程有 10 项工作，其相互关系如下表所示，则该项目工期为 ___（51）___ 天。

工作代号	所用时间（天）	紧前作业
A	5	
B	4	A
C	3	A
D	6	B
E	7	C、D
F	7	D
G	5	E
H	5	G
I	10	F、H
J	2	I

（51）A. 37　　　　B. 44　　　　C. 34　　　　D. 54

试题（51）分析

项目双代号网络图为：

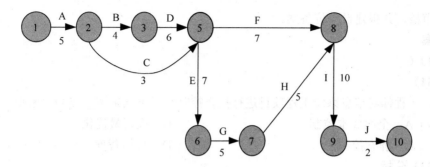

关键路径是，节点：A-B-D-E-G-H-I-J,项目工期为 44 天。

参考答案

（51）B

试题（52）

监理工程师在实施进度控制时，会采取多种措施来进行检查，___（52）___ 不属于监理工程师采用的基本措施。

（52）A. 落实监理单位进度控制的人员组成和职责分工

　　　 B. 确定最短项目工期，进行进度预测分析和进度统计

　　　 C. 合同期与进度协调

　　　 D. 实行进度动态比较，提供比较报告

试题（52）分析

实施进度控制时可以采取以下措施：

① 组织措施。落实监理单位进度控制的人员组成，具体控制任务和管理职责分工。

② 技术措施。确定合理定额，进行进度预测分析和进度统计。

③ 合同措施。合同期与进度协调。

④ 信息管理措施。实行计算机进度动态比较，提供比较报告。

参考答案

（52）B

试题（53）

监理工程师在实施阶段进行进度控制，当发生阶段性工程延期，并造成总工期延迟时，可以___（53）___。

（53）A. 要求建设单位修改并批准总工期

　　　 B. 要求承建单位修改并批准总工期

　　　 C. 要求承建单位修改总工期，并经建设单位批准

　　　 D. 要求监理单位修改总工期，并由承建单位认可

试题（53）分析

阶段性工期延期造成工程总工期延时，应要求承建单位修改总工期，修改后总工期

应经过审核,并报建设单位备案。

参考答案

(53) C

试题 (54)

监理工程师对信息系统工程项目进行投资控制时,不宜采用 __(54)__ 原则。

(54) A. 全面成本控制   B. 投资最优化

       C. 静态控制   D. 目标管理

试题 (54) 分析

投资最优化原则,全面成本控制原则,动态控制原则,目标管理原则,责、权、利相结合的原则。

参考答案

(54) C

试题 (55)

实施方案设计费用属于信息工程项目投资的 __(55)__ 。

(55) A. 工程前期费   B. 工程费   C. 直接费   D. 间接费

试题 (55) 分析

下图是信息系统工程投资构成。

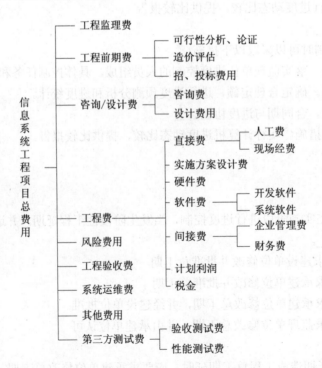

参考答案

（55）B

试题（56）

项目经理利用如下公式进行成本估算，这种估算方法是　(56)　。

$$总成本=单位面积建造成本×1.25$$

（56）A．参数建模　　　　　　　　　B．类比估计

　　　C．累加估计　　　　　　　　　D．自下而上估算

试题（56）分析

参数建模是把项目的一些特征作为参数，通过建立一个数学模型预测项目成本。

参考答案

（56）A

试题（57）

审核分析工程竣工结算是监理工程师对项目成本控制工作的一项重要内容，以下
　(57)　是工程竣工结算审核的内容。

① 项目成本计划的执行情况　　　　② 报废损失和核销损失的真实性

③ 各项账目、统计资料是否准确完整　④ 项目竣工说明书是否全面系统

⑤ 项目的各项费用是否超出预算

（57）A．①②③⑤　　　B．②③④⑤　　　C．①③④⑤　　　D．①②③④

试题（57）分析

重点审核以下内容：

① 审核项目成本计划的执行情况；

② 审核项目的各项费用支出是否合理；

③ 审核报废损失和核销损失的真实性；

④ 审核各项账目、统计资料是否准确完整；

⑤ 审核项目竣工说明书是否全面系统。

参考答案

（57）D

试题（58）

变更在信息系统工程实际的建设过程中是经常发生的，做好变更控制可以更好地为
质量控制、进度控制和成本控制服务。以下关于信息系统工程变更的说法，　(58)　是
不正确的。

（58）A．项目实施过程中，变更处理越早，损失越小

　　　B．任何变更都要得到三方（建设单位、监理单位和承建单位）书面确认

　　　C．承建单位和建设单位是变更主要申请方，监理方无权提出变更请求

　　　D．建设单位由于机构重组等原因造成业务流程的变化，可能导致变更

试题（58）分析

在项目实施过程中，变更处理越早，损失越小；变更处理越迟，难度越大，损失也越大。

任何变更都要得到三方（建设单位，监理单位和承建单位）书面的确认，并且要在接到变更通知单之后才能进行。

三方都有权提出变更，一般地说，承建单位和建设单位是变更的主要申请方，但是并不是说监理单位就不可以提出变更，监理单位也可以根据项目实施的情况提出变更。

造成信息系统变更的原因：

① 项目总体设计，项目需求分析不够周密详细，有一定的错误或者遗漏；

② 建设单位由于机构重组等原因造成业务流程的变化。

参考答案

（58）C

试题（59）

以下关于变更的描述，不正确的是：___（59）___。

（59）A. 变更申请单位向监理工程师提出变更要求，提交书面工程变更建议书

　　　　B. 工程变更建议书主要包括：变更的原因及依据、变更的内容及范围、变更引起的合同总价和工期增加或减少等

　　　　C. 工程变更建议书应在预计可能变更的时间之前一周提出

　　　　D. 监理机构有权根据项目实际情况，驳回变更申请

试题（59）分析

变更申请单位向监理工程师提出变更要求，提交书面工程变更建议书。工程变更建议书主要包括：变更的原因及依据；变更的内容及范围、变更引起的合同总价和工期增加或减少等。工程变更建议书应在预计可能变更的时间之前 14 天提出。监理对变更进行初审，对于完全无必要的变更，可以驳回申请，并给出监理意见。

参考答案

（59）C

试题（60）

监理人员在进行需求变更管理时需要遵守的规则不包括：___（60）___。

（60）A. 每一项变更都需要对变更申请进行评估

　　　　B. 每一项变更必须用变更申请单提出

　　　　C. 监理工程师必须与总监理工程师商议所有提出的变更

　　　　D. 在获得建设方和监理方的书面批准后即可执行

试题（60）分析

要控制需求变更，监理人员必须遵守以下一些规则：

每个项目合同必须包括一个控制系统，通过它对变更申请进行评估；

每一项项目变更必须用变更申请单提出；

变更必须获得项目各方责任人的书面批准；

在准备审批变更申请单前，监理工程师必须与总监理工程师商议所有提出的变更；

变更申请单批准以后，必须修改项目整体计划。

参考答案

（60）D

试题（61）

在 X 综合布线项目中，承建单位出现了进度、质量相关问题，监理单位立即向各方提出了意见和建议，并在必要时告知了建设单位。这体现了监理单位在合同管理中的 ___（61）___ 原则。

（61）A．事前预控　　B．实时纠偏　　C．充分协商　　D．公正处理

试题（61）分析

出现问题采取行动属于纠偏行为。充分协商是发生争议时几方协商，力求取得一致统一的结果。实时纠偏原则：监理单位在实施过程中，应及时纠正发现承建单位错误和不当的做法及一些违反信息系统工程合同约定的行为。

参考答案

（61）B

试题（62）

下述关于索赔的描述，正确的是： ___（62）___ 。

（62）A．不可抗力事件可以引起索赔

　　　　B．索赔是由承建单位向建设单位提出的

　　　　C．索赔是惩罚性质的

　　　　D．索赔是建设单位利益的体现

试题（62）分析

导致索赔事件的发生，可以是一定行为造成，也可能是不可抗力事件引起。索赔是双向的，建设单位和承建单位都可能提出索赔要求。索赔的性质属于经济补偿行为，而不是惩罚。

索赔是合同双方利益的体现。

参考答案

（62）A

试题（63）

在《与贸易有关的知识产权协议》中， ___（63）___ 不属于知识产权保护的范围。

（63）A．工业品外观设计权　　　　B．软件著作权

　　　　C．集成电路布图设计权　　　　D．个人隐私保护权

试题（63）分析

《与贸易有关的知识产权协议》中作为知识产权保护的范围是：

著作权及其相关权利；

商标权；

地理标记权；

工业品外观设计权；

专利权；

集成电路布图设计权；

对未公开信息的保护权。

参考答案

（63）D

试题（64）

监理工程师应建议建设单位遵循的人员安全管理原则不包括：　（64）　。

（64）A．授权最小化　　　　　　　　B．授权分散化

　　　C．授权均衡化　　　　　　　　D．授权规范化

试题（64）分析

在制度建设过程中，监理工程师要建议建设单位遵循以下原则：

授权最小化；

授权分散化；

授权规范化。

参考答案

（64）C

试题（65）

在信息系统工程建设中，应对信息系统的应用环境进行风险分析与安全管理。应用环境控制可降低业务中断的风险，应用环境监控的对象不包括　（65）　。

（65）A．电源　　　　　B．地面　　　　　C．计算机蠕虫　　　　D．空间状态

试题（65）分析

应用环境控制可降低业务中断的风险，监控的项目包括：电源、地面、空间状态。

参考答案

（65）C

试题（66）

　（66）　不属于工程监理总结报告的内容。

（66）A．监理工作统计　　　　　　　B．监理月报

　　　C．监理总评价　　　　　　　　D．工程进度综述

试题（66）分析

监理总结报告应重点包含以下几个方面的内容：

① 工程概况；

② 监理工作统计；

③ 工程质量综述；

④ 工程进度综述；

⑤ 管理协调综述；

⑥ 监理总评价。

监理月报属于监理实施类文档。

参考答案

（66）B

试题（67）

工程质量监理文档是按照工程质量过程控制和测试技术进行工程质量控制的主要手段，如果监理认为存在质量缺陷，则工程质量监理文档必须包括 ___（67）___ 。

（67）A．回归情况监理　　　　　　　　B．进度监理

　　　　C．项目变更文档　　　　　　　　D．测试方案

试题（67）分析

工程质量监理文档主要包括两部分：质量监理、回归情况监理。如果监理意见认为存在质量缺陷，则必须包括回归情况监理。

参考答案

（67）A

试题（68）

综合所有监理资料，对工程进度、工程质量、合同管理及其他事项进行统一的综合分析及总结，并且由总监理工程师组织编写的监理文件是 ___（68）___ 。

（68）A．工程监理总结报告　　　　　　B．工程监理专题报告

　　　　C．工程验收监理报告　　　　　　D．工程结项报告

试题（68）分析

工程监理总结报告由总监理工程师组织编写，由各相关专业监理工程师参加，综合各工程月报和所有的监理资料，对工程进度、工程质量、合同管理及其他事项进行统一的综合分析，总结出整体建立结论。

参考答案

（68）A

试题（69）

在项目建设单位、承建单位、监理单位三方之间，协调的结果一定是各方形成合力、解决存在的问题、推动项目前进，这体现了沟通与协调的 ___（69）___ 原则。

（69）A．携手共进　　　　　　　　　　B．信息共享

　　C. 要点共识　　　　　　　　　D. 目标共同

试题（69）分析

携手共进原则—协调的结果一定是各方形成合力、解决存在的问题、推动项目前进。

参考答案

（69）A

试题（70）

在项目实施过程中，通过＿＿（70）＿＿，可以使相关人员及时了解项目组在每个阶段所完成的工作、与项目合同和计划相吻合（或偏离）的情况、遗留问题以及建议等。

（70）A. 项目沟通计划　　　　　　B. 项目绩效报告

　　　　C. 监理实施细则　　　　　　D. 监理规划

试题（70）分析

项目进度及绩效报告是沟通的一项主要内容和方法。使相关人员及时了解项目组在一个个阶段所完成的工作，与项目合同和计划相吻合（或偏离）的情况，还存在什么问题以及建议等。

参考答案

（70）B

试题（71）

＿＿（71）＿＿ concerns a cycle of organizational activity: the acquisition of information from one or more sources, the custodianship and the distribution of that information to those who need it, and its ultimate disposition through archiving or deletion.

（71）A. Data management　　　　　B. Information management

　　　　C. Content management　　　　D. Knowledge management

试题（71）分析

信息管理的定义。信息管理包括一系列有组织的活动：从一个或多个信息源获得信息，保管并向需要的人分发信息，最终归档或删除。

参考答案

（71）B

试题（72）

System and application access control is to prevent ＿＿（72）＿＿ access to systems and applications. Access to information and application system functions shall be restricted in accordance with the access control policy.

（72）A. physical　　　　　　　　B. special

　　　　C. authorized　　　　　　　D. unauthorized

试题（72）分析

系统和应用访问控制是了防止对系统和应用的非授权访问。信息和应用系统功能的访问应依照访问控制策略加以限制。

参考答案

（72）D

试题（73）

The project management plan defines how the project is executed, monitored and controlled, and closed. It is progressively elaborated by updates, and controlled and approved through the Perform Integrated ＿＿（73）＿＿ process.

　（73）A．Cost Control　　　　　B．Schedule Control

　　　　　C．Change Control　　　　D．Risk Control

试题（73）分析

项目管理计划定义了项目如何执行、监控和控制，并关闭。它通过执行集成变更控制流程逐步地进行详细阐述、控制和批准。

参考答案

（73）C

试题（74）

Change control within information technology (IT) systems is a formal process used to ensure that changes to product or system are introduced in a controlled and coordinated manner. It ＿＿（74）＿＿ the possibility that unnecessary changes will be introduced to a system without forethought.

　（74）A．adds　　　B．removes　　　C．produces　　　D．reduces

试题（74）分析

IT 系统中的变更控制是一个正式的过程，用来确保产品或系统以受控和协调的方式进行变更。它减少了不必要的变更被非预期地引入到系统中的可能性。

参考答案

（74）D

试题（75）

＿＿（75）＿＿ seeks to build confidence that a future output or an unfinished output, also known as work in progress, will be completed in a manner that meets the specified requirements and expectations.

　（75）A．Quality assurance　　　B．Product assurance

　　　　　C．Service assurance　　　D．Output assurance

试题（75）分析

质量保证旨在建立信心，即未来的产出或未完成的产出（也被称为正在进行的工作）将以符合规定要求和期望的方式完成。

参考答案

（75）A

第24章　2017下半年信息系统监理师下午试题分析与解答

试题一（20分）

阅读下列说明，回答问题1至问题4，将解答填入答题纸的对应栏内。

【说明】

X省通信运营商拟开发运营支撑系统应用软件，管理企业的业务流程和基础资源。建设单位通过公开招标方式选择了监理单位，以便协助建设单位做好全过程的监理工作。该项目承建单位采用瀑布模型进行软件开发。在项目开发过程中，发生如下事件：

【事件1】　监理单位根据项目的实际状况，拟将进度控制、变更控制、信息管理、协调作为全部监理内容。

【事件2】　为了赶进度，承建单位编写了系统开发计划、质量保证计划、配置管理计划等项目计划及《软件需求规格说明书》后，认为需求分析阶段的工作已完成，立即开始进行软件设计。

【事件3】　承建单位按照规定日期提交了概要设计说明书、数据库设计说明书、详细设计说明书，监理工程师老姚认为承建单位完成了设计阶段的任务。

【问题1】（4分）

对于事件1，监理单位的监理内容还应包括哪些？

【问题2】（5分）

对于事件2，作为监理工程师，请指出承建单位工作的不足之处。

【问题3】（5分）

（1）针对事件3，监理工程师还应该从哪些方面对设计文档进行审查？

（2）请说明对概要设计说明书应重点审查的内容。

【问题4】（6分）

为了有效地实施监理工作，提高监理质量，监理单位建立了完善的质量控制体系。监理单位的质量控制体系应包括哪些内容？

试题一分析

本题重点考核企业信息化工程监理要求和关键点。

【问题1】

问答题，针对事件1，考核监理工程师的工作内容。

【问题2】

案例分析，针对事件2，考核需求阶段监理控制要点。

【事件2】　为了赶进度，承建单位编写了系统开发计划、质量保证计划、配置管理计划等项目计划及《软件需求规格说明书》后，认为需求分析阶段的工作已完成，立即开始进行软件设计——考生需仔细分析事件 2，核对监理工程师在需求阶段的审查要点是否全部审查到位。

此阶段监理控制要点：

完成所有阶段产品；需求阶段应该完成的成果还应该包含《配置项（初步）确认测试计划》、《用户使用说明书》；

开发计划经批准后生效；

需求规格说明通过评审；

以需求规格说明为核心的配置管理分配基线。

【问题 3】

（1）细节题，针对事件 3，考核软件设计时的监理内容。

【事件 3】　承建单位按照规定日期提交了概要设计说明书、数据库设计说明书、详细设计说明书，监理工程师老姚认为承建单位完成了设计阶段的任务——考生需仔细分析事件 3，核对监理工程师审查设计说明书时是否全部审查到位。

设计阶段主要审查内容：

是否符合国家标准《计算机软件产品开发文件编制指南》中关于设计说明书的编写标准，审查设计说明书是否符合已会签的软件需求说明书及需求补充说明书的有关内容，是否基本满足系统的业务需求。

（2）问答题，考核概要设计说明书重点审查的内容。

【问题 4】

问答题，考核监理单位的质量控制体系内容。

参考答案

试题一（20 分）

【问题 1】（4 分）

（1）质量控制

（2）投资控制

（3）合同管理

（4）安全管理

（每个 1 分，共 4 分）

【问题 2】（5 分）

（1）软件需求分析阶段的成果不完整；（1 分）

还应包括：

（a）软件（初步）系统测试计划

（b）软件使用说明/用户手册初稿

（每条 1 分，满分 1 分）

（2）《软件需求规格说明书》没有通过评审；（1分）

（3）项目计划编制完成后，没有批准，应批准后才能生效；（1分）

（4）没有以软件需求规格说明为核心进行配置管理，分配基线。（1分）

【问题3】（5分）

（1）监理工程师除了检查是否提交了设计文件外，还应从以下方面对设计文档进行内容审查。包括：

（a）审查设计说明书是否符合国家标准《计算机软件产品开发文件编制指南》中关于设计说明书的编写标准；（答出编写合规得1分）

（b）审查设计说明书是否符合已会签的软件需求说明书、是否基本满足系统的业务需要。（答出与需求一致得1分）

（2）概要设计明书应审查的主要内容：

（a）总体设计（包含系统结构设计、系统流程设计）；

（b）接口设计；

（c）运行设计（环境配置）；

（d）系统数据结构设计（数据库设计）；

（e）系统出错处理设计。

（每点1分，满分3分）

【问题4】（6分）

（1）质量管理组织

（2）项目质量控制

（3）设计质量控制程序

（4）开发质量控制程序

（5）测试质量控制程序

（6）系统验收质量控制程序

（每条1分，共6分）

试题二（15分）

阅读下列说明，回答问题1至问题3，将解答填入答题纸的对应栏内。

【说明】

北京市X区政府拟建设一套综合性政务公开系统，向公众展示各部门政策发布及政务进展。该项目由系统集成公司A负责实施，信息系统监理公司B负责监理。该系统在整个建设过程中，发生如下事件：

【事件1】 实施人员在综合布线系统完成后，立即进行网络系统相连通电及调试，致使核心交换机被损坏。公司A项目管理人员已承担责任并及时更换了该设备，并希望现场监理不要报告业主，以维护承建单位和监理单位的信誉。监理出于多方考虑，接受了公司A的建议。

【事件 2】　项目验收前，建设单位成立了验收委员会，任命区政府办公室主任张工担任验收委员会主任。验收过程中，将验收内容记录在了验收报告中，并由张工在验收报告上代表验收委员会进行了签字，证明验收内容属实，最后将验收报告交由 X 区区长决定是否通过验收。

【事件 3】　验收委员会委托验收测试组依据合同进行验收测试过程中，业主要求临时增加一些测试内容，验收测试组拒绝了业主要求。测试合格后，验收委员会决定召开评审会，进行综合评价。

【问题 1】（5 分）

对于事件 1，针对网络系统安装调试时出现的问题，请分别指出承建方和监理方存在的问题。

【问题 2】（3 分）

对于事件 2，请指出其中的不适当之处。

【问题 3】（7 分）

（1）对于事件 3，针对业主提出的测试内容，验收测试组的做法是否正确？请说明原因。

（2）请说明验收过程的工作步骤。

试题二分析

本题重点考核验收阶段监理工作的技术要点。

【问题 1】

案例分析，针对事件 1，考核网络系统安装调试时承建方和监理方的工作内容。

【事件 1】　实施人员在综合布线系统完成后，立即进行网络系统相连通电及调试，致使核心交换机被损坏。公司 A 项目管理人员已承担责任并及时更换了该设备，并希望现场监理不要报告业主，以维护承建单位和监理单位的信誉。监理出于多方考虑，接受了公司 A 的建议——考生需仔细分析事件 1，核对综合布线完成后承建方和监理方双方各自的工作内容是否合理：

1）立即进行网络系统相连通电及调试，致使核心交换机被损坏——直接网络系统相连通电及调试，是否合理？

2）公司 A 项目管理人员已承担责任并及时更换了该设备并希望现场监理不要报告业主——是否合理？

3）监理出于多方考虑，接受了公司 A 的建议——是否合理？

【问题 2】

细节题，针对事件 2，考核验收阶段的验收结论、验收报告内容。

【事件 2】　项目验收前，建设单位成立了验收委员会，任命区政府办公室主任张工担任验收委员会主任。验收过程中，将验收内容记录在了验收报告中，并由张工在验收报告上代表验收委员会进行了签字，证明验收内容属实，最后将验收报告交由 X 区区长决定是否通过验收——考生需仔细分析事件 2，核对验收阶段的验收报告、验收结论等内容。

验收报告：

在软件验收评审后，必须填写软件验收报告，详尽记录验收的各项内容、评价和验收结论，验收委员会全体成员应在验收报告上签字。

评委会根据验收准则，给出验收结论

（1）通过：同意通过验收的委员人数超过事先约定人数；

（2）不通过：同意通过验收的委员人数达不到通过的要求。

【问题 3】

（1）细节题，针对事件 3，考核验收测试内容。

【事件 3】 验收委员会委托验收测试组依据合同进行验收测试过程中，业主要求临时增加一些测试内容，验收测试组拒绝了业主要求。测试合格后，验收委员会决定召开评审会，进行综合评价——考生需仔细分析事件 3，核对验收测试是否符合要求。

验收测试的原则是符合"合同"的要求。

（2）问答题，考核验收过程的工作步骤。

参考答案

【问题 1】（5 分）

承建方问题：

（1）承建方违反操作规程，在综合布线系统完成后，未报监理方检查；

（2）承建方没经过三方同意，私自购买设备，并替换；

（3）承建方要求监理向业主隐瞒。

监理方问题：

（1）监理接受了承建方要求，向业主隐瞒；

（2）监理方没有履行职责，对该过程监理不到位。

（每条 1 分，共 5 分）

【问题 2】（3 分）

（1）验收报告中没有包括验收结论；

（2）验收委员会全体成员均应在验收报告上签字，不能由张工一人代签；

（3）决定系统是否通过验收是验收委员会的权限，X 区区长不属于验收委员会成员，不能决定验收是否通过。

（每点 1 分，共 3 分）

【问题 3】（7 分）

（1）验收测试组做法不对（1 分）

原因：不应该直接拒绝业主要求，应先判断业主要求是否在合同范围内（1 分）

（2）验收过程：

　　（a）提出验收申请；

　　（b）制定验收计划；

　　（c）成立验收委员会；

　　（d）进行验收测试和配置审计；

　　（e）进行验收评审；

　　（f）形成验收报告；

　　（g）移交产品。

（每点 1 分，满分 5 分）

试题三（15 分）

阅读下列说明，回答问题 1 至问题 3，将解答填入答题纸的对应栏内。

【说明】

　　X 大学准备建设一栋创新探索实验大楼，其中信息系统工程总投资额约 2000 万元，主要包括网络平台建设和机房建设。该项目涉及计算机设备、网络设备、通信设备的采购和集成。

　　【事件 1】　建设单位拟通过公开招标方式选取网络平台建设的承建单位，建设单位在编写招标文件时列出了网络基础平台搭建应采购的设备及系统，包括：传输设备、布线系统、网络服务器和网络操作系统、数据存储系统。项目要求在网络服务器群的后端采用光纤通道连接成高速网络，实现网络服务器与存储设备之间的多对多连接。

　　【事件 2】　在系统设计阶段，监理工程师与建设单位共同对承建方提交的设计方案及项目实施计划进行审核和确认。建设单位在选择服务器的操作系统时，要求具有受控访问环境（用户权限级别），能够审计特性，跟踪所有的"安全事件"，在电源故障或其他紧急情况可提供自保护和自恢复。

【问题 1】（4 分）

　　对于事件 1，请从候选答案中选择一个正确选项，将该选项编号填入答题纸对应栏内。

　　（1）从投资控制的角度，为了最大限度地保护业主的投资，监理工程师把关主要设备的价格时，应力求_____。

　　候选答案：A．与当时最新的市场行情相符　　　B．与市场平均价格相符

　　　　　　　　C．不高于当地最高价格　　　　　　D．与建设单位预算相符

　　（2）根据建设单位对信息存储的要求，该实验大楼应采用_____网络存储技术。

　　候选答案：A．SAN　　　　　B．NAS　　　　　C．SSD　　　　　D．SCSI

【问题 2】（5 分）

　　请将下面（1）～（5）处的答案填写在答题纸的对应栏内。

　　事件 1 中，监理工程师审核标书中的采购清单时，发现网络基础平台的设备清单中尚欠缺的两种设备是：__（1）__、__（2）__。

　　信息网络系统建设过程中常用的监理控制方法包括评估、网络仿真、__（3）__、__（4）__

和　__(5)__。

【问题 3】（6 分）

对于事件 2，请从候选答案中选择一个正确选项，将该选项编号填入答题纸对应栏内。

（1）项目实施计划的内容至少包括项目实施进度计划、_____、人力资源的协调和分配。

候选答案：A．项目验收标准　　　　　　　　B．质量保证目标

　　　　　　C．风险登记册　　　　　　　　　D．物力资源的协调和分配

（2）审核系统设计方案时，监理单位应建议建设单位的操作系统至少达到_____级别的安全标准。

候选答案：A．A　　　　B．B1　　　　C．C2　　　　D．D

（3）在企业内部网与外部网之间，用来检查网络请求分组是否合法，保护网络资源不被非法使用的技术是_____。

候选答案：A．差错控制技术　　　　　　　B．流量控制技术

　　　　　　C．防火墙技术　　　　　　　　D．防病毒技术

试题三分析

【问题 1】

细节题，针对事件 1，考核招标阶段的监理内容。

【事件 1】 建设单位拟通过公开招标方式选取网络平台建设的承建单位，建设单位在编写招标文件时列出了网络基础平台搭建应采购的设备及系统，包括：传输设备、布线系统、网络服务器和网络操作系统、数据存储系统。项目要求在网络服务器群的后端采用光纤通道连接成高速网络，实现网络服务器与存储设备之间的多对多连接——考生需仔细分析事件 1，核对招标阶段的监理内容和 SAN 和 NAS 的特点。

（1）在系统招标阶段，监理应重视如下内容：

总体技术方案的适用性；

主要设备价格应与当时最新的市场行情相符。

（2）存储技术 SAN 和 NAS 的特点对比

【问题 2】

细节题，针对事件 1，考核网络基础平台的构成和信息网络系统建设过程中常用的监理控制方法。

【事件 1】 建设单位拟通过公开招标方式选取网络平台建设的承建单位，建设单位在编写招标文件时列出了网络基础平台搭建应采购的设备及系统，包括：传输设备、布线系统、网络服务器和网络操作系统、数据存储系统。项目要求在网络服务器群的后端采用光纤通道连接成高速网络，实现网络服务器与存储设备之间的多对多连接——考生需仔细分析事件 1，明确网络基础平台的内容和信息网络系统建设过程中常用的监理控制方法。

网络基础平台的组成：由传输设备、交换设备、网络接入设备、布线系统、网络服务器和操作系统、数据存储和系统组成。

信息网络系统建设过程中常用的监理控制方法包括评估、网络仿真、现场旁站、抽查测试和网络性能测试。

【问题 3】

细节题，针对事件 2，考核系统设计阶段的监理内容。

【事件 2】 在系统设计阶段，监理工程师与建设单位共同对承建方提交的设计方案及项目实施计划进行审核和确认。建设单位在选择服务器的操作系统时，要求具有受控访问环境（用户权限级别），能够审计特性，跟踪所有的"安全事件"，在电源故障或其他紧急情况可提供自保护和自恢复——考生需仔细分析事件 2，明确项目实施计划的内容、审核设计方案时的监理要点和网络安全内容：

（1）项目实施计划的内容至少包括：项目实施进度计划，人力资源的协调与分配，物力资源的协调与分配。

（2）审核系统设计方案时，监理单位应建议建设单位的操作系统至少达到 C2 级的安全标准。

（3）在企业内部网与外部网之间，用来检查网络请求分组是否合法，保护网络资源不被非法使用的技术是防火墙技术。

参考答案

【问题 1】（4 分）

（1）A   （2）A

（每个 2 分，共 4 分）

【问题 2】（5 分）

（1）交换设备   （2）网络接入设备

（3）现场旁站（或旁站）

（4）抽查测试（或抽查）

（5）网络性能测试（测试）

（每空 1 分，共 5 分，（1）～（2）无顺序要求，（3）～（5）无顺序要求）

【问题 3】（6 分）

（1）D   （2）C   （3）C

（每个 2 分，共 6 分）

试题四（15 分）

阅读下列说明，回答问题 1 至问题 3，将解答填入答题纸的对应栏内。

【说明】

某电信项目建设单位甲通过公开招标选择单位乙为承建单位，承担某大型信息网络系统工程的实施任务，并委托监理单位丙对项目实施全过程监理。该工程涉及机房建设、系统集成和应用软件开发等内容。在建设过程中，发生了如下事件：

　　【事件 1】　单位丙制定了监理规划。在监理规划中写明，单位丙的工作任务之一是做好与建设单位、承建单位的协调工作，建立项目监理汇报制度，定期或不定期向甲单位提供监理报告。

　　【事件 2】　为了检验程序的正确性，监理工程师对单位乙的测试方案、测试用例及测试数据等内容进行了重点监控。

　　【事件 3】　单位丙监督单位乙严格按照工程设计阶段所制定的进度计划、质量保证计划等进行开发工作。由于工期紧张，开发完成后，单位丙进行了集成和确认测试。

【问题 1】（5 分）

　　针对事件 1，请说明单位丙向单位甲提供的监理报告的种类有哪些。

【问题 2】（7 分）

　　（1）针对事件 2，请说明软件测试监理的方法有哪些。

　　（2）针对事件 2，监理方在软件测试监理过程中主要审核哪些内容？

【问题 3】（3 分）

　　针对事件 3，监理单位的做法是否正确？为什么？

试题四分析

　　本题重点考核信息系统实施阶段的监理内容。

【问题 1】

　　问答题，针对事件 1，考核监理报告的种类。

【问题 2】

　　问答题，针对事件 2，考核软件测试监理的方法和审查内容。

【问题 3】

　　细节题，针对事件 3，考核实施阶段监理内容。

　　【事件 3】　单位丙监督单位乙严格按照工程设计阶段所制定的进度计划、质量保证计划等进行开发工作。由于工期紧张，开发完成后，单位丙进行了集成和确认测试。——考生需仔细分析事件 3，核对软件测试阶段监理的工作是否符合要求。

　　监理单位在软件测试阶段主要检查承建单位是否按照设计中制定的规范与计划进行测试，切忌由监理单位进行单元、集成或确认测试而取代开发方的内部测试。

参考答案

【问题 1】（5 分）

　　（1）定期的监理周报、月报；

　　（2）不定期监理工作报告；

　　（3）监理通知和回复；

　　（4）日常的监理文件；

　　（5）监理作业文件。

（每点 1 分，共 5 分）

【问题 2】（7 分）

（1）软件测试监理的方法有：

（a）定期审查软件测试的工程活动和工作进度；

（b）根据实际需要对软件测试工程活动进行跟踪、审查和评估；

（c）对软件测试工程活动和产品进行评审和审核，并报告结果。

（3 分，每条 1 分）

（2）审核内容：

（a）软件测试工程任务的准备就绪和完成准则得到满足；

（b）软件测试符合规定的标准和需求；

（c）已完成所需的测试；

（d）检测出的问题和缺陷已建立文档，并被跟踪和处理；

（e）通过软件测试，软件产品符合软件需求的要求；

（f）在软件产品提交前，依据软件基线验证了用来管理和维护软件的文档。

（每点 1 分，满分 4 分）

【问题 3】（3 分）

监理单位的做法不正确（1 分）

原因：

（1）监理单位主要检查承建单位是否按照规范和计划进行测试；（1 分）

（2）监理单位不能代替开发方进行内部测试。（1 分）

试题五（10 分）

阅读下列说明，回答问题 1 至问题 2，将解答填入答题纸的对应栏内。

【说明】

某单位甲进行企业信息化工程建设，主要包括网络基础平台的建设、综合布线系统的建设、网络安全平台的建设等工作，甲以邀请招标的方式委托了监理公司单位丙承担该工程项目的监理工作。施工前，丙与甲及承建单位乙一起制定了《工程计划书》，详细规定了各阶段完成的主要工作。在建设过程中，为了保证工期按期完成，乙在网络设备加电测试完成后，制定了网络的模拟建网测试方案，甲要求丙对测试方案严格审查，找出错误的地方。

【问题 1】（5 分）

针对以上案例，请说明监理工程师需要检查模拟测试方案的哪些关键内容。

【问题 2】（5 分）

作为监理工程师，请判断以下有关网络测试的描述是否正确(填写在答题纸的对应栏内，正确的选项填写"√"，不正确的选项填写"×")：

（1）加电测试包括：设备自检、缺省配置下的软件运行状况监测。   （   ）

（2）模拟测试是先安装设备，然后分散配置。　　　　　　　（　）

（3）监理方不仅对测试过程进行监控，而且亲自实施测试。　　（　）

（4）建设方对回归测试的过程、结果进行确认，并决定测试是否完成。（　）

（5）监理方重点评审承建方提交的系统联调方案、系统测试方案，组织完成设备安装、系统初验。　　　　　　　　　　　　　　　　　　　　　　　（　）

试题五分析

本题重点考核信息系统工程网络测试内容。

【问题 1】

问答题，考核模拟测试方案的内容。

【问题 2】

细节题，考核实施阶段监理内容。

加电测试包括：设备自检、缺省配置下的软件运行状况检测。

模拟测试环境中，根据已确定参数集中配置网络设备，而不是先安装设备，然后分散配置。

监理方与业主方和承建单位共同实施测试，监理工程师对测试过程进行监控。

监理方对回归测试的过程、结果进行确认，并决定测试是否完成。

监理方将重点评审承建方提交的系统联调方案、系统测试方案、组织完成设备安装、系统初验。

参考答案

【问题 1】（5 分）

（1）主干交换机之间的连接可靠性、冗余性；

（2）各配线间交换机与主干交换机的连通性；

（3）各楼宇 PC 与中心服务器之间的连通性；

（4）系统软件的更新能力及系统配置信息的存储和回载；

（5）系统软件、支撑软件和应用软件的测试。

（每条 1 分，共 5 分）

【问题 2】（5 分）

（1）√　　（2）×　　（3）×　　（4）×　　（5）√

（每个 1 分，共 5 分）